二十一世纪普通高等教育人才
思想政治教育与专业课程融

税 法

SHUIFA

主　编　赖湘兰
副主编　周艳兵　储　萍

西南财经大学出版社
中国·成都

图书在版编目(CIP)数据

税法/赖湘兰主编.—成都:西南财经大学出版社,2023.8
ISBN 978-7-5504-5892-5

Ⅰ.①税…　Ⅱ.①赖…　Ⅲ.①税法—中国—教材　Ⅳ.①D922.22

中国国家版本馆 CIP 数据核字(2023)第 149196 号

税　法

主　编　赖湘兰
副主编　周艳兵　储　萍

责任编辑:李晓嵩
责任校对:杨婧颖
封面设计:何东琳设计工作室
责任印制:朱曼丽

出版发行	西南财经大学出版社(四川省成都市光华村街55号)
网　　址	http://cbs.swufe.edu.cn
电子邮件	bookcj@swufe.edu.cn
邮政编码	610074
电　　话	028-87353785
照　　排	四川胜翔数码印务设计有限公司
印　　刷	郫县犀浦印刷厂
成品尺寸	185mm×260mm
印　　张	20
字　　数	488 千字
版　　次	2023 年 8 月第 1 版
印　　次	2023 年 8 月第 1 次印刷
印　　数	1—2000 册
书　　号	ISBN 978-7-5504-5892-5
定　　价	49.80 元

思政教育与专业课程融合系列教材
编审委员会

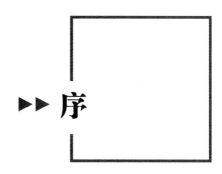

▶▶ 序

　　2014 年以来，上海市相关高校对大学生思想政治教育进行了有益探索，随之出现了"课程思政"的概念，激发了不少高校的兴趣，引起了教育部的关注。自此以后，"课程思政"这一概念多次出现在教育部颁发的相关通知、文件以及教育部领导的讲话中。课程思政观念日益深入人心，逐渐掀起了一股关于课程思政的热潮。但是，从目前我国高校课程思政的现状看，并未形成可复制、可推广的模式和经验。

　　当前，我国高校均在不同程度上推行课程思政，但从现实情况看，不同高校课程思政处于不同阶段：大多数高校的课程思政处于点状形态，部分高校的课程思政处于线状形态，较少高校的课程思政处于面状形态，几乎没有高校的课程思政处于体状形态。

　　课程思政的点状形态，是指在开展课程思政的过程中，只选择某一个点来进行课程思政教育，如组织一次课程思政的公开课、组织课程思政的教学竞赛等。目前，我国大多数高校在课程思政的实践中处于点状形态，停留在一次性或有限性的活动上，试图通过这种活动来引领课程思政，结果却是难以实现其愿景。

课程思政的线状形态，是指在开展课程思政的过程中，选择某一门课或某几门课在教学环节进行课程思政尝试与探索，旨在通过这种形式取得经验并加以推广。这种形式因其课程的有限性和实施环节的片面性，很难达到理想的效果。

课程思政的面状形态，是指在开展课程思政的过程中，根据学校的总体要求，所有课程在教学环节都进行课程思政教学改革，旨在通过改革，在学校全面推行课程思政教学。这种形式虽然涉及所有课程，但因局限于教学环节，未能解决实施环节的片面性问题，也难以达到应有的效果。

课程思政的体状形态，是指在开展课程思政的过程中，将其看成一个系统工程，全面系统地进行课程思政的设计与实施，包括教育观念更新、管理制度创新、专业人才培养方案设计、课程标准制定、教材开发、教学方法创新、课程考核创新等，全方位融入思政元素，以期达到理想效果。

基于课程思政的体状形态，广州商学院会计学院进行了长期的有益探索，对涉及课程思政的方方面面进行了全面系统的研究，创新了课程思政的教育理念，将课程思政元素成功融入相关管理制度、专业人才培养方案、课程标准，在此基础上，进一步探索了融入思政元素的教材编写、课程思政的教学方法和考核方法。思政教育与专业课程融合系列教材（以下简称"系列教材"）就是这一探索的重要成果。

这套系列教材包括《统计学》《税法》《资本市场理论与实务》《财经应用文写作》等。在课程设计的基础上，这套系列教材将思想政治教育与专业课程有机结合，实现无痕融入。这套系列教材具有凸显思政地位、融入思政元素、体现思政价值三大特点。

第一，凸显思政地位。课程思政是一种价值引领，通过正能量的价值引领，发挥课程的最大效用。其体现在教材上，就是要凸显思政地位。通常，我们在进行课程设计时，要设定素质目标、知识目标、能力目标。与此相适应，教材要有配套的内容来达成这些目标。其中，素质目标包括思想政治素质、文化意识、价值取向等。这套系列教材将素质目标显性化、具体化，与反映知识目标和能力目标的内容有机融合，显示教材的精神塑造和价值观教育职能。

第二，融入思政元素。教材显示思政地位，就是要将思政元素与课程设计的知识和能力的相关内容有效结合，成为一个不可分割的整体。在教材中，如何融入思政元素，要结合课程设计的要求，根据不同的内容，融入与之有关的思政元素。这套系列教材按照相关性、适时性、适度性来融入思政元素，让课程思政进教材，把课程思政落到实处，让教师在进行课程思政教育时有据可依，让学生在接受课程思政教育时有书可读。

第三，体现思政价值。课程思政进教材，就将课程思政这个软指标变成了硬指标，有利于通过课程思政来引领知识目标和能力目标，从而显示出各门课程承载的精神塑造和价值教育职能，塑造学生良好的思想政治素质和道德素质，帮助学生树立正确的人生观、世界观、价值观，确保高校立德树人根本目标的实现。这套系列教材有机融入思政元素，有利于引导学生在学知识、学技术的同时，受到价值引领，起到精神塑造和价值观教育的作用，使思政教育收到"润物细无声"的效果。

这套系列教材是广州商学院强力推行课程思政教学改革的产物，是广州商学院会计学院广大教师不断进行课程思政理论研究和实践探索的产物。这套系列教材的出版发行，必将有助于课程思政落地、生根、开花、结果。

思政教育与专业课程融合系列教材编审委员会

2022 年 1 月 10 日

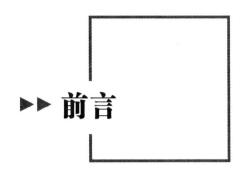

▶▶ 前言

　　税法是高等院校财经类专业的一门专业必修核心课程，根据财经类专业人才培养目标的要求，高等院校财经类专业应培养具有一定企业涉税法律知识、较强涉税岗位能力的应用型人才。税法课程坚持"理实一体、学做合一、讲练结合、思政融合"的思想，以涉税岗位能力培养、专业课程思政融合和"立德树人"为目标，以直接为培养学生日后从事有关财税工作应具备的税法基本知识、税务基本技能和涉税实操能力服务为宗旨。

　　本教材包括总论、增值税法、消费税法、企业所得税法、个人所得税法、土地增值税法、其他小税种税法（关税法、城市维护建设税法、资源税法、环境保护税法、城镇土地使用税法、耕地占用税法、房产税法、契税法、印花税法、车辆购置税法、车船税法、船舶吨税法、烟叶税法）共七章内容。为便于学生学习与掌握知识和培养高端应用型涉税岗位人才，本教材以教学目标、开篇案例导入、正篇税法认知、尾篇课程思政和课程思政评析为基本的章节结构，并结合特别提示、以案说法、问题思考、课程思政、思政解析等内容，对税法疑难问题和会计涉税实务进行评析与操作，突出本教材的实用性和实操性特点，使学生在学习税法知识的同时，感知税法在社会经济实践中的重要地位与作用。

本教材的编写，在借鉴优秀税法教材的基础上，全面贯彻党的教育方针，落实立德树人根本任务，结合党的二十大报告强调的"教育是国之大计、党之大计。培养什么人、怎样培养人、为谁培养人是教育的根本问题"的指示精神，融入编者近年来关于税法课程思政融合方面的一系列研究成果。概括来讲，本教材具有以下鲜明特色：

一是充分体现税法课程与思想政治教育元素相融合。本教材根据每一章节的税法内容及其涉及的思想政治元素，以"课程思政"的形式适当加以体现，使学生既掌握了税法知识，又了解了税法条款的经济与思政意义，提升了会计涉税岗位人员执业能力，实现了"立德树人"的教学目标。

二是章节编写体例有利于学生学习与掌握税法知识。本教材每一章节的每个税种，都采用教学目标、开篇案例导入、正篇税法认知、尾篇课程思政和课后练习体例结构，对疑难问题采取特别提示、以案说法等方式予以强调，便于学生掌握知识重点、理解教学难点。

三是遵从税法原文并充分吸纳税法改革最新动态。目前，我国有18个税种，其中已立法并公布实施的有12个税种，有3个税种的税法正在征求意见中。本教材不但把自2021年9月1日起开始实施的税法写入其中，还把 3 个征求意见稿的"准税法"，以"改革意见"的方式对拟变化的内容加以体现。

四是以案说法，深入浅出，理实合一，讲练结合。为了实现人才培养目标（包括知识目标、能力目标、素质目标和思政目标），提高学生涉税岗位的实操能力与应用税法知识解决实际工作中各种涉税问题的能力，本教材根据具体的税法条款，采取问题思考、问题解答等的方式，实现理论联系实际，强化能力培养。

五是内容体系完整，重难点突出，符合实际。本教材除增值税法、消费税法、企业所得税法和个人所得税法单独各为一章外，将内容较多、学习难度较高、应用普遍、税源较大的土地增值税法也单独作为一章，以满足学生深入学习、切实解决相关从业人员在实际会计与税务工作中难题的需要。

本教材由广州商学院赖湘兰担任主编，周艳兵、储萍担任副主编，王宝田教授担任主审。

各章节的具体分工如下：第一章、第三章、第五章、第六章、第七章第一节和第二节由赖湘兰执笔，第二章由周艳兵执笔，第四章由储萍执笔，第七章第二节、第八节、第九节由吴妙执笔，第七章第三节、第四节由黄丽双执笔，第七章第五节、第六节、第十三节由沈梅执笔，第七章第十节、第十一节、第十二节由郑乐执笔。最后由王宝田审稿。

本教材在编写过程中，参考和借鉴了大量本学科相关著作、教材和论文，尤其借鉴了梁文涛教授主编的《税法》（第4版）教材，在此向各位参考文献的作者特别是向梁文涛教授表示衷心的谢意！由于编者水平有限以及会计和税收等法律、法规、政策、规章等不断修订变化，本教材可能存在不妥或疏漏之处，在此敬请广大读者朋友与学界同仁批评指正。

本教材可以作为应用型普通高等院校财经类或经济管理类本专科和高职院校税法教学的教材，也可以作为各种财税培训机构的税法培训教材以及硕士研究生教育的指导用书。同时，本教材也是企业高管、财会负责人、税务负责人、会计人员等学习税法知识的必备读物。

编者

2023 年 8 月

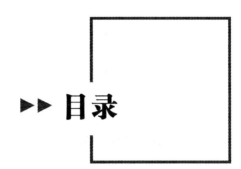

►► 目录

98／ 第三章　消费税法

124／ 第四章　企业所得税法

税法

· 4 ·

第一章

总论

"江山就是人民，人民就是江山。中国共产党领导人民打江山、守江山，守的是人民的心。"税收，一头连着国计，一头连着民生。税收取之于民、用之于民、造福于民，民之所向，税之所往。党的十八大以来，我国税制改革、减税降费和征管改革等全方位实施，现行18个税种中已有12个税种完成立法，增值税、消费税、土地增值税等税收立法也在稳步推进。税收在国家治理中具有基础性、支柱性、保障性作用，坚强有力的党的领导制度体系、成熟完备的税收法治体系、优质便捷的税费服务体系、严密规范的税费征管体系、合作共赢的国际税收体系、高效清廉的队伍组织体系的税收现代化体系将为实现中国式现代化筑牢坚实基础。

■教学目标

通过本章教学至少应该实现下列目标：掌握税法的含义、特征、种类及其构成要素，了解税法的经济作用及其适用原则，掌握税收的特征、税收的分类及其原则，了解税收法律关系、税收立法与执法，熟悉税务登记、发票管理和纳税申报等知识目标；实现运用税法适用原则正确处理纳税实务、运用税收法律关系正确享有纳税人的权利和履行纳税人的义务等能力目标；实现具备良好的知法、懂法等业务素质以及遵纪守法、诚信纳税、法治观念等思政目标。

■开篇案例导入

某公司职工王帅说："自2019年起，居民个人的综合所得以每一纳税年度的收入额减除费用6万元及专项扣除、专项附加扣除和依法确定的其他扣除后的余额为个人应纳税所得额。这样，我们公司的绝大多数员工缴纳的个人所得税会大大减少，甚至都不需要缴纳个人所得税了。不过，大部分人并不知道日常生活中我们买服装、打出租车、办婚宴酒席、给小汽车加油、买烟、买酒、买木制一次性筷子、买高档化妆品和金银首饰等都分别缴纳了许多税。因此，即使我们没有缴纳个人所得税，我们也是地地道道的纳税人，国家公职人员可不能随意地挥霍我们的血汗钱呀！"

请思考下列问题：

（1）你认为王帅关于"买服装、打出租车、办婚宴酒席、给小汽车加油、买烟、买酒、买木制一次性筷子、买高档化妆品和买金银首饰等，都分别缴了许多税"的说法正确吗？为什么？

（2）国家对烟、酒、木制一次性筷子、高档化妆品和金银首饰等消费品，除了征收增值税外，还要征收消费税，其经济与思政意义是什么？

（3）计算居民个人的综合所得时，除了减除费用6万元和专项扣除外，还允许专项附加扣除和依法确定的其他扣除，请说明其中体现的党和国家关注民生问题的经济与思政意义。

案例解析在本章第一节。

第一节　税收基础知识

一、税收的概念与特征

（一）税收的概念

税收是国家为了实现其职能，凭借公共权力，按照法律规定的标准和程序，强制、无偿地参与国民收入分配的一种方式。税收是国家取得财政收入的主要形式。

（二）税收的特征

税收与其他财政收入形式相比，具有强制性、无偿性、固定性等形式特征，习惯上称为"三性"。

1. 强制性

强制性是指国家以社会管理者的身份，用法律形式对征纳双方权利与义务的制约，纳税人没有依法申报纳税就是违法行为。国家征税是凭借政治权力，而不是凭借财产所有权，即国家征税不受财产直接所有权归属的限制，国家对不同所有者都可以行使征税权。

【特别提示】社会主义国有企业是相对独立的经济实体。国家与国有企业的税收关系也具有强制性特征。这是税收形式与国有企业利润上交形式的根本区别。

2. 无偿性

无偿性是指国家征税对具体纳税人既不需要直接偿还，也不需要付出任何形式的直接报酬。无偿性使税收区别于国债等财政收入形式。税收无偿性是对具体纳税人而言的，它决定了税收是筹集财政收入的主要手段，并成为调节经济和矫正社会分配不公的有力工具。

3. 固定性

固定性也称确定性，是指国家征税必须通过法律形式，事先规定纳税人、课税对象和课征额度。税收固定性的含义包括课税对象上的非惩罚性、课征时间上的连续性和课征比例上的限度性三个层次。税收的固定性特征是税收区别于罚没、摊派等财政收入其他形式的重要特征。

【问题思考】税收与税法之间是什么关系？两者的调整对象一样吗？

【问题解答】税收与税法密不可分，税法是税收的法律表现形式，税收则是税法所确定的具体内容。有税必有法，无法不成税。从两者的联系上看，两者是辩证统一、互为因果关系的。具体来说，税收与税法是以国家为前提，与财政收入密切相关；国家对税收的需要决定了税法的存在，而税法的存在决定了税收的分配关系。税法是税收内容的具体规范和权利保障；税收是税法的执行结果，同时又是衡量税法科学性、合理性的重要标准。从两者的区别上看，税收属于经济基础范畴，税法则属于上层建筑。税收与税法两者的调整对象是不一样的。税法调整的是税收分配过程中形成的权利义务关系，而税收调整的是税收分配关系。

二、税收的分类

（一）按征税对象性质分类

税收按征税对象性质分类与税法按征税对象性质分类高度相关，在内容上与税法的按征税对象性质分类是一致的，即税收按征税对象性质不同，可以分为流转税类、所得税类、资源税类、财产税类、行为税类。

1. 流转税类

对流转额的征税简称流转税、商品和劳务税或货劳税。它是对销售商品或提供劳务的流转额征收的一类税收。这个流转额既可以是指商品的实物流转额，也可以是指商品的货币流转额。我国当前开征的流转税主要有增值税、消费税和关税三种。

【课程思政】流转税都采用比例税率或定额税率，计算简便，易于征收。流转税形式上由商品生产者或销售者缴纳，但其税款常附着于卖价上，易转嫁给消费者负担，而消费者却不直接感到税负的压力。由于以上这些原因，流转税对保证国家及时、稳定、可靠地取得财政收入有着重要的作用。同时，它对调节生产、消费也有一定的作用。一方面，流转税的收入在全部税收收入中所占的比重一直较高；另一方面，流转税的调节面比较广泛，对经济的调节作用一直比较显著。流转税对保证国家及时、稳定、可靠地取得财政收入有着重要的作用。同时，流转税对调节生产、消费也有一定的作用。因此，流转税一直是我国的主体税种。

【特别提示】流转税的特点是以流转额为计税依据，在生产经营及销售环节征收，其征税数额（税收负担）不受成本费用变化的影响，而对价格变化较为敏感。

2. 所得税类

对所得额的征税简称所得税。所得税是对纳税人在一定时期（通常为一年）的合法收入总额减除成本费用和法定允许扣除的其他各项支出后的余额，即应纳税所得额

第一章 总论

· 3 ·

征收的税。我国当前开征的所得税主要有企业所得税和个人所得税。

【课程思政】所得税按照纳税人负担能力（所得）的多少和有无来确定税收负担，实行"所得多的多征，所得少的少征，无所得的不征"的原则。因此，所得税对调节国民收入分配、缩小纳税人之间的收入差距有着特殊的作用。同时，所得税的征收面也较为广泛，成为经济发达国家的主要收入来源。在我国，随着经济的发展和人民所得的增加，所得税已成为近年来收入增长较快的一类税。

【特别提示】所得税类的特点是征税对象不是一般收入，而是总收入减除准予项目后的余额，即应纳税所得额，其征税数额（税负）受成本、费用、利润的影响较大。

3. 资源税类

我国对资源的征税主要有资源税、土地增值税、城镇土地使用税、耕地占用税四种。

【课程思政】对资源的征税是对开发、利用和占有国有自然资源的单位和个人征收的一类税。征收这类税有两个目的：一是取得资源消耗的补偿基金，保护国有资源的合理开发利用；二是调节资源级差收入，以利于企业在平等的基础上开展竞争。

4. 财产税类

我国对财产的征税主要有房产税、契税、车船税、船舶吨税。

【课程思政】对财产的征税是对纳税人所拥有或属其支配的财产数量或价值额征收的税。对财产的征税包括对财产的直接征收和对财产转移的征收。开征这类税收除为国家取得财政收入外，对提高财产的利用效果、限制财产的不必要的占有量也有一定作用。

【特别提示】财产税类的特点是：财产税的征税数额（税负）与财产价值、数量关系密切，体现调节财富、合理分配等原则。税负高低与资源级差收益水平高低的关系密切，征税范围的选择比较灵活。

5. 行为税类

我国对行为的征税主要有印花税、城市维护建设税、烟叶税、环境保护税。

【课程思政】对行为的征税也称行为税，它一般是指以某些特定行为为征税对象征收的一类税收。征收这类税，或者是为了对某些特定行为进行限制、调节，使微观经济活动符合宏观经济的要求；或者只是为了开辟地方财源，达到特定的目的。这类税的设置比较灵活，其中有些税种具有临时税的性质。

【特别提示】行为税类的特点是：征税的选择性较为明显，税种较多，具有较强的时效性。

（二）按计税依据分类

按计税依据分类，税收可以分为从价税、从量税和复合税三种。

1. 从价税

从价税是以征税对象的价值量（收入、价格、金额等）为标准，按一定比例税率计征的税种，如增值税、个人所得税、房产税等。一般而言，由于从价税的税额直接或间接与商品销售收入挂钩，因此可以随商品价格的变化而变化，适用范围很广。

2. 从量税

从量税是以征税对象的一定数量单位（重量、件数、容积、面积、长度等）为标准，采用固定单位税额征收的税种，如车船税、城镇土地使用税等。从量税的税额不随商品价格增减而变动，单位商品税负固定。由于通货膨胀等因素的影响，税负实际上处于下降的趋势，因此从量税不能大范围使用。

3. 复合税

复合税是从价税和从量税的结合，是既按照征税对象的价格又按照其数量计征的税种，如卷烟、白酒的消费税。

（三）按税收收入的归属分类

按税收收入的归属分类，税收可以分为中央税、地方税和中央地方共享税三种。

1. 中央税

中央税是指收入归中央政府支配使用的税种，如消费税、关税等。

2. 地方税

地方税是指收入归地方政府支配使用的税种，如房产税、城镇土地使用税等。

3. 中央地方共享税

中央地方共享税是指收入由中央政府和地方政府按一定比例分享的税种，如增值税，中央分享50%，地方分享50%。

（四）按税收负担能否转嫁分类

按税收负担能否转嫁分类，税收可以分为直接税和间接税两种。

1. 直接税

直接税是指纳税义务人就是税收的实际负担人（负税人），纳税人不能或不便于把税收负担转嫁给他人的税种，如企业所得税、个人所得税、车辆购置税等。直接税的纳税人不仅在表面上有纳税义务，实际上也是税收承担者，即纳税人与负税人一致。

2. 间接税

间接税是指纳税义务人不是税收的实际负担人（负税人），纳税人能够通过销售产品或提供劳务来把税收负担转嫁给他人的税种，如关税、消费税、增值税等。间接税的纳税人虽然表面上负有纳税义务，但实际上已将需要缴纳的税款施加于所销售商品的价格上而由消费者负担或用其他方式转嫁给他人，即纳税人与负税人不一致。

【开篇案例解析】

①从专业角度讲，买服装、打出租车、办婚礼宴席、给小汽车加油、买烟、买酒、买高档化妆品和金银首饰等缴税的说法是错误的。因为增值税、消费税均为间接税，间接税的纳税人虽然表面上负有纳税义务，但实际上已将需要缴纳的税款施加于所销售商品的价格上而由消费者负担或用其他方式转嫁给他人，即纳税人与负税人不一致。以买卖服装为例，卖方作为纳税人负有缴纳销售服装的增值税的义务，实际上也是由卖方向税务机关缴纳了增值税，而消费者作为税负人通过购买服装只是承担了这部分税收，并没有纳税义务，更不用实际到税务机关缴税。同理，打出租车、办婚礼宴席实际上是由消费者承担了增值税；给小汽车加油、买烟、买酒、买高档化妆品和金银首饰，实际上是由消费者承担了增值税和消费税。消费者为负税人而非纳税人。

②征收消费税的经济与思政意义在于：第一，体现消费政策，调整产业结构。例如，国家为了调节特殊消费，将摩托车、小汽车、贵重首饰及珠宝玉石列入征税范围；为了节约一次性能源，限制过量消费，将汽油、柴油等油品列入征税范围；为了节约

和保护森林资源，落实"绿水青山就是金山银山"的理念，将木制一次性筷子列入征税范围。第二，正确引导消费，抑制超前消费。目前，国家只对属于奢侈品或超前消费的物品以及其他非基本生活品征收消费税，增加购买者（消费者）的负担，适当抑制高水平或超前的消费。第三，稳定财政收入，保持原有负担。国家通过征收消费税，把实行增值税后由于降低税负而可能减少的税收收入征收上来，基本保持原产品的税收负担，并随着应税消费品生产和消费的增长，使财政收入也保持稳定增长。第四，调节支付能力，缓解分配不公。国家开征消费税有利于配合个人所得税及其他有关税种进行调节，缓解目前存在的社会分配不公的矛盾。

③专项附加扣除包括：子女教育支出、继续教育支出、大病医疗支出、住房贷款利息、住房租金、赡养老人等。专项附加扣除的思政意义在于：国家对子女教育、成人继续教育、百姓身心健康、居有所屋、老有所养的高度重视，有利于培养下一代健康成长、成人知识更新与技能提高，有利于防止因病致贫等。

三、税收法律关系

（一）税收法律关系的含义

税收法律关系是指国家、税务征管机关和纳税人之间，在税收征收和管理过程中，根据税法规范而发生的具体的征收和管理权利义务关系。税收法律关系包括国家与纳税人之间的税收宪法性法律关系、征税机关与纳税主体之间的税收征纳关系、相关国家机关之间的税收权限划分法律关系、国际税收权益分配法律关系、税收救济法律关系等。税收法律关系是法律关系的一种具体形式，具有法律关系的一般特征。

（二）税收法律关系的构成

税收法律关系在总体上与其他法律关系一样，都是由税收法律关系的主体、客体和内容三方面构成的，但在这三方面的内涵上，税收法律关系又具有一定的特殊性。

1. 税收法律关系的主体

税收法律关系的主体是指法律关系的参加者，是税收法律关系中享有权利和承担义务的当事人。在我国，税收法律关系的主体包括征纳双方，即征税主体和纳税主体。

（1）征税主体。征税主体是指代表国家行使征税职责的国家行政机关，包括国家各级税务机关、海关。征税主体享有国家权力的同时意味着必须依法行使职权，具有职权与职责相对等的结果，体现了职、权、责的统一性。

（2）纳税主体。纳税主体是指履行纳税义务的人，包括法人、自然人和其他组织，在境内的外国企业、组织、外籍人、无国籍人以及在境内虽然没有机构或场所但有来源于中国境内所得的外国企业或组织。

【特别提示】关于纳税主体的具体范围，有狭义和广义两种观点。

狭义的纳税主体仅指纳税人。这种观点将纳税主体的范围局限于"直接履行纳税义务"的组织和个人，而认为扣缴义务人、纳税担保人等所负有的扣缴义务、担保税收债务履行的义务是与纳税义务相关的义务，并将其排除在纳税主体之外，称为"相关义务主体"。持这种观点的学者较少。

广义的纳税主体，即将在税收征纳活动中所履行的主要义务在性质上属于纳税义务的有关主体均称为纳税主体，包括纳税人、扣缴义务人、纳税担保人等。这种观点还在实质上将相当于纳税义务的扣缴义务人、纳税担保人等也包括在纳税主体之中。本教材赞同这种观点。这也是大多数学者的观点。

2. 税收法律关系的客体

税收法律关系的客体是指税收法律关系主体的权利、义务所共同指向的对象，也就是征税对象，包括货币、实物和行为等。例如，所得税法律关系的客体就是生产经营所得和其他所得，财产税法律关系的客体就是财产，流转税法律关系的客体就是货物销售收入或劳务收入。

税收法律关系的客体是国家利用税收杠杆调整和控制的目标，国家在一定时期根据经济形势发展的需要，通过扩大或缩小征税范围调整征税对象，以达到限制或鼓励国民经济中某些行业发展的目的。

3. 税收法律关系的内容

税收法律关系的内容就是征税主体与纳税主体的权利和义务。税收法律关系规定权利主体可以有什么行为、不可以有什么行为，若违反了这些规定，须承担相应的法律责任。

根据《中华人民共和国税收征收管理法》的规定，征税主体和纳税主体有下列权利与义务：

（1）税务机关的权利与义务。根据《中华人民共和国税收征收管理法》的规定，我国境内的征税主体主要有税务机关和海关，本教材只介绍作为征税主体的税务机关的权利与义务。

①税务机关的权利。

第一，税务管理权。其包括有权办理税务登记、审理纳税申报、管理有关发票事宜等权利。

第二，税收征收权。这是税务机关最基本的权力，包括有权依法征收税款和在法定权限范围内依法自行确定税收征管方式或时间、地点等。

第三，税收检查权。其包括有权对纳税人的财务会计核算、发票使用和其他纳税情况、纳税人的应税商品和货物或其他财产进行查验登记等。

第四，税务违法处理权。其包括有权对违反税法的纳税人采取行政强制措施以及对情节严重、触犯刑律的纳税人移送有权机关依法追究其刑事责任。

第五，税收行政立法权。被授权的税务机关有权在授权范围内依照一定程序制定税收行政规章及其他规范性文件，做出行政解释等。

第六，代位权和撤销权。为了保证税务机关及时、足额追回由于债务关系造成的过去难以征收的税款，《中华人民共和国税收征收管理法》赋予税务机关可以在特定情况下依法行使代位权和撤销权的权力。

②税务机关的义务。

第一，税务机关不得违反法律、行政法规的规定开征、停征、多征或少征税款，或者擅自决定税收优惠。

第二，税务机关应当将征收的税款和罚款、滞纳金按时足额并依照预算级次入库，不得截留和挪用。

第三，税务机关应当依照法定程序征税，依法确定有关税收征收管理的事项。

第四，税务机关应当依法办理减税、免税等税收优惠，对纳税人的咨询、请求和申诉作出答复处理或报请上级机关处理。

第五，税务机关对纳税人的经营状况以及纳税人、扣缴义务人的商业秘密及个人隐私负有保密义务。

【特别提示】纳税人、扣缴义务人的税收违法行为不属于保密范围。

第六，税务机关应当按照规定付给扣缴义务人代扣、代收税款的手续费，且不得强行要求非扣缴义务人代扣、代收税款。

第七，税务机关应当严格按照法定程序实施和解除税收保全措施，如因税务机关的原因致使纳税人的合法权益遭受损失的，税务机关应当依法承担赔偿责任。

第八，税务机关要广泛宣传税收法律、行政法规，普及纳税知识，无偿提供纳税咨询服务。

第九，税务机关的工作人员在征收税款和查处税收违法案件时，与纳税人、扣缴义务人或税收违法案件有利害关系的，应当回避。

【特别提示】税务人员在核定应纳税额、调整税收定额、进行税务检查、实施税务行政处罚、办理税务行政复议时，与纳税人、扣缴义务人或其法定代表人、直接责任人有下列关系之一的，应当回避：夫妻关系、直系血亲关系、三代以内旁系血亲关系、近姻亲关系、可能影响公正执法的其他利害关系。

【课程思政】请同学们结合"征税主体的权利和义务"，谈一谈其中所蕴含的思政元素，即如何建立合格的税务机关和如何成为一名称职的税务人员？

（2）纳税主体的权利与义务。根据《中华人民共和国税收征收管理法》及相关法规的规定，作为纳税主体的纳税人有下列权利与义务：

①纳税人（扣缴义务人）的权利。

第一，知情权。纳税人有权向税务机关或税务人员了解国家税收法律、行政法规的规定，以及与纳税程序有关的情况。

第二，保密权。纳税人或扣缴义务人有权要求税务机关或税务人员为纳税人或扣缴义务人的情况保密。

【特别提示】要保密的是纳税人、扣缴义务人的商业秘密及个人隐私。纳税人、扣缴义务人的税收违法行为不属于保密范围。

第三，税收监督权。纳税人或扣缴义务人对税务机关或税务人员违反税收法律、行政法规的行为，如税务人员索贿受贿、徇私舞弊、玩忽职守，不征或少征应征税款，滥用职权多征税款或故意刁难等，可以进行检举和控告。同时，纳税人或扣缴义务人对其他纳税人的税收违法行为也有权进行检举。

第四，纳税申报方式选择权。纳税人或扣缴义务人可以直接到税务机关的办税服务厅办理纳税申报或报送代扣代缴、代收代缴税款报告表，也可以按照规定采取邮寄、数据电文或其他方式办理上述申报、报送事项。但采取邮寄或数据电文方式办理上述申报、报送事项的，须经纳税人或扣缴义务人的主管税务机关批准。

第五，申请延期申报权。纳税人或扣缴义务人如不能按期办理纳税申报或者报送代扣代缴、代收代缴税款报告表，应当在规定的期限内向税务机关或税务人员提出书面延期申请。经核准，纳税人或扣缴义务人可以在核准的期限内办理。经核准延期办理前述规定的申报、报送事项的，纳税人或扣缴义务人应当在税法规定的纳税期内按照上期实际缴纳的税额或税务机关核定的税额预缴税款，并在核准的延期内办理税款结算。

第六，申请延期缴纳税款权。如纳税人或扣缴义务人有特殊困难，不能按期缴纳税款，经省、自治区、直辖市税务局批准，可以延期缴纳税款，但是最长不得超过三个月。计划单列市税务局可以参照省级税务机关的批准权限，审批纳税人或扣缴义务人的延期缴纳税款申请。

第七，申请退还多缴税款权。对纳税人或扣缴义务人超过应纳税额缴纳的税款，税务机关发现后，将自发现之日起 10 日内办理退还手续。纳税人或扣缴义务人自结算缴纳税款之日起三年内发现的，可以向税务机关要求退还多缴的税款并加算银行同期存款利息。

第八，依法享受税收优惠权。纳税人或扣缴义务人可以依照法律、行政法规的规定书面申请减税、免税。减税、免税的申请须经法律、行政法规规定的减税、免税审查批准机关审批。减税、免税期满，纳税人或扣缴义务人应当自期满次日起恢复纳税。减税、免税条件发生变化的，纳税人或扣缴义务人应当自发生变化之日起 15 日内向税务机关报告。不再符合减税、免税条件的，纳税人或扣缴义务人应当依法履行纳税义务。

第九，委托税务代理权。纳税人或扣缴义务人有权就以下事项委托税务代理人代为办理：办理、变更或注销税务登记，除增值税专用发票外的发票领购手续，纳税申报或扣缴税款报告，税款缴纳和申请退税，制作涉税文书，审查纳税情况，建账建制，办理财务或税务咨询，申请税务行政复议，提请税务行政诉讼等。

第十，陈述权与申辩权。纳税人或扣缴义务人对税务机关做出的决定享有陈述权申辩权。如果纳税人或扣缴义务人有充分的证据证明自己的行为合法，税务机关不得对纳税人或扣缴义务人实施行政处罚。即使纳税人或扣缴义务人的陈述或申辩不充分、不合理，税务机关也会向纳税人或扣缴义务人解释实施行政处罚的原因。税务机关不会因纳税人或扣缴义务人的申辩而加重处罚。

第十一，拒绝检查权。税务机关派出的人员进行税务检查时，应当向纳税人或扣缴义务人出示税务检查证和税务检查通知书。对未出示税务检查证和税务检查通知书的，纳税人或扣缴义务人有权拒绝检查。

第十二，税收法律救济权。纳税人或扣缴义务人对税务机关做出的决定，依法享有申请行政复议、提出行政诉讼、请求国家赔偿等权利。

第十三，依法要求听证权。对纳税人或扣缴义务人做出一定金额以上罚款的行政处罚之前，税务机关会向纳税人或扣缴义务人送达"税务行政处罚事项告知书"，告知纳税人或扣缴义务人已经查明的违法事实、证据、行政处罚的法律依据和拟给予的行政处罚。对此，纳税人或扣缴义务人有权要求举行听证。税务机关将应纳税人或扣缴义务人的要求组织听证。

第十四，索取有关税收凭证权。税务机关征收税款时，必须给纳税人或扣缴义务人开具完税凭证。扣缴义务人代扣、代收税款时，纳税人要求扣缴义务人开具代扣、代收税款凭证时，扣缴义务人应当开具。税务机关扣押商品、货物或其他财产时，必须开付收据；查封商品、货物或其他财产时，必须开付清单。

②纳税人（扣缴义务人）的义务。

第一，依法进行税务登记的义务。在领取"一照一码"营业执照后，企业无需再到质监、社保、统计等部门办理任何手续，但应在领取执照后 15 日内，将其财务、会计制度或处理办法报送主管税务机关备案，并向税务机关报告企业全部存款账号。

第二，依法设置、保管账簿和有关资料以及依法开具、使用、取得和保管发票的义务。纳税人或扣缴义务人应当按照有关法律、行政法规和国务院财政、税务主管部门的规定设置账簿，根据合法、有效的凭证记账，进行核算。从事生产、经营的，纳税人或扣缴义务人必须按照国务院财政、税务主管部门规定的保管期限保管账簿、记账凭证、完税凭证及其他有关资料。账簿、记账凭证、完税凭证及其他有关资料不得伪造、变造或者擅自损毁。纳税人或扣缴义务人在购销商品、提供或接受经营服务以及从事其他经营活动中，应当依法开具、使用、取得和保管发票。

第三，财务会计制度和会计核算软件备案的义务。纳税人或扣缴义务人的财务、会计制度或财务、会计处理办法和会计核算软件，应当报送税务机关备案。纳税人或扣缴义务人的财务、会计制度或财务、会计处理办法与国务院或国务院财政、税务主管部门有关税收的规定抵触的，应依照国务院或国务院财政、税务主管部门有关税收的规定计算应纳税款、代扣代缴和代收代缴税款。

第四，按照规定安装、使用税控装置的义务。国家根据税收征收管理的需要，积极推广使用税控装置。纳税人或扣缴义务人应当按照规定安装、使用税控装置，不得损毁或擅自改动税控装置。如果纳税人或扣缴义务人未按规定安装、使用税控装置，损毁或擅自改动税控装置，税务机关应责令限期改正，并可根据情节轻重处以规定数额内的罚款。

第五，按时、如实申报的义务。纳税人必须依照法律、行政法规规定或税务机关依照法律、行政法规的规定确定的申报期限、申报内容如实办理纳税申报，报送纳税申报表财务会计报表以及税务机关根据实际需要要求纳税人或扣缴义务人报送的其他纳税资料。纳税人或扣缴义务人即使在纳税期限内没有应纳税款，也应当按照规定办理纳税申报。享受减税、免税待遇的，纳税人或扣缴义务人在减税、免税期间应当按照规定办理纳税申报。

第六，按时缴纳税款的义务。纳税人或扣缴义务人应当按照法律、行政法规的规定或税务机关依照法律、行政法规的规定确定的期限，缴纳或解缴税款。

未按照规定期限缴纳或解缴税款的，税务机关除责令限期缴纳外，从滞纳税款之日起，按日加收滞纳税款 0.05% 的滞纳金。

第七，代扣、代缴税款的义务。如纳税人和扣缴义务人按照法律，行政法规规定负有代扣代缴、代收代缴税款义务，必须依照法律、行政法规的规定履行代扣、代收税款的义务。纳税人或扣缴义务人依法履行代扣、代收税款义务时，纳税人不得拒绝。纳税人拒绝的，应当及时报告税务机关处理。

第八，接受依法检查的义务。纳税人有接受税务机关依法进行税务检查的义务，主动配合税务机关按法定程序进行的税务检查，如实地向税务机关反映自己的生产经营情况和执行财务制度情况，并按有关规定提供报表和资料，不得隐瞒和弄虚作假，不能阻挠、刁难税务机关的检查和监督。

第九，及时提供信息的义务。纳税人除通过税务登记和纳税申报向税务机关提供与纳税有关的信息外，还应及时提供其他信息。有歇业、经营情况变化、遭受各种灾害等特殊情况的，纳税人或扣缴义务人应及时向税务机关说明，以便税务机关依法妥善处理。

第十，报告其他涉税信息的义务。为了保障国家税收能够及时、足额征收入库，税法还规定了纳税人有义务向税务机关报告某些涉税信息。例如，有报告全部账号的义务。如纳税人从事生产、经营，应当按照国家有关规定，持税务登记证件，在银行或其他金融机构开立基本存款账户和其他存款账户，并自开立基本存款账户或其他存款账户之日起15日内，向税务机关的主管机关书面报告全部账号；发生变化的，应当自变化之日起15日内，向税务机关的主管机关书面报告。

【课程思政】请同学们结合"纳税主体的权利和义务"，谈一谈其中所蕴含的思政元素，即如何做一个合格的纳税人和称职的会计人员？

四、税收立法与执法

（一）税收立法

1. 税收立法的概念

税收立法是指国家机关依照其职权范围，通过一定程序制定（包括修改和废止）税收法律规范的活动，即特定的国家机关就税收问题所进行的立法活动。税收立法可以分为广义的税收立法和狭义的税收立法。广义的税收立法是指国家机关依据法定权限和程序，制定、修改、废止税收法律规范的活动；狭义的税收立法是指国家最高权力机关制定税收法律规范的活动。税收立法通常采用广义的概念。

2. 税收立法权、立法机关和立法形式

（1）税收立法权。税收立法权是指特定的国家机关依法所行使的，通过制定、修订、废止税收法律规范，调整一定税收法律关系的综合性权力体系。在我国，划分税收立法权的直接法律依据主要是《中华人民共和国宪法》与《中华人民共和国立法法》。

（2）税收立法机关和立法形式。各有权机关根据国家立法体制制定的一系列税收法律、法规、规章和规范性文件，构成了我国的税收法律体系。税收立法机关及立法形式和举例如表1-1所示。

表1-1　税收立法机关及立法形式和举例

分类	立法机关	形式	举例
税收法律	全国人民代表大会及其常务委员会——正式立法	法律	企业所得税法、个人所得税法、车船税法、税收征收管理法
	全国人民代表大会及其常务委员会——授权国务院立法	暂行条例	增值税暂行条例、消费税暂行条例等
税收法规	国务院——税收行政法规	暂行条例、实施细则	税收征收管理法实施细则、房产税暂行条例等
税收规章	财政部、国家税务总局、海关总署——税收部门规章	办法、规则、规定	增值税暂行条例实施细则等
	省级地方政府——税收地方规章		房产税暂行条例实施细则等

【问题思考】如何理解《中华人民共和国增值税暂行条例》为全国人民代表大会及其常务委员会授权立法？

【问题解答】全国性税种可以先由国务院以"条例"或"暂行条例"的形式发布实施，再行修订并在条件成熟后，由全国人民代表大会及其常务委员会正式立法。全国人民代表大会及其常务委员会授权国务院立法（例如，《中华人民共和国增值税暂行条例》）具有国家法律的性质和地位，属于准法律，其法律效力高于行政法规，为待条件成熟上升为法律做好准备，在立法程序上还需报全国人民代表大会常务委员会备案。

3. 税收立法、修订和废止程序

税收立法程序是指有权的机关，在制定、认可、修改、补充、废止等税收立法活动中，必须遵循的法定步骤和方法。目前，我国税收立法程序主要包括以下几个阶段：

（1）提议阶段。无论是税法的制定，还是税法的修改、补充和废止，一般由国务院授权其税务主管部门（财政部或国家税务总局）负责立法的调查研究等准备工作，并提出立法方案或税法草案，上报国务院。

（2）审议阶段。税收行政法规由国务院负责审议。税收法律在经经国务院审议通过后，以议案的形式提交全国人民代表大会常务委员会的有关工作部门，在广泛征求意见并做修改后，提交全国人民代表大会或其常务委员会审议通过。

（3）通过和公布阶段。税收行政法规由国务院审议通过后，以国务院总理名义发布实施；税收法律在全国人民代表大会或其常务委员会开会期间，先听取国务院关于制定税法议案的说明，经过讨论，以简单多数的方式通过后，以国家主席的名义发布实施。

（二）税收执法

税收执法又称税收行政执法，存在广义和狭义两种理解。广义的税收执法是指国家税务行政主管机关执行税收法律法规的行为，既包括具体行政行为，也包括抽象行政行为以及行政机关的内部管理行为。狭义的税收执法是指国家税收机关依照法定的职权和程序将税法的一般法律规范适用于税务行政相对人或事件，调整具体税收关系的实施税法的活动。税收执法通常采用狭义的概念。

国家税务行政主管机关的税收执法权包括税款征收管理权、税务检查权、税务稽查权、税务行政复议裁决权以及其他税收执法（税务行政处罚）权等。

1. 税款征收管理权

（1）税务机构设置。中央政府设立国家税务总局（正部级），省及省以下税务机构设立税务局。

【特别提示】2018年3月17日发布的《国务院机构改革方案》规定：改革国税、地税征管体制。省级和省级以下国税、地税机构合并，具体承担所辖区域内各项税收、非税收入征管等职责。国税、地税机构合并后，实行以国家税务总局为主与省（自治区、直辖市）人民政府双重领导管理机制。2018年6月15日，按照党中央、国务院关于国税、地税征管体制改革的决策部署，在前期做好统一思想、顶层设计、动员部署等工作的基础上，全国各省（自治区、直辖市）级以及计划单列市国税局、地税局合并且统一挂牌，标志着国税、地税征管体制改革迈出阶段性关键一步。省（自治区、直辖市）级新税务局挂牌后，在2018年7月底前，市、县级税务局逐级分步完成集中办公、新机构挂牌等改革事项。海关总署及下属机构负责关税、船舶吨税征管和受托征收进出口增值税和消费税等税收。

（2）税收征管范围的划分。税务局主要负责下列税种及非税收入等的征收和管理：增值税（进口环节增值税除外）、消费税（进口环节消费税除外）、城市维护建设税、教育费附加、地方教育附加、企业所得税、个人所得税、车辆购置税、印花税、资源税、城镇土地使用税、土地增值税、房产税、车船税、契税、环境保护税、出口产品退税（增值税和消费税）、非税收入和社会保障等。

海关主要负责下列税种的征收和管理：关税、船舶吨税、进口环节增值税和消费税。

2. 税务检查权

税务检查权是指税务征管部门的日常检查权，具体是指税务机关清理漏管户、核查发票、催报催缴、评估问询，了解纳税人生产经营和财务状况等不涉及立案核查与系统审计的日常管理行为。这是征管部门的基本工作职能和管理手段之一。其特点是针对性强，检查时间短，处理及时，一般不具备严格检查程序。

3. 税务稽查权

税务稽查权是税务稽查部门针对重大税务违法案件的查处权，由目前税务局所属的税务稽查部门行使。税务稽查权是税收执法权的一个重要组成部分，是整个国家行政监督体系中一种特殊的监督权行使形式。根据相关法律的规定，税务稽查的基本任务是依照国家税收法律法规，查处税收违法行为，保障税收收入，维护税收秩序，促进依法纳税，保证税法的实施。税务稽查必须以事实为根据，以税收法律（含法规、规章）为准绳，依靠人民群众，加强与司法机关及其他有关部门的联系和配合。各级税务机关设立的税务稽查机构，按照各自的税收管辖范围行使税务稽查职能。

【特别提示】我国税务稽查制度由税务检查发展而来，是实行税收征、管、查分离的产物。但税收稽查权与税收检查权的区别是一种交叉关系，而非包容关系。税收征收管理部门与税务稽查部门职责范围的具体区分应当贯彻《国家税务总局关于进一步加强税收征管基础工作若干问题的意见》提出的三个基本原则：一是在征管过程中，对纳税人、扣缴义务人履行纳税义务的日常性检查及处理由基层征收管理机构负责；二是税收违法案件的查处（包括选案、检查、审理、执行）由稽查局负责；三是专项检查部署由稽查局负责牵头统一组织。当然，这种内部权力行使主体的区分，对外意义不大，因为无论是税收征管部门还是税务稽查部门，都是以税务机关的名义代表国家行使其税收执法权的。但是，这种权力边界的界定不仅有助于理顺权力的模糊地带，更有利于相关机制的确立和完善。

4. 税务行政复议裁决权

根据《中华人民共和国行政复议法》《中华人民共和国税收征收管理法》和其他有关规定，为防止和纠正税务机关违法或不当的具体行政行为，保护纳税人及其他当事人的合法权益，保障和监督税务机关依法行使职权，纳税人及其他当事人认为税务机关的具体行政行为侵犯其合法权益的，可以依法向税务行政复议机关申请行政复议；税务行政复议机关受理行政复议申请，做出行政复议决定。税务行政复议机关是指依法受理行政复议申请，对具体行政行为进行审查并做出行政复议决定的税务机关。

税务行政复议裁决权是税收执法权的有机组成部分，该权力的行使对保障和监督税务机关依法行使税收执法权、防止和纠正违法或不当的具体税务行政行为、保护纳税人和其他有关当事人的合法权益发挥着积极作用。

税务行政复议裁决权行使过程中，税务行政复议机关中负责税收法治工作的机构具体办理行政复议事项，履行下列职责：

（1）受理行政复议申请。

（2）向有关组织和人员调查取证，查阅文件和资料。

（3）审查申请行政复议的具体行政行为是否合法与适当，拟定行政复议决定。

（4）处理或者转送对《税务行政复议规则》第九条所列有关规定的审查申请。

（5）对被申请人违反《中华人民共和国行政复议法》及《税务行政复议规则》规定的行为，依照规定的权限和程序提出处理建议。

（6）办理因不服行政复议决定提起行政诉讼的应诉事项。

（7）对下级税务机关的行政复议工作进行检查和监督。

（8）办理行政复议案件的赔偿事项。

（9）办理行政复议、诉讼、赔偿等案件的统计、报告和归档工作。

行政复议活动应当遵循合法、公正、公开、及时、便民的原则，纳税人及其他当事人对行政复议决定不服的，可以依照《中华人民共和国行政诉讼法》的规定向人民法院提起行政诉讼。

5. 税务行政处罚权

根据相关法律的规定，税务机关还享有税务行政处罚权。税务行政处罚权是指税务机关依法对纳税主体违反税法尚未构成犯罪，但应承担相应法律责任的行为实施制裁措施的权力。

税务行政处罚权的法律依据是《中华人民共和国行政处罚法》和《中华人民共和国税收征收管理法》等法律法规。根据《中华人民共和国税收征收管理法》的相关规定，税务行政处罚的种类应当有警告（责令限期改正）、罚款、停止出口退税权、没收违法所得、收缴发票或停止发售发票、提请吊销营业执照、通知出境管理机关阻止出境等。

第二节　税法基本理论

一、税法的概念与特征

（一）税法的概念

税法是国家机关制定的有关调整税收分配过程中形成的权利义务关系的各种税收法规的总称，是税收机关征税和纳税人据以纳税的法律依据。

税法由国家立法机关制定颁布，或者由国家立法机关授权国家机关制定公布。一般说来，税收法律由全国人民代表大会及其常务委员会审议通过，并公布施行；税收行政法规由国务院制定；税收部门规章由国家税务主管部门（财政部、国家税务总局以及海关总署）制定；税收地方性法规由地方人民代表大会及其常务委员会制定；税收地方政府规章由省、自治区、直辖市等地方政府制定。

因此，税法有广义与狭义之分。广义的税法是各种税收法律、规范形式的总和。狭义的税法仅指国家最高权力机关正式立法的税收法律。我们所说的税法是广义的税法概念。

【特别提示】目前，除了海南省、民族自治地区按照全国人大授权立法规定，在遵循宪法、法律和行政法规的原则基础上，可以制定有关税收的地方性法规外，其他省、直辖市一般无权制定税收地方性法规。

（二）税法的特征

1. 税法的属性特征

税法从其属性上看，主要有以下三个特征：

（1）从立法过程看，税法属于制定法，而不属于习惯法。现代国家的税法都是经过一定的立法程序制定出来的，即税法是由国家制定而不是由习惯法或司法判例认可的。

（2）从法律性质看，税法属于义务性法规，而不属于授权性法规。义务性法规是相对于授权性法规而言的，是指直接要求人们从事或不从事某种行为的法规，即直接规定人们某种义务的法规，具有强制性。

【特别提示】税法的强制性表现在其力度仅次于刑法。从税法的角度看，纳税人以尽义务为主，虽然也规定了纳税人的权利，但这种权利从总体上看不是纳税人的实体性权利，而是纳税人的程序性权利。

（3）从法律内容看，税法属于综合法，而不属于单一法。税法是由实体法、程序法、争讼法等构成的综合法律体系，其内容涉及课税的基本原则、征纳双方的权利义务、税收管理规则、法律责任、解决税务争议的法律规范等。从目前世界各国的实际情况看，税法的结构大致有宪法加税收法典、宪法加税收基本法、宪法加税收单行法律法规等不同的类型。

【特别提示】我国的税法结构是宪法加税收单行法律法规，目前我国还没有税收基本法。

2. 税法的功能特征

税法从其功能上看，主要有以下三个特征：

（1）税法是调整税收关系的法。调整对象的不同是某一部门法区别于其他部门法最主要的特征之一。调整税收关系不仅是税法的目标和根本任务，也是税法概念的主要内涵。

（2）税法是以确认征税权利和纳税义务为主要内容的法。税法通过规定国家的征税权利和纳税人的纳税义务来分配国家与纳税人之间的财产利益，达到确认、保护和发展对统治阶级有利的税收关系和税收秩序。

【特别提示】税法是权利义务不对等的法。税法跟民事法律关系不同，税收关系不是建立在协商自愿、等价有偿原则基础上的。根据税收的强制性、无偿性特点，调整税收关系的税法所规定的权利义务并不对等。纳税人缴纳税款，国家是不需要支付对价的。

（3）税法是实体内容和征管程序相统一的法。税收关系本身包括两个层次的内容，即税收分配关系和税收征收管理关系。因此，税法既包含实体法的内容，也包含程序法的内容，体现了实体法和程序法相结合的特征。

【特别提示】税法所包含的程序法仅是税收征收管理程序法，而不应包括诉讼程序法的内容。税收征收管理程序和当事人的税务活动是税法所调整的税收关系的组成部分。诉讼程序是司法机关的诉讼活动，诉讼活动过程中形成的程序关系是诉讼法的调整对象，不宜纳入税法的调整范围。

二、税法的种类

理论上，税法按性质不同，可以分为流转税类、所得税类、资源税类、财产税类和行为税类五大类。

（一）流转税类

1. 增值税法

增值税法是指国家制定的调整增值税征收与缴纳权利义务关系的法律规范。《中华人民共和国增值税暂行条例》于1993年12月13日中华人民共和国国务院令第134号公布，经历两次修订。2017年，国务院决定废止《中华人民共和国营业税暂行条例》，同时对《中华人民共和国增值税暂行条例》进行相应修改。因此，我国现行的增值税暂行条例是2017年以国务院令第691号公布的。目前，增值税立法工作正处于"征求意见"阶段。

增值税是以商品（含应税交易）在流转过程中产生的增值额作为计税依据而征收的一种流转税。从计税原理上说，增值税是对商品生产、流通、劳务服务中多个环节的新增价值或商品的附加值征收的一种流转税。增值税是价外税，也就是由消费者负担，只就增值部分征税，没有增值不征税。

2. 消费税法

消费税法是指国家制定的调整消费税征收与缴纳权利义务关系的法律规范。我国现行的消费税基本规范是2008年11月5日国务院第34次常务会议修订通过的《中华人民共和国消费税暂行条例》。该暂行条例及其实施细则自2009年1月1日起实施。目前，消费税立法工作正处于"征求意见"阶段。

消费税是对特定消费品和消费行为征收的一种流转税。消费税是在对货物普遍征收增值税的基础上，选择少数消费品再征税的一个税种，可起到限制奢侈消费、调节产品结构、保障财政收入的作用。消费税是价内税，一般在应税消费品的生产、委托加工和进口环节缴纳，税款最终由消费者承担。

3. 关税法

关税是指一国海关根据本国法律规定，对通过其关境的进出口货物征收的一种税收。关税在各国一般属于国家最高行政单位指定税率的高级税种。对于对外贸易发达的国家而言，关税往往是国家税收乃至国家财政的主要收入。目前，我国关税立法还未正式启动"征求意见"程序。

中华人民共和国关税制度是我国为征收关税而出台的《中华人民共和国海关法》《中华人民共和国进出口关税条例》《中华人民共和国海关进出口税则》等的总称，是关税征收管理工作的准则和法律表现形式。这三个层次的规定密切联系、相辅相成，形成了中国的关税制度。

（二）所得税类

1. 企业所得税法

企业所得税法是指国家制定的调整企业所得税征收与缴纳权利义务关系的法律规范。《中华人民共和国企业所得税法》于 2007 年 3 月 16 日第十届全国人民代表大会第五次会议通过，于 2018 年 12 月 29 日第十三届全国人民代表大会常务委员会第七次会议进行第二次修正。

企业所得税是对我国境内的企业和其他取得收入的组织的生产经营所得和其他所得征收的一种所得税。在中国境内，企业和其他取得收入的组织为企业所得税的纳税人。个人独资企业、合伙企业不属于企业所得税纳税义务人。

2. 个人所得税法

个人所得税法是指国家制定的调整个人所得税征收与缴纳权利义务关系的法律规范。2018 年 8 月 31 日，中华人民共和国第十三届全国人民代表大会常务委员会第五次会议第七次修正《中华人民共和国个人所得税法》，自 2019 年 1 月 1 日起施行。

1980 年 9 月 10 日，第五届全国人民代表大会第三次会议通过中华人民共和国历史上第一部《中华人民共和国个人所得税法》。此后，《中华人民共和国个人所得税法》经历了七次修正。个人所得税法对调节收入分配、公平税负、促进共同富裕、维护国家权益、增强公民纳税意识有着重要意义。近年来，我国致力于采取措施加强高收入者个人所得税征管、依法严厉打击偷逃个人所得税行为并取得初步成效。

（三）资源税类

1. 资源税法

资源税法是指国家制定的调整资源税征收与缴纳权利义务关系的法律规范。2019 年 8 月 26 日，中华人民共和国第十三届全国人民代表大会常务委员会第十二次会议表决通过《中华人民共和国资源税法》，并于 2020 年 9 月 1 日正式实施。

资源税是对在我国境内开采应税矿产品和生产盐的单位与个人，就其应税资源的销售额或销售数量征收的一种税。资源税是对自然资源征税的税种的总称，以各种应税自然资源为课税对象，目的是调节资源级差收入并体现国有资源有偿使用。

2. 城镇土地使用税法

城镇土地使用税法是国家制定的调整城镇土地使用税征收与缴纳权利义务关系的法律规范，是国家在城市、县城、建制镇、工矿区范围内，对使用土地的单位和个人，以其实际占用的土地面积为计税依据，按照规定的税额计算征收的一种税。1988 年 9 月 27 日，国务院发布了《中华人民共和国城镇土地使用税暂行条例》。目前，我国城镇土地使用税立法还未正式启动"征求意见"程序。

开征城镇土地使用税，有利于通过经济手段，加强对土地的管理，促进土地资源的合理配置和节约使用，提高土地使用效益；有利于适当调节不同地区、不同地段因土地资源的差异而形成的级差收入，理顺国家与土地使用者之间的分配关系；有利于为企业和个人之间竞争创造公平的环境。

3. 耕地占用税法

耕地占用税法是指国家制定的调整耕地占用税征收与缴纳权利义务关系，旨在合理利用土地资源、加强土地管理和保护耕地的法律规范。2018 年 12 月 29 日，中华人民共和国第十三届全国人民代表大会常务委员会第七次会议通过《中华人民共和国耕地占用税法》，自 2019 年 9 月 1 日起施行。

耕地占用税是对占用耕地建房或从事其他非农业建设的单位和个人征收的税。耕地占用税采用定额税率，其标准取决于人均占有耕地的数量和经济发展程度。征收耕地占用税的目的是合理利用土地资源，加强土地管理，保护农用耕地。

4. 土地增值税法

土地增值税法是指国家制定的调整土地增值税征收与缴纳权利义务关系的法律规范。1993 年 11 月 26 日，国务院第十二次常务会议发布《中华人民共和国土地增值税暂行条例》，自 1994 年 1 月 1 日起执行。目前，我国土地增值税立法工作正处于"征求意见"阶段。

土地增值税是指转让国有土地使用权、地上的建筑物及其附着物并取得收入的单位和个人，以转让所取得的收入减去法定扣除项目金额后的增值额为计税依据向国家缴纳的一种税，不包括以继承、赠予方式无偿转让房地产的行为。征税对象是指有偿转让国有土地使用权及地上建筑物和其他附着物产权所取得的增值额。土地增值税实行四级超率累进税率。

（四）财产税类

1. 房产税法

房产税法是指国家制定的调整房产税征收与缴纳权利义务关系的法律规范。《中华人民共和国房产税暂行条例》于 1986 年 9 月 15 日发布，自 1986 年 10 月 1 日起施行。目前，我国房产税（拟改为房地产税）立法还未正式启动"征求意见"程序。

房产税是以房屋为征税对象，按房屋的计税余值或租金收入为计税依据，向产权所有人征收的一种财产税。房产税的征税对象只是房屋；征收范围限于城镇的经营性房屋；对自用房屋按房产计税余值依税率 1.2% 征收，对出租房屋按租金收入依税率 12% 征税。

2. 契税法

契税法是指国家制定的调整契税征收与缴纳权利义务关系的法律规范。2020 年 8 月 11 日，中华人民共和国第十三届全国人民代表大会常务委员会第二十一次会议通过《中华人民共和国契税法》，自 2021 年 9 月 1 日起施行。

契税是指不动产（土地、房屋）产权发生转移变动时，就当事人所订契约按产价的一定比例向产权承受人征收的一次性税收。征收契税的宗旨是为了保障不动产所有人的合法权益，契税纳税人是产权承受人，契税采用比例税率。有观点认为，契税为行为税。本书认为，契税的征税对象为不动产，因此契税属于财产税类。

3. 车船税法

车船税法是指国家制定的调整车船税征收与缴纳权利义务关系的法律规范。2011 年 2 月 25 日，中华人民共和国第十一届全国人民代表大会常务委员会第十九次会议通过

《中华人民共和国车船税法》，自 2012 年 1 月 1 日起施行。

车船税是指在中华人民共和国境内的车辆、船舶的所有人或者管理人按照中华人民共和国车船税法应缴纳的一种税。此处所称车船是指依法应当在车船管理部门登记的车船。车辆的具体适用税额由省、自治区、直辖市人民政府在规定的子税目税额幅度内确定。

4. 车辆购置税法

车辆购置税法是指国家制定的调整车辆购置税征收与缴纳权利义务关系的法律规范。2018 年 12 月 29 日，中华人民共和国第十三届全国人大常务委员会第七次会议通过《中华人民共和国车辆购置税法》，自 2019 年 7 月 1 日起施行。

车辆购置税是对在境内购置规定车辆（包括汽车、有轨电车、汽车挂车、排气量超过 150 毫升的摩托车，统称"应税车辆"）的单位和个人征收的一种税。购置是指以购买、进口、自产、受赠、获奖或其他方式取得并自用应税车辆的行为。车辆购置税实行一次性征收，购置已征车辆购置税的车辆，不再征收车辆购置税。有观点认为，车辆购置税为行为税。本书认为，车辆购置税的征税对象为应税车辆，因此车辆购置税属于财产税类。

5. 船舶吨税法

船舶吨税法是指国家制定的调整船舶吨税征收与缴纳权利义务关系的法律规范。2017 年 12 月 27 日，中华人民共和国第十二届全国人民代表大会常务委员会第三十一次会议通过《中华人民共和国船舶吨税法》，自 2018 年 7 月 1 日起施行。

自中国境外港口进入境内港口的船舶（以下简称"应税船舶"），应当依法缴纳船舶吨税（以下简称"吨税"）。吨税设置优惠税率和普通税率，中国籍的应税船舶，船籍国（地区）与中国签订含有相互给予船舶税费最惠国待遇条款的条约或协定的应税船舶，适用优惠税率；其他应税船舶，适用普通税率。有观点认为，船舶吨税为行为税。本书认为，船舶吨税的征税对象为应税船舶，因此船舶吨税属于财产税类。

（五）行为税类

1. 印花税法

印花税法是指国家制定的调整印花税征收与缴纳权利义务关系的法律规范。2021年 6 月 10 日，中华人民共和国第十三届全国人民代表大会常务委员会第二十九次会议通过《中华人民共和国印花税法》，自 2022 年 7 月 1 日起施行。1988 年 8 月 6 日国务院发布的《中华人民共和国印花税暂行条例》同时废止。

印花税是对经济活动和经济交往中订立、领受具有法律效力的凭证的行为所征收的一种税。印花税因采用在应税凭证上粘贴印花税票作为完税的标志而得名。现行印花税只对列举的凭证（经济合同、产权转移书据等）征税，没有列举的凭证不征税。

2. 城市维护建设税法

城市维护建设税法是指国家制定的调整城市维护建设税征收与缴纳权利义务关系的法律规范。2020 年 8 月 11 日，中华人民共和国第十三届全国人民代表大会常务委员会第二十一次会议通过《中华人民共和国城市维护建设税法》，自 2021 年 9 月 1 日起施行。

城市维护建设税是以纳税人实际缴纳的增值税、消费税税额为计税依据，依法计征的一种税。城市维护建设税与增值税、消费税同时缴纳，征收目的是加强城市的维护建设，扩大和稳定城市维护建设资金的来源。

3. 烟叶税法

烟叶税法是指国家制定的调整烟叶税征收与缴纳权利义务关系的法律规范。2017年12月27日，中华人民共和国第十二届全国人民代表大会常务委员会第三十一次会议通过《中华人民共和国烟叶税法》，自2018年7月1日起施行。

烟叶税是为达到特定目的，调节特定对象和特定行为而设定的，是以纳税人收购烟叶的收购金额为计税依据征收的一种税。在中华人民共和国境内收购烟叶的单位为烟叶税的纳税人。所称烟叶，是指晾晒烟叶、烤烟叶。烟叶税的应纳税额按照纳税人收购烟叶的收购金额和规定的税率（20%）计算。

4. 环境保护税法

环境保护税法是指国家制定的调整环境保护税征收与缴纳权利义务关系的法律规范。2016年12月25日，中华人民共和国第十二届全国人民代表大会常务委员会第二十五次会议通过《中华人民共和国环境保护税法》，自2018年10月26日起施行。

在中华人民共和国领域和中华人民共和国管辖的其他海域，直接向环境排放应税污染物的企业、事业单位和其他生产经营者为环境保护税的纳税人，应当依照规定缴纳环境保护税。征收环境保护税的目的是保护和改善环境，减少污染物排放，推进生态文明建设。

【特别提示】税法按照不同的标准可以分为不同的类型。随着我国税制改革不断深化，税收征管体制持续优化，根据《国家税务总局关于简并税费申报有关事项的公告》（国家税务总局公告2021年第9号）的规定，自2021年6月1日起，全国纳税人申报财产和行为税时进行合并申报，其中的财产税和行为税包含城镇土地使用税、房产税、车船税、印花税、耕地占用税、资源税、土地增值税、契税、环境保护税、烟叶税共10个税种。可见，财产和行为税在征管时把资源税类的税种也包括进来，但目前不含车辆购置税和城市维护建设税（城市维护建设税分别与增值税、消费税合并申报）。关税、船舶吨税则由海关征管，也不实行合并申报。

三、税法的构成要素

税法的构成要素又称课税要素，是指各种单行税法具有的共同的基本要素的总称。税法的构成要素包括总则、纳税人、征税对象、税率、纳税期限、税收优惠、纳税地点、罚则、附则等项目。

【特别提示】纳税人是构成税收法律关系的主体，征税对象是构成税收法律关系的客体，税率、纳税期限、纳税地点、减税免税、罚则和附则等是构成税收法律关系的内容。

（一）总则

总则主要包括税法的立法意图、立法依据、适用原则等。

（二）纳税人

纳税人是纳税义务人的简称，是税收法律关系中的纳税主体，是税法规定的直接负有纳税义务的自然人、法人或其他组织。

【特别提示】①纳税人与负税人的区别。纳税人是直接有纳税义务的单位或个人，直接向税务机关缴纳税款，而负税人是间接地或直接地承担税款的单位或个人。在税负不能转嫁的条件下，负税人也就是纳税人。例如，一般来说，所得税（企业所得税和个人所得税）和财产税（房产税、车船税、车辆购置税）的税负很难转嫁，纳税人就是负税人。在税负能够转嫁的条件下，负税人并不是纳税人，例如，流转税（增值税、消费税、关税）容易使税收负担由生产者或销售者转移到消费者或购买者的身上。一个人卖出货物但是其不承担直接向税务机关纳税的义务，因为增值税实际是买方付给卖方的，此时的负税人与纳税人就不一致。

②纳税人与扣缴义务人的区别。纳税人是课税主体，是直接负有纳税义务的单位和个人。扣缴义务人是指法律、行政法规规定负有代扣代缴、代收代缴税款义务的单位和个人。扣缴义务人既非纯粹意义上的纳税人，又非实际负担税款的负税人。扣缴义务人与纳税人同样要面对国家和征税机关，常常会同时扮演纳税人的角色。扣缴义务人只是代扣纳税人税款，之后向国库缴纳税款，真正的纳税主体还是纳税人。

（三）征税对象

征税对象又称征税客体，是指税法规定的对什么征税，即征税的标的物。它是各个税种之间相互区别的根本标志。例如，消费税的征税对象就是消费品（如烟、酒等），房产税的征税对象就是房屋，企业所得税的征税对象为所得额，车船税的征税对象为车辆、船舶。

征税对象按其性质的不同，通常划分为流转额、所得额、财产、资源以及行为五大类。

【特别提示】征税对象与计税依据的区别。计税依据是计算征税对象应纳税款的直接数量依据，它解决对征税对象课税的计算问题，是对征税对象的量的规定。征税对象和计税依据有时是一致的，有时是不一致的。例如，企业所得税的征税对象和计税依据均为所得额，征税对象和计税依据是一致的；车船税的计税依据为辆数、整备质量吨位数、净吨位数或艇身长度，而其课税对象为应税车辆和船舶，征税对象和计税依据是不一致的。

税目是征税对象的具体化，是税法中对征税对象分类规定的具体征税品种和项目。例如，消费税就设有烟、酒、高档化妆品等15个税目。但并非所有的税种都必须设置税目，如我国的企业所得税就不需要设置税目。

（四）税率

税率是应纳税额与课税对象之间的数量关系或比例，是计算税额的尺度。税率的高低直接关系到纳税人负担的轻重和国家税收收入的多少，是国家在一定时期内的税收政策的主要表现形式，是税收制度的核心要素。税率有比例税率、累进税率和定额税率三种基本形式。

1. 比例税率

比例税率是指对同一课税对象不论数额大小，都按同一比例征税的税率形式。税额占课税对象的比例总是相同的。比例税率是最常见的税率之一，应用广泛。比例税率具有横向公平性，其主要优点是计算简便，便于征收和缴纳。

2. 累进税率

累进税率是指按课税对象数额的多少规定不同的等级，随着课税数量增大而随之提高的税率形式。具体做法是按课税对象数额的多少划分为若干等级，规定最低税率、最高税率和若干等级的中间税率，不同等级的课税数额分别适用不同的税率。课税数额越大，适用税率越高。累进税率一般在所得课税中使用，可以充分体现对纳税人收入多的多征、收入少的少征、无收入的不征的税收原则，从而有效地调节纳税人的收入，正确处理税收负担的纵向公平问题。

3. 定额税率

定额税率又称固定税率，是指按课税对象的计量单位直接规定应纳税额的税率形式。课税对象的计量单位主要有吨、升、平方米、立方米、辆等。定额税率一般适用于从量定额计征的某些课税对象，实际上是从量比例税率。

（五）纳税期限

纳税期限是税法规定的纳税主体向税务机关缴纳税款的具体时间。纳税期限是衡量征纳双方是否按时行使征税权力和履行纳税义务的尺度。

纳税期限一般分为按次征收（以次为申报纳税期限），按期征收（以纳税人发生纳税义务的一定期间为纳税申报期限），按年计征（分期预缴或缴纳）三种形式。

按期征收，如一般情况下的消费税；按次征收，如耕地占用税；按年计征，分期预缴或缴纳，如企业所得税按年计征，分期预缴；房产税、城镇土地使用税按年计算，分期缴纳。

【特别提示】纳税期限与纳税义务发生时间、纳税申报期限的区别。纳税期限是税法规定的纳税人发生纳税义务后缴纳税款的法定期限，是确定结算应纳税款的期限，有按年纳税、按月纳税、按次纳税之分，一般为一个时间段。纳税义务发生时间（纳税时间）是纳税人依照税法规定负有纳税义务的起始时间，是一个时间点。由于纳税人的某些应税行为和取得应税收入在发生时间上不尽一致，为正确确定税务机关和纳税人之间的征纳关系与应尽职责，税法对不同税种的纳税义务的发生时间一般都做了明确规定。纳税申报期限是根据各个税种的特点确定的，是指纳税人在纳税期限期满以后向税务机关进行申报并缴纳税款的时间，一般为一个时间段。《中华人民共和国税收征收管理法实施细则》第一百零九条规定："税收征管法及本细则所规定期限的最后一日是法定休假日的，以休假日期满的次日为期限的最后一日；在期限内有连续 3 日以上法定休假日的，按休假日天数顺延。"国家法定的公休假日指元旦、春节、清明节、"五一"国际劳动节、端午节、国庆节以及双休日。

纳税人客观上确实有特殊困难（如不可抗力、意外事故、国家经济政策调整等）时，可以延期纳税申报。

纳税人延期纳税申报要注意下列问题：延期纳税申请必须在申报期之前，以书面形式提出；须经县以上税务局（分局）批准，数额较大且申请延期在 2~3 个月的，必须经省、市一级税务局局长批准；期限最长不得超过 3 个月，且在一个纳税年度内同一笔税款只能申请延期缴纳一次；在批准的延长期限内，不加收滞纳金。

【课堂讨论】增值税的纳税期限，由主管税务机关根据纳税人应纳增值税税额的多少，分别核定为 1 日、3 日、5 日、10 日、15 日、1 个月或一个季度。纳税人以 1 个月为一期缴纳增值税的，应当从期满之日起 15 日以内申报纳税；以 1 日、3 日、5 日、10日或 15 日为一期纳税的，应当从期满之日起 5 日以内预缴税款，于次月 1 日起 15 日以内申报纳税，并结清上月应纳税款。请指出其中的纳税期限与纳税申报期限分别是什么？

（六）税收优惠

税收优惠又称减免税，是指税法减少或免除税负的规定，是国家对某些纳税人或课税对象的鼓励或照顾措施。其中，减税是指对应纳税额减征一部分税款，免税是指对应纳税额全部免征。

减免税分为税基式减免、税率式减免、税额式减免三种基本形式。

1. 税基式减免

税基式减免是通过直接缩小计税依据的方式实现的减税、免税。其具体包括起征点、免征额、项目扣除以及跨期结转等。其中，起征点是征税对象达到一定数额开始征税的起点，免征额是在征税对象的全部数额中免予征税的数额。

【特别提示】①减免税与起征点的区别。起征点是指征税对象达到一定数额开始征税的起点，对征税对象数额未达到起征点的不征税；达到或超过起征点的，就其全部数额征税。因此，减免税不同于税法中规定的起征点。

②减免税与免征额的区别。免征额是在征税对象的全部数额中免予征税的数额，对免征额的部分不征税，仅对超过免征额的部分征税。因此，减免税不同于税法中规定的免征额。

③减免税与项目扣除的区别。项目扣除是指在征税对象中扣除一定项目的数额，以其余额作为依据计算税额。因此，减免税不同于税法中规定的项目扣除。

【问题思考】享受起征点和享受免征额的纳税人相比较，谁的整体税负更轻？

【问题解答】起征点是征税对象达到一定数额开始征税的起点。免征额是在征税对象的全部数额中免予征税的数额。以征税对象8 000元为例，若起征点为3 000元，则税额＝全额8 000元×税率；若免征额为3 000元，则税额＝差额（8 000-3 000）×税率。可见，享受起征点和享受免征额的纳税人相比较，后者的整体税负更轻。

【课程思政】2011年6月30日，十一届全国人大常委会第二十一次会议表决通过了全国人大常委会关于修改《中华人民共和国个人所得税法》的决定。根据决定，个人所得税减除费用额从2 000元提高到3 500元，并于2011年9月1日起施行。2018年8月31日，修改《中华人民共和国个人所得税法》的决定通过，个人所得税减除费用额从3 500元提高到5 000元，并于2018年10月1日起实施。请思考：个人所得税减除费用额不断调整并提高的经济作用是什么？这样做具有哪些积极的社会影响？这样做体现了党、国家和政府怎样的人文关怀？

【思政评析】个人所得税计算的减除费用额，就是参照社会平均个人月消费水平，从所得当中税前扣除用于个人基本消费需要部分后，对剩余部分纳税，其经济作用在于调节贫富差距，平衡二次分配，充分体现了中国特色社会主义制度的优越性和党的共同富裕目标，有利于社会安定团结。个人所得税减除费用额的调整提高，体现了我国社会发展、与时俱进以及和谐社会人性化。今后我国相当长一段时期内，保持经济较快增长的任务就是扩大消费需求，而个人所得税税前扣除额调整提高增加了居民可支配收入，不但富民还扩大了内需，是最直接最有效的拉动内需的经济手段，有利于社会经济发展，实现国泰民安。

2. 税率式减免

税率式减免是通过直接降低税率的方式实行的减税、免税。其具体包括重新确定税率、选用其他税率、零税率等形式。

【课程思政】《中华人民共和国企业所得税法》规定，符合条件的小型微利企业可以适用 20% 的税率，国家重点扶持的高新技术企业可以适用 15% 的税率。因此，这里的 20% 和 15% 的企业所得税税率相对于 25% 的基本税率而言，就是税率式减免。请简要说明上述"税率式减免"税收优惠政策对促进社会经济发展、保护小型微利企业生存的积极意义，并谈一谈国家对扶持高新技术企业实施 15% 低税率的经济与思政意义。

3. 税额式减免

税额式减免是通过直接减少应纳税额的方式实行的减税、免税。其具体包括全部免征、减半征收、核定减免率征收、抵免税额以及另定减征税额等。

【课程思政】请简要说明下列"税额式减免"税收优惠政策，对农业发展、公共基础设施项目、环境保护和节能节水、新技术研发的积极促进作用和富国安邦、人民生活富裕的思政意义。

①企业从事蔬菜、谷物、薯类、油料、豆类、棉花、麻类、糖料、水果、坚果的种植，农作物新品种的选育，中药材的种植，林木的培育和种植，牲畜、家禽的饲养，林产品的采集，灌溉、农产品初加工、兽医、农技推广、农机作业和维修等农、林、牧、渔服务业项目，远洋捕捞等项目的所得，免征企业所得税。企业从事花卉、茶以及其他饮料作物和香料作物的种植，海水养殖、内陆养殖等项目的所得，减半征收企业所得税。但企业从事国家限制和禁止发展的项目，不得享受上述企业所得税优惠。

②从事国家重点扶持的港口码头、机场、铁路、公路、城市公共交通、电力、水利等公共基础设施项目投资经营的所得，自项目取得第一笔生产经营收入所属纳税年度起，第一年至第三年免征企业所得税，第四年至第六年减半征收企业所得税。但企业承包经营、承包建设和内部自建自用此类项目，不得享受上述企业所得税优惠。

③从事符合条件的环境保护、节能节水项目的所得，包括公共污水处理、公共垃圾处理、沼气综合开发利用、节能减排技术改造、海水淡化等项目的所得，自项目取得第一笔生产经营收入所属纳税年度起，第一年至第三年免征企业所得税，第四年至第六年减半征收企业所得税。

（七）纳税地点

纳税地点是指根据各个税种纳税对象的纳税环节和有利于对税款的源泉进行控制而规定的纳税人（包括代征代缴义务人、代扣代缴义务人、代收代缴义务人）的具体向主管税务机关申报缴纳税款的地点。

【特别提示】税法上规定的纳税地点主要有机构所在地、经济活动发生地、财产所在地、报关地等。

（八）罚则

罚则又称违章处理或法律责任，是指纳税人违反税法规定时，追究法律责任或进行法律制裁的准则。广义的处罚包括补偿性的处罚（如赔偿损失等）和惩罚性的处罚（如刑罚、行政处罚等）；狭义的处罚仅指惩罚性的处罚。

（九）附则

附则主要包括两项内容：一是规定此项税法的解释权，二是规定税法的生效时间。

四、税法的经济作用

税法是调整经济分配关系的法律，因此必然会产生种种经济职能，从而使税收的经济作用在法律形式的保障下充分发挥。税法的经济作用主要表现在以下几个方面：

（一）税法是国家取得财政收入的根本保证

组织财政收入是税收最根本的职能。税法为取得税收收入提供保证作用。一方面，税法作为义务性法规，设定了种种纳税义务，纳税人没有履行纳税义务，就是违反国家法律，就要受到相应的法律制裁。这样就使税收的强制性上升为法律的强制性，成为取得税收收入的根本保证。另一方面，法律要求相对的稳定性，不能朝令夕改。因此，税收制度一旦成为法律，其固定性就有了法律保证，即使国家也不能对基本的税制要素随意改动。从长远看，这是国家及时、稳定取得财政收入的一个重要保证。

（二）税法是正确处理税收分配关系的法律依据

税收分配是社会剩余产品由纳税人向国家的无偿、单向的转移。一方面，税收征纳关系始终是一对矛盾，否定这一点，也就否认了税收的强制性。调节这一矛盾，更好地进行税收分配，需要一套具备权威性、对征纳双方都有约束力的规范标准。没有这样一套客观公正的标准，就不能判定纳税人是否及时足额纳税，国家则不能保证及时稳定地取得财政收入，纳税人的合法权益也不能得到有力的保护。另一方面，国家的课税权不受任何约束，还容易导致征收无度无序，激化征纳矛盾，不利于税收分配关系的稳定。在现有的各种规范、标准中，最具权威、公正、客观以及约束力的唯有税收的法律形式，即税法。

（三）税法是国家调控宏观经济的重要工具

调节宏观经济是税收的基本职能之一。税收采用法的形式，可以将税收的经济优势与法律优势结合起来，使税收杠杆在宏观经济调控中更为灵敏、有力。一方面，市场经济是法治经济，税收采用法的形式，可以为调控宏观经济提供最具权威性的规则和效力最高的保证体系，使调节的力度与预期的一致，防止税收杠杆的软化。另一方面，法律具有评价、预测和教育作用，税收借助法律的这些作用，可以增强税收杠杆的导向性，使其对宏观经济的调控更为灵敏。

（四）税法是监督管理经济活动的有力武器

税收采用法的形式，使其对经济活动的监督上升到法律的高度，成为法律监督的组成部分，其约束力无疑大为增强了。在已有的法律中，尚没有哪部法律像税法那样对经济活动监督具有如此的广度和深度、全面性和经常性。一方面，税务部门可以及时发现一般性违反税法的行为，并依法予以纠正，保证税收作用的正常发挥。另一方面，税法也是打击税收领域犯罪活动的有力武器，税务部门据此可以对偷税、抗税、逃税等行为予以最有力的打击，这在税收没有成为法律的情况下是无法做到的。在市场经济条件下，市场经济作为法治经济，国家要实施宏观控制就必须建立较完备的监督体系，对市场及经营者的活动实施直接或间接的监督管理，这样才能维护市场规则，健全经济法制。

（五）税法是维护国家权益的重要手段

在对外经济交往中，税法是维护国家权益的基本手段之一。一方面，关税的征收可以改变进出口商品的实际销售价格，对进口商品征税，可以使其销售价格提高，竞争力削弱；对出口商品免税，可以使其无税进入国际市场，竞争力得到加强，即所谓的保护关税政策，对相对落后的发展中国家特别有意义。对跨国纳税人征收所得税，可以防止国家税收利益向国外流失。对所得税和其他税种的征收，可以使国内纳税人与跨国纳税人获得相同的税收待遇，防止税收歧视。另一方面，税收采用法的形式，有助于提高税收维护国家权益的权威性和总体效力，便于在签订有关双边或多边国际税收协定时坚持国际通用的法律原则和法律规范，对等处理税收利益关系；同时，也有助于消除外商对我国税收政策稳定性的疑虑，更好地吸引外资。

【课程思政】如何理解"税法是维护国家权益的重要手段"的？简要说明它所体现的经济意义和思政意义。

【思政解析】税法凭借国家的政治权力来参与经济利益的分配，因此它不仅涉及经济问题，也涉及政治问题，即税法是经济与政治的统一体。税法与经济关系处理得正确与否，不仅影响到税收数额的多寡，而且重要的是将影响到经济的兴衰、政权的巩固与否和国家的安危。

五、税法的适用原则

税法原则是构成税收法律规范的基本要素之一，是调整税收关系的法律规范的抽象和概括，是贯穿税收立法、执法、司法等全过程的具有普遍指导意义的法律准则。税法原则可以分为税法的基本原则和税法的适用原则两个层次。

税法基本原则主要包括税收法定原则、税收公平原则、税收效率原则和实质课税原则。

税法的适用原则主要包括法律优位原则、法律不溯及既往原则、新法优于旧法原则、特别法优于普通法原则、实体从旧程序从新原则和程序优于实体原则。

【特别提示】本教材只介绍税法的适用原则。税法的适用原则是指税务行政机关和司法机关运用税收法律规范解决具体问题所必须遵循的准则。其作用在于在使法律规定具体化的过程中，提供方向性的指导，判定税法之间的相互关系，合理解决法律纠纷，保障法律顺利实施，以达到税法认可的各项税收政策目标，维护税收征纳双方的合法权益。税法的适用原则并不违背税法的基本原则，而且在一定程度上体现着税法的基本原则。但是与税法的基本原则相比，税法的适用原则含有更多的法律技术性准则，更加具体化。

（一）法律优位原则

法律优位原则是指其他国家机关制定的一切规范，都必须与全国人大制定的法律保持一致，不得相抵触。因此，法律优位原则也称行政立法不得抵触法律原则，其基本含义是法律的效力高于行政法规的效力。具体来说，税收法律的效力高于税收行政法规的效力，税收行政法规的效力高于税收行政规章的效力。

【特别提示】国务院根据宪法、法律制定行政法规，国务院各部门根据法律、行政法规制定规章，地方政府根据法律、行政法规和地方性法规制定规章。当效力低的税法与效力高的税法发生冲突时，效力低的税法是无效的。法律优位原则在税法中的作用主要体现在处理不同等级税法的关系问题上。

（二）法律不溯及既往原则

法律不溯及既往原则是绝大多数国家所遵循的法律程序技术原则，是指一部新法实施后，对新法实施之前人们的行为不得适用新法，而只能沿用旧法。法律不溯及既往原则有利于维护税法的稳定性和可预测性，使纳税人能在知道纳税结果的前提下做出相应的经济决策，能更好地发挥税收的调节作用。但是，在某些特殊情况下，税法对这一原则的适用也有例外，某些国家在处理税法的溯及力问题时，坚持"有利溯及"原则，即对税法中溯及既往的规定，对纳税人有利的，予以承认；对纳税人不利的，则不予承认。

（三）新法优于旧法原则

新法优于旧法原则也称后法优于先法原则，是指新法、旧法对同一事项有不同规定时，新法的效力优于旧法。新法优于旧法原则有利于避免因法律修订带来新法、旧法对同一事项有不同的规定而给法律适用带来的混乱，为法律的更新与完善提供法律适用上的保障。新法优于旧法原则在税法中普遍适用，但是当新税法与旧税法处于普通法与特别法的关系以及某些程序性税法引用实体从旧、程序从新原则时，可以例外。

【问题思考】假如某人在 2018 年 11 月 5 日取得上月工资，企业在计算代扣代缴个税时扣除费用额是 5 000 元，这体现了新法优于旧法原则，因为在 2018 年 10 月 1 日以前扣除费用额是 3 500 元。请思考：法律不溯及既往原则与新法优于旧法原则是否矛盾？

【问题解答】法律不溯及既往原则与新法优于旧法原则不矛盾。其理由如下：法律不溯及既往原则要求新实体法对其生效前的行为不发生效力；新法优于旧法原则是针对同一案件有不同法则规定时，新法优于旧法。

（四）特别法优于普通法原则

特别法优于普通法原则是指对同一事项两部法律分别有一般规定和特别规定时，特别规定的效力高于一般规定的效力。当对某些税收问题需要做出特殊规定，但是又不便于普遍修订税法时，即可以通过特别法的形式予以规范。凡是特别法中做出规定的，即排斥普通法的适用。不过这种排斥仅就特别法中的具体规定而言，并不是说随着特别法的出现，原有的居于普通法地位的税法即告废止。

（五）实体从旧程序从新原则

实体从旧程序从新原则是指实体税法不具备溯及力，而程序性税法在特定条件下具备一定的溯及力。实体从旧程序从新原则包括两方面的内容：一是有关税收权利与义务的产生、变更和灭失的税收实体法，比如在应税行为或事实发生后有所变动，除非法律有特别规定，否则对该行为或事实应适用其发生当时的税法规定，即遵循法律不溯及既往原则。二是对新法公布实施以前发生的税收债务，税务机关在适用征税程序或收回税收债务时，则不问税收债权债务发生的时期，征管程序上一律适用新法，即遵循新法优于旧法原则。

【特别提示】税收实体法和税收程序法的功能作用不同。税收实体法针对具体税种，是税法的核心部分；税收程序法针对税收管理，是税法体系的基本组成部分。

【以案说法】关于实体从旧程序从新原则，如 2008 年 1 月 1 日前，企业所得税税率为 33%，申报缴纳的期限为 4 个月；2008 年 1 月 1 日后，企业所得税税率为 25%，申报缴纳的期限由 4 个月改为 5 个月，2008 年在汇算清缴 2007 年的企业所得税时，因为这是 2007 年的业务，根据实体从旧程序从新原则，计算企业所得税时适用 33% 的税率，申报期限是 5 个月。因为税率属于实体法的内容，而纳税期限为程序法的内容。

（六）程序优于实体原则

程序优于实体原则是关于税收争讼法的原则，是指在诉讼发生时税收程序法优于税收实体法适用。纳税人通过税务行政复议或税务行政诉讼寻求法律保护的前提条件之一是必须事先履行税务行政执法机关认定的纳税义务，而不管这项纳税义务是否完全发生。否则，税务行政复议机关或司法机关对纳税人的申诉不予受理。程序优于实体原则的作用在于确保国家课税权的实现，不因争议的发生而影响税款的及时、足额入库。

【特别提示】某纳税人与税务机关产生了纳税争议，准备申请税务行政复议。必须在纳税人缴纳有争议的税款后，税务行政复议机关才能受理纳税人的复议申请。这体现了程序优于实体原则。

第三节　税务管理制度

一、税务登记管理

（一）税务登记的含义

税务登记是税务机关依据税法规定对纳税人的生产经营活动进行登记管理的一项基本制度。企业，企业在外地设立的分支机构和从事生产、经营的场所，个体工商户和从事生产、经营的事业单位，均应当按照《中华人民共和国税收征收管理法》《中华人民共和国税收征收管理法实施细则》《税务登记管理办法》的规定办理税务登记。

税务登记包括设立税务登记、变更税务登记、停业复业登记、注销税务登记、跨区域涉税事项报验管理等内容。

《国家税务总局关于落实"三证合一"登记制度改革的通知》（税总函〔2015〕482 号）规定，从 2015 年 10 月 1 日起在全国全面推行"三证合一、一照一码"登记改革。

【特别提示】"三证"是指原先由工商管理部门核发的工商营业执照、质监部门核发的组织机构代码证、税务机关核发的税务登记证。

《工商总局等五部门关于贯彻落实〈国务院关于加快推进"五证合一、一照一码"登记制度改革的通知〉的通知》（工商企注字〔2016〕150 号）规定，从 2016 年 10 月 1 日起在全国范围推行"五证合一、一照一码"登记改革。

【特别提示】"五证"是指原先由工商管理部门核发的工商营业执照、质监部门核发的组织机构代码证、税务机关核发的税务登记证、社保部门核发的社会保险登记证、统计部门核发的统计登记证。

把各类证照整合到营业执照上，实现"多证合一、一照一码"，使"一照一码"营业执照成为企业唯一的"身份证"，使统一社会信用代码成为企业唯一身份代码，实现企业"一照一码"走天下。

（二）"一照一码"营业执照申请核发

"一照一码"营业执照申请核发的具体办理流程如图 1-1 所示。

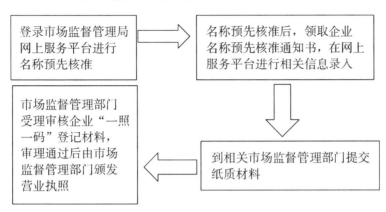

图 1-1 "一照一码"营业执照申请核发的具体办理流程

（三）设立税务登记

1. 办理税务登记的地点

从事生产、经营的纳税人，向生产、经营所在地税务机关办理税务登记。非从事生产经营但依照规定负有纳税义务的其他纳税人，向纳税义务发生地税务机关办理税务登记。税务机关对纳税人税务登记地点发生争议的，由其共同的上级税务机关指定管辖。

2. 申报办理税务登记的时限

（1）从事生产、经营的纳税人领取工商营业执照的，应当自领取工商营业执照之日起 30 日内申报办理税务登记，税务机关发放税务登记证及副本。

（2）从事生产、经营的纳税人未办理工商营业执照但经有关部门批准设立的，应当自有关部门批准设立之日起 30 日内申报办理税务登记，税务机关发放税务登记证及副本。

（3）从事生产、经营的纳税人未办理工商营业执照也未经有关部门批准设立的，应当自纳税义务发生之日起 30 日内申报办理税务登记，税务机关发放临时税务登记证及副本。

（4）有独立的生产经营权、在财务上独立核算并定期向发包人或出租人上交承包费或租金的承包承租人，应当自承包承租合同签订之日起 30 日内，向其承包承租业务发生地税务机关申报办理税务登记，税务机关发放临时税务登记证及副本。

（5）境外企业在中国境内承包建筑、安装、装配、勘探工程和提供劳务的，应当自项目合同或协议签订之日起 30 日内，向项目所在地税务机关申报办理税登记，税务机关发放临时税务登记证及副本。

（6）非从事生产经营但依照规定负有纳税义务的其他纳税人，除国家机关、个人和无固定生产、经营场所的流动性农村小商贩外，均应当自纳税义务发生之日起 30 日内，向纳税义务发生地税务机关申报办理税务登记，税务机关发放税务登记证及副本。设立登记情形总结如表1-2所示。

表1-2　设立登记情形总结

设立登记情形	登记时间	登记地点
从事生产经营的纳税人	领取工商营业执照的，应当自领取工商营业执照之日起30日内办理	生产经营地
	未办理工商营业执照但经有关部门批准设立的，应当自有关部门批准设立之日起30日内办理	
	未办理工商营业执照也未经有关部门批准设立的，应当自纳税义务发生之日起30日内办理	
非从事生产经营的纳税人	除国家机关、个人和无固定生产、经营场所的流动性农村小商贩外，均应当自纳税义务发生之日起30日内办理	纳税义务发生地

【特别提示】从事生产、经营的个人应办而未办工商营业执照，但发生纳税义务的，可以按规定申请办理临时税务登记。

3. 办理税务登记的程序

（1）申请税务登记。纳税人应当在规定的时限内，向主管税务机关申报办理税务登记，并根据不同情况向主管税务机关如实提供以下证件和资料：工商营业执照或其他核准执业证件；有关合同、章程、协议书；组织机构统一代码证书；法定代表人或负责人或业主的居民身份证、护照或其他合法证件。其他需要提供的有关证件、资料，由省、自治区、直辖市税务机关确定。

（2）填写税务登记表。纳税人在申报办理税务登记时，应当如实填写税务登记表。税务登记表的主要内容包括：单位名称、法定代表人或业主姓名及其居民身份证、护照或其他合法证件的号码；住所、经营地点；登记类型；核算方式；生产经营方式；生产经营范围；注册资金（资本）、投资总额；生产经营期限；财务负责人、联系电话；国家税务总局确定的其他有关事项。

（3）税务登记证件的核发和管理。纳税人提交的证件和资料齐全且税务登记表的填写内容符合规定的，税务机关应当日办理并发放税务登记证件。纳税人提交的证件和资料不齐全或税务登记表的填写内容不符合规定的，税务机关应当场告知其补充修正或重新填报。

（四）变更税务登记

变更税务登记是指纳税人办理设立税务登记（"一照一码"登记之后为领取"一照一码"营业执照）后，因登记内容发生变化，需要对原有登记内容进行更改，而向主管税务机关申报办理的税务登记。办理变更登记的程序如下：

1. 纳税人提出书面申请报告，并提供证件、资料

纳税人已在市场监督管理部门办理变更登记的，应自市场监督管理部门办理变更登记之日起30日内，持"一照一码"营业执照原件及其复印件、纳税人变更登记内容的有关证明文件原件及其复印件、公章和其他有关资料，到主管税务机关申报办理变更税务登记。

纳税人按照规定不需要在市场监督管理部门办理变更登记，或者其变更登记的内容与工商登记内容无关的，应当自税务登记内容实际发生变化之日起30日内，或者自有关机关批准或宣布变更之日起30日内，持纳税人变更登记内容的有关证明文件原件及其复印件、公章和其他有关材料，到主管税务机关申报办理变更税务登记。

2. 纳税人领取并填写"变更税务登记表"

纳税人填写完相关内容后，在相关位置盖上单位公章并在经办人签章、法定代表人（负责人）签章处签上相关人员姓名，之后将"变更税务登记表"交至税务登记窗口。

【实务问答】换了"一照一码"新证的企业，发生生产经营地址、财务负责人、核算方式三项信息变更，应向市场监督管理部门申请还是向主管税务机关申请？

【问答解析】办理"一照一码"登记的企业，生产经营地、财务负责人、核算方式由企业登记机关在新设时采集。在税务管理过程中，上述信息发生变化的，由企业向主管税务机关，即各区税务局申请变更。除上述三项信息外，企业在登记机关登记时采集的信息发生变更，均由企业向登记机关（市场监督管理部门）申请变更。

（五）停业复业登记

停业复业登记是指实行定期定额征收方式的纳税人，因自身经营的需要暂停经营或恢复经营而向主管税务机关申请办理的税务登记手续。

实行定期定额征收方式的个体工商户需要停业的，应当在停业前向税务机关申报办理停业登记。

【特别提示】纳税人的停业期限不得超过1年。

1. 停业登记程序

纳税人在申报办理停业登记时，应如实填写"停业申请登记表"，说明停业理由、停业期限、停业前的纳税情况和发票的领、用、存情况，并结清应纳税款、滞纳金、罚款。税务机关应收存其发票领购簿、未使用完的发票和其他税务证件。

【特别提示】纳税人在停业期间发生纳税义务的，应当按照税收法律、行政法规的规定申报缴纳税款。

2. 复业登记程序

纳税人应当于恢复生产经营之前，向税务机关申报办理复业登记，如实填写"停、复业报告书"，领回并启用发票领购簿及其停业前领购的发票。

纳税人停业期满不能及时恢复生产经营的，应当在停业期满前到税务机关办理延长停业登记，并如实填写"停、复业报告书"。

（六）注销税务登记

注销税务登记是指纳税人由于出现法定情形终止纳税义务时，向原主管税务机关申请办理的取消税务登记的手续。办理注销税务登记的，该当事人不再接受原主管税务机关的管理。

纳税人发生解散、破产、撤销以及依法终止纳税义务情形的，应当在向市场监督管理部门或其他部门办理注销登记前，持有关证件和资料向原主管税务机关申报办理注销税务登记。

纳税人按照规定不需要在市场监督管理部门或其他部门办理注销登记的，应当在有关部门批准或宣告注销之日起15日内，持有关证件向原主管税务机关申报办理注销税务登记。

纳税人被市场监督管理部门吊销营业执照或被其他部门予以撤销登记的，应当自营业执照被吊销或者被撤销登记之日起15日内，持有关证件向原主管税务机关申报办理注销税务登记。

纳税人因住所、经营地点变动，涉及改变主管税务机关的，应当在向市场监督管理部门或其他部门申请办理变更、注销登记前，或者住所、经营地点变动前，持有关证件和资料，向原主管税务机关申报办理注销税务登记，并自注销税务登记之日起30日内到迁达地重新注册登记。

境外企业在中国境内承包建筑、安装、装配、勘探工程和提供劳务的，应当在项目完工、离开中国前15日内，持有关证件和资料，向原主管税务机关申报办理注销税务登记。

【特别提示】根据税收法律、行政法规的规定，负有扣缴税款义务的扣缴义务人（国家机关除外），应当办理扣缴税款登记。已办理税务登记的扣缴义务人应当自扣缴义务发生之日起30日内，向税务登记地税务机关申报办理扣缴税款登记。税务机关在其税务登记证件上登记扣缴税款事项，税务机关不再发放扣缴税款登记证件。根据税收法律、行政法规的规定可不办理税务登记的扣缴义务人，应当自扣缴义务发生之日起30日内，向机构所在地税务机关申报办理扣缴税款登记，并由税务机关发放扣缴税款登记证件。

二、账簿和凭证管理

账簿和凭证是纳税人进行生产经营活动和核算财务收支的重要资料，也是税务机关对纳税人进行征税、管理、核查的重要依据。纳税人所使用的凭证、登记的账簿、编制的报表及其反映的内容真实可靠，直接关系到计征税款依据的真实性，从而影响应纳税款及时足额入库。因此，账簿和凭证管理是税收管理的基础性工作。

（一）账簿的设置

纳税人、扣缴义务人应按照有关法律、行政法规和国务院财政、税务主管部门的规定设置账簿，根据合法、有效的凭证记账，进行核算。

（1）从事生产、经营的纳税人应当自领取营业执照或发生纳税义务之日起15日内，按照国家有关规定设置账簿。

（2）生产、经营规模小又确无建账能力的纳税人，可以聘请经批准从事会计代理记账业务的专业机构或财会人员代为建账和办理账务。聘请上述机构或人员有实际困难的，经县以上税务机关批准，可以按照税务机关的规定，建立收支凭证粘贴簿、进货销货登记簿或使用税控装置。

（3）扣缴义务人应当自税收法律、行政法规规定的扣缴义务发生之日起10日内，按照所代扣、代收的税种，分别置代扣代缴、代收代缴税款账簿。

纳税人、扣缴义务人会计制度健全，能够通过计算机正确、完整计算其收入和所得或代扣代缴、代收代缴税款情况的，其计算机输出的完整的书面会计记录，可视同会计账簿。

纳税人、扣缴义务人会计制度不健全，不能通过计算机正确、完整计算其收入和所得或代扣代缴、代收代缴税款情况的，应当建立总账及与纳税或代扣代缴、代收代缴税款有关的其他账簿。

（二）对纳税人财务会计制度及其处理办法的管理

纳税人的财务会计制度及其处理办法是其进行会计核算的依据，直接关系到计税依据的真实合理。

1. 备案制度

从事生产、经营的纳税人应当自领取税务登记证件之日起 15 日内，将其财务、会计制度或财务、会计处理办法报送主管税务机关备案。纳税人使用计算机记账的，应当在使用前将会计电算化系统的会计核算软件、使用说明书以及有关资料报送主管税务机关备案。

2. 税法规定优先

从事生产、经营的纳税人和扣缴义务人的财务、会计制度，或者财务、会计处理办法与国务院或国务院财政、税务主管部门有关税收的规定抵触的，依照国务院或国务院财政、务主管部门有关税收的规定计算应纳税款、代扣代缴和代收代缴税款。

（三）账簿、凭证等涉税资料的保存

从事生产、经营的纳税人、扣缴义务人必须按照国务院财政、税务主管部门规定的保管期限保管账簿、记账凭证、完税凭证及其他有关资料。账簿、记账凭证、报表、完税凭证、发票、出口凭证以及其他有关涉税资料应当保存 10 年，但是法律、行政法规另有规定的除外。账簿、记账凭证、完税凭证及其他有关资料不得伪造、变造或擅自损毁。

三、发票管理

（一）发票的领购

发票是指在购销商品、提供或接受服务以及从事其他经营活动中，开具、收取的收付款凭证。发票是确定经济收支行为发生的证明文件，是财务收支的法定凭证和会计核算的原始凭证，也是税务稽查的重要依据。

国务院税务主管部门统一负责全国的发票管理工作。发票的种类、联次、内容以及使用范围由国务院税务主管部门规定。

发票的基本联次包括存根联、发票联、记账联。存根联由收款方或开票方留存备查；发票联由付款方或受票方作为付款原始凭证；记账联由收款方或开票方作为记账原始凭证。省以上税务机关可以根据发票管理情况以及纳税人经营业务需要，增减除发票联以外的其他联次，并确定其用途。

发票一般分为增值税专用发票和其他发票。增值税专用发票由国务院税务主管部门确定的企业印制；其他发票按照国务院税务主管部门的规定，由省、自治区、直辖市税务机关确定的企业印制。国家禁止私自印制、伪造、变造发票。

需要领购发票的单位和个人，应当持税务登记证件（"一照一码"营业执照副本）、经办人身份证明、按照国务院税务主管部门规定式样制作的发票专用章的印模，向主管税务机关办理发票领购手续。主管税务机关根据领购单位和个人的经营范围与规模，确认领购发票的种类、数量以及领购方式，在五个工作日内发给发票领购簿。

单位和个人领购发票时，应当按照税务机关的规定报告发票使用情况，税务机关应当按照规定进行查验。

【**特别提示**】依法办理税务登记的单位和个人首次领购发票时，同银行签订委托银行代扣税款协议，送交税务主管部门后，向主管税务机关申请领购发票。申请领购发票的单位和个人应当提出购票申请，提供"一照一码"营业执照副本、经办人身份证明或其他有关证明以及发票专用章的印模，经主管税务机关审核后发给发票领购簿。领购发票的单位和个人凭发票领购簿核准的种类、数量及购票方式，向主管税务机关领购发票。

需要临时使用发票的单位和个人，可以凭购销商品、提供或接受服务以及从事其他经营活动的书面证明、经办人身份证明，直接向经营地税务机关申请代开发票。依税收法律、行政法规规定应当缴纳税款的，税务机关应当先征收税款，再开具发票。税务机关根据发票管理的需要，可以按照国务院税务主管部门的规定委托其他单位代开发票，禁止非法代开发票。

【**特别提示**】用票单位可以书面向税务机关要求使用印有本单位名称的发票，税务机关依据《中华人民共和国发票管理办法》第十五条的规定，确认印有该单位名称发票的种类和数量。

（二）发票的开具和保管

1. 发票的开具

销售商品、提供服务以及从事其他经营活动的单位和个人，对外发生经营业务收取款项，收款方应当向付款方开具发票；特殊情况下，由付款方向收款方开具发票。

2. 发票开具应注意的问题

（1）所有单位和从事生产、经营活动的个人，在购买商品、接受服务以及从事其他经营活动支付款项，应当向收款方取得发票。取得发票时，不得要求变更品名和金额。

（2）不符合规定的发票，不得作为财务报销凭证，任何单位和个人有权拒收。

（3）开具发票应当按照规定的时限、顺序、栏目，全部联次一次性如实开具，并加盖发票专用章。具体来说，单位和个人在开具发票时，必须做到按照号码顺序填开，填写项目齐全，内容真实，字迹清楚，全部联次一次打印，内容完全一致，并在发票联和抵扣联加盖发票专用章。

【**特别提示**】根据规定，发票上只能加盖发票专用章，不能加盖财务专用章。

任何单位和个人不得为他人、为自己开具与实际经营业务情况不符的发票，让他人为自己开具与实际经营业务情况不符的发票，介绍他人开具与实际经营业务情况不符的发票。

（4）安装税控装置的单位和个人应当按照规定使用税控装置开具发票，并按期向主管税务机关报送开具发票的数据。使用非税控电子器具开具发票的单位和个人应当将非税控电子器具使用的软件程序说明资料报主管税务机关备案，并按照规定保存、报送开具发票的数据。

（5）除国务院税务主管部门规定的特殊情形外，发票限于领购单位和个人在本省、自治区、直辖市内开具。省、自治区、直辖市税务机关可以规定跨市、县开具发票的办法。

（6）除国务院税务主管部门规定的特殊情形外，任何单位和个人未经批准，不得跨规定的使用区域携带、邮寄、运输空白发票。禁止携带、邮寄或者运输空白发票出入境。

（7）自 2017 年 7 月 1 日起，购买方为企业的，索取增值税普通发票时，应向销售方提供纳税人识别号或统一社会信用代码，销售方为其开具增值税普通发票时，应在"购买方纳税人识别号"栏填写购买方的纳税人识别号或统一社会信用代码。不符合规定的发票，不得作为税收凭证。

（8）销售方开具增值税发票时，发票内容应按照实际销售情况如实开具，不得根据购买方要求填开与实际交易不符的内容。销售方开具发票时，通过销售平台系统与增值税发票税控系统后台对接，导入相关信息开票的，系统导入的开票数据内容应与实际交易相符，如不相符应及时修改完善销售平台系统。

3. 发票保管应注意的问题

（1）开具发票的单位和个人应当建立发票使用登记制度，设置发票登记簿，并定期向主管税务机关报告发票使用情况。

（2）开具发票的单位和个人应当在办理变更或注销税务登记的同时，办理发票和发票领购簿的变更、缴销手续。

（3）开具发票的单位和个人应当按照税务机关的规定存放和保管发票，不得擅自损毁。已经开具的发票存根联和发票登记簿，应当保存 5 年。保存期满，报经税务机关查验后销毁。

（4）任何单位和个人应当按照发票管理规定使用发票，不得有下列行为：转借、转让、介绍他人转让发票、发票监制章和发票防伪专用品，知道或应当知道是私自印制、伪造、变造、非法取得或废止的发票而受让、开具、存放、携带、邮寄、运输，扩大发票使用范围，以其他凭证代替发票使用。

【课程思政】根据规定，对违反发票管理法规的行为，任何单位和个人可以举报，税务机关应当为检举人保密，并且酌情给予奖励。发票应当使用中文印制，但民族自治地方的发票，可以加印当地一种通用的民族文字。有实际需要的，也可以同时使用中外两种文字印制。请思考：上述规定对举报人和税务机关赋予了哪些权利与义务？这些规定至少反映了哪些方面的思政元素？

【问题思考】某企业取得国外的发票或凭证，如何入账？是否需要到税务机关登记备案？

【问答解答】根据《中华人民共和国发票管理办法》的规定，单位和个人从中国境外取得的与纳税有关的发票或凭证，税务机关在纳税审查时有疑义的，可以要求其提供境外公证机构或注册会计师的确认证明，经税务机关审核认可后，方可作为记账核算的凭证。因此，企业取得境外发票或凭证可以列支，但税务机关审查时需要由单位和个人提供确认证明。

（三）网络发票

网络发票是指符合国家税务总局统一标准并通过国家税务总局及省、自治区、直辖市税务局公布的网络发票管理系统开具的发票。

开具发票的单位和个人开具网络发票应登录网络发票管理系统，如实完整填写发票的相关内容及数据，确认保存后打印发票。开具发票的单位和个人在线开具的网络发票，经系统自动保存数据后即完成开票信息的确认、查验。

税务机关应根据开具发票的单位和个人的经营情况，核定其在线开具网络发票的种类、行业类别、开票限额等内容。

开具发票的单位和个人需要变更网络发票核定内容的，可以向税务机关提出书面申请，经税务机关确认，予以变更。

单位和个人取得网络发票时，应及时查询验证网络发票信息的真实性、完整性，对不符合规定的发票，不得作为财务报销凭证，任何单位和个人有权拒收。开具发票的单位和个人需要开具红字发票的，必须收回原网络票全部联次或取得受票方出具的有效证明，通过网络发票管理系统开具金额为负数的红字网络发票。

开具发票的单位和个人作废开具的网络发票，应收回原网络发票全部联次，注明"作废"，并在网络发票管理系统中进行发票作废处理。开具发票的单位和个人应当在办理变更或注销税务登记的同时，办理网络发票管理系统的用户变更、注销手续并缴销空白发票。

税务机关根据发票管理的需要，可以按照国家税务总局的规定委托其他单位通过网络发票管理系统代开网络发票。税务机关应当与受托代开发票的单位签订协议，明确代开网络发票的种类、对象、内容和相关责任等内容。

开具发票的单位和个人必须如实在线开具网络发票，不得利用网络发票进行转借、转让、虚开发票及其他违法活动。开具发票的单位和个人在网络出现故障，无法在线开具发票时，可以离线开具发票。开具发票的单位和个人在开具发票后，不得改动开票信息，并于 48 小时内上传开票信息。

【特别提示】随着网络发票推广应用，以无纸化为特征的电子发票试点的步伐也在加快。电子发票是信息时代发票形态及服务管理方式变革的新产物，是储存信息系统的电子记录信息，是全新的无纸化发票形式。电子发票有利于进一步简化发票的流转、贮存、查验、比对，提升节能减排效益，降低纳税人成本，强化税务发票管理。从长远看，电子发票将是发票的未来发展方向。

四、纳税申报管理

（一）纳税申报的主体

纳税申报是指纳税人依照税法规定，定期就计算缴纳税款的有关事项向税务机关提交书面报告的法定手续。纳税申报是确定纳税人是否履行纳税义务和界定法律责任的主要依据。

凡是按照国家法律、行政法规的规定负有纳税义务的纳税人或代征人、扣缴义务人（含享受减免税的纳税人），无论本期有无应纳、应缴税款，都必须按税法规定的期限如实向主管税务机关办理纳税申报。

纳税人应指派专门办税人员持办税员证办理纳税申报。纳税人必须如实填报纳税申报表，并加盖单位公章，同时按照税务机关的要求提供有关纳税申报资料，纳税人应对其申报内容承担完全的法律责任。

（二）纳税申报的内容与资料

1. 纳税申报的内容

纳税人、扣缴义务人的纳税申报或代扣代缴、代收代缴税款报告的主要内容包括税种、税目，应纳税项目或应代扣代缴、代收代缴税款项目，计税依据，扣除项目及标准，适用税率或单位税额，应退税项目及税额、应减免税项目及税额，应纳税额或应代扣代缴、代收代缴税额，税款所属期限，延期缴纳税款、欠税、滞纳金等。

2. 纳税申报的资料

纳税人必须依照法律、行政法规规定的期限或税务机关依照法律、行政法规的规定确定的申报期限、申报内容如实办理纳税申报，报送纳税申报表、财务会计报表以及税务机关根据实际需要要求纳税人报送的其他纳税资料。其他纳税资料具体包括以下内容：

（1）财务会计报表及其他说明材料。

（2）与纳税有关的合同、协议书及凭证。

（3）税控装置的电子报税资料。

（4）外出经营活动税收管理证明和异地完税凭证。

（5）境内或境外公证机构出具的有关证明文件。

（6）税务机关规定应当报送的其他有关证件、资料。

（三）纳税申报的方式

目前，我国纳税申报方式主要有直接申报、数据电文申报、委托申报、邮寄申报、银行网点申报等。

1. 直接申报

直接申报是指纳税人直接到税务机关的办税服务厅进行纳税申报。

2. 数据电文申报

数据电文申报是指以税务机关确定的电话语音、电子数据交换和网络传输等电子方式进行纳税申报。这种方式运用了新的电子信息技术，代表着纳税申报方式的发展方向，使用范围逐渐扩大。

【特别提示】纳税人、扣缴义务人采取数据电文方式办理纳税申报的，其申报日期以税务机关计算机网络系统收到该数据电文的时间为准，与数据电文相对应的纸质申报资料的报送期限由税务机关确定。

3. 委托申报

委托申报又称代理申报，是指纳税人委托经批准的，具有税务代理资格的中介机构（如税务师事务所、会计代理记账公司等）代为纳税申报。

4. 邮寄申报

邮寄申报是指纳税人使用统一规定的纳税申报特快专递专用信封，通过邮寄的方式，将纳税申报表及有关纳税资料送达税务机关。邮寄申报以寄出的邮戳日期为实际申报日期。

5. 银行网点申报

银行网点申报是在税银联网的基础上，主管税务机关委托指定银行受理纳税申报和代征税款。增值税小规模纳税人同税务机关指定银行签订委托代缴税款协议，开设缴税账户，并在规定的申报缴税期限内，到开户的缴税银行网点进行申报纳税，或者委托银行按照税务机关核定的应纳税额直接划缴入库的一种申报纳税方式。

6. 简易申报与简并征期

实行定期定额方式缴纳税款的纳税人可以实行简易申报、简并征期等申报纳税方式。这里所称的简易申报，是指实行定期定额缴纳税款的纳税人在法律、行政法规规定的期限内或税务机关依照法律、行政法规的规定确定的期限内缴纳税款的，税务机关可以视同申报。简并征期是指实行定期定额缴纳税款的纳税人，经税务机关批准可以采取将纳税期限合并为按季、按半年、按一年的方式缴纳税款，具体期限由省级税务机关根据具体情况确定。

（四）纳税申报的要求

（1）纳税人、扣缴义务人，不论当期是否发生纳税义务，除经税务机关批准外，均应当按照规定办理纳税申报或报送代扣代缴、代收代缴税款报告表。

（2）纳税人享受减税、免税待遇的，在减税、免税期间应当按照规定办理纳税申报。

【课程思政】某纳税人从事免税项目，但未办理纳税申报。后来税务机关上门查出了该问题，对该纳税人依法进行了处罚。请思考：该纳税人和税务机关的做法是否是正确的。

【思政解析】该纳税人的做法不正确，及时申报纳税是纳税人的义务，无论是否纳税。税务机关的做法是正确的。因为《中华人民共和国税收征收管理法实施细则》第三十二条规定：纳税人享受减税、免税待遇的，在减税、免税期间应当按照规定办理纳税申报。《中华人民共和国税收征收管理法》第六十二条规定：纳税人未按照规定的期限办理纳税申报和报送纳税资料的，或者扣缴义务人未按照规定的期限向税务机关报送代扣代缴、代收代缴税款报告表和有关资料的，由税务机关责令限期改正，可以处 2 000 元以下的罚款；情节严重的，可以处 2 000 元以上 10 000 元以下的罚款。

（3）纳税人、扣缴义务人按照规定的期限办理纳税申报或报送代扣代缴、代收代缴税款报告表确有困难、需要延期的，应当在规定的期限内向税务机关提出书面延期申请，经税务机关核准，在核准的期限内办理。

纳税人、扣缴义务人因不可抗力，不能按期办理纳税申报或报送代扣代缴、代收代缴税款报告表的，可以延期办理。但是，纳税人、扣缴义务人应当在不可抗力情形消除后立即向税务机关报告。税务机关应当查明事实，予以批准。

【特别提示】纳税人申请延期缴纳税款应符合下列条件之一，并提供相应的证明材料：第一，水、火、风、雹、海潮、地震等自然灾害的灾情报告；第二，可供纳税的现金、支票以及其他财产遭受查封、冻结、偷盗、抢劫等意外事故，有法院或公安机关出具的执行通告或事故证明；第三，国家经济政策调整的依据；第四，货款拖欠情况说明及所有银行账号的银行对账单、资产负债表。

纳税人延期缴纳税款申报的具体操作程序如下：

①纳税人向主管税务机关填报"延期缴纳税款申请审批表"进行书面申请。

②主管税务机关审核无误后，必须经省（自治区、直辖市）税务局批准方可延期缴纳税款。

【特别提示】第一，延期期限最长不能超过3个月，且同一笔税款不得滚动审批。批准延期免予加收滞纳金。第二，经核准延期办理以上规定的申报、报送事项的，纳税人应当在纳税期内按照上期实际缴纳的税额或税务机关核定的税额预缴税款，并在核准的延期内办理税款结算。第三，延期申报不等于延期纳税。延期申报需要预缴税款，并在核准的延期内办理的税结算。

（4）纳税人和扣缴义务人在有效期间，没有取得应税收入或所得，没有应缴税款发生，或者已办理税务登记但未开始经营或开业期间没有经营收入的纳税人，除已办理停业审批手续的以外，其他的必须按规定的纳税申报期间进行零申报。纳税人进行零申报，应在申报期间向主管税务机关正常报送纳税申报表及有关资料，并在纳税申报表上注明"零"或"无收入"字样。

【特别提示】自2021年6月1日起，纳税人申报缴纳城镇土地使用税、房产税、车船税、印花税、耕地占用税、资源税、土地增值税、契税、环境保护税、烟叶税中一个或多个税种时，使用"财产和行为税纳税申报表"。纳税人新增税源或税源变化时，须先填报"财产和行为税税源明细表"。自2021年8月1日起，增值税、消费税分别与城市维护建设税、教育费附加、地方教育附加申报表整合，启用"增值税及附加税费申报表（一般纳税人适用）""增值税及附加税费申报表（小规模纳税人适用）""增值税及附加税费预缴表"及其附列资料和"消费税及附加税费申报表"。

五、税款征收与缴纳管理

（一）税款征收方式

税款征收是指税务机关依照税收法律法规的规定，将纳税人依法应当缴纳的税款组织入库的一系列活动的总称。它是税收征收管理工作的中心环节，是全部税收征管工作的目的和归宿。根据《中华人民共和国税收征收管理法》及其实施细则的规定，税款征收方式主要有以下几种：

1. 查账征收

查账征收是指税务机关按照纳税人提供的账表所反映的经营情况，依照适用税率计算缴纳税款的方式。查账征收适用于账簿、凭证、会计等核算制度比较健全，能够据以如实核算生产经营情况，正确计算应纳税款的纳税人。

2. 核定征收

核定征收是指税务机关对不能完整、准确提供纳税资料的纳税人，采用特定方法确定其应纳税收入或应纳税额，纳税人据以缴纳税款的一种征收方式。核定征收具体包括：

（1）查定征收。查定征收是指由税务机关根据纳税人的从业人员、生产设备、原材料消耗等因素，在正常生产经营条件下，对其生产的应税产品，查实核定产量、销售额并据以征收税款的一种方式。查定征收适用于生产规模较小、账册不健全、产品零星、税源分散的小型厂矿和作坊。

（2）查验征收。查验征收是指税务机关对纳税人的应税商品，通过查验数量，按市场一般销售单价计算其销售收入并据以征税的方式。查验征收适用于对城乡集贸市场中的临时经营者和机场、码头等场所的经销商的课税。

（3）定期定额征收。定期定额征收是指对一些营业额、所得额不能准确计算的小型工商户，经过自报评议，由税务机关核定一定时期的营业额和所得税附征率，实行多税种合并征收的方式。

【课程思政】核定征收适用于以下几种情况：依照《中华人民共和国税收征收管理法》可以不设置账簿的，或者应当设置账簿但未设置的；擅自销毁账簿或拒不提供纳税资料的；虽设置账簿，但账目混乱或成本资料、收入凭证、费用凭证残缺不全，难以查账征收的；发生纳税义务，未按照规定的期限办理纳税申报，经税务机关责令限期申报，逾期仍不申报的；关联企业不按照独立企业之间的业务往来收取或支付价款、费用，而减少其应纳税的收入或所得额的。一个合格的纳税人应该依法设立会计机构并配备相应的会计人员、设置账簿、保管账簿、编制会计报表、按要求提供纳税资料，同时按照规定期限办理纳税申报。这是诚实守信纳税人的基本职责与义务，企业纳税是对国家强盛、社会进步、经济发展和人民富裕的积极贡献，理应大力提倡和弘扬。

3. 代扣代缴、代收代缴征收

代扣代缴是指支付纳税人收入的单位和个人从所支付的纳税人收入中扣缴其应纳税款并向税务机关解缴的行为。代收代缴征收是指与纳税人有经济往来关系的单位和个人借助经济往来关系向纳税人收取其应纳税款并向税务机关解缴的行为。这两种征收方式适用于税源零星分散、不易管控的纳税人。

4. 委托代征

委托代征是指税务机关为了解决税务专管员人力不足的矛盾，根据国家法律法规的授权，并根据加强税款征收，保障国家税收收入实际需要，依法委托给其他部门和单位代为执行税款征收任务的一种税款征收方式。

5. 自核自缴

自核自缴也称"三自纳税"，是指纳税人按照税务机关的要求，在规定的缴款期限内，根据其财务会计情况，依照税法规定，自行计算税款，自行填写纳税缴款书，自行向开户银行缴纳税款，税务机关对纳税单位进行定期或不定期检查的一种税款征收方式。

6. 其他征收方式

其他征收方式包括利用网络申报、用智能卡（IC 卡）纳税申报等方式。

（二）税款征收程序

因征收方式不同，税款征收程序也有所不同。税款一般由纳税人直接向国家金库经收处（设在银行）缴纳。国库经收处将收缴的税款，随同缴款书划转至金库后，税款征收入库手续即告完成。

根据《中华人民共和国税收征收管理法》第三十四条的规定，税务机关征收税款时，必须开具完税凭证。完税凭证作为税务机关收取税款时的专用凭证和纳税人履行纳税义务的合法证明，其式样由国家税务总局统一制定。完税凭证的种类包括各种完税证、缴款书、印花税票、扣（收）税凭证及其他完税证明。

（三）税款缴纳方式

1. 纳税人直接申报缴纳税款

根据税务机关的规定，纳税人可以分别采取预储划转、现金缴税、支票缴款的缴库方式。

（1）预储划转缴库方式的程序。纳税人在办税服务厅内所设的银行专柜开设"税款预储"账户，在自行计算出应缴税款后，先将应纳税款转入"税款预储"账户，之后持纳税申报表到办税服务厅，办理申报缴税手续，由税务机关开具缴款书或完税证明并通知银行将其应纳税款直接从其"税款预储"账户划转国库。

（2）现金缴税缴库方式的程序。现金缴税有两种情况：一是纳税人持现金到办税服务厅申报缴税，税务机关填开缴款书或完税证明交给纳税人，纳税人持现金和缴款凭证到办税服务厅内银行专柜办理缴款；二是纳税人持现金向税务机关缴税，税务机关收款后当即开具完税证明，现金于当日由税务机关汇总入国库。

（3）支票缴款缴库方式的程序。纳税人持纳税申报表和应付税款等额支票向税务机关申报缴税，税务机关审核无误当即填开完税证明交给纳税人，支票由税务机关当日集中送交国库办理缴款。

2. 纳税人采用网上数据电文等方式申报缴纳税款

根据税务机关的规定，实行网上申报、电话语音和银行批量扣缴申报的纳税人，办理申报纳税的程序如下：

（1）纳税人在建立银税网络的银行网点开设税款结算账户，用于授权银行扣缴应纳税款，纳税人应保证在税务机关规定的纳税期之前在税款结算账户中存足不低于当月应纳税额的存款（也可以一次存足数月应纳税额的存款）。

（2）纳税人在税务机关规定的申报纳税期限内通过使用申报纳税客户端软件（网上申报方式）、拨打"12366"电话（电话申报方式）进行申报纳税。纳税人申报成功后，由税务机关通知银行及时扣缴税款并开具税收完税证明。

（3）纳税人申报后若需取得完税证明的，可以在申报纳税后六个月内持税务登记证副本到开设税款结算账户的银行网点领取。纳税人未按照规定期限缴纳税款的、扣缴义务人未按照规定期限解缴税款的，税务机关除责令其限期缴纳外，从滞纳税款之日起，按日加收滞纳税款 0.05% 的滞纳金。

加收滞纳金的起止时间为法律、行政法规规定的，或者税务机关依照法律、行政法规的规定确定的税款缴纳期限届满次日起，至纳税人、扣缴义务人实际缴纳或解缴税款之日止。

尾篇课程思政

某县供销社下属的某乡农副产品采购供应站，现已累计欠税 4 万多元。2017 年 11 月 15 日，该乡税务分局的税务员张某来站上对站长说："11 月 20 日前再不缴清欠税，我们就要采取措施了！"11 月 20 日上午，站长正在向县供销社经理汇报税务局催缴欠税的事，突然接到站里打来的电话说："税务局来人将站里收购的 3 吨价值 6 万多元的芦笋拉走了!"站长急忙赶回站里,果然装满芦笋的汽车不见了,只见办公桌上放着一张"查封(扣押)证"和一份"扣押商品、货物财产专用收据"。经过多处筹集,供应站在 11 月 22 日将所欠税款全部缴清。但供应站人员在向张某索要扣押的芦笋时,张某说芦笋存放在食品站的仓库里。当供应站人员一同赶到食品站时,食品站的人说:"保管员回城里休假了。"3 天后供应站人员才见到芦笋。因为其间下了一场大雪,芦笋几乎已全部冻烂。这给供应站带来了 4 万元的直接经济损失。因为供应站未能按合同供应芦笋,还要按照合同支付购货方 1 万元的违约金,合计损失 5 万元。

2017 年 12 月 5 日,供应站书面向该乡税务分局提出了赔偿 5 万元损失的请求,分局长说要向上级请示。12 月 10 日,供应站再向该乡税务分局询问赔偿的事时,分局局长说:"张某及另外的一位同志对供应站实施扣押货物,未经过局长批准,纯属个人行为,税务局不能承担赔偿责任。"同时,分局局长还拿来"查封(扣押)证"的存档联交给供应站有关人员看,果然没有局长签字。12 月 16 日,供应站向县税务局提出税务行政复议申请,请求县税务局裁定该乡税务分局实施扣押货物违法,同时申请赔偿 5 万元的损失。截至 2017 年 12 月 30 日,县税务局尚未作出答复。

请根据上述已知资料,思考下列问题:

(1)该乡税务分局扣押供应站的货物是否违法?

(2)如果上述扣押属于违法行为,供应站的损失应由税务分局来赔偿还是应该由税务人员张某来赔偿?

(3)县税务局若一直不愿做出裁定或裁定不予赔偿,供应站该怎么办?

(4)简要说明本案例所蕴含的思政元素,并谈一谈如何做一名合格的诚实守信的纳税人和优秀的依法行政的税务人员。

课程思政评析

(1)税务分局的行为是违法的。

①该乡税务分局扣押供应站货物的行为,既不是税收保全措施,也不是税收强制执行措施。强制执行措施应当依照《中华人民共和国税收征收管理法》第四十条的规定,先向站长下达"限期缴纳税款通知书",若逾期仍未缴纳时,才可以经县以上税务局局长批准,采取扣押货物等强制执行措施。扣押货物后,税务机关应直接对扣押的货物进行依法拍卖或变卖,以拍卖或变卖所得抵缴税款。税收保全措施应该先向供应站下达"限期缴纳税款通知书",在限期内若发现供应站有明显的转移、隐匿其应纳税的商品、货物以及其他财产或应纳税的收入的迹象时,税务分局还应首先责成供应站提供纳税担保。若供应站不能提供纳税担保,税务分局才可以经县以上税务局局长批准,对供应站采取扣押货物等税收保全措施。

②扣押的货物超过应纳税额。该乡税务分局在执行 4 万多元的税款时,扣押了供应站 6 万元的货物,违反了《中华人民共和国税收征收管理法》第三十八条的规定,即应当扣押、查封纳税人的价值相当于应纳税款的商品、货物或其他财产。

③税务人员张某在扣押供应站的货物时,没有通知供应站领导到场,也没有让供应站主要负责人在"查封(扣押)证"和"扣押商品、货物财产专用收据"上签字,

违反了《中华人民共和国税收征收管理法实施细则》第六十三条规定的程序。

④既然税务分局在扣押供应站的货物后，又允许供应站主动履行纳税义务，税务分局应该在供应站缴税后一日内解除对供应站货物的扣押。该税务分局在三天后才解除对供应站货物的扣押，违反了《中华人民共和国税收征收管理法实施细则》第六十八条的规定。

（2）税务人员张某等扣押货物违法，并给供应站的合法财产造成的损害，乡税务分局是法定的赔偿义务机关。根据《中华人民共和国国家赔偿法》第七条的规定，行政机关及其工作人员行使行政职权侵犯公民、法人和其他组织的合法权益造成损害的，该行政机关为赔偿义务机关。因此，税务人员张某等对供应站采取扣押货物的行为，虽未经局长批准，但完全是税务机关执法不严造成的，与纳税人无关。张某等的行为完全代表税务机关行使行政职权，而不是与行使职权无关的个人行为。

（3）供应站申请行政复议及要求行政赔偿的程序都是合法、有效的。若县税务局至2018年2月14日（申请复议后满60日）尚未做出复议决定，或者供应站对做出的复议决定不服，应在2018年3月3日前，依法向人民法院提起行政诉讼，同时提出行政赔偿请求。根据《中华人民共和国税收征收管理法实施细则》第七十条和《中华人民共和国赔偿法》第二十八条的规定，行政机关及其工作人员在行使行政职权时侵犯公民、法人和其他组织的财产权造成损害的，国家只就直接损失予以赔偿，对间接损失不予赔偿。因此，对该供应站支付给购货方1万元违约金的间接损失，国家将不予赔偿。

（4）本【尾篇课程思政】所蕴含的思政元素至少涉及了专业知识素养、执法程序、法律适用、纳税人主体意识以及公务员的服务意识等问题（学生根据所学知识加以具体化），请思考如何做一名合格的诚实守信的纳税人和优秀的依法行政的税务人员（学生根据所学知识简要谈一谈个人见解）。

第二章

增值税法

党的二十大报告指出："健全现代预算制度，优化税制结构，完善财政转移支付体系。"2016 年 5 月 1 日，浙江温州商人陈某在北京民族饭店开具了中国餐饮住宿业首张增值税专用发票。这一天，营业税完成了历史使命，增值税以新的面貌登上了中国税制的历史舞台。随后，增值税改革年年深化，步步推进。税率由四档简并为三档、降低税率水平、扩大进项税额抵扣范围、推出生产生活性服务业纳税人加计抵减政策、进一步加大普惠性增值税优惠政策支持力度、实施大规模增值税留抵退税。经过多年的改革，我国基本建立了适应国际潮流、具有中国特色的现代增值税制度，在应对经济下行压力、稳定市场预期、激发市场主体活力、保持经济平稳运行中发挥重要作用。

■教学目标

通过本章教学至少应该实现下列目标：能区分增值税一般纳税人和小规模纳税人的标准、增值税专用发票与普通发票的区别；掌握增值税的征税范围、税率、征收率；能根据相关业务资料，掌握增值税一般计税方法下增值税销项税额、进项税额、进项税额转出额和应纳税额的计算，简易计税方法下增值税应纳税额的计算，进口货物增值税应纳税额的计算以及增值税出口退税的计算；熟悉增值税的相关优惠政策及征收管理等知识目标；实现明确增值税纳税人的概念，识别一般纳税人和小规模纳税人的税法地位的差别，根据业务类型判断增值税的征税范围、相应的税率和相关计算方法的能力目标；通过增值税税率的变化，实现领会党的十九大提出的"深化税收制度改革"和党的十九届四中全会提出的"推进国家治理体系和治理能力现代化"精神；结合增值税税收优惠政策，深入了解我国当前实行减税降费等利国利民政策，增强爱党、爱国、爱民的正能量，增强依法纳税意识等思政目标。

第一节　增值税概述

一、增值税的纳税人

（一）增值税纳税人的一般规定

增值税是指对在我国境内销售货物，提供加工、修理修配劳务，销售服务、无形资产、不动产以及进口货物的单位和个人，就其销售货物、劳务、服务、无形资产、不动产的增值额和进口货物金额为计税依据而征收的一种流转税。

在中华人民共和国境内销售货物，提供加工、修理修配劳务，销售服务、无形资产、不动产以及进口货物的单位和个人，为增值税的纳税义务人。

单位是指企业、行政单位、事业单位、军事单位、社会团体及其他单位；个人是指个体工商户和其他个人（自然人）。

【改革意见】根据《中华人民共和国增值税法（征求意见稿）》的规定，在中华人民共和国境内（以下简称"在境内"）发生增值税应税交易（以下简称"应税交易"）

以及进口货物，应当依照增值税法的规定缴纳增值税。其中，应税交易是指销售货物、服务、无形资产、不动产和金融商品。

【特别提示】在境内销售货物，提供加工、修理修配劳务，是指销售货物的起运地或所在地在境内，提供的应税劳务发生在境内。

【特别提示】在境内销售服务、无形资产或者不动产，是指：

（1）服务（租赁不动产除外）或者无形资产（自然资源使用权除外）的销售方或者购买方在境内。

（2）所销售或者租赁的不动产在境内。

（3）所销售自然资源使用权的自然资源在境内。

（4）财政部和国家税务总局规定的其他情形。

下列情形不属于在境内销售服务或者无形资产：

（1）境外单位或者个人向境内单位或者个人销售完全在境外发生的服务。

（2）境外单位或者个人向境内单位或者个人销售完全在境外使用的无形资产。

（3）境外单位或者个人向境内单位或者个人出租完全在境外使用的有形动产。

（4）财政部和国家税务总局规定的他情形。

（二）增值税纳税人的特殊规定

单位以承包、承租、挂靠方式经营的，承包人、承租人、挂靠人（以下统称"承包人"）以发包人、出租人、被挂靠人（以下统称"发包人"）名义对外经营并由发包人承担相关法律责任的，以该发包人为纳税人，否则以承包人为纳税人。

采用承包、承租、挂靠经营方式下，区分以下两种情况界定纳税人：

（1）同时满足以下两个条件的，以发包人为纳税人：第一，以发包人名义对外经营；第二，由发包人承担相关法律责任。

（2）不同时满足上述两个条件的，以承包人为纳税人。

建筑企业与发包方签订建筑合同后，以内部授权或三方协议等方式，授权集团内其他纳税人（以下统称"第三方"）为发包方提供建筑服务，并由第三方直接与发包方结算工程款的，第三方为纳税人，由第三方缴纳增值税并向发包方开具增值税专用发票。与发包方签订建筑合同的建筑企业则不缴纳增值税，发包方可以凭实际提供建筑服务的纳税人开具的增值税专用发票抵扣进项税额。

【问题思考】A 国的甲公司向我国境内的乙公司出租一辆汽车，但该汽车被乙公司安排其在 B 国的分公司使用，请问 A 国的甲公司收取乙公司的租金是否要缴纳增值税？

【问题解答】甲公司从乙公司取得租金收入不属于在我国境内销售服务或无形资产，不征收增值税。也就是说，乙公司无需代扣代缴甲公司的增值税。

【特别提示】2017 年 7 月 1 日（含）以后，资管产品运营过程中发生的增值税应税行为，以资管产品管理人为增值税纳税人。

（三）增值税纳税人的种类

增值税纳税人按会计核算水平和经营规模划分为一般纳税人和小规模纳税人两类，并实行不同的登记管理办法。

1. 一般纳税人

自 2018 年 5 月 1 日起，增值税纳税人年应税销售额超过财政部、国家税务总局规定的小规模纳税人标准的，除税法另有规定外，应当向其机构所在地主管税务机关办理一般纳税人登记。

2. 小规模纳税人

小规模纳税人是指年应征增值税销售额（以下简称"年应税销售额"）在规定标准以下，并且会计核算不健全，不能按规定报送有关税务资料的增值税纳税人。

【特别提示】会计核算不健全是指不能够按照国家统一的会计制度规定设置账簿，也不能够根据合法、有效凭证核算增值税的销项税额、进项税额和应纳税额。

（1）自2018年5月1日起，增值税小规模纳税人认定标准统一为年应税销售额500万元及以下。

（2）年应税销售额超过小规模纳税人标准的其他个人（指自然人）按小规模纳税人纳税（不属于一般纳税人）。

（3）超过小规模纳税人标准的非企业性单位、不经常发生应税行为的企业，可以选择按小规模纳税人纳税；"营改增"试点纳税人，年应税销售额超过小规模纳税人标准但不经常发生应税行为的单位和个体工商户，可以选择按照小规模纳税人纳税。

【特别提示】年应税销售额是指纳税人在连续不超过12个月或4个季度的经营期内累计应征增值税销售额，包括纳税申报销售额、稽查查补销售额、纳税评估调整销售额。其中，纳税申报销售额是指纳税人自行申报的全部应征增值税销售额，包括免税销售额和税务机关代开发票销售额；稽查查补销售额和纳税评估调整销售额计入查补税款申报当月（或当季）的销售额，不计入税款所属期销售额；纳税评估调整销售额是指纳税义务人根据其主管税务机关评估检查的结果，按照税法和会计制度的有关规定，进行的账务处理调整后的销售额。

年应税销售额未超过规定标准的纳税人，会计核算健全，能够提供准确税务资料的，可以向主管税务机关办理一般纳税人登记。

【特别提示】会计核算健全是指能够按照国家统一的会计制度规定设置账簿，根据合法、有效的凭证进行核算。

【问题思考】甲企业2019年10月成立，2019年10~12月销售额为200万元，2020年1~5月销售额为300万元。那么，甲企业在2020年6月是否应该向当地税务局申请登记为一般纳税人？

【问题解答】从2019年10月至2020年5月，在连续12个月的经营期内，甲企业的年应税销售额已经达到500万元，因此甲企业应该于2020年6月向当地税务局申请登记为一般纳税人。

【课程思政】我国于2010年3月20日开始执行的《国家税务总局关于印发〈增值税一般纳税人资格认定管理办法〉宣传材料的通知》（国税函〔2010〕138号）文件的部分内容如下：降低小规模纳税人标准，从事货物生产或提供应税劳务的纳税人以及以从事货物生产或提供应税劳务为主，并兼营货物批发或零售的纳税人，年应征增值税销售额标准由100万元降低为50万元；其他纳税人，年应征增值税销售额标准由180万元降低为80万元。我国于2018年5月1日开始执行的《财政部 国家税务总局关于统一增值税小规模纳税人标准的通知》（财税〔2018〕33号）文件的部分内容如下：增值税小规模纳税人标准为年应征增值税销售额500万元及以下。请从这两次的增值税小规模纳税人的标准调整，思考有何思政意义。

【思政解析】"国税函〔2010〕138号"文件主要目的是完善增值税税制、促进中小的企业发展。"财税〔2018〕33号"文件主要目的是促进"营改增"政策的实施，降低"营改增"前缴纳营业税的企业的税负，实现税负公平。小规模纳税人销售额标准的调整，也体现了我国社会发展不同阶段，国家为促进企业发展，降低企业税负的决心。

二、增值税的扣缴义务人

境外单位或个人在境内提供加工、修理修配劳务，在境内未设有经营机构的，以其境内代理人为增值税的扣缴义务人；在境内没有代理人的，以购买方为增值税的扣缴义务人。

境外单位或个人在境内销售服务、无形资产或不动产，在境内未设有经营机构的，以购买方为增值税的扣缴义务人。财政部和国家税务总局另有规定的除外。

【特别提示】境外单位或者个人在境内发生应税销售行为，在境内未设有经营机构的，扣缴义务人按照下列公式计算应扣缴税额：

$$应扣缴税额=购买方支付的价款÷（1+税率）×税率$$

【改革意见】根据《中华人民共和国增值税法（征求意见稿)》的规定，中华人民共和国境外单位和个人在境内发生应税交易，以购买方为扣缴义务人。

三、增值税的征税范围

（一）销售或进口货物

销售货物是指有偿转让货物的所有权。货物是指有形动产，包括电力、热力、气体在内；有偿是指从购买方取得货币、货物或其他经济利益。

进口货物是指申报进入中国海关境内的货物。只要是报关进口的应税货物，均属于增值税的征税范围，除享受免税政策外，在进口环节缴纳增值税。

（二）提供加工、修理修配劳务

提供加工、修理修配劳务具体包括：加工是指接受来料承做货物，加工后的货物所有权仍属于委托方的业务；委托加工是指由委托方提供原料及主要材料，受托方按照委托方的要求制造货物并收取加工费的业务；修理修配是指受托方对损伤和丧失功能的货物进行修复，使其恢复原状和功能的业务。其不包括单位或个体经营者聘用的员工为本单位或雇主提供加工、修理修配劳务。

提供加工、修理修配劳务是指有偿提供加工修配劳务，有偿是指取得货币、货物或其他经济利益。

（三）销售服务

销售服务是指提供交通运输服务、邮政服务、电信服务、建筑服务、金融服务、现代服务、生活服务。具体征税范围如下：

1. 交通运输服务

交通运输服务是指利用运输工具将货物或旅客送达目的地，使其空间位置得以转移的业务活动，包括陆路运输服务、水路运输服务、航空运输服务、管道运输服务。

（1）陆路运输服务。陆路运输服务是指通过陆路（地上或地下）运送货物或旅客的运输业务活动，包括铁路运输服务和其他陆路运输服务。

铁路运输服务，即通过铁路运送货物或旅客的运输业务活动。其他陆路运输服务，即铁路运输服务以外的陆路运输业务活动，包括公路运输、缆车运输、索道运输、地铁运输、城市轻轨运输等。

出租车公司向使用本公司自有出租车的出租车司机收取的管理费用，按照陆路运输服务缴纳增值税。

（2）水路运输服务。水路运输服务是指通过江、河、湖、川等天然或人工水道以及海洋航道运送货物或旅客的运输业务活动。水路运输的程租、期租业务，属于水路运输服务。

程租业务是指运输企业为租船人完成某一特定航次的运输任务并收取租赁费的业务；期租业务是指运输企业将配备有操作人员的船舶租赁给他人使用一定期限，承租期内听候承租方调遣，无论是否经营，均按天向承租方收取租赁费，发生的固定费用均由船东负担的业务。

（3）航空运输服务。航空运输服务是指通过空中航线运送货物或旅客的运输业务活动。

航空运输的湿租业务属于航空运输服务。湿租业务是指航空运输企业将配备有机组人员的飞机租赁给他人使用一定期限，承租期内听候承租方调遣，无论是否经营，均按一定标准向承租方收取租赁费，发生的固定费用均由承租方承担的业务。

航天运输服务按照航空运输服务缴纳增值税。航天运输服务是指利用火箭等载体将卫星、空间探测器等空间飞行器发射到空间轨道的业务活动。

（4）管道运输服务。管道运输服务是指通过管道设施输送气体、液体、固体物质的运输业务活动。

【特别提示】①自2018年1月1日起，纳税人已售票但客户逾期未消费取得的运输逾期票证收入，按照"交通运输服务"缴纳增值税。

②远洋运输的程租、期租业务属于水路运输服务，远洋运输的光租业务属于现代服务中的租赁服务；航空运输的湿租业务属于航空运输服务，航空运输的干租业务属于现代服务中的租赁服务。

③无运输工具承运业务按照"交通运输服务"缴纳增值税。无运输工具承运业务是指经营者以承运人的身份与托运人签订运输服务合同，收取运费并承担承运人责任，之后委托实际承运人完成运输服务的经营活动。

④在运输工具舱位承包业务中，发包方以其向承包方收取的全部价款和价外费用为销售额，按照"交通运输服务"缴纳增值税。承包方以其向托运人收取的全部价款和价外费用为销售额，按照"交通运输服务"缴纳增值税。运输工具舱位承包业务是指承包方以承运人身份与托运人签订运输服务合同，收取运费并承担承运人责任，之后以承包他人运输工具舱位的方式，委托发包方实际完成相关运输服务的经营活动。

⑤在运输工具舱位互换业务中，互换运输工具舱位的双方均以各自换出运输工具舱位确认的全部价款和价外费用为销售额，按照"交通运输服务"缴纳增值税。运输工具舱位互换业务是指纳税人之间签订运输协议，在各自以承运人身份承揽的运输业务中，互相利用对方的交通工具的舱位完成相关运输服务的经营活动。

2. 邮政服务

邮政服务是指中国邮政集团公司及其所属邮政企业提供邮件寄递、邮政汇兑和机要通信等邮政基本服务的业务活动,包括邮政普遍服务、邮政特殊服务和其他邮政服务。

(1)邮政普遍服务。邮政普遍服务是指函件、包裹等邮件寄递以及邮票发行、报刊发行和邮政汇兑等业务活动。函件是指信函、印刷品、邮资封卡片、无名址函件和邮政小包等。包裹是指按照封装上的名址递送给特定个人或单位的独立封装的物品,其重量不超过50千克,任何一边的尺寸不超过150厘米,长、宽、高合计不超过300厘米。

(2)邮政特殊服务。邮政特殊服务是指义务兵平常信函、机要通信、盲人读物和革命烈士遗物的寄递等业务活动。

(3)其他邮政服务。其他邮政服务是指邮册等邮品销售、邮政代理等业务活动。

【特别提示】邮政储蓄业务按照金融服务缴纳增值税。

3. 电信服务

电信服务是指利用有线、无线的电磁系统或光电系统等各种通信网络资源,提供语音通话服务,传送、发射、接收或应用图像、短信等电子数据和信息的业务活动,包括基础电信服务和增值电信服务。

(1)基础电信服务。基础电信服务是指利用固网、移动网、卫星、互联网,提供语音通话服务的业务活动以及出租或出售带宽、波长等网络元素的业务活动。

(2)增值电信服务。增值电信服务是指利用固网、移动网、卫星、互联网、有线电视网络,提供短信和彩信服务、电子数据和信息的传输及应用服务、互联网接入服务等业务活动。

【特别提示】卫星电视信号落地转接服务,按照增值电信服务缴纳增值税。

4. 建筑服务

建筑服务是指各类建筑物、构筑物及其附属设施的建造、修缮、装饰,线路、管道、设备、设施等的安装以及其他工程作业的业务活动,包括工程服务、安装服务、修缮服务、装饰服务和其他建筑服务。物业服务企业为业主提供的装修服务,按照建筑服务缴纳增值税。纳税人将建筑施工设备出租给他人使用并配备操作人员的,按照建筑服务缴纳增值税。

(1)工程服务是指新建、改建各种建筑物、构筑物的工程作业,包括与建筑物相连的各种设备或支柱、操作平台的安装或装设工程作业以及各种窑炉和金属结构工程作业。

(2)安装服务是指生产设备、动力设备、起重设备、运输设备、传动设备、医疗实验设备以及其他各种设备、设施的装配、安置工程作业,包括与被安装设备相连的工作台、梯子、栏杆的装设工程作业以及被安装设备的绝缘、防腐、保温、油漆等工程作业。

(3)修缮服务是指对建筑物、构筑物进行修补、加固、养护、改善,使之恢复原来的使用价值或延长其使用期限的工程作业。

【特别提示】有形动产修理属于加工、修理修配劳务,建筑物、构筑物的修补、加固养护、改善属于建筑服务中的修缮服务。

（4）装饰服务是指对建筑物、构筑物进行修饰装修，使之美观或具有特定用途的工程作业。

（5）其他建筑服务是指上述工程作业之外的各种工程作业服务。例如，钻井（打井）、拆除建筑物或构筑物、平整土地、园林绿化、疏浚（不包括航道疏浚）、建筑物平移、搭脚手架、爆破、矿山穿孔、表面附着物（包括岩层、土层、沙层等）剥离和清理等工程作业。

【特别提示】航道疏浚属于物流辅助服务。

5. 金融服务

金融服务是指经营金融保险的业务活动，包括贷款服务、直接收费金融服务、保险服务和金融商品转让。"保本收益、报酬、资金占用费、补偿金"是指合同中明确承诺到期本金可全部收回的投资收益。金融商品持有期间（含到期）取得的非保本的上述收益，不属于利息或利息性质收入，不征收增值税。

（1）贷款服务。贷款是指将资金贷给他人使用而取得利息收入的业务活动。各种占用、拆借资金取得的收入，包括金融商品持有期间（含到期）利息（保本收益、报酬资金占用费、补偿金等）收入、信用卡透支利息收入、买入返售金融商品利息收入、融资融券收取的利息收入以及融资性售后回租、押汇、罚息、票据贴现、转贷等业务取得的利息及利息性质的收入，按照"贷款服务"缴纳增值税。

【特别提示】融资性售后回租属于金融服务中的贷款服务，融资租赁属于现代服务中的租赁服务。此外，融资租赁仍可以进一步分为动产融资租赁和不动产融资租赁，前者适用13%的税率，后者适用9%的税率。

（2）直接收费金融服务。直接收费金融服务是指为货币资金融通及其他金融业务提供相关服务并且收取费用的业务活动。其包括提供货币兑换、账户管理、电子银行、信用卡、信用证、财务担保、资产管理、信托管理、基金管理、金融交易场所（平台）管理、资金结算、资金清算、金融支付等服务。

（3）保险服务。保险服务是指投保人根据合同约定，向保险人支付保险费，保险人对于合同约定的可能发生的事故因其发生所造成的财产损失承担赔偿保险金责任，或者当被保险人死亡、伤残、疾病以及达到合同约定的年龄、期限等条件时承担给付保险金责任的商业保险行为，包括人身保险服务和财产保险服务。

（4）金融商品转让。金融商品转让是指转让外汇、有价证券、非货物期货和其他金融商品所有权的业务活动。

6. 现代服务

现代服务是指围绕制造业、文化产业、现代物流产业等提供技术性、知识性服务的业务活动，包括研发和技术服务、信息技术服务、文化创意服务、物流辅助服务、租赁服务、鉴证咨询服务、广播影视服务、商务辅助服务和其他现代服务。

（1）研发和技术服务。研发和技术服务包括研发服务、合同能源管理服务、工程勘察勘探服务、专业技术服务。

（2）信息技术服务。信息技术服务是指利用计算机、通信网络等技术对信息进行生产、收集、处理、加工、存储、运输、检索和利用，并提供信息服务的业务活动。

信息技术服务包括软件服务、电路设计及测试服务、信息系统服务、业务流程管理服务和信息系统增值服务。

（3）文化创意服务。文化创意服务包括设计服务、知识产权服务、广告服务和会议展览服务。宾馆、旅馆、旅社、度假村和其他经营性住宿场所提供会议场地及配套服务的活动，按照"会议展览服务"缴纳增值税。

（4）物流辅助服务。物流辅助服务包括航空服务、港口码头服务、货运客运场站服务、打捞救助服务、装卸搬运服务、仓储服务和收派服务。

（5）租赁服务。租赁服务包括融资租赁服务和经营租赁服务。

水路运输的光租业务、航空运输的干租业务，属于经营租赁。

光租业务是指运输企业将船舶在约定的时间内出租给他人使用，不配备操作人员，不承担运输过程中发生的各项费用，只收取固定租赁费的业务活动。

干租业务是指航空运输企业将飞机在约定的时间内出租给他人使用，不配备机组人员，不承担运输过程中发生的各项费用，只收取固定租赁费的业务活动。

【特别提示】车辆停放服务、道路通行服务（包括过路费、过桥费、过闸费等）按照"不动产经营租赁服务"缴纳增值税。有形动产融资租赁、不动产融资租赁按照现代服务中的"租赁服务"纳增值税。但融资性售后回租服务属于贷款服务，应按照"金融服务"缴纳增值税。

（6）鉴证咨询服务。鉴证咨询服务包括认证服务、鉴证服务和咨询服务。

（7）广播影视服务。广播影视服务包括广播影视节目（作品）的制作服务、发行服务和播映（含放映）服务。

（8）商务辅助服务。商务辅助服务包括企业管理服务、经纪代理服务、人力资源服务、安全保护服务。纳税人提供武装守护押运服务，按照"安全保护服务"缴纳增值税。

（9）其他现代服务。其他现代服务是指除研发和技术服务、信息技术服务、文化创意服务、物流辅助服务、租赁服务、鉴证咨询服务、广播影视服务和商务辅助服务以外的现代服务。

纳税人对安装运行后的电梯提供的维护保养服务，按照"其他现代服务"缴纳值税。

【问题思考】某汽车客运站本月取得6 000元旅客未消费的车票收入，取得4 000元旅客退票手续费收入。请问：汽车客运站的这两项收入分别属于增值税征税范围中的哪一种？

【问题解答】根据《财政部 税务总局关于租入固定资产进项税额抵扣等增值税政策的通知》（财税〔2017〕90号）的规定，自2018年1月1日起，纳税人已售票但客户逾期未消费取得的运输逾期票证收入，按照"交通运输服务"缴纳增值税。纳税人为客户办理退票而向客户收取的退票费、手续费等收入，按照"其他现代服务"缴纳增值税。

7. 生活服务

生活服务是指为满足城乡居民日常生活需求提供的各类服务活动，包括文化体育服务、教育医疗服务、旅游娱乐服务、餐饮住宿服务、居民日常服务和其他生活服务。

（1）文化体育服务。文化体育服务包括文化服务和体育服务。纳税人在游览场所经营索道、摆渡车、电瓶车、游船等取得的收入，按照"文化体育服务"缴纳增值税。

（2）教育医疗服务。教育医疗服务包括教育服务和医疗服务。

（3）旅游娱乐服务。旅游娱乐服务包括旅游服务和娱乐服务。

（4）餐饮住宿服务。餐饮住宿服务包括餐饮服务和住宿服务。

提供餐饮服务的纳税人销售的外卖食品，按照"餐饮服务"缴纳增值税。纳税人以长（短）租形式出租酒店公寓提供配套服务的，按照"住宿服务"缴纳增值税。纳税人现场制作食品并直接销售给消费者按照"餐饮服务"缴纳增值税。

（5）居民日常服务。居民日常服务是指主要为满足居民个人及其家庭日常生活需求提供的服务，包括市容市政管理、家政、婚庆、养老、殡葬、照料和护理、救助救济、美容美发、按摩、桑拿、氧吧、足疗、沐浴、洗染、摄影扩印等服务。

（6）其他生活服务。其他生活服务是指除文化体育服务、教育医疗服务、旅游娱乐服务、餐饮住宿服务和居民日常服务之外的生活服务。

纳税人提供植物养护服务，按照"其他生活服务"缴纳增值税。

（四）销售无形资产

销售无形资产是指转让无形资产所有权或使用权的业务活动。无形资产是指不具有实物形态但能带来经济利益的资产，包括技术、商标、著作权、商誉、自然资源使用权及其他权益性无形资产。

技术包括专利技术和非专利技术；自然资源使用权包括土地使用权、海域使用权、探矿权、采矿权、取水权和其他自然资源使用权；其他权益性无形资产包括基础设施资产经营权、公共事业特许权、配额、经营权（包括特许经营权、连锁经营权、其他经营权）、经销权、分销权、代理权、会员权、席位权、网络游戏虚拟道具、域名、名称权、肖像权、冠名权、转会费等。

（五）销售不动产

销售不动产是指转让不动产所有权的业务活动。不动产是指不能移动或移动后会引起性质、形状改变的财产，包括建筑物、构筑物等。

建筑物包括住宅、商业营业用房、办公楼等可供居住、工作或进行其他活动的建造物；构筑物包括道路、桥梁、隧道、水坝等建造物。

转让建筑物有限产权或永久使用权的，转让在建的建筑物或构筑物所有权的以及在转让建筑物或构筑物时一并转让其所占土地的使用权的，按照"销售不动产"缴纳增值税。

【特别提示】单独转让土地使用权，按"销售无形资产"缴纳增值税。

【特别提示】下列非经营活动的情形不属于增值税征税范围：

①行政单位收取的同时满足以下条件的政府性基金或行政事业性收费：由国务院或财政部批准设立的行政事业性基金，由国务院或省级人民政府及财政、价格主管部门批准设立的行政事业性收费；收取时开具省级以上（含省级）财政部门监（印）制的财政票据；所收款项全额上缴财政。

②单位或个体工商户聘用的员工为本单位或雇主提供取得工资的服务。

③单位或个体工商户为聘用的员工提供的服务。

④财政部和国家税务总局规定的其他情形。

（六）征税范围的特殊项目

（1）货物期货（包括商品期货和贵金属期货）应当缴纳增值税，在期货的实物交割环节纳税。

（2）银行销售金银的业务应当缴纳增值税。

（3）典当业的死当物品销售业务和寄售业代委托人销售寄售物品的业务均应缴纳增值税。

（4）电力公司向发电企业收取的过网费应当缴纳增值税。

（七）征税范围的特殊行为

1. 视同销售货物

单位或个体经营者的下列行为，视同销售货物，缴纳增值税：

（1）将货物交付其他单位或个人代销，即代销业务中的委托方将货物交付其他单位或个人代销。

（2）销售代销货物。

【特别提示】如果受托方从委托方收取了代销手续费，则应按"现代服务"6%的税率计算缴纳增值税，并向委托方开具发票。若受托方就收取的代销手续费向委托方开具增值税专用发票，则委托方可以抵扣进项税额。

（3）设有两个以上机构并实行统一核算的纳税人，将货物从一个机构移送到其他机构用于销售，但相关机构设在同一县（市）的除外。

【特别提示】"用于销售"是指受货机构发生以下情形之一的经营行为：一是向购货方开具发票，二是向购货方收取货款。受货机构发生上述情形之一的，向当地税务机关缴纳增值税，未发生上述情形的，则应由总机构统一缴纳增值税。

（4）将自产或委托加工的货物用于集体福利或个人消费。

（5）将自产、委托加工或购买的货物作为投资，提供给其他单位或个体工商户。

（6）将自产、委托加工或购买的货物分配给股东或投资者。

（7）将自产、委托加工或购买的货物无偿赠送给其他单位或个人。

（8）财政部和国家税务总局规定的其他情形。

【特别提示】购进货物用于"投分送"（投资、分配、无偿赠送）的，视同销售货物；购进货物用于"集个"（集体福利、个人消费）的，不视同销售货物，不需要计算增值税，对应的进项税额也不得抵扣。

2. 视同销售服务、无形资产或不动产

下列情形视同销售服务、无形资产或不动产：

（1）单位或个体工商户向其他单位或个人无偿提供服务，但用于公益事业或以社会公众为对象的除外。

（2）单位或个人向其他单位或个人无偿转让无形资产或不动产，但用于公益事业或以社会公众为对象的除外。根据国家指令无偿提供的铁路运输服务、航空运输服务，属于用于公益事业的服务。

（3）财政部和国家税务总局规定的其他情形。

【特别提示】纳税人出租不动产，租赁合同中约定免租期的，不属于视同销售服务。

【改革意见】下列情形视同应税交易，按规定缴纳增值税：

①单位和个体工商户将自产或委托加工的货物用于集体福利或个人消费。

②单位和个体工商户无偿赠送货物，但用于公益事业的除外。

③单位和个人无偿赠送无形资产、不动产或金融商品，但用于公益事业的除外。

④国务院财政、税务主管部门规定的其他情形。

下列项目视为非应税交易，不征收增值税：

①员工为受雇单位或雇主提供取得工资、薪金的服务。

②行政单位收缴的行政事业性收费、政府性基金。

③因征收征用而取得补偿。

④存款利息收入。

⑤国务院财政、税务主管部门规定的其他情形。

【以案说法】甲食品生产企业将生产的一批食品（市场无同类食品）分别发放给员工和赠送给客户，该批食品的成本为 10 万元。税务稽查部门经核查，发现仓库存货账实不符。税务人员经过走访、核查后，要求企业补缴增值税、城市维护建设税和教育费附加，并以偷税为由给予甲食品生产企业相应罚款。而甲食品生产企业的负责人认为，该企业没有销售行为却应补缴税金及罚款，难以理解。

请思考：对于甲食品生产企业将生产的食品发给员工和赠送客户的行为，税务机关的处理是否正确？税务机关如何核定甲食品生产企业该批食品的增值税？

结论：对于食品生产企业将生产的食品发给员工和赠送客户的行为，税务机关的处理是正确的。其原因在于，企业将自己生产的产品发放给员工或无偿赠送，应视同销售，缴纳增值税。

3. 兼营行为

兼营是指纳税人的经营中包括销售货物、劳务以及销售服务、无形资产和不动产的行为。其具体内容详见本章第二节。

4. 混合销售

一项销售行为如果既涉及货物又涉及服务，为混合销售。从事货物的生产、批发或者零售的单位和个体工商户的混合销售行为，按照销售货物缴纳增值税；其他单位和个体工商户的混合销售行为，按照销售服务缴纳增值税。上述从事货物的生产、批发或者零售的单位和个体工商户，包括以从事货物的生产、批发或者零售为主，并兼营销售服务的单位和个体工商户在内。

【特别提示】自 2017 年 5 月 1 日起，纳税人销售活动板房、机器设备、钢结构件等自产货物的同时提供建筑、安装服务，不属于混合销售，应分别核算货物和建筑服务的销售额，分别适用不同的税率或者征收率。

（八）不征收增值税项目

（1）根据国家指令无偿提供的铁路运输服务、航空运输服务，属于《营业税改征增值税试点实施办法》规定的用于公益事业的服务。

（2）存款利息。

（3）被保险人获得的保险赔付。

（4）房地产主管部门或其指定机构、公积金管理中心、开发企业以及物业管理单位代收的住宅专项维修资金。

（5）在资产重组过程中，通过合并、分立、出售、置换等方式，将全部或部分实物资产以及与其相关联的债权、负债和劳动力一并转让给其他单位和个人，其中涉及不动产、土地使用权转让行为。

（6）纳税人在资产重组过程中，通过合并、分立、出售、置换等方式，将全部或部分实物资产以及与其相关联的债权、负债和劳动力一并转让给其他单位和个人，不属于增值税的征税范围，其中涉及的货物转让不征收增值税。

（7）纳税人取得的财政补贴收入，与其销售货物、劳务、服务、无形资产、不动产的收入或数量直接挂钩的，应按规定计算缴纳增值税。纳税人取得的其他情形的财政补贴收入，不属于增值税应税收入，不征收增值税。

四、增值税的税率和征收率

增值税一般纳税人缴纳增值税采用一般计税方法适用三种情况的比例税率：第一种是基本税率，第二种是低税率，第三种是出口货物、劳务、服务或无形资产适用的零税率。特殊情况下，一般纳税人采用简易计税方法适用征收率，小规模纳税人缴纳增值税采用简易计税方法适用征收率。

（一）增值税的税率

1. 税率为 13%

增值税税率为 13%，适用于纳税人销售或进口货物（适用 9% 的低税率的除外），提供加工、修理修配劳务、有形动产租赁服务。

2. 税率为 9%

（1）纳税人销售或进口下列货物，税率为 9%：农产品（含粮食，不含淀粉；含干姜、姜黄，不含麦芽、复合胶、人发制品）、自来水、暖气、石油液化气、天然气、食用植物油（含橄榄油，不含肉桂油、桉油、香茅油）、冷气、热水、煤气、居民用煤炭制品、食用盐、农机、饲料、农药、农膜、化肥、沼气、二甲醚、图书、报纸、杂志、音像制品、电子出版物。粮食包括稻谷、大米、大豆、小麦、杂粮、鲜山芋、山芋干、山芋粉以及经过加工的面粉（各种花式面粉除外）。

（2）纳税人销售交通运输、邮政、基础电信、建筑、不动产租赁服务，销售不动产，转让土地使用权，税率为 9%。

【问题思考】 某粮食加工企业为增值税一般纳税人，主营业务有销售大米、面粉、饺子、面包等。其领导要求财务全部按 9% 的增值税税率计算应纳增值税。请问：其领导的要求是否正确？为什么？

【问题解答】 该粮食加工企业领导的要求不完全正确。大米和面粉的销售按 9% 的增值税税率计算应纳增值税是正确的，但是饺子和面包属非粮食，应该按 13% 的增值税税率计算应纳增值税。

3. 税率为 6%

纳税人销售增值电信服务、金融服务、现代服务和生活服务，销售土地使用权以外的无形资产，税率为 6%。

4. 零税率

（1）货物或劳务适用的零税率。零税率适用于纳税人出口货物或劳务，是税收优惠的一种体现，是为了鼓励企业出口货物或劳务而采用的一种税率。但是，国务院另有规定的除外。

（2）服务或无形资产适用的零税率。境内单位和个人销售的下列服务或无形资产，适用增值税零税率：国际运输服务、航天运输服务、向境外单位提供的完全在境外消费的服务、财政部和国家税务总局规定的其他服务。

【特别提示】国际运输服务是指在境内载运旅客或货物出境、在境外载运旅客或货物入境、在境外载运旅客或货物。向境外单位提供的完全在境外消费的服务是指研发服务；合同能源管理服务；设计服务；广播影视节目（作品）的制作和发行服务；软件服务；电路设计及测试服务；信息系统服务；业务流程管理服务；离岸服务外包业务，包括信息技术外包服务（ITO）、技术性业务流程外包服务（BPO）、技术性知识流程外包服务（KPO），其所涉及的具体业务活动，按照《销售服务、无形资产、不动产注释》相对应的业务活动执行；转让技术。完全在境外消费是指服务的实际接受方在境外，且与境内的货物和不动产无关；无形资产完全在境外使用，且与境内的货物和不动产无关；财政部和国家税务总局规定的其他情形。

零税率不同于免税。以出口货物为例，出口货物免税仅指在出口环节不征收增值税，其出口前相应的进项税额不能抵扣，也不能退还。零税率是指对出口货物除了在出口环节不征收增值税销项税额（一般计税方法下）或增值税应纳税额的计算公式计算后予以退还，使该出口产品在出口时完全不含增值税税款，从而以无税产品的形式进入国际市场。

【改革意见】根据《中华人民共和国增值税法（征求意见稿）》的规定，有关增值税税率的规定如下：第一，纳税人销售货物，销售加工、修理修配、有形动产租赁服务，进口货物，除下面第二项、第四项、第五项规定外，税率为13%。第二，纳税人销售交通运输、邮政、基础电信、建筑、不动产租赁服务，销售不动产，转让土地使用权，销售或进口下列货物，除第四项、第五项规定外，税率为9%：一是农产品、食用植物油、食用盐；二是自来水、暖气、冷气、热水、煤气、石油液化气、天然气、二甲醚、沼气、居民用煤炭制品；三是图书、报纸、杂志、音像制品、电子出版物；四是饲料、化肥、农药、农机、农膜。第三，纳税人销售服务、无形资产、金融商品，除第一项、第二项、第五项规定外，税率为6%。第四，纳税人出口货物，税率为零；国务院另有规定的除外。第五，境内单位和个人跨境销售国务院规定范围内的服务、无形资产，税率为零。

（二）增值税的征收率

特殊情况下，一般纳税人采用简易计税方法适用征收率，小规模纳税人缴纳增值税采用简易计税方法适用征收率。

按规定，增值税的征收率一般为3%。但是，与不动产有关的特殊项目适用5%的征收率；有一些特殊项目适用3%的征收率减按2%征收；还有一些特殊项目适用5%的征收率减按1.5%征收（详见本章第二节）。

【特别提示】增值税的征收率不仅适用于小规模纳税人，一般纳税人在某些特殊情况下采用简易计税方法也适用征收率。

【改革意见】确定增值税征收率为3%。

第二节　增值税的计算

一、一般计税方法下应纳增值税额的计算

增值税的计税方法包括一般计税方法和简易计税方法。一般情况下，一般纳税人的增值税应纳税额的计算采用一般计税方法，但在某些特殊情况下，一般纳税人可以采用或选择采用简易计税方法；小规模纳税人的增值税应纳税额的计算采用简易计税方法。

在一般计税方法下，增值税的应纳税额等于本期销项税额减去本期准予抵扣的进项税额。其计算公式如下：

$$应纳增值税 = 本期销项税额 - 本期准予抵扣进项税额$$

应纳增值税大于零，表示本期应缴纳增值税；应纳增值税小于零，表示本期应缴增值税为零，差额部分可以结转下期继续抵扣。

如果是增值税的扣缴义务人，则增值税的扣缴义务人按照下列公式计算应扣缴税额：

$$应扣缴税额 = 购买方支付的价款 \div （1+税率） \times 税率$$

【以案说法】甲企业为境外的一家企业，本年3月销售一批产品给境内的A公司，合同金额为226万元，该产品适用的增值税税率为13%。要求：计算A公司应扣缴的增值税。

结论：A公司应扣缴的增值税 = 226 \div (1+13\%) \times 13\% = 26 （万元）

（一）销项税额的计算

销项税额是指纳税人销售货物，提供加工、修理修配劳务，销售服务、无形资产或不动产，按照销售额和增值税税率计算并收取的增值税税额。销项税额的计算公式如下：

$$销项税额 = 不含税销售额 \times 税率$$

$$销项税额 = 含税销售额 \div （1+税率） \times 税率$$

1. 一般销售方式下销售额的确定

（1）销售货物，提供加工、修理修配劳务的销售额的确定。销售货物，提供加工、修理修配劳务的销售额是指纳税人销售货物或提供应税劳务向购买方收取的全部价款和价外费用，但是不包括收取的销项税额。

【特别提示】如果销售的货物是消费税应税产品或进口产品，则全部价款中包括消费税或进口关税。

价外费用包括价外向购买方收取的手续费、补贴、基金、集资费、返还利润、奖励租金、储备费、优质费、运输装卸费以及其他各种性质的价外收费，但下列项目不包括在内：

①受托加工应征消费税的消费品所代收代缴的消费税。

②同时符合以下条件的代垫运输费用：承运部门的运输费用发票开具给购买方的，

纳税人（销售方）将该项发票转交给购买方的（这里指的是销售方为购买方代垫的运输费用）。

③同时符合以下条件的代为收取政府性基金或行政事业性收费：由国务院或财政部批准设立的政府性基金，由国务院或省级人民政府及其财政、价格主管部门批准设立的行政事业性收费，收取时开具省级以上财政部门印制的财政票据，所收款项全额上缴财政。

④销售货物的同时代办保险等而向购买方收取的保险费以及向购买方收取的代购买方缴纳的车辆购置税、车辆牌照费。

当价外费用含增值税时，在计算销项税额时需换算成不含增值税的价外费用。换算公式如下：

$$不含税价外费用 = 含税价外费用 \div (1 + 税率)$$

另外，销售额应以人民币计算。如果纳税人以外汇结算销售额，应当以外币价格折合成人民币计算，其销售额的人民币折合率，可以选择销售额发生的当天或当月1日的人民币汇率中间价。纳税人应事先确定采用何种汇率，一旦确定，在一年内不得变更。

【以案说法】甲企业为增值税一般纳税人。本年3月，甲企业销售一批产品并开具增值税专用发票，取得的含税销售额为452万元；销售产品并开具增值税普通发票，取得的含税销售额为226万元；将外购的材料用于集体福利，该材料购进价为60万元，同类材料不含税销售价为70万元，该产品适用的增值税税率为13%。计算甲企业本年3月的增值税销项税额。

结论：将外购的材料用于集体福利，不视同销售货物，无需计算销项税额，其进项税额也不得抵扣；销售产品时不论是否开具增值税专用发票，均应计算销项税额。
增值税销项税额 = $(452 + 226) \div (1 + 13\%) \times 13\% = 78$（万元）

（2）销售服务、无形资产或不动产的销售额的确定。销售服务、无形资产或不动产的销售额是指纳税人销售服务、无形资产或不动产向购买方收取的全部价款和价外费用，财政部和国家税务总局另有规定的除外。其中，价外费用是指价外收取的各种性质的价外收费，但不包括代为收取的政府性基金或行政事业性收费以及以委托方名义开具发票代委托方收取的款项。

【以案说法】甲货运公司为增值税一般纳税人。本年3月，甲货运公司提供的国内运输服务取得含税收入为327万元，甲货运公司提供运输服务适用的增值税税率为9%。计算甲货运公司本年3月的增值税销项税额。

结论：甲货运公司本年3月的增值税销项税额 = $327 \div (1 + 9\%) \times 9\% = 27$（万元）

2. 价税合并情况下销售额的确定

含税销售额需要换算成不含税销售额，作为增值税的计税依据。换算公式如下：

$$销售额 = 含税销售额 \div (1 + 税率)$$

含税销售额的辨别如下：增值税属于价外税，一般情况下，题目中会明确指出销售额是否含增值税；在未明确指出的情况下，注意以下原则：

（1）商业企业的"零售价"肯定含增值税。

（2）增值税专用发票注明的不含税"销售额"肯定不含增值税。

（3）价外费用和收取的包装物押金视为含税收入。

【特别提示】一般纳税人用一般计税方法计算销项税额的基数"销售额"是不含增值税的；小规模纳税人或一般纳税人采用简易计税方法计算应纳税额的基数"销售额"也是不含增值税的，如果是含增值税的销售额，先要换算成不含增值税的销售额再计算。

3. 特殊销售方式下销售额的确定

（1）采取商业折扣方式销售。商业折扣是指销货方在销售货物时，因购货方购货数量较大或与销售方有特殊关系等原因而给予对方价格上的优惠（直接打折）。其销售额和折扣额在同一张发票上"金额"栏分别注明的，可以按折扣后的销售额征收增值税。未在同一张发票上"金额"栏的分别注明折扣额，而仅在发票上"备注"栏的注明折扣额，折扣额不得从销售额中扣除。

【以案说法】本年3月甲商场进行年度促销，所有商品按5折销售，3月份销售商品折扣前的零售价共计为339万元，甲商场开具的增值税专用发票上"金额"栏分别注明了销售额和折扣额。甲商品销售商品适用的增值税税率为13%。计算甲商场上述业务的增值税销项税。

结论：纳税人采取折扣方式销售货物，销售额和折扣额在同一张发票上"金额"栏分别注明的，按折扣后的销售额征收增值税。甲商品增值税销项税额 = $339 \times 50\% \div (1+13\%) \times 13\% = 19.5$（万元）

（2）采取现金折扣方式销售。现金折扣是指销货方在销售货物或提供应税劳务后，为了鼓励购货方及早偿付货款而协议许诺给予购货方的一种折扣优待（如10天内付款，货款折扣2%；20天内付款，货款折扣1%；30天内付款，全价）。销售折扣发生在销货之后，是一种融资性质的理财费用，因此不得从销售额中扣除。

【以案说法】本年3月5日，甲企业向乙企业销售一批商品，不含税售价为400万元。甲企业许诺，如果乙企业在10天内付款可以享受3%的折扣，如果10天后付款则无折扣。乙企业在3月12日支付了该笔款项，甲企业销售商品适用的增值税税率为13%。计算甲企业上述业务的增值税销项税额。

结论：甲企业给予乙企业的折扣为现金折扣，需要按折扣前的金额计算销项税额。甲企业该项业务的增值税销项税额 = $400 \times 13\% = 52$（万元）

（3）采取以旧换新方式销售。

①金银首饰以外的以旧换新业务，应按新货物的同期销售价格确定销售额，不得减除旧货物的收购价格。收取旧货物，若取得增值税专用发票，则增值税专用发票上注明的进项税额可以抵扣。

②金银首饰以旧换新业务，按销售方实际收到的不含增值税的全部价款征税。

【以案说法】甲商场为增值税一般纳税人，本年3月采取以旧换新方式销售纯金项链10条，每条新项链的不含税销售额为6 000元，收购旧项链的不含税金额为每条4 000元。计算甲商场上述业务的增值税销项税额。

结论：甲商场增值税销项税额 = $(6\,000 - 4\,000) \times 10 \times 13\% = 2\,600$（元）

（4）采取还本销售方式销售。还本销售是指销售方将货物出售之后，按约定的时间，一次或分次将货款部分或全部退还给购货方，退还的货款即为还本支出。采取还本销售方式销售货物，其销售额就是货物的销售价格，不得从销售额中减除还本支出。

（5）采取以物易物方式销售。以物易物双方以各自发出的货物核算销售额并计算销项税额。以物易物双方是否可以抵扣进项税额还要看能否取得对方开具的增值税专用发票等合法扣税凭证、换入的是否属于抵扣进项税额的货物等。若能取得对方开具的增值税专用发票等合法扣税凭证且换入的是可以抵扣进项税额的货物，则可以抵扣进项税额。

（6）采取收取包装物押金方式销售。包装物是指纳税人包装本单位货物的各种物品。纳税人销售货物时另外收取包装物押金，目的是促使购货方及早退回包装物以便周转使用。根据税法的规定，纳税人为销售货物而出租出借包装物收取的押金，单独记账核算的，时间在 1 年以内又未逾期的，不并入销售额征税，但对因逾期未收回包装物不再退还的押金，应按所包装货物的适用税率计算销项税额。上述规定中，逾期是指按合同约定实际逾期，或者以 1 年为期限，对收取 1 年以上的押金，无论是否退还均并入销售额征税。当然，在将包装物押金并入销售额征税时，需要先将该押金换算为不含税价，再并入销售额征税。纳税人为销售货物出租出借包装物而收取的押金，无论包装物周转使用期限长短，超过 1 年（含 1 年）仍不退还的均并入销售额征税。

【特别提示】对销售除啤酒、黄酒以外的其他酒类产品而收取的包装物押金，无论是否返还以及会计上如何核算，均应并入当期销售额征税。对销售啤酒、黄酒所收取的押金，按一般押金的规定处理。包装物押金不应混同于包装物租金。包装物租金在销货时作为价外费用并入销售额计算销项税额。

【以案说法】甲企业 3 月销售商品一批，不含税金额为 200 万元，随同产品销售时收取包装物租金为 5.65 万元，包装物押金为 3 万元。商品的增值税税率为 13%。计算甲企业上述业务增值税销项税额。

结论：甲企业 3 月增值税销项税额 $=200\times13\%+5.65\div(1+13\%)\times13\%=26.65$（万元）

【问题思考】某酒厂为增值税一般纳税人，本年 3 月销售白酒取得不含税收入为 200 万元，同时收取单独核算的包装物押金为 3.39 万元（尚未逾期）。请问：该酒厂本月增值税销项税额应该如何计算？

【问题解析】销售白酒收取的包装物押金，无论是否返还以及会计上如何核算，均应并入当期销售额征税。因此，该酒厂 3 月的销项税额 $=200\times13\%+3.39\div(1+13\%)\times13\%=26.39$（万元）

4. 差额征收方式下销售额的确定

详见本节的"三、增值税差额征收应纳税额的计算"。

5. 需要核定的销售额的确定

（1）纳税人销售货物价格明显偏低并无正当理由或有视同销售货物行为而无销售额的情况下，在计算时，其销售额要按照如下规定的顺序来确定：

①按纳税人最近时期同类货物的平均销售价格确定。

②按其他纳税人最近时期同类货物的平均销售价格确定。

③用以上两种方法均不能确定其销售额的，可以按组成计税价格确定销售额。其计算公式如下：

若销售的货物不属于消费税应税消费品：

$$组成计税价格 = 成本 + 利润 = 成本\times(1+成本利润率)$$

若销售的货物属于消费税应税消费品：

实行从价定率办法计算纳税的组成计税价格计算公式如下：

组成计税价格=成本+利润+消费税

=成本×(1+成本利润率)+消费税

=成本×(1+成本利润率)÷(1-消费税比例税率)

实行从量定额办法计算纳税的组成计税价格计算公式如下：

组成计税价格=成本+利润+消费税

=成本×(1+成本利润率)+消费税

=成本×(1+成本利润率)+课税数量×消费税定额税率

实行复合计税办法计算纳税的组成计税价格计算公式如下：

组成计税价格=成本+利润+消费税

=成本×(1+成本利润率)+消费税

=[成本×(1+成本利润率)+课税数量×消费税定额税率]÷

(1-消费税比例税率)

公式中，成本分为销售自产货物的为实际生产成本，销售外购货物的为实际采购成本。成本利润率由国家税务总局确定，一般为10%。但属于应采用从价定率及复合计税办法征收消费税的货物，其组成计税价格中的成本利润率为国家税务总局确定的应税消费品的成本利润率。

【以案说法】甲企业为增值税一般纳税人，本年3月用企业生产的产品投资乙企业。甲企业并无同类产品的销售价格，其他企业也无同类货物。已知该批产品的生产成本为400万元。该批产品适用的增值税税率为13%。要求：计算甲企业上述视同销售行为的增值税销项税额。

结论：甲企业增值税销项税额=400×(1+10%)×13%=57.2（万元）

(2)纳税人销售服务、无形资产或不动产价格明显偏低或偏高且不具有合理商业目的的，或者发生视同销售服务、无形资产或不动产行为而无销售额的，主管税务机关有权按照下列顺序确定其销售额：

①按照纳税人最近时期销售同类服务、无形资产或不动产的平均价格确定。

②按照其他纳税人最近时期销售同类服务、无形资产或不动产的平均价格确定。

③按照组成计税价格确定。

组成计税价格的计算公式如下：

组成计税价格=成本×(1+成本利润率)

式中，成本利润率由国家税务总局确定。

【特别提示】不具有合理商业目的是指以谋取税收利益为主要目的，通过人为安排，减少、免除、推迟缴纳增值税税款，或者增加退还增值税税款。

6. 兼营行为销售额的确定

纳税人销售货物、加工、修理修配劳务、服务、无形资产或者不动产适用不同税率或者征收率的，应当分别核算适用不同税率或者征收率的销售额。

兼营行为未分别核算销售额的，按照以下方法从高适用税率或征收率：

(1)兼有不同税率的销售货物，加工、修理修配劳务，服务，无形资产或不动产从高适用税率。

（2）兼有不同征收率的销售货物，加工、修理修配劳务，服务，无形资产或不动产从高适用征收率。

（3）兼有不同税率和征收率的销售货物，加工、修理修配劳务，服务，无形资产或不动产，从高适用税率。

【特别提示】纳税人兼营免税、减税项目，应当分别核算免税、减税项目的销售额；未分别核算销售额的，不得免税、减税。

【改革意见】纳税人发生适用不同税率或征收率的应税交易，应当分别核算适用不同税率或征收率的销售额；未分别核算的，从高适用税率。纳税人一项应税交易涉及两个以上税率或征收率的，从主要业务适用税率或征收率。

【以案说法】甲公司为增值税一般纳税人，本年3月兼有货物销售、咨询服务，当期共取得含税销售收入为339万元，且未分别核算。要求：计算甲公司本年3月的增值税销项税额。

结论：按照规定，纳税人兼营销售货物、劳务、服务、无形资产或不动产，适用不同税率或征收率的，应当分别核算适用不同税率或征收率的销售额；未分别核算的，从高适用税率，从高适用销售货物13%的税率，则甲公司增值税销项税额＝339÷（1＋13%）×13%＝39（万元）

【以案说法】乙超市为增值税一般纳税人，本年销售商品取得收入共计600万元。在税务稽核中，税务人员发现乙超市销售的货物全部按13%的增值税税率缴纳增值税。经税务人员实地核查，发现乙超市生鲜类商品（蔬菜、农产品等）、食品（粮食、面粉等）均按13%的增值税税率缴纳了增值税。税务人员立即对其进行现场指导，要求其将这些商品分开核算销售额，计算应交增值税。税务机关要求乙超市对生鲜类商品、食品分开核算销售额的原因是什么？说明税务执法的思政意义。

结论：税务机关要求乙超市对生鲜类商品、食品分开核算销售额的原因在于它们所对应的增值税税率不一样。分开核算，超市的增值税税负会下降，充分体现了税务机关依法执法的职业道德品质，有利于树立良好的国家公职人员形象。

（二）进项税额的计算

进项税额是指纳税人购进货物，加工、修理修配劳务，服务，无形资产或不动产所支付或负担的增值税税额。

【改革意见】对进项税额的定义为纳税人购进的与应税交易相关的货物、服务、无形资产、不动产和金融商品支付或负担的增值税税额。

1. 准予从销项税额中抵扣的进项税额

下列进项税额准予从销项税额中抵扣：

（1）从销售方取得的增值税专用发票（含税控机动车销售统一发票，下同）上注明的增值税税额。

【问题思考】某公司为从事交通运输业的增值税一般纳税人，租入货车用于交通运输。该公司取得有形动产租赁的13%的税率的增值税专用发票能否作为进项税额抵扣交通运输服务9%的销项税额？

【问题解答】可以。根据《营业税改征增值税试点实施办法》的规定，一般纳税人发生应税行为适用一般计税方法计税。一般计税方法的应纳税额是指当期销项税额和当期进项税额后的余额。

（2）从海关取得的海关进口增值税专用缴款书上注明的增值税税额。

（3）自2019年4月1日起，纳税人购进农产品，按下列规定抵扣进项税额：

①纳税人购进农产品，取得增值税一般纳税人开具的增值税专用发票或海关进口增值税专用缴款书的，以增值税专用发票或海关进口增值税专用缴款书上注明的增值税税额为进项税额；从按简易计税方法依照3%的征收率计算缴纳增值税的小规模纳税人取得增值税专用发票的，以增值税专用发票上注明的金额和9%的扣除率计算进项税额；取得（开具）农产品销售发票或收购发票的，以农产品销售发票或收购发票上注明的农产品买价和9%的扣除率计算进项税额。

②自2019年4月1日起的"营改增"试点期间，纳税人购进用于生产或委托加工13%税率货物的农产品，按照10%的扣除率计算进项税额。

【特别提示】自2019年4月1日起，纳税人购进用于生产或委托加工13%税率货物的农产品，在购买时先抵扣9%，领用用于生产销售或委托加工13%税率货物时再抵扣1%。

③继续推进农产品增值税进项税额核定扣除试点。纳税人购进农产品进项税额实行核定扣除的，仍按照《财政部国家税务总局关于在部分行业试行农产品增值税产品增值税进项税额核定扣除试点行业范围的通知》（财税〔2013〕57号）执行。

④纳税人从批发、零售环节购进适用免征增值税政策的蔬菜、部分鲜活肉蛋而取得的普通发票，不得作为计算抵扣进项税额的凭证。

⑤纳税人购进农产品既用于生产销售或委托加工13%税率货物又用于生产销售其他货物服务的，应当分别核算用于生产销售或委托加工13%税率货物和其他货物服务的农产品进项税额。未分别核算的，统一以增值税专用发票或海关进口增值税专用缴款书上注明的增值税税额为进项税额，或者以农产品收购发票或销售发票上注明的农产品买价和9%的扣除率计算进项税额。

【以案说法】甲公司为一食品加工企业（增值税一般纳税人），本月向农民收购玉米2吨，支付收购价为1.5万元。该批玉米当月全部用于生产食品，生产的食品的增值税税率为13%。要求：计算甲公司本月收购玉米可抵扣的增值税。

结论：甲公司本月收购玉米可抵扣的增值税=1.5×10%＝0.15（万元）

【思考计算】依上例，若甲公司当月并未将收购的玉米用于生产，计算甲公司本月可抵扣的增值税。

⑥销售发票是指农业生产者销售自产农产品适用免征增值税政策而开具的普通发票。

（4）自用的应征消费税的摩托车、汽车、游艇，2013年8月1日（含）以后购入的，其进项税额准予从销项税额中抵扣。

（5）自境外单位或个人购进劳务、服务、无形资产或境内的不动产，从税务机关或扣缴义务人取得的代扣代缴税款的完税凭证上注明的增值税税额，纳税人凭完税凭证抵扣进项税额的，应当具备书面合同、付款证明和境外单位的对账单或发票。资料不全的，其进项税额不得从销项税额中抵扣。

（6）自 2019 年 4 月 1 日起，购进国内旅客运输服务，其进项税额允许从销项税额中抵扣。纳税人购进国内旅客运输服务未取得增值税专用发票的，暂按照以下规定确定进项税额：

①取得增值税电子普通发票的，为发票上注明的税额。

②取得注明旅客身份信息的航空运输电子客票行程单的，为按照下列公式计算的进项税额：

$$航空旅客运输进项税额＝（票价＋燃油附加费）÷（1＋9\%）×9\%$$

③取得注明旅客身份信息的铁路车票的，为按照下列公式计算的进项税额：

$$铁路旅客运输进项税额＝票面金额÷（1＋9\%）×9\%$$

④取得注明旅客身份信息的公路、水路等其他客票的，为按照下列公式计算的进项税额：

$$公路、水路等其他旅客运输进项税额＝票面金额÷（1＋3\%）×3\%$$

【以案说法】甲生产企业为增值税一般纳税人，假如本年 3 月发生下列经济业务：

（1）2 日，甲生产企业购入一批原材料，取得的增值税专用发票上注明价款为 80 万元，增值税税额为 10.4 万元，同时支付运费价税合计为 1.09 万元，取得的增值税专用发票上注明运费金额为 1 万元、增值税为 0.09 万元，货款及运费均以银行存款支付。上述增值税本月确认抵扣。

（2）5 日，甲生产企业购进一批免税农产品作为原材料，农产品收购凭证上注明价款为 10 万元，款项以银行存款支付。该批农产品当月全部被领用用于生产增值税税率为 13% 的产品。

（3）12 日，甲生产企业收到丙企业投资的原材料，双方协议不含税作价 200 万元。该原材料适用的增值税税率为 13%。甲生产企业取得增值税专用发票一张，确认当月抵扣。

（4）甲生产企业取得注明旅客身份信息的机票 10 张，票面金额和燃油附加费共计为 10 900 元。该机票为甲生产企业员工出差过程中购买并使用。要求：计算甲生产企业可抵扣的增值税进项税额。

结论：业务（1）可以抵扣的增值税进项税额 ＝ 10.4＋0.09 ＝ 10.49（万元）

业务（2）可以抵扣的增值税进项税额 ＝ 10×10% ＝ 1（万元）

业务（3）可以抵扣的增值税进项税额 ＝ 200×13% ＝ 26（万元）

业务（4）可以抵扣的增值税进项税额 ＝ 10 900÷（1＋9%）×9%÷10 000 ＝ 0.09（万元）

综上所述，甲生产企业可抵扣的增值税进项税额 ＝ 10.49＋1＋26＋0.09 ＝ 37.58（万元）

【以案说法】甲建筑企业为增值税一般纳税人，本年 3 月取得新项目（适用一般计税方法）的建筑收入为 660 万元（含增值税）；当月外购汽油为 40 万元（不含增值税）且取得增值税专用发票；购入运输车辆为 100 万元（不含增值税）且取得增值税专用发票；取得分包建筑方开具的增值税专用发票为 100 万元（不含增值税）。上述增值税专用发票确认当月抵扣。要求：计算甲建筑企业本年 3 月可抵扣的增值税进项税额。

结论：甲建筑企业可抵扣的增值税进项税额 ＝ 40×13%＋100×13%＋100×9% ＝ 27.2（万元）

【情景案例思考】某商贸企业为增值税一般纳税人，在成功申请为增值税一般纳税人后，其供应商为增加销售额，一次性向其发送商品不含税金额为 300 万元，并开具了相应的增值税专用发票。该商贸企业将取得的增值税专用发票于当月一次性抵扣销项税额。由于有了该项抵扣，该商贸企业连续 5 个月应交增值税为零。在第六个月，该商贸企业财务收到一份税局通知函，要求该商贸企业就连续 5 个月未缴纳增值税做出说明。财务人员认为，企业没有偷税漏税行为，只是因为抵扣过多导致连续 5 个月应交增值税为零，对税局的通知函表示不太理解。请思考：税务局的要求是否合理，企业应如何避免类似情况的发生？

2. 不得从销项税额中抵扣的进项税额

下列项目的进项税额不得从销项税额中抵扣：

（1）纳税人取得的增值税扣税凭证不符合法律、行政法规或国家税务总局有关规定的，其进项税额不得从销项税额中抵扣。

【特别提示】经认证，有下列情形之一的，不得作为增值税进项税额的抵扣凭证，税务机关退还原件，购买方可以要求销售方重新开具增值税专用发票：一是无法认证。无法认证是指增值税专用发票所列密文或明文不能辨认，无法产生认证结果。二是纳税人识别号认证不符。纳税人识别号认证不符是指增值税专用发票所列购买方纳税人识别号有误。三是增值税专用发票代码、号码认证不符。增值税专用发票代码、号码认证不符是指增值税专用发票所列密文解译后与明文的代码或号码不一致。

经认证，有下列情形之一的，暂时不得作为增值税进项税额的抵扣凭证，税务机关扣留原件，查明原因，分情况进行处理：一是重复认证。重复认证是指已经认证相符的同一张增值税专用发票再次认证。二是密文有误。密文有误是指增值税专用发票所列密文无法解译。三是认证不符。认证不符是指纳税人识别号有误，或者增值税专用发票所列密文解译后与明文不一致。四是被列为失控增值税专用发票。增值税专用发票抵扣联无法认证的，纳税人可以使用增值税专用发票的发票联到主管税务机关认证。

【特别提示】纳税人凭完税凭证抵扣进项税额的，应具备书面合同、付款证明和境外单位的对账单或发票。资料不全的，其进项税额不得从销项税额中抵扣。

（2）用于简易计税方法计税项目、免征增值税项目、集体福利或个人消费的购进货物、劳务、服务、无形资产和不动产。其中涉及的固定资产、无形资产、不动产，仅指专用于上述项目的固定资产、无形资产（不包括其他权益性无形资产）、不动产。纳税人的交际应酬消费属于个人消费。

【特别提示】自 2018 年 1 月 1 日起，纳税人租入固定资产、不动产，既用于一般计税方法计税项目，又用于简易计税方法计税项目、免征增值税项目、集体福利或者个人消费的，其进项税额准予从销项税额中全额抵扣。纳税人将购进的货物用于集体福利（如修建职工宿舍、食堂、单位幼儿园）或个人消费的，其进项税额不得抵扣。

（3）非正常损失的购进货物以及相关的劳务和交通运输服务。

（4）非正常损失的在产品、产成品所耗用的购进货物（不包括固定资产）、劳务和交通运输服务。

（5）非正常损失的不动产以及该不动产所耗用的购进货物、设计服务和建筑服务。

（6）非正常损失的不动产在建工程所耗用的购进货物、设计服务和建筑服务。纳税人新建、改建、扩建、装饰不动产，均属于不动产在建工程。

（7）购进的贷款服务、餐饮服务、居民日常服务和娱乐服务。

（8）财政部和国家税务总局规定的其他情形。

【特别提示】上述第（5）项和第（6）项所称的货物，是指构成不动产实体的材料和设备，包括建筑装饰材料和给排水、采暖、卫生、通风、照明、通信、煤气、消防、中央空调、电梯、电气、智能化楼宇设备及配套设施；纳税人接受贷款服务向贷款方支付的与该笔贷款直接相关的投融资顾问费、手续费、咨询费等费用，其进项税额不得从销项税额中抵扣。固定资产是指使用期限超过12个月的机器、机械、运输工具以及其他与生产经营有关的设备、工具、器具等有形动产。不动产、无形资产的具体范围按照《销售服务、无形资产、不动产注释》执行。非正常损失是指因管理不善造成货物被盗、丢失、霉烂变质以及因违反法律法规造成货物或不动产被依法没收、销毁、拆除的情形。

【问题思考】某企业外购了一批家具，收到供应商开出的增值税发票一张，该批家具一部分用于办公，另一部分用于职工活动中心。发票在税控系统验证后，财务按发票金额分别做了固定资产和增值税进项税额抵扣的处理。在年度清算报告上缴税务局后，企业财务收到税务局要求企业将家具的部分金额做进项税额转出的通知，并要求补纳相应的城市维护建设税、教育费附加和罚款。企业财务收到通知后，觉得有些迷茫。请问：税务局是如何发现企业进项税抵扣不正确的呢？

【问题解答】在年度清算报告中，企业固定资产是列明了用途的。税务局通过固定资产的用途和企业当年已经抵扣的增值税可以计算出企业用于职工活动中心的家具相应的增值税是否有抵扣。

（9）适用一般计税方法的纳税人，兼营简易计税方法计税项目、免征增值税项目而无法划分不得抵扣的进项税额，按照下列公式计算不得抵扣的进项税额：

不得抵扣的进项税额＝当期无法划分的全部进项税额×（当期简易计税方法计税
项目销售额＋免征增值税项目销售额）÷当期全部销售额

主管税务机关可以按照上述公式依据年度数据对不得抵扣的进项税额进行清算。

【以案说法】甲生产企业为增值税一般纳税人，本年3月销售商品的不含税金额为500万元，其中简易计税销售额为200万元，本月购进货物的进项税额为30万元，购进货物无法划分用于应税项目和简易计税项目。要求：计算甲生产企业本年3月可抵扣的增值税进项税额。

结论：不可抵扣的增值税进项税额＝30×200÷500＝12（万元）

可抵扣的增值税进项税额＝30－12＝18（万元）

（10）已抵扣进项税额的购进货物（不含固定资产）、劳务、服务，发生上述第（3）至第（8）项情形（简易计税方法计税项目、免征增值税项目除外）的，应当将该进项税额从当期进项税额中扣减（进项税额转出）；无法确定该进项税额的，按照当期实际成本计算应扣减的进项税额。

（11）已抵扣进项税额的固定资产、无形资产或不动产，发生上述第（3）至第（8）项情形的，按照下列公式计算不得抵扣的进项税额：

不得抵扣的进项税额＝固定资产、无形资产或不动产净值×适用税率

式中，固定资产、无形资产或不动产净值是纳税人根据财务会计制度计提折旧或摊销后的余额。

【以案说法】甲公司为增值税一般纳税人，上年9月购入一辆货车，货车不含税价格为40万元，机动车销售统一发票上注明的增值税税款为5.2万元。甲公司当月对该发票进行了认证。货车折旧期限为5年，采用直线法计提折旧。本年9月该货车因管理不善被盗。要求：计算甲公司本年9月货车需转出的进项税额。

结论：甲公司需按照固定资产净值计算应扣减的进项税额。进项税额转出额 = (40-40÷5)×13% = 4.16（万元）

另外，按照《中华人民共和国增值税暂行条例》第十条和上述第（3）项规定情形不得抵扣且未抵扣进项税额的固定资产、无形资产、不动产，发生用途改变，用于允许抵扣进项税额的应税项目，可以在用途改变的次月按照下列公式，依据合法有效的增值税扣税凭证，计算可以抵扣的进项税额。

可以抵扣的进项税额=固定资产、无形资产、不动产净值÷(1+适用税率)×适用税率

【以案说法】甲公司为增值税一般纳税人，本年3月将一台职工活动中心的空调调整到厂房使用，该空调购买日时间为上年3月，原值为6 780元（不含税价格为6 000元、进项税额为780元，取得增值税专用发票），折旧年限为5年，残值率为5%。该空调原来在职工食堂时属于集体福利使用，进项税额未抵扣。要求：计算固定资产改变用途后可以抵扣的进项税额？

结论：固定资产净值=6 780-6 780×(1-5%)÷5=5 491.8（元）

本年3月可以抵扣的进项税额=固定资产净值÷(1+适用税率)×适用税率=5 491.8÷(1+13%)×13%=631.8（元）

（12）纳税人适用一般计税方法计税的，因销售折让、中止或退回而退还给购买方的增值税税额，应当从当期的销项税额中扣减；因销售折让、中止或退回而收回的增值税税额，应当从当期的进项税额中扣减。

（13）对商业企业向供货方收取的与商品销售量、销售额挂钩（如以一定比例、金额、数量计算）的各种返还收入，均应按照平销返利行为的有关规定冲减当期增值税进项税额。

（14）生产企业出口货物或劳务实行免抵退税办法。其中，免抵退税不得免征和抵扣税额，应做进项税额转出处理。外贸企业出口货物或劳务实行先征后退办法，其出口货物或劳务购进时的进项税额与按国家规定的退税率计算的应退税额的差额，做进项税额转出处理。

（15）有下列情形之一者，应当按照销售额和增值税税率计算应纳税额，不得抵扣进项税额，也不得使用增值税专用发票：

①增值税一般纳税人会计核算不健全，或者不能够提供准确税务资料的。

②应当办理增值税一般纳税人登记而未办理的。

【特别提示】纳税人虚开增值税专用发票，未就其虚开全额申报并缴纳增值税的，应按照其虚开全额补缴增值税；已就其虚开全额申报并缴纳增值税的，不再按照其虚开全额补缴增值税。税务机关对纳税人虚开增值税专用发票的行为，应按规定给予处罚。纳税人取得虚开的增值税专用发票，不得作为增值税合法有效的扣税凭证抵扣其进项税额。

【改革意见】根据《中华人民共和国增值税法（征求意见稿）》的规定，下列进项税额不得从销项税额中抵扣：

（1）用于简易计税方法计税项目、免征增值税项目、集体福利或个人消费的购进货物、服务、无形资产、不动产和金融商品对应的进项税额，其中涉及的固定资产、无形资产和不动产，仅指专用于上述项目的固定资产、无形资产和不动产。

（2）非正常损失项目对应的进项税额。

（3）购进并直接用于消费的餐饮服务、居民日常服务和娱乐服务对应的进项税额。

（4）购进贷款服务对应的进项税额。

（5）国务院规定的其他进项税额。

【特别提示】一般纳税人发生下列应税行为可以选择适用简易计税方法计税，不允许抵扣进项税额：

（1）公共交通运输服务，包括轮客渡、公交客运、地铁、城市轻轨、出租车、长途客运、班车。

（2）经认定的动漫企业为开发动漫产品提供的动漫脚本编撰、形象设计、背景设计、动画设计、分镜、动画制作、摄制、描线、上色、画面合成、配音、配乐、音效合成、剪辑、字幕制作、压缩转码（面向网络动漫和手机动漫格式适配）服务以及在境内转让动漫版权（包括动漫品牌及形象或内容的授权及再授权）。

（3）电影放映服务、仓储服务、装卸搬运服务、收派服务和文化体育服务。

（4）以纳入"营改增"试点之日前取得的有形动产为标的物提供的经营租赁服务。

（5）在纳入"营改增"试点之日前签订的尚未执行完毕的有形动产租赁合同。

3. 一般情形进项税额结转抵扣、留抵税额的税务处理

（1）纳税人在计算应纳税额时，如果出现当期销项税额小于当期进项税额不足抵扣的情况，当期进项税额不足抵扣的部分可以结转下期继续抵扣。

（2）原增值税一般纳税人（以下简称"原纳税人"）在资产重组中将全部资产、负债、劳动力一并转让给其他增值税一般纳税人（以下简称"新纳税人"），并按程序办理注销税务登记的，其在办理注销税务登记前尚未抵扣的进项税额可以结转至新纳税人处继续抵扣。

（3）原纳税人注销或取消辅导期一般纳税人资格，转为小规模纳税人时，其存货不做进项税额转出处理，其留抵税额也不予以退税。

4. 试行增值税期末留抵税额退税制度

根据《财政部 税务总局 海关总署关于深化增值税改革有关政策的公告》的规定，自 2019 年 4 月 1 日起，试行增值税期末留抵税额退税（以下简称"留抵退税"）制度。

（1）2019 年 4 月 1 日起，同时符合以下条件的纳税人，可以向主管税务机关申请退还增量留抵税额：

①自 2019 年 4 月税款所属期起，连续 6 个月（按季纳税的，连续 2 个季度）增量留抵税额均大于零，且第 6 个月增量留抵税额不低于 50 万元。

②纳税信用等级为 A 级或 B 级。

③申请退税前 36 个月未发生骗取留抵退税款、出口退税款或虚开增值税专用发票情形。

④申请退税前 36 个月未因偷税被税务机关处罚 2 次及以上。

⑤自 2019 年 4 月 1 日起未享受即征即退、先征后返（退）政策。

（2）增量留抵税额是指与 2019 年 3 月底相比新增加的期末留抵税额。

（3）纳税人当期允许退还的增量留抵税额，按照以下公式计算：

$$允许退还的增量留抵税额=增量留抵税额×进项构成比例×60\%$$

进项构成比例为 2019 年 4 月至申请退税前一税款所属期内已抵扣的增值税专用发票（含税控机动车销售统一发票）、海关进口增值税专用缴款书、解缴税款完税凭证注明的增值税额占同期全部已抵扣进项税额的比重。

（4）纳税人在增值税纳税申报期内，向主管税务机关申请退还留抵税额。

（5）纳税人出口货物劳务、发生跨境应税行为，适用免抵退税办法的，可以在同一申报期内，既申报免抵退税又申请办理留抵退税。

（6）纳税人取得退还的留抵税额后，应相应调减当期留抵税额。纳税人按照规定再次满足退税条件的，可以继续向主管税务机关申请退还留抵税额，但连续期间不得重复计算。

（7）纳税人以虚增进项、虚假申报或其他欺骗手段，骗取留抵退税款的，由税务机关追缴其骗取的退税款，并按照《中华人民共和国税收征收管理法》等有关规定处理。

（8）退还的增量留抵税额中央、地方分担机制另行通知。

5. 部分先进制造业的增值税期末留抵退税政策

（1）自 2019 年 6 月 1 日起，同时符合以下条件的部分先进制造业纳税人，可以在 2019 年 7 月及以后纳税申报期向主管税务机关申请退还增量留抵税额：

①增量留抵税额大于零。

②纳税信用等级为 A 级或 B 级。

③申请退税前 36 个月未发生骗取留抵退税、出口退税或虚开增值税专用发票情形。

④申请退税前 36 个月未因偷税被税务机关处罚两次及以上。

⑤自 2019 年 4 月 1 日起未享受即征即退、先征后返（退）政策。

（2）部分先进制造业纳税人是指按照《国民经济行业分类》，生产并销售非金属矿物制品、通用设备、专用设备及计算机、通信和其他电子设备销售额占全部销售额的比重超过 50% 的纳税人。

销售额比重根据纳税人申请退税前连续 12 个月的销售额计算确定；申请退税前经营期不满 12 个月但满 3 个月的，按照实际经营期的销售额计算确定。

（3）增量留抵税额是指与 2019 年 3 月 31 日相比新增加的期末留抵税额。

（4）部分先进制造业纳税人当期允许退还的增量留抵税额，按照以下公式计算：

$$允许退还的增量留抵税额=增量留抵税额×进项构成比例$$

式中，进项构成比例为 2019 年 4 月至申请退税前一税款所属期内已抵扣的增值税专用发票（含税控机动车销售统一发票）、海关进口增值税专用缴款书、解缴税款完税凭证注明的增值税额占同期全部已抵扣进项税额的比重。

（5）部分先进制造业纳税人申请退还增量留抵税额的其他规定，按照规定执行。

（6）除部分先进制造业纳税人以外的其他纳税人申请退还增量留抵税额的规定，

继续按照规定执行。

6. 小微企业和制造业等行业期末留抵退税政策

（1）自 2021 年 4 月 1 日起，加大小微企业增值税期末留抵退税政策力度，将先进制造业按月全额退还增值税增量留抵税额政策范围扩大至符合条件的小微企业（含个体工商户，下同），并一次性退还小微企业存量留抵税额。

（2）自 2021 年 4 月 1 日起，加大"制造业""科学研究和技术服务业""电力、热燃气及水生产和供应业""软件和信息技术服务业""生态保护和环境治理业"和"交通运输、仓储和邮政业"（以下简称"制造业等行业"）增值税期末留抵退税政策力度，将先进制造业按月全额退还增值税增量留抵税额政策范围扩大至符合条件的制造业等行业企业（含个体工商户），并一次性退还制造业等行业企业存量留抵税额。

（3）自 2022 年 7 月 1 日起，将制造业等行业按月全额退还增值税增量留抵税额、一次性退还存量留抵税额的政策范围，扩大至"批发和零售业""农、林、牧、渔业""住宿和餐饮业""居民服务、修理和其他服务业""教育""卫生和社会工作"和"文化、体育和娱乐业"。

【开篇案例解析】

（1）本年 3 月该货物运输企业本月可以抵扣的增值税进项税额。

业务三：进项税额 $=90×13\%=11.7$（万元）

业务四：进项税额 $=11.3÷(1+13\%)×13\%=1.3$（万元）

业务五：进项税额 $=110×13\%=14.3$（万元）

因此，3 月该货物运输企业本月可以抵扣的增值税进项税额 $=11.7+1.3+14.3=27.3$（万元）

（2）本年 3 月该货物运输企业本月增值税销项税额。

业务一：销项税额 $=300×9\%+6.54÷(1+9\%)×9\%=27.54$（万元）

业务二：销项税额 $=40×13\%=5.2$（万元）

因此，3 月该货物运输企业本月销项税额合计 $=27.54+5.2=32.74$（万元）

（3）本年 3 月该货物运输企业本月应纳增值税额 $=$ 销项税额 $-$ 进项税额 $-$ 上期留抵的税额 $=32.74-27.3-2=3.44$（万元）

二、简易计税方法下应纳增值税额的计算

小规模纳税人一律采用简易计税法计税，一般纳税人的特定应税行为也适用该计税方法计税。简易计税方法下的销售额是销售货物、劳务、服务、无形资产或不动产向购买方收取的全部价款和价外费用，但不包括从购买方收取的增值税税额。

（一）征收率的一般规定

1. 适用 5% 的征收率的情形

（1）小规模纳税人销售自建或取得的不动产。

（2）一般纳税人选择简易计税方法计税的不动产销售。

（3）房地产开发企业中的小规模纳税人，销售自行开发的房地产项目。

（4）其他个人销售其取得（不含自建）的不动产（不含其购买的住房）。

（5）一般纳税人选择简易计税方法计税的不动产经营租赁。

（6）小规模纳税人出租（经营租赁）其取得的不动产（不含个人出租住房）。

（7）其他个人出租（经营租赁）其取得的不动产（不含住房）。

（8）个人出租住房应按照 5% 的征收率减按 1.5% 计算应纳税额。

（9）一般纳税人和小规模纳税人提供劳务派遣服务选择差额纳税的。

（10）一般纳税人 2016 年 4 月 30 日前签订的不动产融资租赁合同，或者以 2016 年 4 月 30 日前取得的不动产提供的融资租赁服务，选择适用简易计税方法的。

（11）一般纳税人收取试点前开工的一级公路、二级公路、桥、闸通行费，选择适用简易计税方法的。

（12）一般纳税人提供人力资源外包服务，选择适用简易计税方法的。

（13）纳税人转让 2016 年 4 月 30 日前取得的土地使用权，选择适用简易计税方法的。

（14）房地产开发企业中的一般纳税人购入未完工的房地产老项目继续开发后，以自己名义立项销售的不动产，属于房地产老项目，可以选择适用简易计税方法按照 5% 的征收率计算缴纳增值税。

2. 适用 3% 的征收率的情形

除上述适用 5% 的征收率以外的纳税人选择简易计税方法发生的应税销售行为征收率均为 3%。

（二）征收率的特殊规定

（1）适用 3% 的征收率的某些一般纳税人和小规模纳税人可以减按 2% 计征增值税。

①一般纳税人销售自己使用过的属于《中华人民共和国增值税暂行条例》第十条规定不得抵扣且未抵扣进项税额的固定资产，按照简易办法依照 3% 的征收率减按 2% 征收增值税。

纳税人销售自己使用过的固定资产，适用简易办法依照 3% 的征收率减按 2% 征收增值税政策的，可以放弃减税，按照简易办法依照 3% 的征收率缴纳增值税，并可以开具增值税专用发票。

②小规模纳税人（除其他个人外，下同）销售自己使用过的固定资产，减按 2% 的征收率征收增值税。

③纳税人销售旧货，按照简易办法依照 3% 的征收率减按 2% 征收增值税。旧货是指进入二次流通的具有部分使用价值的货物（含旧汽车、旧摩托车和旧游艇），但不包括自己使用过的物品。

上述纳税人销售自己使用过的固定资产、物品和旧货适用按照简易办法依照 3% 的征收率减按 2% 征收增值税的，按下列公式确定销售额和应纳税额：

$$应纳税额 = 销售额 \times 2\%$$

$$销售额 = 含税销售额 \div (1 + 3\%)$$

【特别提示】 国家税务总局 2020 年第 9 号文件指出：2020 年 5 月 1 日至 2023 年 12 月 31 日，从事二手车经销业务的纳税人销售其收购的二手车，按以下规定执行增值税纳税政策：第一，纳税人减按 0.5% 的征收率征收增值税，并按下列公式计算销售额：销售额 = 含税销售额 ÷（1 + 0.5%）。第二，纳税人应当开具二手车销售统一发票。购买方索取增值税专用发票的，应当再开具征收率为 0.5% 的增值税专用发票。

（2）提供物业管理服务的纳税人，向服务接受方收取的自来水水费，以扣除其对外支付的自来水水费后的余额为销售额，按照简易计税方法依3%的征收率计算缴纳增值税。

（3）小规模纳税人提供劳务派遣服务，可以按照"营改增"的有关规定，以取得的全部价款和价外费用为销售额，按照简易计税方法依3%的征收率计算缴纳增值税；也可以选择差额纳税，以取得的全部价款和价外费用，扣除代用工单位支付给劳务派遣员工的工资、福利和为其办理社会保险及住房公积金后的余额为销售额，按照简易计税方法依5%的征收率计算缴纳增值税。

选择差额纳税的纳税人，向用工单位收取用于支付给劳务派遣员工工资、福利和为其办理社会保险及住房公积金的费用，不得开具增值税专用发票，可以开具普通发票。

（4）非企业性单位中的一般纳税人提供的研发和技术服务、信息技术服务、鉴证咨询服务以及销售技术、著作权等无形资产，可以选择简易计税方法按照3%的征收率计算缴纳增值税。

（5）一般纳税人提供教育辅助服务，可以选择简易计税方法按照3%的征收率计算缴纳增值税。

（6）增值税一般纳税人生产销售和批发、零售抗癌药品，可以选择按照简易办法依照3%的征收率计算缴纳增值税。抗癌药品是指经国家药品监督管理部门批准注册的抗癌原料药。

抗癌药品范围实行动态调整，纳税人选择简易办法计算缴纳增值税后，36个月内不得变更。

（7）自2019年3月1日起，增值税一般纳税人生产销售和批发、零售罕见病药品，可以选择按照简易办法依照3%的征收率计算缴纳增值税。上述纳税人选择简易办法计算缴纳增值税后，36个月内不得变更。

罕见病药品是指经国家药品监督管理部门批准注册的罕见病药品制剂及原料药。罕见病药品范围实行动态调整，由财政部、海关总署、税务总局、药监局根据变化情况适时明确，纳税人应单独核算罕见病药品的销售额。未单独核算的，不得适用上述规定的简易征收政策。

（8）建筑企业一般纳税人提供建筑服务属于老项目的，可以选择简易办法依照3%的征收率征收增值税。

（9）自2021年10月1日起，住房租赁企业中的增值税一般纳税人向个人出租住房取得的全部出租收入，可以选择适用简易计税方法，按照5%的征收率减按1.5%计算缴纳增值税，或者适用一般计税方法计算缴纳增值税。住房租赁企业中的增值税小规模纳税人向个人出租住房，按照5%的征收率减按1.5%计算缴纳增值税。

（10）一般纳税人销售自产的下列货物，可以选择按照简易办法依照3%的征收率计算缴纳增值税，选择简易办法计算缴纳增值税后，36个月内不得变更。具体适用范围为：

①县级及县级以下小型水力发电单位生产的电力。小型水力发电单位是指各类投资主体建设的装机容量为5万千瓦以下（含5万千瓦）的小型水力发电单位。

②建筑用和生产建筑材料所用的砂、土、石料。

③以自己采掘的砂、土、石料或其他矿物连续生产的砖、瓦、石灰（不含黏土实心砖、瓦）。

④用微生物、微生物代谢产物、动物毒素、人或动物的血液或组织制成的生物制品。

⑤自来水（对属于一般纳税人的自来水公司销售自来水按简易办法依照3%的征收率征收增值税，不得抵扣其购进自来水取得增值税扣税凭证上注明的增值税税款）。

⑥商品混凝土（仅限于以水泥为原料生产的水泥混凝土）。

（11）一般纳税人销售货物属于下列情形之一的，暂按简易办法依照3%的征收率计算缴纳增值税：

①寄售商店代销寄售物品（包括居民个人寄售的物品在内）。

②典当业销售死当物品。

（三）简易计税方法应纳税额的计算

简易计税法下销售额和应纳税额的计算公式如下：

$$销售额 = 含税销售额 \div (1 + 征收率)$$

$$应纳税额 = 销售额 \times 征收率$$

【以案说法】甲企业为小规模纳税人，本年一季度取得的含税销售额为41.2万元，均开具普通发票。要求：计算甲企业本年一季度应纳增值税。

结论：甲企业一季度销售额 = 41.2 ÷ (1 + 3%) = 40（万元）

甲企业一季度应纳增值税 = 40 × 3% = 1.2（万元）

【以案说法】乙企业为增值税一般纳税人，主营旧电子产品交易，本年3月销售旧电子产品取得含税销售收入为103万元。企业当月无其他业务收入，可以抵扣的进项税额为零。要求：计算乙企业本年3月应纳增值税。

结论：增值税一般纳税人销售旧货，依照3%的征收率减按2%征收增值税。乙企业3月应纳增值税 = 103 ÷ (1 + 3%) × 2% = 2（万元）

【问题思考】某企业为增值税小规模纳税人，为夫妻档，丈夫担任公司总经理，妻子黄某（未学过与财务相关的专业知识）担任公司的出纳兼会计。企业成立初期，在计算每月应纳增值税时，黄某均按所开出的普通发票的金额直接乘以增值税的征收率缴纳增值税。几个月后，黄某通过培训机构培训学习发现，其以前期间多缴纳了增值税，因此想向税务机关申请退还以前期间多缴纳的增值税。请思考：在这种情况下，税务机关是否会为其退还以前期间多缴纳的增值税？

【问题解答】税务机关通过查阅企业相关账簿及审核已经开具的增值税普通发票，并与企业已经缴纳的增值税进行比对后，发现确实存在由于企业财务人员计算错误的原因而导致多缴纳的增值税，可以考虑给予退还多缴纳的增值税。

三、增值税差额征收应纳税额的计算

由于全面"营改增"的实行，部分企业出现无法通过抵扣进项税额避免重复征税的情况。因此，税法引入差额征税的办法，解决纳税人税收负担增加的问题。

（一）按差额确定销售额的项目

1. 金融商品转让

金融商品转让，按照卖出价扣除买入价后的余额为销售额。转让金融商品出现的正负差，按盈亏相抵后余额为销售额。若相抵后出现负差，可以结转下一纳税期与下期转让金融商品销售额相抵，但年末时仍出现负差的，不得转入下一个会计年度。

2. 经纪代理服务

经纪代理服务以取得的全部价款和价外费用扣除向委托方收取并代为支付的政府性基金或行政事业性收费后的余额为销售额。

3. 融资租赁和融资性售后回租业务的销售额

（1）经中国人民银行、中国银保监会或商务部批准从事融资租赁业务的试点纳税人（包括经上述部门备案从事融资租赁业务的试点纳税人），提供融资租赁服务，以取得的全部价款和价外费用，扣除支付的借款利息（包括外汇借款和人民币借款利息）、发行债券利息和车辆购置税后的余额为销售额。

（2）经中国人民银行、中国银保监会或商务部批准从事融资租赁业务的试点纳税人，提供融资性售后回租服务，以取得的全部价款和价外费用（不含本金），扣除对外支付的借款利息（包括外汇借款和人民币借款利息）、发行债券利息后的余额作为销售额。

（3）纳税人根据 2016 年 4 月 30 日前签订的有形动产融资性售后回租合同，在合同到期前提供的有形动产融资性售后回租服务，可以继续按照有形动产融资租赁服务缴纳增值税。

继续按照有形动产融资租赁服务缴纳增值税的试点纳税人，经中国人民银行、中国银保监会或商务部批准从事融资租赁业务的，根据 2016 年 4 月 30 日前签订的有形动产融资性售后回租合同，在合同到期前提供的有形动产融资性售后回租服务，可以选择以下方法之一计算销售额：

①纳税人以向承租方收取的全部价款和价外费用，扣除向承租方收取的价款本金以及对外支付的借款利息（包括外汇借款和人民币借款利息）、发行债券利息后的余额为销售额。

纳税人提供有形动产融资性售后回租服务，计算当期销售额时可以扣除的价款本金，为书面合同约定的当期应当收取的本金；无书面合同或书面合同没有约定的，为当期实际收取的本金。

纳税人提供有形动产融资性售后回租服务，向承租方收取的有形动产价款本金，不得开具增值税专用发票，可以开具增值税普通发票。

②纳税人以向承租方收取的全部价款和价外费用，扣除支付的借款利息（包括外汇借款和人民币借款利息）、发行债券利息后的余额为销售额。

（4）经商务部授权的省级商务主管部门和国家经济技术开发区批准的从事融资租赁业务的试点纳税人，2016 年 5 月 1 日后实收资本达到 1.7 亿元的，从达到标准的当月起按照上述第（1）（2）（3）项规定执行；2016 年 5 月 1 日后实收资本未达到 1.7 亿元但注册资本达到 1.7 亿元的，在 2016 年 7 月 31 日前仍可按照上述第（1）（2）（3）项规定执行；2016 年 8 月 1 日后开展的融资租赁业务和融资性售后回租业务不得按照上述第（1）（2）（3）项规定执行。

4. 航空运输企业的销售额

航空运输企业的销售额不包括代收的机场建设费和代售其他航空运输企业客票而代收转付的价款。

5. 一般纳税人提供客运场站服务

一般纳税人提供客运场站服务，以其取得的全部价款和价外费用，扣除支付给承运方运费后的余额为销售额。

6. 纳税人提供旅游服务

纳税人提供旅游服务，可以选择以取得的全部价款和价外费用，扣除向旅游服务购买方收取并支付给其他单位或个人的住宿费、餐饮费、交通费、签证费、门票费和支付给其他接团旅游企业的旅游费用后的余额为销售额。

选择上述办法计算销售额的纳税人，向旅游服务购买方收取并支付的上述费用，不得开具增值税专用发票，但可以开具增值税普通发票。

7. 纳税人提供建筑服务适用简易计税方法的情况

纳税人提供建筑服务适用简易计税方法的，以取得的全部价款和价外费用扣除支付的分包款后的余额为销售额。分包款是指支付给分包方的全部价款和价外费用。

8. 房地产开发企业销售其开发的房地产项目

房地产开发企业中的一般纳税人销售其开发的房地产项目（选择简易计税方法的房地产老项目除外）以取得的全部价款和价外费用，扣除受让土地时向政府部门支付的土地价款后的余额为销售额。向政府部门支付的土地价款包括土地受让人向政府部门支付的征地和拆迁补偿费用、土地前期开发费用和土地出让收益等。

房地产开发企业（包括多个房地产开发企业组成的联合体）受让土地向政府部门支付土地价款后，设立项目公司对该受让土地进行开发，同时符合下列条件的，可以由项目公司按规定扣除房地产开发企业向政府部门支付的土地价款。

（1）房地产开发企业、项目公司、政府部门三方签订变更协议或补充合同，将土地受让人变更为项目公司。

（2）政府部门出让土地的用途、规划等条件不变的情况下，签署变更协议或补充合同时，土地价款总额不变。

（3）项目公司的全部股权由受让土地的房地产开发企业持有。

房地产开发企业中的一般纳税人销售其开发的房地产项目（选择简易计税方法的房地产老项目除外），在取得土地时向其他单位或个人支付的拆迁补偿费用也允许在计算销售额时扣除。纳税人按上述规定扣除拆迁补偿费用时，应提供拆迁协议、拆迁双方支付和取得拆迁补偿费用凭证等能够证明拆迁补偿费用真实性的材料。

9. 纳税人转让不动产缴纳增值税差额扣除的有关规定

（1）纳税人转让不动产，按照有关规定差额缴纳增值税的，如因丢失等原因无法提供取得不动产时的发票，可以向税务机关提供其他能证明契税计税金额的完税凭证等资料，进行差额扣除。

（2）纳税人以契税计税金额进行差额扣除的，按照下列公式计算增值税应纳税额：

①2016 年 4 月 30 日及以前缴纳契税的：

$$增值税应纳税额=[全部交易价格（含增值税）-契税计税金额（含营业税）]÷$$
$$(1+5\%)\times5\%$$

②2016年5月1日及以后缴纳契税的：

$$增值税应纳税额 = [全部交易价格（含增值税）÷(1+5\%) -$$
$$契税计税金额(不含增值税)]×5\%$$

（3）纳税人同时保留取得不动产时的发票和其他能证明契税计税金额的完税凭证等资料的，应当凭发票进行差额扣除。

【特别提示】纳税人按照上述 2~9 项的规定从全部价款和价外费用中扣除的价款，应当取得符合法律、行政法规和国家税务总局规定的有效凭证；否则，不得扣除。上述有效凭证是指：第一，支付给境内单位或个人的款项，以发票为合法有效凭证。第二，支付给境外单位或个人的款项，以该单位或个人的签收单据为合法有效凭证，税务机关对签收单据有疑义的，可以要求其提供境外公证机构的确认证明。第三，缴纳的税款，以完税凭证为合法有效凭证。第四，扣除的政府性基金、行政事业性收费或向政府支付的土地价款，以省级以上（含省级）财政部门监（印）制的财政票据为合法有效凭证。第五，国家税务总局规定的其他凭证。

（二）增值税按差额计征的计算

增值税计算按差额确定销售额的计算公式如下：

$$销售额 = (取得的全部含税价款和价外费用 - 支付给其他单位或个人的含税价款) ÷$$
$$(1 + 税率或者征收率)$$

$$应纳增值税 = 销售额×税率或征收率$$

【以案说法】某经营金融业务的公司属于增值税一般纳税人，2019 年第四季度转让债券的卖出价为 90 万元（含税，下同）。该债券是 2018 年 7 月购入的，买入价为 70 万元。该公司 2019 年第四季度之前转让金融商品亏损 12 万元。要求：计算该公司转让债券应纳增值税。

结论：该公司转让债券销售额 = 90 - 70 - 12 = 8（万元）

该公司转让债券应纳增值税 = 8 ÷ (1+6\%) × 6\% = 0.45（万元）

四、进口货物应纳税额的计算

不管是增值税一般纳税人还是增值税小规模纳税人进口货物，都按照组成计税价格和税法规定的税率（如 13\%、9\%）计算应纳税额。

进口货物计算增值税应纳税额的计算公式如下：

$$应纳增值税 = 组成计税价格×增值税税率$$

式中，组成计税价格的计算公式如下：

（1）若进口货物不属于消费税应税消费品：

$$组成计税价格 = 关税完税价格 + 关税$$

（2）若进口货物属于消费税应税消费品：

①实行从价定率办法计算纳税的组成计税价格的计算公式如下：

$$组成计税价格 = 关税完税价格 + 关税 + 消费税$$
$$= (关税完税价格 + 关税) ÷ (1 - 消费税比例税率)$$

②实行从量定额办法计算纳税的组成计税价格的计算公式如下：

$$组成计税价格 = 关税完税价格 + 关税 + 消费税$$
$$= 关税完税价格 + 关税 + 海关核定的应税消费品的进口数量×$$
$$消费税定额税率$$

【改革意见】组成计税价格=关税计税价格+关税+消费税。关税计税价格中不包括服务贸易相关的对价。

纳税人在计算进口货物的增值税时应注意以下问题：

（1）进口货物增值税的组成计税价格中包括已纳进口关税税额。如果进口货物属于消费税应税消费品，其组成计税价格中还要包括进口环节已纳消费税税额。

（2）按照《中华人民共和国海关法》和《中华人民共和国进出口关税条例》的规定，一般贸易项下进口货物的关税完税价格以海关审定的成交价格为基础的到岸价格作为完税价格。

成交价格是指一般贸易项下进口货物的买方为购买该项货物向卖方实际支付或应当支付的价格。

到岸价格是指货价加上货物运抵我国关境内输入地点起卸前的包装费、运费、保险费和其他劳务费等费用构成的一种价格。

特殊贸易项下进口的货物，由于进口时没有成交价格可以作为依据，《中华人民共和国进出口关税条例》对其制定了确定完税价格的具体办法。

【以案说法】甲企业为增值税一般纳税人，本年6月进口一批高档手表，关税完税价格为100万元。高档手表的关税税率为20%，消费税税率为20%。要求：计算甲企业进口高档手表品应纳增值税。

结论：进口高档手表应纳增值税=（关税完税价格+关税）÷（1−消费税比例税率）×增值税税率=（100+100×20%）÷（1−20%）×13%=19.5（万元）

【课程思政】2008年年底，我国的增值税征收由生产型转向消费型。纳税人2009年1月1前购入的固定资产进项税额不允许抵扣。纳税人2009年1月1日以后（含1月1日，下同）购进固定资产，并取得2009年1月1日以后开具的增值税扣税凭证上注明的或依据增值税扣税凭证计算的增值税税额允许抵扣销项税额。但是纳税人自用的应征消费税的摩托车、汽车、游艇，其进项税额不得从销项税额中抵扣。2013年8月1日起，原增值税一般纳税人自用的应征消费税的摩托车、汽车、游艇，其进项税额准予从销项税额中抵扣。自2018年1月1日起，纳税人租入固定资产、不动产，既用于一般计税方法计税项目，又用于简易计税方法计税项目、免征增值税项目、集体福利或个人消费的，其进项税额准予从销项税额中全额抵扣。请从课程思政角度，通过查阅相关资料，谈谈你对我国境内增值税转型改革现实意义的理解。

第三节　增值税出口退（免）税的计算

一、出口货物、劳务和跨境应税行为增值税退（免）税基本政策

（一）出口货物、劳务和跨境应税行为增值税退（免）税政策的形式

目前，我国的出口货物、劳务和跨境应税行为的增值税政策分为以下三种形式：

1. 出口免税并退税

出口免税是指对货物或劳务在出口销售环节不征增值税、消费税。这是把货物、

劳务和跨境应税行为出口环节和出口前的销售环节都同样视为一个征税环节。出口退税是指对货物、劳务和跨境应税行为在出口前实际承担的税收负担，按规定的退税率计算后予以退还。

2. 出口免税不退税

出口不退税是指适用这一政策的出口货物、劳务和跨境应税行为因为在前一道生产、销售环节或进口环节是免税的，所以出口时该货物、劳务和跨境应税行为的价格中本身就不含税，也无需退税。

3. 出口不免税也不退税

出口不免税是指对国家限制或禁止出口的某些货物、劳务和跨境应税行为的出口环节视同内销环节，照常征税。出口不退税是指对这些货物、劳务和跨境应税行为出口不退还出口前其所负担的税款。

（二）适用增值税退（免）税政策的范围

1. 出口企业出口货物

出口企业是指依法办理工商登记、税务登记、对外贸易经营者备案登记，自营或委托出口货物的单位或个体工商户以及依法办理工商登记、税务登记但未办理对外贸易经营者备案登记，委托出口货物的生产企业。

出口货物是指向海关报关后实际离境并销售给境外单位或个人的货物，分为自营出口货物和委托出口货物两类。

生产企业是指具有生产能力（包括加工、修理修配能力）的单位或个体工商户。

2. 出口企业或其他单位视同出口的货物

出口企业或其他单位视同出口的货物具体是指：

（1）出口企业对外援助、对外承包、境外投资的出口货物。

（2）出口企业经海关报关进入国家批准的出口加工区、保税物流园区、保税港区、综合保税区、珠澳跨境工业区（珠海园区）、中哈霍尔果斯国际边境合作中心（中方配套区域）、保税物流中心（B型）（以下统称"特殊区域"）并销售给特殊区域内单位或境外单位、个人的货物。

（3）免税品经营企业销售的货物（国家规定不允许经营和限制出口的货物、卷烟和超出免税品经营企业的企业法人营业执照中规定经营范围的货物除外）。

（4）出口企业或其他单位销售给用于国际金融组织或外国政府贷款国际招标建设项目的中标机电产品（以下统称"中标机电产品"）。上述中标机电产品包括外国企业中标再分包给出口企业或其他单位的机电产品。

（5）出口企业或其他单位销售给国际运输企业用于国际运输工具上的货物。上述规定暂仅适用于外轮供应公司、远洋运输供应公司销售给外轮、远洋国轮的货物，国内航空供应公司生产销售给国内和国外航空公司国际航班的航空食品。

（6）出口企业或其他单位销售给特殊区域内生产企业生产耗用且不向海关报关而输入特殊区域的水（包括蒸汽）、电力、燃气（以下统称"输入特殊区域的水电气"）。

3. 出口企业对外提供加工、修理修配劳务

对外提供加工、修理修配劳务是指对进境复出口货物或从事国际运输的运输工具进行的加工、修理修配。

4. 融资租赁货物出口退税

对融资租赁企业、金融租赁公司及其设立的项目子公司（以下统称"融资租赁出租方"），以融资租赁方式租赁给境外承租人且租赁期限在 5 年（含）以上，并向海关报关后实际离境的货物，试行增值税、消费税出口退税政策。

融资租赁出口货物的范围包括飞机、飞机发动机、铁道机车、铁道客车车厢、船舶及其他货物，具体应符合《中华人民共和国增值税暂行条例实施细则》第二十一条关于固定资产的相关规定。

（三）增值税退（免）税办法

适用增值税退（免）税政策的出口货物、劳务和应税行为，按照下列规定实行增值税"免、抵、退"税或"免、退"税办法。

1. "免、抵、退"税办法

生产企业出口自产货物与视同自产货物，对外提供加工、修理修配劳务以及列名的 74 家生产企业出口非自产货物，免征增值税，相应的进项税额抵减应纳增值税额（不包括适用增值税即征即退、先征后退政策的应纳增值税额），未抵减完的部分予以退还。

2. "免、退"税办法

不具有生产能力的出口企业（以下统称"外贸企业"）或其他单位出口货物、劳务，免征增值税，相应的进项税额予以退还。外贸企业外购服务或无形资产、外购研发服务和设计服务适用该办法。

二、增值税出口退（免）税税率的断定

（一）出口货物或劳务增值税退（免）税退税率的断定

1. 退税率的一般规定

除财政部和国家税务总局根据国务院决定而明确的增值税出口退税率（以下统称"退税率"）外，出口货物的退税率为其适用税率。

服务和无形资产的退税率为其按照《中华人民共和国增值税暂行条例》规定适用的增值税税率。

2. 退税率的特殊规定

（1）外贸企业购进按简易办法征税的出口货物、从小规模纳税人购进的出口货物，其退税率分别为简易办法实际执行的征收率、小规模纳税人征收率。上述出口货物取得增值税专用发票的，退税率按照增值税专用发票上的税率和出口货物退税率孰低的原则确定。

（2）出口企业委托加工、修理修配货物，其加工、修理修配费用的退税率，为出口货物的退税率。

（3）中标机电产品、出口企业向海关报关进入特殊区域销售给特殊区域内生产企业生产耗用的列名原材料、输入特殊区域的水电气，其退税率为适用税率。如果国家调整列名原材料的退税率，列名原材料应当自调整之日起按调整后的退税率执行。

【特别提示】适用不同退税率的货物、劳务及跨境应税行为，应分开报关、核算并申报退（免）税，未分开报关、核算或划分不清的，从低适用退税率。

（二）跨境销售国务院规定范围内的服务、无形资产零税率的断定

境内单位和个人跨境销售国务院规定范围内的服务、无形资产，增值税税率为零。具体情况如下：

（1）国际运输服务。

（2）航天运输服务。

（3）向境外单位提供的完全在境外消费的下列服务：

①研发服务。

②合同能源管理服务。

③设计服务。

④广播影视节目（作品）的制作和发行服务。

⑤软件服务。

⑥电路设计及测试服务。

⑦信息系统服务。

⑧业务流程管理服务。

⑨离岸服务外包业务。

⑩转让技术。

（4）其他零税率政策。

①按照国家有关规定应取得相关资质的国际运输服务项目，纳税人取得相关资质的，适用增值税零税率政策；纳税人未取得相关资源的，适用增值税免税政策。

②境内单位或个人提供程租服务，如果租赁的交通工具用于国际运输服务和港澳台运输服务，由出租方按规定申请适用增值税零税率。

③境内单位和个人向境内单位或个人提供期租、湿租服务，如果承租方利用租赁的交通工具向其他单位或个人提供国际运输服务和港澳台运输服务，由承租方适用增值税零税率。境内单位或个人向境外单位或个人提供期租、湿租服务，由出租方适用增值税零税率。

④境内单位和个人以无运输工具承运方式提供的国际运输服务，由境内实际承运人适用增值税零税率；无运输工具承运业务的经营者适用增值税免税政策。

【特别提示】境内单位和个人发生的与香港、澳门、台湾有关的应税行为，除另有规定外，参照上述规定执行。纳税人发生跨境销售服务、无形资产行为同时适用免税和零税率规定的，可以选择适用免税或零税率。境内单位和个人销售适用增值税零税率的跨境行为，可以放弃适用增值税零税率，选择免税或按规定缴纳增值税。放弃适用增值税零税率后，36个月内不得再申请适用增值税零税率实行增值税退（免）税办法的增值税零税率跨境销售服务、无形资产行为不得开具增值税专用发票。

三、增值税"免、抵、退"税和"免、退"税的计算

（一）出口货物或劳务退（免）税计税依据的确定

出口货物、劳务的增值税退（免）税的计税依据，按出口货物、劳务的出口发票（外销发票）、其他普通发票或购进出口货物、劳务的增值税专用发票、海关进口增值税专用缴款书确定。具体规定如下：

（1）生产企业出口货物、劳务（进料加工复出口货物除外）增值税退（免）税的计税依据为出口货物、劳务的实际离岸价（FOB）。实际离岸价应以出口发票上的离岸价为准，但如果出口发票不能反映实际离岸价，主管税务机关有权予以核定。

（2）对进料加工出口货物，企业应以出口货物人民币离岸价扣除出口货物耗用的保税进口料件金额的余额为增值税退（免）税的计税依据。保税进口料件是指海关以进料加工贸易方式监管的出口企业从境外和特殊区域等进口的料件。其包括出口企业从境外单位或个人购买并从海关保税仓库提取且办理海关进料加工手续的料件以及保税区外的出口企业从保税区内的企业购进并办理海关进料加工手续的进口料件。

（3）生产企业国内购进无进项税额且不计提进项税额的免税原材料加工后出口的货物的计税依据为按出口货物的离岸价（FOB）扣除出口货物所含的国内购进免税原材料的金额后确定。

（4）外贸企业出口货物（委托加工、修理修配货物除外）增值税退（免）税的计税依据为购进出口货物的增值税专用发票注明的金额或海关进口增值税专用缴款书注明的完税价格。

（5）外贸企业出口委托加工、修理修配货物增值税退（免）税的计税依据为加工、修理修配费用增值税专用发票注明的金额。外贸企业应将加工、修理修配使用的原材料（进料加工海关保税进口料件除外）作价销售给受托加工、修理修配的生产企业，受托加工、修理修配的生产企业应将原材料成本并入加工、修理修配费用开具发票。

（6）出口进项税额未计算抵扣的已使用过的设备增值税退（免）税的计税依据，按下列公式确定：

退（免）税计税依据＝增值税专用发票上的金额或海关进口增值税专用缴款书注明的完税价格×已使用过的设备固定资产净值÷已使用过的设备原值

已使用过的设备固定资产净值＝已使用过的设备原值－已使用过的设备已提累计折旧

已使用过的设备是指出口企业根据财务会计制度已经计提折旧的固定资产。

（7）免税品经营企业销售的货物增值税退（免）税的计税依据为购进货物的增值税专用发票注明的金额或海关进口增值税专用缴款书注明的完税价格。

（8）中标机电产品增值税退（免）税的计税依据为生产企业为销售机电产品的普通发票注明的金额。外贸企业增值税退（免）税的计税依据为购进货物的增值税专用发票注明的金额或海关进口增值税专用缴款书注明的完税价格。

（9）输入特殊区域的水电气增值税退（免）税的计税依据为作为购买方的特殊区域内生产企业购进水（包括蒸汽）、电力、燃气的增值税专用发票注明的金额。

（10）跨境应税行为的退（免）税计税依据按下列规定执行：

①实行"免、抵、退"税办法的退（免）税计税依据如下：

第一，以铁路运输方式载运旅客的，计税依据为按照铁路合作组织清算规则清算后的实际运输收入。

第二，以铁路运输方式载运货物的，计税依据为按照铁路运输进款清算办法，对"发站"或"到站（局）"名称包含"境"字的货票上注明的运输费用以及直接相关的国际联运杂费清算后的实际运输收入。

第三，以航空运输方式载运货物或旅客的，如果国际运输或港澳台地区运输各航段由多个承运人承运的，计税依据为中国航空结算有限责任公司清算后的实际收入；如果国际运输或港澳台地区运输各航段由一个承运人承运的，计税依据为提供航空运输服务取得的收入。

第四，其他实行"免、抵、退"税办法的增值税零税率应税行为，计税依据为提供增值税零税率应税行为取得的收入。

②实行免退税办法的退（免）税计税依据为购进应税服务的增值税专用发票或解缴税款的中华人民共和国税收缴款凭证上注明的金额。

实行退（免）税办法的服务和无形资产，如果主管税务机关认定出口价格偏高的，有权按照核定的出口价格计算退（免）税，核定的出口价格低于外贸企业购进价格的，低于部分对应的进项税额不予退税，转入成本。

（二）生产企业出口货物、劳务、服务和无形资产的增值税"免、抵、退"税的计算

"免、抵、退"税政策中的"免"是指对生产企业出口的自产货物，免征本企业生产销售环节增值税（指的是免征出口销售环节的增值税销项税）；"抵"是指生产企业出口自产货物所耗用的原材料、零部件、燃料、动力等所含应予退还的进项税额，先抵顶内销货物的应纳税额（指的是内销产品销项税额－内销产品进项税额－上期留抵税额）；"退"是指生产企业出口的自产货物，在当月内应抵顶的进项税额大于内销货物的应纳税额时，对未抵顶完的进项税额部分按规定予以退税。

"免、抵、退"税办法的计算步骤如下：

第一步：免。

免征生产销售环节的增值税（出口货物时免征增值税销项税）。

第二步：剔。

当期不得免征和抵扣税额＝当期出口货物离岸价格×外汇人民币牌价×（出口货物适用税率－出口货物退税率）－当期免抵退不得免征和抵扣税额抵减额

当期免抵退不得免征和抵扣税额抵减额＝当期免税购进原材料价格×（出口货物适用税率－出口货物退税率）

第三步：抵。

当期应纳税额＝当期内销货物的销项税额－（当期全部进项税额－当期免抵退税不得免征和抵扣的税额）－上期留抵税额

若当期应纳税额≥0，则不涉及退税，但涉及免抵税；若当期应纳税额<0，则其绝对值便为当期期末退税前的留抵税额。

第四步：退。

（1）计算免抵退税总额。

当期免抵退税额＝当期出口货物离岸价格×外汇人民币牌价×出口货物退税率－当期免抵退税额抵减额

当期免抵退税额抵减额＝当期免税购进原材料价格×出口货物退税率

（2）运用孰低原则确定出口退税额，并确定退税之外的免抵税额。

①若当期应纳税额<0，且当期期末退税前的留抵税额≤当期免抵退税额：

当期应退税额＝当期期末退税前的留抵税额

当期免抵税额＝当期免抵退税额－当期应退税额

当期期末退税后的留抵税额＝0

②若当期应纳税额<0，且当期期末退税前的留抵税额>当期免抵退税额：

当期应退税额＝当期免抵退税额

当期免抵税额＝0

当期期末退税后的留抵税额＝当期期末退税前的留抵税额－当期应退税额

③若当期应纳税额≥0：

当期期末退税前的留抵税额＝0

当期应退税额＝0

当期免抵税额＝当期免抵退税额

当期期末退税后的留抵税额＝0

【以案说法】甲生产企业为增值税一般纳税人，具有进出口经营权，本年8月发生以下业务：进口货物，海关审定的关税完税价格为400万元，关税税率为20%，海关代征了进口环节增值税；进料加工免税进口料件一批，海关暂免征税，予以放行，组成计税价格为200万元，从国内市场购进材料支付的价款为2 000万元（不含增值税），取得的增值税专用发票上注明的增值税税额为260万元；外销进料加工货物的离岸价为1 200万元，内销货物的销售额为2 200万元（不含税）。甲生产企业适用免抵退税办法，上期留抵税额为100万元，上述货物内销时均适用13%的增值税税率，出口退税率为10%。要求：计算回答下列问题：

（1）计算甲生产企业当期免抵退税不得免征和抵扣税额。

（2）计算甲生产企业当期应纳税额。

（3）计算甲生产企业当期免抵退税额。

（4）计算甲生产企业当期应退税额、当期免抵税额以及当期期末留抵税额。

结论：（1）当期免抵退税不得免征和抵扣税额抵减额＝200×（13%－10%）＝6（万元）

当期免抵退税不得免征和抵扣税额＝1 200×（13%－10%）－6＝30（万元）

（2）当期应纳税额＝2 200×13%－［260＋400×（1＋20%）×13%－30］－100＝－106.4（万元）

当期期末税前的留抵税额＝106.4（万元）

（3）当期免抵退税额抵减额＝200×10%＝20（万元）

当期免抵退税额＝1 200×10%－20＝100（万元）

（4）当期期末退税前的留抵税额106.4万元>当期免抵退税额100万元，则当期应退税额＝当期期末税前的留抵税额＝100（万元）

当期免抵税额＝100－100＝0

当期期末退税后的留抵税额＝106.4－100＝6.4（万元）

【思考计算】第一，若当期外销进料加工货物的离岸价为800万元，其他条件不变，计算上述题目要求的内容。第二，若国内市场购进材料支付的价款为1 000万元（不含增值税），其他条件不变，计算上述题目要求的内容。

（三）外贸企业出口货物、劳务和应税行为增值税"免、退"税的计算

"免、退"税，即先征后退，是指出口货物在生产（购货）环节按规定缴纳增值税（指的是进项税），货物出口环节免征增值税（销项税），货物出口后由外贸企业（指收购货物后出口的外贸出口企业）向主管出口退税的税务机关申请办理出口货物的退税。该办法目前主要适用于外贸出口企业。

（1）外贸企业出口委托加工、修理修配货物以外的货物。

当期应退税额=购进出口货物的增值专用发票或海关进口增值税专用发票注明的金额×出口货物退税率

（2）外贸企业出口委托加工、修理修配货物。

当期应退税额=加工、修理修配费用的增值专用发票注明的金额×出口货物退税率

退税率低于适用税率的，相应计算出的差额部分的税款为不予退税金额，需做进项税额转出处理，计入出口货物劳务成本。

当期不予退税金额（进项税额转出额）=购进出口货物的增值税专用发票或海关进口增值税专用缴款书注明的金额或加工、修理修配费用增值税专用发票注明的金额×（出口货物征税率-出口货物退税率）

【以案说法】 甲贸易公司为增值税一般纳税人，具有进出口经营权。本年8月，甲贸易公司购进一批灯具，取得的增值税专用发票上注明价款为300万元，进项税额为39万元，货款已用银行存款支付。当月该批灯具已全部出口，售价为80万美元（当日汇率为1美元=6.9元人民币），申请退税的单证齐全。该灯具增值税退税率为11%。要求计算并回答下列问题：

（1）计算甲贸易公司当期应退增值税。

（2）计算甲贸易公司当期增值税进项税额转出额。

结论：（1）当期应退增值税=300×11%=33（万元）

（2）当期增值税进项税转出额=39-33=6（万元）

【问题思考】 贸易出口企业与生产出口企业计算应收出口退税款的依据是否都为出口货物的销售额？

【问题解答】 通过以上计算可知，贸易企业应收出口退税款的计算依据为采购额，生产出口企业应收出口退税款的计算依据为出口销售额。

（3）外贸企业兼营的零税率应税行为增值税免退税的计算。

外贸企业兼营的零税率应税行为应退税额=外贸企业兼营的零税率应税行为免退税计税依据×出口货物退税率

（四）融资租赁出口货物退税的计算

融资租赁出租方将融资租赁出口货物租赁给境外承租方、将融资租赁海洋工程结构物租赁给海上石油天然气开采企业，向融资租赁出租方退还其购进租赁货物所含增值税。其计算公式如下：

增值税应退税额=购进融资租赁货物的增值税专用发票注明的金额或海关（进口增值税）专用缴款书注明的完税价格×融资租赁货物适用的增值税退税率

【以案说法】 本年3月甲融资租赁公司根据合同规定将一设备以融资租赁方式租给境外的乙企业使用。甲融资租赁公司购进该设备的增值税专用发票上注明的金额为200

万元，增值税出口退税率为13%。要求：计算甲融资租赁公司当期应退的增值税税额。

结论：甲融资租赁公司当期应退的增值税税额＝200×13%＝26（万元）

融资租赁出口货物适用的增值税退税率，按照统一的出口货物适用退税率执行。从增值税一般纳税人购进的按简易办法征税的融资租赁货物和从小规模纳税人购进的融资租赁货物，其适用的增值税退税率，按照购进货物适用的征收率和退税率孰低的原则确定。

【课程思政】我国从1985年开始实行出口退税政策。自该政策实施以来，出口退税率在不断进行调整。例如，我国在1998年提高了部分出口产品退税率至5%、13%、15%、17%四档。我国从2008年8月1日起将部分纺织品、服装的出口退税率由11%提高到13%，部分竹制品的出口退税率提高到11%。我国从2020年3月20日起将瓷制卫生器具等1 084项产品出口退税率提高至13%；将植物生长调节剂等380项产品出口退税率提高至9%。众所周知，出口退税是需要从国家财政收入中将税金退还给各出口企业的。请从思政的角度，通过查阅与出口退税相关政策资料，谈谈你对我国出口退税政策不断调整的认识。

第四节　增值税的税收优惠

一、免征增值税项目

（一）免征增值税的一般规定

（1）农业生产者销售自产农产品。农业生产者包括从事农业生产的单位和个人。农业产品是指种植业、养殖业、林业、牧业、水产业生产的各类植物、动物的初级产品。

对上述单位和个人销售的外购农产品以及单位和个人外购农产品生产、加工后销售的仍然属于规定范围的农业产品，不属于免税的范围，应当按规定的税率征收增值税。

【特别提示】蔬菜流通环节增值税免税政策如下：

①对从事蔬菜批发、零售的纳税人销售的蔬菜免征增值税。经挑选、清洗、切分、晾晒、包装、脱水、冷藏、冷冻等工序加工的蔬菜，属于免征增值税的范围。但是，各种蔬菜罐头不属于免征增值税范围。

②纳税人既销售蔬菜又销售其他增值税应税货物的，应分别核算蔬菜和其他增值税应税货物的销售额；未分别核算的，不得享受蔬菜的增值税免税政策。

纳税人采取"公司+农户"经营模式从事畜禽饲养，纳税人回收再销售畜禽，属于农业生产销售自产农产品，应根据《中华人民共和国增值税暂行条例》的有关规定免征增值税。

（2）避孕药品和用具。

（3）古旧图书（指向社会收购的古书和旧书）。

（4）直接用于科学研究、科学试验和教学的进口仪器、设备。

（5）外国政府、国际组织无偿援助的进口物资和设备。

（6）由残疾人的组织直接进口供残疾人专用的物品。

（7）销售的自己使用过的物品（指其他个人自己使用过的物品）。

（8）豆粕属于征收增值税的饲料产品，除豆粕以外的其他粕类饲料产品，均免征增值税。

（9）制种企业生产经营模式下生产种子，属于农业生产者销售自产农产品，免征增值税。

（10）有机肥产品免征增值税政策。自2008年6月1日起，纳税人生产销售和批发、零售有机肥产品免征增值税。享受免税政策的纳税人应按照规定，单独核算有机肥产品的销售额；未单独核算销售额的，不得免税。纳税人销售免税的有机肥产品，应按规定开具增值税普通发票，不得开具增值税专用发票。纳税人申请免征增值税，应向主管税务机关提供相关的资料；凡不能提供的，一律不得免税。

（11）债转股免征增值税。按债转股企业与金融资产管理公司签订的债转股协议，债转股原企业将货物资产作为投资提供给债转股新公司的，免征增值税。

（12）小规模纳税人免征增值税政策。根据《财政部 税务总局关于实施小微企业普惠性税收减免政策的通知》（财税〔2019〕13号）的规定，小规模纳税人发生增值税应税销售行为，合计月销售额未超过10万元（以1个季度为1个纳税期的，季度销售额未超过30万元，下同）的，免征增值税。

小规模纳税人发生增值税应税销售行为，合计月销售额超过10万元，但扣除本期发生的销售不动产的销售额后未超过10万元的，其销售货物、劳务、服务、无形资产取得的销售额免征增值税。

根据《国家税务总局关于小规模纳税人免征增值税征管问题的公告》（国家税务总局公告2021年第5号）第一条的规定，小规模纳税人发生增值税应税销售行为，合计月销售额超过15万元，但扣除本期发生的销售不动产的销售额后未超过15万元的，其销售货物、劳务、服务、无形资产取得的销售额免征增值税。

（二）免征增值税的特殊规定

（1）托儿所、幼儿园提供的保育和教育服务。

（2）养老机构提供的养老服务。

（3）残疾人福利机构提供的育养服务。

（4）婚姻介绍服务。

（5）殡葬服务。

（6）残疾人员本人为社会提供的服务。

（7）医疗机构提供的医疗服务。

（8）从事学历教育的学校提供的教育服务。

（9）学生勤工俭学提供的服务。

（10）农业机耕、排灌、病虫害防治、植物保护、农牧保险以及相关技术培训业务，家禽、牲畜、水生动物的配种和疾病防治。

（11）纪念馆、博物馆、文化馆、文物保护单位管理机构、美术馆、展览馆、书画院、图书馆在自己的场所提供文化体育服务取得的第一道门票收入。

（12）寺院、宫观、清真寺和教堂举办文化、宗教活动的门票收入。

（13）行政单位之外的其他单位收取的符合"营改增"规定条件的政府性基金和行政事业性收费。

（14）个人转让著作权。

（15）个人销售自建自用住房。

（16）台湾航运公司、航空公司从事海峡两岸海上直航、空中直航业务在祖国大陆取得的运输收入。

（17）纳税人提供的直接或间接国际货物运输代理服务。

（18）下列利息收入免征增值税：国家助学贷款；国债、地方政府债；中国人民银行对金融机构贷款；住房公积金管理中心用住房公积金在指定的委托银行发放的个人住房贷款；统借统还业务中，企业集团或企业集团中的核心企业以及集团所属财务公司按不高于支付给金融机构的借款利率水平或支付的债券票面利率水平，向企业集团或集团内下属单位收取的利息。

（19）被撤销金融机构以货物、不动产、无形资产、有价证券、票据等财产清偿债务。

（20）保险公司开办的一年期以上人身保险产品取得的保费收入。

（21）再保险服务。

（22）符合条件的金融商品转让收入。

（23）金融同业往来利息收入。

（24）符合条件的担保机构从事中小企业信用担保或再担保业务取得的收入（不含信用评级、咨询、培训等收入）三年内免征增值税。

（25）国家商品储备管理单位及其直属企业承担商品储备任务，从中央或地方财政取得的利息补贴收入和价差补贴收入。

（26）纳税人提供技术转让、技术开发和与之相关的技术咨询、技术服务。

（27）符合条件的合同能源管理服务。

（28）政府举办的从事学历教育的高等、中等和初等学校（不含下属单位），举办进修班、培训班取得的全部归该学校所有的收入。

（29）政府举办的职业学校设立的主要为在校学生提供实习场所，并由学校出资自办、由学校负责经营管理、经营收入归学校所有的企业，从事《销售服务、无形资产或者不动产注释》中"现代服务"（不含融资租赁服务、广告服务和其他现代服务）和"生活服务"（不含文化体育服务、其他生活服务和桑拿、氧吧）业务活动取得的收入。

（30）家政服务企业由员工制家政服务员提供家政服务取得的收入。

（31）福利彩票、体育彩票的发行收入。

（32）军队空余房产租赁收入。

（33）企业、行政事业单位按房改成本价、标准价出售住房取得的收入。

（34）将土地使用权转让给农业生产者用于农业生产。

（35）涉及家庭财产分割的个人无偿转让不动产、土地使用权。

（36）土地所有者出让土地使用权和土地使用者将土地使用权归还给土地所有者。

（37）县级以上地方人民政府或自然资源行政主管部门出让、转让或收回自然资源使用权（不含土地使用权）。

（38）随军家属就业。

（39）军队转业干部就业。

（40）各党派、共青团、工会、妇联、中科协、青联、台联、侨联收取党费、团费、会费以及政府间国际组织收取会费，属于非经营活动，不征收增值税。

（41）青藏铁路公司提供的铁路运输服务免征增值税。

（42）中国邮政集团公司及其所属邮政企业提供的邮政普遍服务和邮政特殊服务，免征增值税。

（43）全国社会保障基金理事会、全国社会保障基金投资管理人运用全国社会保障基金买卖证券投资基金、股票、债券取得的金融商品转让收入，免征增值税。

（44）下列国际航运保险业务免征增值税：注册在上海、天津的保险企业从事国际航运保险业务；注册在深圳的保险企业向注册在前海深港现代服务业合作区的企业提供国际航运保险业务；注册在平潭的保险企业向注册在平潭的企业提供国际航运保险业务。

（45）社保基金会、社保基金投资管理人在运用社保基金投资过程中，提供贷款服务取得的全部利息及利息性质的收入和金融商品转让收入，免征增值税。

（46）境外教育机构与境内从事学历教育的学校开展中外合作办学，提供学历教育服务取得的收入免征增值税。中外合作办学是指中外教育机构按照《中华人民共和国中外合作办学条例》（国务院令第 372 号）的有关规定，合作举办的以中国公民为主要招生对象的教育教学活动。上述"学历教育""从事学历教育的学校""提供学历教育服务取得的收入"的范围，按照《营业税改征增值税试点过渡政策的规定》（财税〔2016〕36 号文件附件 3）第一条第（八）项的有关规定执行。

【改革意见】下列项目免征增值税：

（1）农业生产者销售的自产农产品。

（2）避孕药品和用具。

（3）古旧图书。

（4）直接用于科学研究、科学试验和教学的进口仪器、设备。

（5）外国政府、国际组织无偿援助的进口物资和设备。

（6）由残疾人的组织直接进口供残疾人专用的物品。

（7）自然人销售的自己使用过的物品。

（8）托儿所、幼儿园、养老院、残疾人福利机构提供的育养服务，婚姻介绍，殡葬服务。

（9）残疾人员个人提供的服务。

（10）医院、诊所和其他医疗机构提供的医疗服务。

（11）学校和其他教育机构提供的教育服务、学生勤工俭学提供的服务。

（12）农业机耕、排灌、病虫害防治、植物保护、农牧保险以及相关技术培训业务，家禽、牲畜、水生动物的配种和疾病防治。

（13）纪念馆、博物馆、文化馆、文物保护单位管理机构、美术馆、展览馆、书画院、图书馆举办文化活动的门票收入，宗教场所举办文化、宗教活动的门票收入。

（14）境内保险机构为出口货物提供的保险产品。

二、增值税即征即退政策

（1）增值税一般纳税人销售其自行开发生产的软件产品，按13%的税率征收增值税后，对其增值税实际税负超过3%的部分实行即征即退政策。

（2）增值税一般纳税人提供管道运输服务，对其增值税实际税负超过3%的部分实行增值税即征即退政策。

（3）经中国人民银行、中国银保监会或商务部批准从事融资租赁业务的纳税人中的一般纳税人，提供有形动产融资租赁服务和有形动产融资性售后回租服务，对其增值税实际税负超过3%的部分实行增值税即征即退政策。

（4）纳税人安置残疾人应享受增值税即征即退优惠政策。

$$本期应退增值税额 = 本期所含月份每月应退增值税额之和$$

$$月应退增值税额 = 纳税人本月安置残疾人员人数 \times 本月最低工资标准的4倍$$

【特别提示】纳税人新安置的残疾人从签订劳动合同并缴纳社会保险的次月起计算，其他职工从录用的次月起计算；安置的残疾人和其他职工减少的，从减少当月计算。

（5）资源综合利用产品和劳务增值税优惠政策。纳税人从事优惠目录所列的资源综合利用项目，可享受增值税即征即退政策时，应同时符合下列条件：

①纳税人属于增值税一般纳税人。

②销售综合利用产品和劳务，不属于国家发展和改革委员会规定的禁止类、限制类项目。

③销售综合利用产品和劳务，不属于生态环境部名录中的高污染、高环境风险产品或重污染工艺。

④综合利用的资源，属于生态环境部列明的危险废物的，应当取得省级及以上生态环境部门颁发的许可证，且许可经营范围包括该危险废物的利用。

⑤纳税信用等级不属于税务机关评定的C级或D级。

三、增值税退还政策

（一）外购化工产品生产石脑油、燃料油的增值税政策

自2014年3月1日起，我国对外购用于生产乙烯、芳烃类化工产品（以下统称"特定化工产品"）的石脑油、燃料油（以下统称"2类油品"），且使用2类油品生产特定化工产品的产量占本企业用石脑油、燃料油生产各类产品产量50%（含）以上的企业，其外购2类油品的价格中消费税部分对应的增值税额，予以退还。予以退还的增值税额计算公式如下：

$$予以退还的增值税额 = 已缴纳消费税的2类油品数量 \times 2类油品消费税单位税额 \times 13\%$$

（二）研发机构采购设备增值税政策

为了鼓励科学研究和技术开发，促进科技进步，《关于继续执行研发机构采购设备增值税政策的通知》（财税〔2016〕121号）和《研发机构采购国产设备增值税退税管理办法》（国家税务总局公告2017年第5号）规定，符合规定的研发机构（包括内资研发机构和外资研发中心）采购的国产设备，实行全额退还增值税。

（三）小规模纳税人退还增值税政策

根据《国家税务总局关于小规模纳税人免征增值税政策有关征管问题的公告》（国家税务总局公告 2019 年第 4 号）的规定，小规模纳税人月销售额未超过 10 万元的，当期因开具增值税专用发票已经缴纳的税款，在增值税专用发票全部联次追回或按规定开具红字专用发票后，可以向主管税务机关申请退还。

（四）增值税的退还

纳税人本期已缴增值税额小于本期应退税额，不足退还的，可以在本年度内以前纳税期已缴增值税额扣除已退增值税额的余额中退还，仍不足退还的可以结转本年度内以后纳税期退还。

年度已缴增值税额小于或等于年度应退税额的，退税额为年度已缴增值税额；年度已缴增值税额大于年度应退税额的，退税额为年度应退税额。年度已缴增值税额不足退还的，不得结转以后年度退还。

【特别提示】纳税人发生应税行为适用免税、减税规定的，可以放弃免税、减税，依照税法规定缴纳增值税。放弃免税、减税后，36 个月内不得再申请免税、减税。纳税人发生应税行为同时适用免税和零税率规定的，纳税人可以选择适用免税或零税率。

四、增值税加计抵减政策

2023 年 1 月 1 日至 2023 年 12 月 31 日，增值税加计抵减政策按照以下规定执行：

（1）允许生产性服务业纳税人按照当期可抵扣进项税额加计 5% 抵减应纳税额。生产性服务业纳税人是指提供邮政服务、电信服务、现代服务、生活服务取得的销售额占全部销售额的比重超过 50% 的纳税人。

（2）允许生活性服务业纳税人按照当期可抵扣进项税额加计 10% 抵减应纳税额。生活性服务业纳税人是指提供生活服务取得的销售额占全部销售额的比重超过 50% 的纳税人。

（3）纳税人适用加计抵减政策的其他有关事项，按照《财政部 税务总局 海关总署关于深化增值税改革有关政策的公告》（财政部 税务总局 海关总署公告 2019 年第 39 号）、《财政部 税务总局关于明确生活性服务业增值税加计抵减政策的公告》（财政部 税务总局公告 2019 年第 87 号）等有关规定执行。

五、增值税起征点的规定

个人发生应税行为的销售额未达到增值税起征点的，免征增值税；达到增值税起征点的，全额计算缴纳增值税。增值税起征点的适用范围仅限于个人，不包括登记为一般纳税人的个体工商户。增值税起征点的幅度如下：

按期纳税的，增值税起征点为月销售额 5 000~20 000 元（含本数）。

按次纳税的，增值税起征点为每次（日）销售额 300~500 元（含本数）。

起征点的调整由财政部和国家税务总局规定。省、自治区、直辖市财政厅（局）和税务局应当在规定的幅度内，根据实际情况确定本地区适用的起征点，并报财政部和国家税务总局备案。

【改革意见】在境内发生应税交易且销售额达到增值税起征点的单位和个人以及进口货物的收货人，为增值税的纳税人。增值税起征点为季销售额 30 万元。销售额未达到增值税起征点的单位和个人，不是增值税法规定的纳税人。销售额未达到增值税起征点的单位和个人，可以自愿选择依照增值税法的规定缴纳增值税。

【课程思政】2020年，新型冠状病毒感染疫情（以下简称"新冠疫情"）发生后，国家税务机关积极响应中央政府的号召，制定了相关针对疫情的税收优惠政策。增值税的优惠政策主要有以下内容：

（1）自2020年1月1日起，疫情防控重点保障物资生产企业可以按月向主管税务机关申请全额退还增值税增量留抵税额。其中，增量留抵税额是指与2019年12月底相比新增加的期末留抵税额。

（2）自2020年1月1日起，对纳税人运输疫情防控重点保障物资取得的收入，免征增值税。免征增值税优惠的收入，相应免征城市维护建设税、教育费附加、地方教育附加。

（3）自2020年1月1日起，对纳税人提供公共交通运输服务、生活服务以及为居民提供必需生活物资快递收派服务取得的收入，免征增值税。免征增值税优惠的收入，相应免征城市维护建设税、教育费附加、地方教育附加。

（4）自2020年1月1日起，单位和个体工商户将自产、委托加工或购买的货物，通过公益性社会组织和县级以上人民政府及其部门等国家机关，或者直接向承担疫情防治任务的医院，无偿捐赠用于应对新冠疫情的，免征增值税、消费税、城市维护建设税、教育费附加、地方教育附加。

（5）自2020年3月1日至5月31日，增值税小规模纳税人，适用3%征收率的应税销售收入，减按1%征收率征收增值税；适用3%预征率的预缴增值税项目，减按1%预征率预缴增值税。

（6）医疗机构提供的符合条件的医疗服务免征增值税。

（7）2019年2月1日至2020年12月31日，医疗机构接受其他医疗机构委托，按照不高于地（市）级以上价格主管部门会同同级卫生主管部门及其他相关部门制定的医疗服务指导价格（包括政府指导价和按照规定由供需双方协商确定的价格等），提供《全国医疗服务价格项目规范》所列的各项服务，可以适用免征增值税政策。

（8）纳税人因疫情取得的财政补贴收入，与其销售货物、劳务、服务、无形资产、不动产的收入或数量不直接挂钩的，不征收增值税。

（9）单位或个体工商户向社会公众无偿提供的消毒、防疫等服务无需视同销售缴纳增值税。

（10）纳税人购进与生产经营相关的口罩、防护服等防护物资，其进项税额允许抵扣。

（11）纳税人由于受疫情影响，导致采购的原材料霉烂变质，其原材料进项税额可以抵扣，无需进项转出。

（12）企业因受疫情影响终止合同而收取的违约金，未产生应税行为的，无需缴纳增值税。

（13）对月销售额10万元以下（含本数）的增值税小规模纳税人，免征增值税。

请从思政的角度，针对以上疫情期间的增值税税收优惠政策，谈谈你的想法。

六、小规模纳税人减免增值税的规定

为进一步支持小微企业发展，增值税小规模纳税人（包括单位、个体工商户、其他个人）享受免征、减征增值税政策的规定如下：

（1）2023年1月1日至2023年12月31日，月销售额10万元以下（含本数，以1个季度为1个纳税期的，季度销售额未超过30万元）的增值税小规模纳税人，免征增值税。

（2）2023年1月1日至2023年12月31日，增值税小规模纳税人适用3%征收率的应税销售收入，减按1%征收率征收增值税；适用3%预征率的预缴增值税项目，减按1%预征率预缴增值税。

根据《财政部 税务总局关于增值税小规模纳税人减免增值税政策的公告》（财政部 税务总局公告2023年第19号），以上政策延续执行至2027年12月31日。

【特别提示】增值税小规模纳税人发生增值税应税销售行为，合计月销售额超过10万元，但扣除本期发生的销售不动产的销售额后未超过10万元的，其销售货物、劳务、服务、无形资产取得的销售额免征增值税。

【特别提示】适用增值税差额征税政策的增值税小规模纳税人，以差额后的销售额确定是否可以享受上述免征增值税政策。

【特别提示】其他个人采取一次性收取租金形式出租不动产取得的租金收入，可在对应的租赁期内平均分摊，分摊后的月租金收入未超过10万元的，免征增值税。

【特别提示】按照现行规定应当预缴增值税税款的小规模纳税人，凡在预缴地实现的月销售额未超过10万元的，当期无需预缴税款。

第五节　增值税的征收管理

一、增值税的纳税义务发生时间

（一）增值税纳税义务发生时间的一般规定

（1）销售货物、劳务、服务、无形资产或不动产，其增值税纳税义务发生时间为收讫销售款或取得索取销售款项凭据的当天；先开具发票的，为开具发票的当天。

（2）进口货物，其增值税纳税义务发生时间为报关进口的当天。

（3）增值税扣缴义务发生时间为纳税人增值税纳税义务发生的当天。

（二）增值税纳税时间的特殊规定

（1）采取直接收款方式销售货物的，不论货物是否发出，其增值税纳税义务发生时间均为收到销售款项或取得索取销售款项凭据的当天。销售应税劳务，其增值税纳税义务发生时间为提供劳务同时收讫销售款项或取得索取销售款项凭据的当天。

【特别提示】纳税人生产经营活动中采取直接收款方式销售货物，已将货物移送对方并暂估销售收入入账，但既未取得销售款或取得索取销售款凭据也未开具销售发票的，其增值税纳税义务发生时间为取得销售款或取得索取销售款凭据的当天；先开具发票的，为开具发票的当天。

（2）纳税人发生销售服务、无形资产或不动产行为的，其增值税纳税义务发生时间为收讫销售款或取得索取销售款项凭据的当天；先开具发票的，为开具发票的当天。

【特别提示】取得索取销售款项凭据的当天是指书面合同确定的付款日期；未签订书面合同或书面合同未确定付款日期的，为服务、无形资产转让完成的当天或不动产权属变更的当天。

（3）采取托收承付和委托银行收款方式销售货物的，其增值税纳税义务发生时间为发出货物并办妥托收手续的当天。

（4）采取赊销和分期收款方式销售货物的，其增值税纳税义务发生时间为书面合同约定的收款日期的当天；无书面合同的或书面合同没有约定收款日期的，为货物发出的当天。

（5）采取预收货款方式销售货物的，其增值税纳税义务发生时间为货物发出的当天，但生产和销售生产工期超过 12 个月的大型机械设备、船舶、飞机等货物，为收到预收款或书面合同约定的收款日期的当天。纳税人提供租赁服务采取预收款方式的，其增值税纳税义务发生时间为收到预收款的当天。

（6）纳税人提供建筑服务取得预收款，应在收到预收款时，以取得的预收款扣除支付的分包款后的余额，按照预定的预征率预缴增值税。按照现行规定，建筑服务发生地预缴增值税的项目，纳税人收到预收款时在建筑服务发生地预缴增值税。按照现行规定，无需在建筑服务发生地预缴增值税的项目，纳税人收到预收款时在机构所在地预缴增值税。适用一般计税方法计税的项目预征率为 2%，适用简易计税方法计税的项目预征率为 3%。

（7）委托其他纳税人代销货物的，其增值税纳税义务发生时间为收到代销单位的代销清单或收到全部或部分货款的当天；未收到代销清单及货款的，为发出代销货物满 180 天的当天。

（8）纳税人从事金融商品转让的，其增值税纳税义务发生时间为金融商品所有权转移的当天。

（9）证券公司、保险公司、金融租赁公司、证券基金管理公司、证券投资基金以及其他经中国人民银行、中国银保监会、中国证监会批准成立且经营金融保险业务的机构发放贷款后，自结息日起 90 天内发生的应收未收利息按现行规定缴纳增值税；自结息日起 90 天后发生的应收未收利息暂不缴纳增值税，待实际收到利息时按规定缴纳增值税。

（10）纳税人提供建筑服务，被工程发包方从应支付的工程款中扣押的质押金、保证金，未开具发票的，以纳税人实际收到质押金、保证金的当天为增值税纳税义务发生时间。

（11）纳税人发生视同销售货物行为（不包括代销行为），其增值税纳税义务发生时间为货物移送的当天。纳税人发生视同销售服务、无形资产或不动产行为的，其增值税纳税义务发生时间为服务、无形资产转让完成的当天或不动产权属变更的当天。

【以案说法】甲公司为增值税一般纳税人，本年 3 月 5 日与乙公司签订销售合同，销售一批货物，不含税金额为 1 000 万元，货物已经发出，双方约定货款分 5 个月于每月 20 日平均收讫，3 月的货款已经收讫。甲公司在 3 月份进行纳税申报时，该项业务应申报的销售额为多少？

结论：该业务为分期收款业务，本月收讫的不含税销售额为 200 万元。因此，本月纳税申报时应申报的销售额为 200 万元。

二、增值税的纳税期限

增值税的纳税期限分为 1 日、3 日、5 日、10 日、15 日、1 个月或 1 个季度。纳税人的具体纳税期限，由主管税务机关根据纳税人应纳税额的多少分别核定。以 1 个季度为纳税期限的规定适用于小规模纳税人、银行、财务公司、信托投资公司、信用社以及财政部和国家税务总局规定的其他纳税人。不能按照固定期限纳税的，可以按次纳税。

纳税人以 1 个月或 1 个季度为一个纳税期的，自期满之日起 15 日内申报纳税；以 1 日、3 日、5 日、10 日或 15 日为一个纳税期的，自期满之日起 5 日内预缴税款，于次月 1 日起 15 日内申报纳税并结清上月应纳税款。扣缴义务人解缴税款的期限，按照上述规定执行。

【改革意见】增值税的计税期间分别为 10 日、15 日、1 个月、1 个季度或半年。纳税人的具体计税期间，由主管税务机关根据纳税人应纳税额的多少分别核定。以半年为计税期间的规定不适用于按照一般计税方法计税的纳税人。自然人不能按照固定计税期间纳税的，可以按次纳税。

三、增值税的纳税地点

（一）固定业户的纳税地点

固定业户应当向其机构所在地主管税务机关申报纳税。总机构和分支机构不在同一县（市）的，应当分别向各自所在地主管税务机关申报纳税；经财政部、国家税务总局或其授权的财政、税务机关批准，可以由总机构汇总向总机构所在地主管税务机关申报纳税。

根据税收属地管辖原则，固定业户应当向其机构所在地的主管税务机关申报纳税，这是一般性规定。这里的机构所在地是指纳税人的注册登记地。如果固定业户设有分支机构，且不在同一县（市）的，应当分别向各自所在地的主管税务机关申报纳税。经财政部和国家税务总局或其授权的财政和税务机关批准，可以由总机构汇总向总机构所在地的主管税务机关申报纳税。具体审批权限如下：

（1）总机构和分支机构不在同一省、自治区、直辖市的，经财政部和国家税务总局批准，可以由总机构汇总向总机构所在地的主管税务机关申报纳税。

（2）总机构和分支机构不在同一县（市），但在同一省、自治区、直辖市范围内的，经省、自治区、直辖市财政厅（局）、国家税务局审批同意，可以由总机构汇总向总机构所在地的主管税务机关申报纳税。

（二）固定业户到外县（市）经营的纳税地点

固定业户到外县（市）销售货物或劳务，应当向其机构所在地的主管税务机关报告外出经营事项，并向其机构所在地的主管税务机关申报纳税；未报告的，应当向销售地或劳务发生地的主管税务机关申报纳税；未向销售地或劳务发生地的主管税务机关申报纳税的，由其机构所在地的主管税务机关补征税款。

（三）非固定业户的纳税地点

非固定业户销售货物或应税劳务，应当向其销售地或劳务发生地的主管税务机关申报纳税；未向销售地或劳务发生地的主管税务机关申报纳税的，由其机构所在地或居住地主管税务机关补征税款。

（四）进口货物的纳税地点

进口货物应当向报关地海关申报纳税。

（五）扣缴义务人的纳税地点

扣缴义务人应当向其机构所在地或居住地的主管税务机关申报缴纳其扣缴的税款。

尾篇课程思政

税务机关对纳税所在地在江苏的某企业集团经过稽查发现以下问题：

事项一：该集团下属一公司年销售额超过了 500 万元，达到了增值税一般纳税人的标准，且财务制度健全，却一直按小规模纳税人申报纳税（已发放《税务事项通知书》），未申报办理增值税一般纳税人的登记手续。于是，税务人员按其销售额与法定增值税税率计算应补增值税税款 50 多万元、补交相应的城市维护建设税和教育费附加及税收滞纳金，并不予抵扣任何进项税额。该公司不理解，并向上级税务机关申请行政复议。

事项二：该集团下属一公司承包一设备公司产品的售后维修服务，共收取了该设备公司的售后维修服务费 200 万元，该公司按现代服务 6% 的税率缴纳增值税，税务人员要求其按 13% 的税率补交增值税及相应的城市维护建设税、教育费附加。该公司认为其只是提供售后维修服务，不应按 13% 的税率缴纳增值税。

事项三：该集团于 5 月参加在广州举行的商品展。税务稽查发现，该集团虽然持其机构所在地主管税务机关核发的外出经营活动税收管理证明，但展销货物的品种已超出外销证明单上规定的范围。广州税务机关要求其补缴超出外销单范围部分的增值税时，该集团认为其不属于广州税务机关管辖，拒绝缴纳外销单范围以外销售部分的增值税。

请思考：

（1）针对事项一，你认为上级税务机关会做如何答复？

（2）针对事项二，你认为该公司所执行的税率是否正确，为什么？

（3）针对事项三，广州税务机关的处理是否正确？

（4）请参照上述四个问题，简要说明【尾篇课程思政】所蕴含的思政元素，并谈一谈企业财务人员应如何处理好增值税相关的税务事项？

课程思政评析

（1）针对事项一，上级税务机关将维持当地税务机关判决。其原因如下：根据《中华人民共和国增值税暂行条例》《中华人民共和国增值税暂行条例实施细则》《增值税一般纳税登记管理办法》的规定，连续 12 个月（以 1 个月为 1 个纳税期，下同）或连续 4 个季度（以 1 个季度为 1 个纳税期，下同）累计应征增值税销售额（以下统称"应税销售额"）超过 500 万元的，应当向主管税务机关办理一般纳税人登记。未按规定时限办理的，主管税务机关应当在规定时限结束后 5 日内制作《税务事项通知书》，告知纳税人应当在 5 日内向主管税务机关办理相关手续；逾期仍不办理的，次月起按销售额依照增值税税率计算应纳税额，不得抵扣进项税额，直至纳税人办理相关手续为止。因此，该公司在收到《税务事项通知书》依然未办理增值税一般纳税人的登记，应当按一般纳税人标准缴纳增值税，并且取得的进项税发票不允许抵扣。

（2）针对事项二，该公司应该执行 13% 的税率。其原因如下：根据《中华人民共和国增值税暂行条例》的规定，纳税人销售货物、劳务、有形动产租赁服务或进口货物执行税率为 13%。因此，该公司提供的产品售后维修服务应按销售劳务执行 13% 的税率。

（3）针对事项三，广州税务机关的处理是正确的。根据《中华人民共和国增值税暂行条例》的规定，固定业户到外县（市）销售货物或劳务，应当向其机构所在地的主管税务机关报告外出经营事项，并向其机构所在地的主管税务机关申报纳税；未报告的，应当向销售地或劳务发生地的主管税务机关申报纳税；未向销售地或劳务发生地的主管税务机关申报纳税的，由其机构所在地的主管税务机关补征税款。根据上述规定，该公司外销单范围以内应纳增值税应由该公司机构所在地主管税务机关管辖；对于外销单范围以外应纳增值税，应由销售地主管税务机关管辖。该公司拒绝缴纳外销单范围以外销售部分的增值税是不合法的。

第三章

消费税法

党的二十大报告指出："加大税收、社会保障、转移支付等的调节力度。"消费税的绿色税收性质，发挥着调节经济、促进合理健康消费的重要作用。《中华人民共和国国民经济和社会发展第十四个五年规划和2035年远景目标纲要》指出："调整优化消费税征收范围和税率，推进征收环节后移并稳步下划地方。"只有稳妥有序地实施消费税改革，才能适应经济社会发展和消费水平变化，既满足人民群众对消费升级的需求，又充分促进节能减排和引导理性消费。

■ 教学目标

通过本章教学至少应该实现下列目标：掌握消费税的纳税人、征税范围、纳税环节以及计税方法，了解消费税的纳税义务发生时间，纳税期限和纳税地点，熟悉消费税已纳税款的扣除等知识目标；具有判断具体业务是否征收消费税以及熟练计算消费税的应纳税额等能力目标；具备正确消费、勤俭节约的消费观念，自觉践行绿色环保的经济发展政策等思政目标。

■ 开篇案例导入

某小汽车生产企业为增值税一般纳税人。该企业以汽车整车、发动机、核心零部件的研发、设计、制造、销售和汽车后市场业务为主体，涉及新能源等行业，生产的小汽车是我国汽车工业民族自主品牌。作为当地纳税大户，税务机关几乎每年都要对该企业上一年的纳税情况进行检查。2021年4月，税务机关入驻该企业，对其2020年的纳税情况进行税务稽查。税务人员在检查"库存商品"账户对应的借方科目时发现，下列两种情况"库存商品"账户对应的借方科目不是"主营业务成本"科目，认为可能存在税务处理错误，于是调取相关原始凭证及合同等资料进行分析。

业务一：2020年5月，该企业向当地一汽车经销公司投资小汽车50辆，获得所投资公司40%的股权。合同约定，该企业按该小汽车最低市场销售价格10万元/辆，确认销售收入500万元，向汽车经销公司开具增值税专用发票，注明增值税为85万元，双方确认股权投资成本为585万元。该企业对该投资业务缴纳了25万元（500×5%）的消费税。经查，该小汽车的市场平均销售价格为10.4万元/辆，市场最高销售价格为11.2万元/辆。

业务二：经董事会研究决定，2020年6月，该企业新研制的两辆新型小汽车用于单位办公使用，该企业财务人员认为自2013年8月后，该企业购进小汽车允许抵扣进项税额，小汽车不再属于增值税非应税项目，将自产的小汽车用于管理部门使用，不属于增值税视同销售行为，也不属于消费税视同销售行为。因此，该企业没有确认该业务应纳的增值税和消费税，按成本价计入固定资产。会计处理如下：

借：固定资产   190 000
 贷：库存商品   190 000

已知，该小汽车适用的消费税税率为5%，小汽车的成本利润率为8%。请思考下列问题：

（1）自产自用应税消费品的增值税和消费税的税务处理是否相同？

（2）该企业应当如何正确计算消费税？

案例解析在本章第二节。

第一节　消费税概述

一、消费税的概念、纳税人

（一）消费税的概念

广义的消费税是对所有的消费品及消费行为征收的一种流转税。我国现行消费税属于狭义的消费税（特殊流转税），在对所有货物普遍征收增值税的基础上，选择部分消费品征收消费税，以贯彻国家产业政策和消费政策。消费税具有征税范围的限定性、征税环节的单一性、征收方法的灵活性等特点。

我国消费税自1994年开征以来，经历了几次重大的制度调整，包括2006年消费税制度改革，2008年成品油税费改革，2014年以来新一轮消费税改革等。目前，消费税相关改革要求已经落实，立法条件成熟。制定消费税法，有利于完善消费税法律制度，增强其科学性、稳定性和权威性，有利于构建适应社会主义市场经济需要的现代财政制度，有利于深化改革开放，推进国家治理体系和治理能力现代化。

因此，消费税是对我国境内从事销售、委托加工和进口应税消费品（属于应当征收消费税的消费品，以下简称"应税消费品"）的单位和个人，就其销售额或销售数量，在特定环节征收的一种税。

（二）消费税的纳税人

在中华人民共和国境内销售、委托加工和进口应税消费品的单位和个人，为消费税的纳税人，其中境内是指应税消费品的起运地或所在地在境内；单位是指企业、行政单位、事业单位、军事单位、社会团体及其他单位；个人是指个体工商户以及其他个人。消费税的纳税人同时也是增值税的纳税人。

【特别提示】在中华人民共和国境内生产（进口）、批发电子烟的单位和个人为消费税纳税人。其中，电子烟生产环节纳税人是指取得烟草专卖生产企业许可证，并取得或经许可使用他人电子烟产品注册商标（以下统称"持有商标"）的企业。通过代加工方式生产电子烟的，由持有商标的企业缴纳消费税。电子烟批发环节纳税人是指取得烟草专卖批发企业许可证并经营电子烟批发业务的企业。电子烟进口环节纳税人是指进口电子烟的单位和个人。

【改革意见】《中华人民共和国消费税暂行条例》中关于纳税人的规定，涉及生产、委托加工、进口、销售等多个概念。随着消费税改革的推进，消费税征税环节又增加了批发、零售，考虑到生产、批发、零售都会发生销售行为，《中华人民共和国增值税法（征求意见稿)》对相关概念进行了整合，并对消费品自用情形进行单独表述，即在中华人民共和国境内销售、委托加工和进口应税消费品的单位和个人，为消费税的纳税人，应当依照规定缴纳消费税。纳税人在生产、批发或零售环节销售应税消费品，应当依照规定缴纳消费税。纳税人自用未对外销售应税消费品，应当依照规定缴纳消费税。

二、消费税的征税范围

消费税的征税范围，即应税消费品的范围。根据消费税的发展历程，我们可以知道消费税的征税范围不是一成不变的，而是随着经济的发展，根据国家宏观调控的需要进行适当调整。

（一）征税范围的一般规定

第一类：一些过度消费会对人类健康、社会秩序、生态环境等方面造成危害的特殊消费品，如烟、酒、鞭炮、焰火等。

第二类：奢侈品、非生活必需品，如高档化妆品、贵重首饰等。

第三类：高能耗及高档消费品，如摩托车、小汽车等。

第四类：不可再生和替代的稀缺消费品，如汽油、柴油等。

【课程思政】结合消费税的征税范围，请思考国家为什么要选择这些消费品作为消费税的征税对象？

【思政解析】首先，消费税作为古老的税种，从诞生之时就肩负着充实税收收入的重要职能。在我国古代，对老百姓常用的盐、铁、茶、酒等消费品征税，是保证财政收入稳定、保障国家机器正常运转的重要手段。其次，消费税可以对市场主体在资源配置活动中实行影响，具有调控经济职能。消费税具有"绿色税收"性质，能够在一定程度上发挥节能减排、节约资源的功能。奢侈消费品由于生产链条长、工序复杂，所耗费的能源资源较多，具有高耗能、高污染的特点，通过征收消费税，能够影响消费者的"消费成本"，从而引导消费者行为，避免过度消费对人体健康造成一定损害或对生态环境造成污染。例如，木制一次性筷子、实木地板等税目可以鼓励我们节约使用木材资源，保护生态环境。我们要牢固树立和切实践行绿水青山就是金山银山的理念。最后，消费税具有调节收入分配，体现社会公平职能。高收入阶层将较大比例的收入花费在高档商品上，中低收入阶层将较大比例的收入花费在普通商品上，即使得普通商品的需求弹性小于高档商品的需求弹性，但对高档商品适用较高税率，还能够实现较好的收入再分配效应。因此，这是用较大的超额负担换取公平收入分配效果。应注意的是，当前我国人均国内生产总值仍不高，城乡收入差距仍比较大，巩固脱贫攻坚成果，实现共同富裕，全国各族人民应当继续践行艰苦朴素、勤俭节约的传统美德，应当坚决遏制过度消费、超前消费等行为。

（二）征税范围的具体规定

消费税的税目、税率和征收环节，依照消费税税目税率（税额）表执行。现行消费税的征税范围主要包括 15 个税目，有的税目还进一步划分为若干子目。

1. 烟

凡是以烟叶为原料加工生产的产品，不论使用何种辅料，均属于本税目的征收范围。本税目具体包括三个子目，分别如下：

（1）卷烟。卷烟包括甲类卷烟和乙类卷烟。甲类卷烟是指每标准条（200 支）调拨价格在 70 元（不含增值税）以上（含 70 元）的卷烟；乙类卷烟是指每标准条（200 支）调拨价格在 70 元（不含增值税）以下的卷烟。

（2）雪茄烟。雪茄烟的征收范围包括各种规格、型号的雪茄烟。

（3）烟丝。烟丝的征收范围包括以烟叶为原料加工生产的不经卷制的散装烟。

（4）电子烟。电子烟是指用于产生气溶胶供人抽吸等的电子传输系统，包括烟弹、烟具以及烟弹与烟具组合销售的电子烟产品。烟弹是指含有雾化物的电子烟组件。烟具是指将雾化物雾化为可吸入气溶胶的电子装置。

【特别提示】为完善消费税制度，维护税制公平统一，更好发挥消费税引导健康消费的作用，财政部、海关总署、税务总局联合发布了《关于对电子烟征收消费税的公告》（以下简称《公告》），将电子烟纳入消费税征收范围，在烟税目下增设电子烟子目，电子烟实行从价定率的办法计算纳税，生产（进口）环节的税率为 36%，批发环节的税率为 11%（该规定自 2022 年 11 月 1 日起执行）。

2. 酒

酒包括白酒、黄酒、啤酒和其他酒。具体征税范围如下：

（1）白酒。白酒包括粮食白酒和薯类白酒。

①粮食白酒是指以高粱、玉米、大米、糯米、大麦、小麦、青稞等各种粮食为原料，经过糖化、发酵后，采用蒸馏方法酿制的白酒。

②薯类白酒是指以白薯（红薯、地瓜）、木薯、马铃薯、芋头、山药等各种干鲜薯类为原料，经过糖化、发酵后，采用蒸馏方法酿制的白酒。用甜菜酿制的白酒，比照薯类白酒征税。

（2）黄酒。黄酒是指以精米、粳米、籼米、大米、黄米、玉米、小麦、薯类等为原料经加温、糖化、发酵、压榨酿制的酒。黄酒包括各种原料酿制的黄酒和度数超过 12 度（含 12 度）的土甜酒。

（3）啤酒。啤酒分为甲类啤酒和乙类啤酒，是指以大麦或其他粮食为原料，加入啤酒花，经糖化、发酵、过滤酿制的含有二氧化碳的酒。甲类啤酒是指每吨出厂价（含包装物及包装物押金）在 3 000 元（不含增值税）以上（含 3 000 元）的啤酒；乙类啤酒是指每吨出厂价（含包装物及包装物押金）在 3 000 元（不含增值税）以下的啤酒。

【特别提示】对饮食业、商业、娱乐业举办的啤酒屋（啤酒坊）利用啤酒生产设备生产的啤酒应当征收消费税。

（4）其他酒。其他酒是指除粮食白酒、薯类白酒、黄酒、啤酒以外的各种酒，包括糖麸白酒、其他原料白酒、土甜酒、复制酒、果木酒、汽酒、药酒、葡萄酒等。

【特别提示】对以黄酒为酒基生产的配制或泡制酒，按其他酒征收消费税；调味料酒不征收消费税。

3. 高档化妆品

本税目的征收范围包括高档美容、修饰类化妆品，高档护肤类化妆品和成套化妆品。高档美容、修饰类化妆品和高档护肤类化妆品是指生产（进口）环节销售完税价格（不含增值税）在 10 元/毫升（克）或 15 元/片（张）及以上的美容、修饰类化妆品和护肤类化妆品。

【特别提示】舞台、戏剧、影视演员化妆用的上妆油、卸妆油、油彩，不属于高档化妆品税目的征收范围。

4. 贵重首饰及珠宝玉石

本税目的征收范围包括各种金银珠宝首饰和经采掘、打磨、加工的各种珠宝玉石。

（1）金银首饰、铂金首饰和钻石及钻石饰品，包括凡以金、银、白金、宝石、珍珠、钻石、翡翠、珊瑚、玛瑙等高贵稀有物质以及其他金属、人造宝石等制作的各种纯金银首饰及镶嵌首饰（含人造金银、合成金银首饰）等。

（2）其他贵重首饰和珠宝玉石，包括钻石、珍珠、松石、青金石、欧泊石、橄榄石、长石、玉、石英、玉髓、石榴石、皓石、尖晶石、黄玉、碧玺、金禄玉、绿柱石、刚玉、琥珀、珊瑚、煤玉、龟甲、合成刚玉、合成玉石、双合石以及玻璃仿制品等。

【特别提示】宝石坯是经采掘、打磨、初级加工的珠宝玉石半成品，对宝石坯应按规定征收消费税。

5. 鞭炮、焰火

本税目的征收范围包括各种鞭炮、焰火，具体包括喷花类、旋转类、旋转升空类、火箭类、吐珠类、线香类、小礼花类、烟雾类、造型玩具类、爆竹类、摩擦炮类、组合烟花类、礼花弹类等。

【特别提示】体育上用的发令纸、鞭炮药引线，不按本税目征收。

6. 成品油

本税目包括汽油、柴油、石脑油、溶剂油、航空煤油、润滑油、燃料油七个子目。

（1）汽油。汽油是指用原油或其他原料加工生产的辛烷值不小于 66 的可用作汽油发动机燃料的各种轻质油。

【特别提示】以汽油、汽油组分调和生产的甲醇汽油、乙醇汽油也属于本税目的征收范围。

（2）柴油。柴油是指用原油或其他原料加工生产的凝点或倾点在−50℃～30℃的可用作柴油发动机燃料的各种轻质油和以柴油组分为主、经调和精制可用作柴油发动机燃料的非标油。

【特别提示】以柴油、柴油组分调和生产的生物柴油也属于本税目的征收范围。

（3）石脑油。石脑油又叫化工轻油，是以石油加工生产的或二次加工汽油经加氢精制而得的用于化工原料的轻质油。石脑油的征收范围包括除汽油、柴油、航空煤油、溶剂油以外的各种轻质油。

（4）溶剂油。溶剂油是以石油加工生产的用于涂料、油漆生产、食用油加工、印刷油墨、皮革、农药、橡胶、化妆品生产的轻质油。

（5）航空煤油。航空煤油也叫喷气燃料，是以石油加工生产的用于喷气发动机和喷气推进系统中作为能源的石油燃料。

（6）润滑油。润滑油是用于内燃机、机械加工过程的润滑产品。润滑油分为矿物性润滑油、植物性润滑油、动物性润滑油和化工原料合成润滑油。

润滑油的征收范围包括矿物性润滑油、矿物性润滑油基础油、植物性润滑油、动物性润滑油和化工原料合成润滑油。

（7）燃料油。燃料油也称重油、渣油。燃料油征收范围包括用于电厂发电、船舶锅炉燃料、加热炉燃料、冶金和其他工业炉燃料的各类燃料油。

自2012年11月1日起，催化料、焦化料属于燃料油的征收范围，应当征收消费税。

7. 摩托车

本税目的征收范围包括气缸容量为250毫升的摩托车和气缸容量在250毫升（不含）以上的摩托车两种。

【特别提示】对最大设计车速不超过50千米/小时，发动机气缸总工作容量不超过50毫升的三轮摩托车不征收消费税。

8. 小汽车

汽车是指由动力驱动，具有4个或4个以上车轮的非轨道承载的车辆。

本税目包括乘用车、中轻型商用客车和超豪华小汽车3个子目。

（1）乘用车。它是在设计和技术特性上用于载运乘客和货物的汽车，包括含驾驶员座位在内最多不超过9个座位（含）。用排气量小于15升（含）的乘用车底盘（车架）改装、改制的车辆属于乘用车的征收范围。

（2）中轻型商用客车。它是在设计和技术特性上用于载运乘客和货物的汽车，包括含驾驶员座位在内的座位数在10～23座（含23座）。

（3）超豪华小汽车。每辆零售价格为130万元（不含增值税）及以上的乘用车和中轻型商用客车，即乘用车和中轻型商用客车子税目中的超豪华小汽车。

【特别提示】车身长度大于7米（含）并且座位在10～23座（含）以下的商用客车，不属于中轻型商用客车的征收范围，不征收消费税；沙滩车、雪地车、卡丁车、高尔夫车不属于消费税的征收范围，不征收消费税；企业购进货车或厢式货车改装生产的商务车、卫星通信车等专用汽车不属于消费税的征收范围，不征收消费税。购进乘用车和中轻型商用客车整车改装生产的汽车，应按规定征收消费税。

【问题思考】电动汽车是否应该缴纳消费税？

【问题解答】电动汽车不属于高能耗，不属于本税目的征收范围。

9. 高尔夫球及球具

本税目的征收范围包括高尔夫球、高尔夫球杆及高尔夫球包（袋）、高尔夫球杆的杆头、杆身和握把。

10. 高档手表

高档手表是指销售单价（不含增值税）在10 000元（含）以上的各类手表。本税目的征收范围包括符合以上标准的各类手表。

11. 游艇

游艇是指长度大于8米小于90米，船体由玻璃钢、钢、铝合金、塑料等多种材料制作，可以在水上移动的水上浮载体。按照动力划分，游艇分为无动力艇、帆艇和机动艇。

本税目的征收范围包括艇身长度大于8米（含）小于90米（含），内置发动机，可以在水上移动，一般为私人或团体购置，主要用于水上运动和休闲娱乐等非牟利活动的各类机动艇。

12. 木制一次性筷子

木制一次性筷子又称卫生筷子，是指以木材为原料经过锯段、浸泡、旋切、刨切、烘干、筛选、打磨、倒角、包装等环节加工而成的各类一次性使用的筷子。

本税目的征收范围包括各种规格的木制一次性筷子和未经打磨、倒角的木制一次性筷子。

【问题思考】以竹子为原料制造的一次性筷子是否应该缴纳消费税？

【问题解答】以竹子为原料制造的一次性筷子不会浪费林木资源，无需缴纳消费税。

13. 实木地板

实木地板是指以木材为原料，经锯割、干燥、刨光、截断、开榫、涂漆等工序加工而成的块状或条状的地面装饰材料。实木地板按生产工艺不同，可以分为独板（块）实木地板、实木指接地板和实木复合地板三类；按表面处理状态不同，可以分为未涂饰地板（白坯板、素板）和漆饰地板两类。

本税目的征收范围包括各类规格的实木地板、实木指接地板、实木复合地板、用于装饰墙壁、天棚的侧端面为榫、槽的实木装饰板以及未经涂饰的素板。

14. 电池

电池是一种将化学能、光能等直接转换为电能的装置。电池一般包括电极、电解质、容器、极端，通常还有隔离层组成的基本功能单元以及用一个或多个基本功能单元装配成的电池组。

本税目的征收范围包括原电池、蓄电池、燃料电池、太阳能电池和其他电池。无汞原电池、金属氢化物镍蓄电池（又称氢镍蓄电池或镍氢蓄电池）、锂原电池、锂离子蓄电池、太阳能电池、燃料电池和全钒液流电池免征消费税。自2016年1月1日起，铅蓄电池按4%的税率征收消费税。

15. 涂料

涂料是指涂于物体表面能形成具有保护、装饰或特殊性能的固态涂膜的一类液体或固体材料的总称。涂料由主要成膜物质、次要成膜物质等构成。涂料按主要成膜物质可以分为油脂类、天然树脂类、酚醛树脂类、沥青类、醇酸树脂类、氨基树脂类、硝基类、过滤乙烯树脂类、烯类树脂类、丙烯酸酯类树脂类、聚酯树脂类、环氧树脂类、聚氨酯树脂类、元素有机类、橡胶类、纤维素类、其他成膜物类等。

【特别提示】施工状态下挥发性有机物含量低于 420 克/升（含）的涂料免征消费税。

【课程思政】通过上述消费税征税范围变化规定，请思考其中蕴含的政治经济意义。

【思政解析】消费税的征税范围不是一成不变的，其发展历程充分体现了我国经济形势、消费结构和国家政策的发展变化，比如 1989 年 2 月对彩色电视机征收特别消费税，可见当时物质资源之匮乏。又如 1994 年将基本护肤品列为奢侈品而征收消费税，2016 年取消对普通美容修饰类化妆品征收消费税，将化妆品税目名称更名为"高档化妆品"。消费税征税范围的变化展现了中华人民共和国成立 70 多年来所取得的巨大发展成就，特别是实行改革开放后经济社会发展迅速，人民生活水平和消费水平不断提高。这充分证明了我国社会主义制度的优越性，也说明我国税收法治在不断完善和进步。因此，我们必须增强"四个意识"、坚定"四个自信"、做到"两个维护"，努力实现中华民族伟大复兴的中国梦。消费税除了出口环节免征外，基本没有税收优惠政策，因此通过征税范围做删减或新增规定，体现了国家在不同的社会发展阶段对这些消费品的不同态度，比如自 2014 年 12 月 1 日起取消气缸容量 250 毫升（不含）以下的小排量摩托车的消费税、取消汽车轮胎的消费税、取消车用含铅汽油的消费税、取消酒精的消费税。新的税目增加体现了国家对这些消费品不鼓励过度消费的态度，比如自 2015 年 2 月 1 日起对电池、涂料征收消费税；自 2016 年 12 月 1 日起，对每辆零售价格 130 万元（不含增值税）及以上的超豪华小汽车，在零售环节加征消费税，税率为 10%。

三、消费税的税率

消费税实行比例税率和定额税率，多数消费品采用比例税率，对成品油和黄酒、啤酒等部分消费品采用定额税率。根据宏观调控需要，国务院可以调整消费税的税率，报全国人民代表大会常务委员会备案。消费税税目税率（税额）表如表 3-1 所示。

表 3-1　消费税税目税率（税额）表

税目	税率
一、烟	
1. 卷烟	
（1）甲类卷烟	56%加 0.003 元/支（生产环节）
（2）乙类卷烟	36%加 0/003 元/支（生产环节）
（3）批发环节	11%加 0.005 元/支
2. 雪茄烟	36%（生产环节）
3. 烟丝	30%（生产环节）
4. 电子烟	
（1）生产（进口）环节	36%
（2）批发环节	11%

表3-1(续)

税目	税率
二、酒	
1. 白酒（含粮食白酒和薯类白酒）	20%加0.5元/500克（或500毫升）
2. 黄酒	240元/吨
3. 啤酒	
（1）甲类啤酒	250元/吨
（2）乙类啤酒	220元/吨
4. 其他酒	10%
三、高档化妆品	15%
四、贵重首饰及珠宝玉石	
1. 金银首饰、铂金首饰和钻石及钻石饰品	5%（零售环节）
2. 其他贵重首饰和珠宝玉石	10%
五、鞭炮、焰火	15%
六、成品油	
1. 汽油	1.52元/升
2. 柴油	1.2元/升
3. 航空煤油（暂缓征收）	1.2元/升
4. 石脑油	1.52元/升
5. 溶剂油	1.52元/升
6. 润滑油	1.52元/升
7. 燃料油	1.2元/升
七、摩托油	
1. 气缸容量（排气量，下同）为250毫升的	3%
2. 气缸容量为250毫升以上的	10%
八、小汽车	
1. 乘用车	
（1）气缸容量（排气量，下同）在1.0升（含）以下的	1%
（2）气缸容量在1.0升至1.5升（含）的	3%
（3）气缸容量在1.5升至2.0升（含）的	5%
（4）气缸容量在2.0升至2.5升（含）的	9%
（5）气缸容量在2.5升至3.0升（含）的	12%
（6）气缸容量在3.0升至4.0升（含）的	25%
（7）气缸容量在4.0升以上的	40%
2. 中轻型商用客车	5%
3. 超豪华小汽车	10%（零售环节）
九、高尔夫球及球具	10%
十、高档手表	20%
十一、游艇	10%
十二、木制一次性筷子	5%
十三、实木地板	5%
十四、电池	4%
十五、涂料	4%

税法

【特别提示】

（1）纳税人兼营不同税率的应税消费品，应当分别核算其销售额或销售数量。未分别核算销售额或销售数量的，或者将不同税率的应税消费品组成成套消费品销售的，从高适用税率征收。

（2）配制酒适用税率的确定。配制酒（露酒）是指以发酵酒、蒸馏酒或食用酒精为酒基，加入可食用或药食两用的辅料或食品添加剂，进行调配、混合或再加工制成的并改变了其原酒基风格的饮料酒。

①以蒸馏酒或食用酒精为酒基，同时，符合"具有国家相关部门批准的国食健字或卫食健字文号，酒精度低于38度（含）"条件的配制酒，按其他酒税率征收消费税。

②以发酵酒为酒基，酒精度低于20度（含）的配制酒，按其他酒税率征收消费税。

③其他配制酒，按白酒税率征收消费税。

上述蒸馏酒或食用酒精为酒基是指酒基中蒸馏酒或食用酒精的比重超过80%（含）；发酵酒为酒基是指酒基中发酵酒的比重超过80%（含）。

（3）纳税人自产自用的卷烟应当按照纳税人生产的同牌号规格的卷烟销售价格确定征税类别和适用税率。

（4）卷烟由于接装过滤嘴、改变包装或其他原因提高销售价格后，应按照新的销售价格确定征税类别和适用税率。

（5）委托加工的卷烟按照受托方同牌号规格卷烟的征税类别和适用税率征税。没有同牌号规格卷烟的，一律按卷烟最高税率征税。

（6）残次品卷烟应当按照同牌号规格正品卷烟的征税类别确定适用税率。

（7）下列卷烟不分征税类别一律按照56%的税率征税，并按照定额每标准箱150元计算征税：

①白包卷烟。

②手工卷烟。

③未经国务院批准纳入计划的企业和个人生产的卷烟。

【课程思政】通过学习消费税税率的不同规定，思考其中蕴含的思政意义。

【思政解析】消费税采取列举法按具体应税消费品设置税目税率，征税界限清楚，只要纳税人按照税法规定依法纳税，一般不易发生错用税率的情况。但是，若纳税人存在一些特殊情况时，纳税人应按照相关规定确定适用税率，而基本规律就是从高适用税率，这体现了维护国家利益的价值观。在我国，国家利益、集体利益、个人利益在根本上是一致的，国家的兴旺发达、繁荣富强与每个公民息息相关，税收是国家存在、发挥作用的物质基础，因此应当正确处理个人与集体、个人与国家的关系，做到依法纳税。

四、消费税的纳税环节

我国现行消费税基本上是单一环节纳税，主要有生产环节、委托加工环节、进口环节、批发环节（仅适用于卷烟）、零售环节（仅适用于超豪华小汽车、金银首饰等）。消费税的纳税环节如表3-2所示。

表 3-2　消费税的纳税环节

纳税次数	消费品类别	征税环节
双环节纳税	卷烟	生产、委托加工、进口+批发环节
	超豪华小汽车	生产、委托加工、进口+零售环节
单环节纳税	金银铂钴首饰	零售环节
	其他消费品	生产、委托加工、进口环节

【特别提示】工业企业以外的单位和个人的下列行为视为应税消费品的生产行为，按规定征收消费税：将外购的消费税非应税产品以消费税应税产品对外销售的；将外购的消费税低税率应税产品以高税率应税产品对外销售的。

改在零售环节征收消费税的金银首饰仅限于金基、银基合金首饰以及金、银和金基、银基合金的镶嵌首饰，不包括镀金首饰和包金首饰。对既销售金银首饰，又销售非金银首饰的生产、经营单位，应将两类商品划分清楚，分别核算销售额。凡划分不清楚或不能分别核算的，在生产环节销售的，一律从高适用税率征收消费税；在零售环节销售的，一律按金银首饰征收消费税。

【特别提示】卷烟在生产和批发两个环节征收消费税，纳税人兼营卷烟批发和零售业务的，应当分别核算批发和零售环节的销售额、销售数量。未分别核算批发和零售环节销售额、销售数量的，按照全部销售额、销售数量计征批发环节消费税。

【特别提示】超豪华小汽车在生产和零售两个环节征收消费税，国内汽车生产企业直接销售给消费者的超豪华小汽车，消费税税率按照生产环节税率和零售环节税率加总计算。

【课程思政】物质日渐丰富、生活水平逐步提高的今天，勤俭节约作为中华民族的传家宝，什么时候都不能丢掉。特别是在"两个一百年"奋斗目标的历史交汇点上，树牢节约意识、养成节约习惯，具有十分重要的意义。在全社会营造浪费可耻、节约光荣的氛围，就要积极践行绿色生活方式。坚持节约资源和保护环境是我国的一项基本国策，厉行节约、反对浪费就是绿色生活方式的内在要求。从节水、节电、节气到改变出行方式，从落实"光盘行动"到拒绝过度包装，取之有度，用之有节，我们倡导简约适度、绿色低碳的生活方式，拒绝奢华和浪费，大力弘扬艰苦奋斗精神。越是人到半山、船到中流，越要警惕未富先奢的陷阱；越是形势复杂、任务艰巨，越要激扬艰苦奋斗的精气神。牢固树立艰苦奋斗、勤俭节约的思想，坚决反对大手大脚、铺张浪费，坚持勤俭办一切事业，这是我们攻坚克难、走向胜利的一大法宝，也是我们迎接挑战、面向未来的底气所在。

第二节　消费税的计算

在一般情形下，消费税的计税依据是应税消费品的销售额或销售数量，即在从价定率方法下是以销售额为计税基础，在从量计税方法下是以销售数量为计税基础，在复合计税方法下是以销售额和销售数量两者为计税依据。

一、消费税的计税依据

（一）从价计征销售额的确定

应税消费品销售额与增值税中的销售额的含义相同，但增值税是价外税，计算增值税的价格中不包括增值税；消费税是价内税，因此消费税的销售额应当是不含增值税但含消费税的销售额。

（1）销售额为纳税人销售应税消费品向购买方收取的全部价款和价外费用。其中，价外费用是指向购买方收取的手续费、补贴、基金、集资费、返还利润、奖励费、违约金、滞纳金、延期付款利息、赔偿金、代收款项、代垫款项、包装费、包装物租金、储备费、优质费、运输装卸费以及其他各种性质的价外收费。但下列项目不包括在内：

①同时符合以下条件的代垫运输费用：承运部门的运输费用发票开具给购买方的，纳税人将该项发票转交给购买方的。

②同时符合以下条件的代为收取的政府性基金或行政事业性收费：由国务院或财政部批准设立的政府性基金，由国务院或省级人民政府及其财政、价格主管部门批准设立的行政事业性收费，收取时开具省级以上财政部门印制的财政票据，所收款项全额上缴财政。

（2）如果纳税人应税消费品的销售额中未扣除增值税税款或因不得开具增值税专用发票而导致价款和增值税税款合并收取的，在计算消费税时，应当换算为不含增值税税款的销售额。换算公式为：

$$应税消费品的销售额 = 含增值税的销售额 \div (1 + 增值税税率或征收率)$$

【改革意见】参照国际通行概念和《中华人民共和国价格法》的规定，《中华人民共和国消费税法（征求意见稿）》对《中华人民共和国消费税暂行条例》中关于销售额的定义进行了如下修改：销售额是指纳税人销售应税消费品取得的与之相关的对价，包括全部货币或非货币形式的经济利益。纳税人销售的应税消费品，以人民币计算销售额。纳税人以人民币以外的货币结算销售额的，应当折合成人民币计算。

（二）从量计征数量的确定

1. 应税消费品数量的确定

根据应税消费品的应税行为，应税消费品的数量具体规定如下：

（1）销售（一般是指出厂销售）应税消费品的，为应税消费品的销售数量。

（2）自产自用应税消费品的（用于连续生产应税消费品的除外），为应税消费品的移送使用数量。

（3）委托加工应税消费品的，为纳税人收回的应税消费品数量。

（4）进口的应税消费品，为海关核定的应税消费品进口征税数量。

2. 计量单位的换算标准

按照消费税的相关规定，对黄酒、啤酒、成品油等应税消费品采取从量定额办法计算应纳税额。应税消费品计量单位的换算标准如表3-3所示。

表3-3　应税消费品计量单位的换算标准

序号	名称	计量单位的换算
1	黄酒	1 吨 = 962 升
2	啤酒	1 吨 = 988 升
3	汽油	1 吨 = 1 388 升
4	柴油	1 吨 = 1 176 升
5	航空煤油	1 吨 = 1 246 升
6	石脑油	1 吨 = 1 385 升
7	溶剂油	1 吨 = 1 282 升
8	润滑油	1 吨 = 1 126 升
9	燃料油	1 吨 = 1 015 升

（三）复合计征销售额和数量的确定

复合计税方法是从价定率和从量定额相结合、计算应纳税额的一种计税方法。目前，我国只有卷烟及白酒采用复合计税方法。

销售额为纳税人生产销售卷烟、白酒向购买方收取的全部价款和价外费用。销售数量为纳税人生产销售、进口、委托加工、自产自用卷烟、白酒的销售数量、海关核定数量、委托方收回数量和移送使用数量。

【特别提示】实行从量定额计税的，消费税的计算与销售价格无关，不存在通过组成计税价格计算消费税的问题。

（四）特殊情况下销售额或销售量的确定

（1）纳税人应税消费品的计税价格明显偏低并无正当理由时，由税务机关核定计税价格。其核定权限规定如下：

①卷烟、白酒和小汽车的计税价格由国家税务总局核定，送财政部备案。

②其他应税消费品的计税价格由省、自治区和直辖市税务局核定。

③进口的应税消费品的计税价格由海关核定。

（2）实行从价计征办法征收消费税的应税消费品连同包装销售的，无论包装物是否单独计价以及在会计上如何核算，均应并入应税消费品的销售额中缴纳消费税。

如果包装物不作价随同产品销售，而是收取押金，此项押金则不应并入应税消费品的销售额中征税。但因逾期未收回的包装物不再退还的或已收取的时间超过 12 个月的押金，应并入应税消费品的销售额，缴纳消费税。

包装物既作价随同应税消费品销售，又另外收取押金的包装物的押金，凡纳税人在规定的期限内没有退还的，均应并入应税消费品的销售额，按照应税消费品的适用税率缴纳消费税。

酒类生产企业销售酒类产品而收取的包装物押金，无论押金是否返还及会计上如何核算，均应并入酒类产品销售额，征收消费税。

【特别提示】从 1995 年 6 月 1 日起，酒类（黄酒、啤酒除外）生产企业销售酒类产品而收取的包装物押金，无论押金是否返还以及在会计上如何核算，均需并入酒类产品销售额，依据酒类产品的适用税率计征消费税。因为黄酒、啤酒的消费税是从量计征，没有从价计征的比例税率，所以其包装物押金也就无法计征消费税。

包装物押金的增值税和消费税的税务处理如表3-4所示。

表3-4　包装物押金的增值税和消费税的税务处理

包装物押金	增值税		消费税	
	取得时	逾期时	取得时	逾期时
一般货物	不缴纳	缴纳	不缴纳	缴纳
成品油	不缴纳	缴纳	不缴纳	不缴纳
啤酒、黄酒	不缴纳	缴纳	不缴纳	不缴纳
啤酒、黄酒以外的酒类产品（包括白酒和其他酒）	缴纳	不缴纳	缴纳	不缴纳

（3）白酒生产企业向商业销售单位收取的"品牌使用费"是随着应税白酒的销售而向购货方收取的，属于应税白酒销售价款的组成部分，因此不论企业采取何种方式或以何种名义收取价款，均应并入白酒的销售额缴纳消费税。

（4）纳税人通过自设非独立核算门市部销售自产应税消费品的，应当按照门市部对外销售额或销售数量计算征收消费税。

（5）纳税人用于换取生产资料和消费资料、投资入股和抵偿债务等方面的应税消费品，应当以纳税人同类应税消费品的最高销售价格为依据计算消费税。

【特别提示】除了纳税人用于换取生产资料和消费资料、投资入股和抵偿债务等方面的应税消费品外，计算增值税和消费税的依据是相同的，即应当以纳税人同类应税消费品的加权平均销售价格（没有平均销售价格的，按照组成计税价格）作为计税依据计算。

（6）纳税人采用以旧换新（含翻新改制）方式销售的金银首饰，应按实际收取的不含增值税的全部价款确定计税依据征收消费税。金银首饰与其他产品组成成套消费品销售的，应按销售额全额征收消费税。金银首饰连同包装物销售的，无论包装是否单独计价，也无论会计上如何核算，均应并入金银首饰的销售额计征消费税。

（7）纳税人销售的应税消费品，以人民币以外的货币结算销售额的，其销售额的人民币折合率可以选择销售额发生的当天或当月1日的人民币汇率中间价。纳税人应在事先确定采用何种折合率，确定后1年内不得变更。

二、消费税的应纳税额

（一）生产销售应税消费品应纳税额的计算

1. 从价定率计征消费税

实行从价定率计征消费税的，其计算公式如下：

$$应纳税额 = 销售额 \times 比例税率$$

【以案说法】甲酒厂为增值税一般纳税人，本年6月销售果木酒，取得含增值税销售额为100万元，同时收取包装物押金为10万元、优质费为3万元。已知果木酒的消费税税率为10%，增值税税率为13%。要求：计算甲酒厂当月销售果木酒应缴纳的消费税税额。（包装物押金和优质费均视为含增值税收入）

结论：甲酒厂应纳消费税=[（100+10+3）÷（1+13%）]×10%=10（万元）

2. 从量定额计征消费税

实行从量定额计征消费税的，其计算公式如下：

$$应纳税额=销售数量×定额税率$$

【以案说法】甲酒厂为增值税一般纳税人，本年6月生产150吨甲类啤酒，销售数量为100吨，取得不含增值税销售额为30万元，同时收取包装物押金为5万元。已知增值税税率为13%，甲类啤酒的税率为250元/吨。要求：计算甲酒厂当月销售甲类啤酒应缴纳的消费税税额。

结论：甲酒厂应纳消费税=销售数量×定额税率=100×250=25 000（元）

3. 从价定率和从量定额复合方法计征消费税

实行从价定率和从量定额复合方法计征消费税的，其计算公式如下：

$$应纳税额=销售额×比例税率+销售数量×定额税率$$

【以案说法】甲酒厂为增值税一般纳税人，本年6月生产销售白酒，销售1 100千克，取得含增值税的销售收入为20 600元，同时收取包装物押金为2 000元。已知增值税税率为13%，白酒的消费税定额税率为0.5元/500克，比例税率为20%。要求：计算甲酒厂当月销售白酒应缴纳的消费税税额。

结论：甲酒厂应纳消费税=（20 600+2 000）÷（1+13%）×20%+1 100×2×0.5
=5 100（元）

（二）自产自用应税消费品应纳税额的计算

所谓自产自用，是指纳税人生产应税消费品后，不是用于直接对外销售，而是用于自己连续生产应税消费品，或者用于其他方面。如果纳税人用于连续生产应税消费品，不缴纳消费税。凡用于其他方面的，于移送使用时，按照纳税人生产的同类消费品的销售价格计算缴纳消费税；没有同类消费品销售价格的，按照组成计税价格计算缴纳消费税。

1. 从价定率计征消费税

实行从价定率计征消费税的，其计算公式如下：

（1）有同类消费品销售价格的：

$$应纳税额=同类应税消费品单位销售价格×自产自用数量×比例税率$$

（2）没有同类消费品销售价格的：

$$应纳税额=组成计税价格×比例税率$$

$$组成计税价格=（成本+利润）÷（1-比例税率）$$

2. 从量定额计征消费税

实行从量定额计征消费税的，其计算公式如下：

$$应纳税额=自产自用（移送使用）数量×定额税率$$

【以案说法】甲酒厂为增值税一般纳税人，本年6月将自产的2吨黄酒移送生产调味料酒，该批黄酒生产成本为3 500元/吨，甲酒厂同类黄酒不含增值税最高销售价格为6 200元/吨，不含增值税平均销售价格为6 000元/吨，不含增值税最低销售价格为5 900元/吨。已知黄酒的定额税率是240元/吨。要求：计算甲酒厂当月应缴纳的黄酒的消费税税额。

甲企业将自产的黄酒移送生产调味料酒，由于调味料酒不属于消费税的征税范围，因此所耗用的应税消费品黄酒在移送使用时按视同销售缴纳消费税（但不缴纳增值税），以后生产的非应税消费品调味料酒在销售时不缴纳消费税（但缴纳增值税）。

结论：甲酒厂应纳消费税=移送使用数量×定额税率=2×240=480（元）

3. 复合计税法计征消费税

实行复合计税办法计征消费税的，其计算公式如下：

（1）有同类消费品销售价格的：

应纳税额=同类应税消费品单位销售价格×自产自用数量×比例税率+
自产自用数量×定额税率

（2）没有同类消费品销售价格的：

应纳税额=组成计税价格×比例税率+自产自用数量×定额税率
组成计税价格=（成本+利润+自产自用数量×定额税率）÷（1-比例税率）

上述公式中，成本是指应税消费品的产品生产成本；利润是指根据应税消费品的全国平均成本利润率计算的利润。应税消费品的全国平均成本利润率由国家税务总局确定，具体标准见表3-5。

表3-5 应税消费品的全国平均成本利润率

消费品	全国平均成本利润率/%	消费品	全国平均成本利润率/%
甲类卷烟	10	摩托车	6
乙类卷烟	5	高尔夫球及球具	10
雪茄烟	5	高档手表	20
烟丝	5	游艇	10
粮食白酒	10	木制一次性筷子	5
薯类白酒	5	实木地板	5
其他酒	5	乘用车	8
高档化妆品	5	中轻型商用客车	5
鞭炮、焰火	5	电池	4
贵重首饰及珠宝玉石	6	涂料	7

同类消费品的销售价格是指纳税人或代收代缴义务人当月销售的同类消费品的销售价格，如果当月同类消费品各期销售价格高低不同，应按销售数量加权平均计算。但销售的应税消费品有下列情况之一的，不得列入加权平均计算：第一，销售价格明显偏低又无正当理由的；第二，无销售价格的。如果当月无销售或当月未完结，应按照同类消费品上月或最近月份的销售价格计算纳税。

【特别提示】只有当纳税人没有同类消费品销售价格时，才需计算组成计税价格。不征消费税的货物在计算组成计税价格时采用的成本利润率统一规定为10%。

【以案说法】甲酒厂本年12月将新研制的1吨薯类白酒作为过节福利发放给员工饮用，该薯类白酒无同类产品市场销售价格。已知该批薯类白酒生产成本为20 000元，成本利润率为5%，白酒消费税比例税率为20%，定额税率为0.5元/500克。要求：计算该批薯类白酒应纳消费税税额。

根据消费税法律制度的规定，纳税人自产自用的应税消费品，用于企业员工福利的，应按照同类消费品的销售价格计算缴纳消费税；没有同类消费品销售价格的，按照组成计税价格计算纳税。

结论：组成计税价格=[20 000×(1+5%)+(1×2 000×0.5)]÷(1-20%)=(21 000+1 000)÷(1-20%)=27 500（元）

甲酒厂应纳消费税=27 500×20%+1×2 000×0.5=6 500（元）

（三）委托加工应税消费品应纳税额的计算

委托加工的应税消费品是指由委托方提供原料和主要材料，受托方只收取加工费和代垫部分辅助材料加工的应税消费品。对于由受托方提供原材料生产的应税消费品或受托方先将原材料卖给委托方，之后再接受加工的应税消费品以及由受托方以委托方名义购进原材料生产的应税消费品，不论在财务上是否作为销售处理，都不得作为委托加工应税消费品，而应当按照销售自制应税消费品缴纳消费税。

委托加工的应税消费品，除受托方为个人外，由受托方在向委托方交货时代收代缴消费税。委托个人加工的应税消费品，由委托方收回后缴纳消费税。

委托加工的应税消费品，委托方用于连续生产应税消费品的，所纳税款准予按规定抵扣。

委托方将收回的应税消费品，以不高于受托方的计税价格出售的，为直接出售，不再缴纳消费税；委托方以高于受托方的计税价格出售的，不属于直接出售，需按照规定申报缴纳消费税，在计税时准予扣除受托方已代收代缴的消费税。

委托加工的应税消费品，按照受托方的同类消费品的销售价格计算消费税，没有同类消费品销售价格的，按照组成计税价格计算纳税。带料加工的金银首饰，应按受托方销售同类金银首饰的销售价格确定计税依据征收消费税。没有同类金银首饰销售价格的，按照组成计税价格计算纳税。

1. 从价定率计征消费税

实行从价定率计征消费税的，其计算公式如下：

（1）有同类消费品销售价格的：

应纳税额=同类应税消费品单位销售价格×委托加工数量×比例税率

（2）没有同类消费品销售价格的：

应纳税额=组成计税价格×比例税率

组成计税价格=（材料成本+加工费）÷（1-比例税率）

2. 从量定额计征消费税

实行从量定额办法计征消费税的，其计算公式如下：

应纳税额=委托加工收回的数量×定额税率

3. 复合计税法计征消费税

实行复合计税办法计征消费税的，其计算公式如下：

（1）有同类消费品销售价格的：

应纳税额=同类应税消费品单位销售价格×委托加工数量×比例税率+

委托加工数量×定额税率

（2）没有同类消费品销售价格的：

$$应纳税额=组成计税价格×比例税率+委托加工数量×定额税率$$

$$组成计税价格=（材料成本+加工费+委托加工数量×定额税率）÷$$
$$（1-比例税率）$$

上述各组成计税价格公式中，材料成本是指委托方所提供加工的材料实际成本（凡未提供材料成本的，受托方主管税务机关有权核定其材料成本）；加工费是受托方加工应税消费品向委托方收取的全部费用（包括代垫的辅助材料实际成本），不包括增值税税款。

委托加工的应税消费品计算消费税时，应按受托方同类应税消费品的销售价格（没有同类应税消费品销售价格的，则按组成计税价格）计算；而计算增值税时，应按受托方收取的加工费（包括代垫的辅助材料的成本）计算。

【以案说法】某化妆品企业本年 10 月受托为某商场加工一批高档化妆品，收取不含增值税的加工费 13 万元，商场提供的原材料金额为 72 万元。已知该化妆品企业无同类产品销售价格，消费税税率为 15%。要求：计算该化妆品企业应代收代缴的消费税。

根据消费税法律制度的规定，委托加工的应税消费品，应按照受托方的同类消费品的销售价格计算缴纳消费税，没有同类消费品销售价格的，按照组成计税价格计算纳税。

结论：组成计税价格=（72+13）÷（1-15%）=100（万元）

某化妆品企业应代收代缴消费税=100×15%=15（万元）

（四）进口应税消费品应纳税额的计算

纳税人进口应税消费品，按照组成计税价格和规定的税率计算应纳税额。

1. 从价定率计征消费税

实行从价定率办法计征消费税的，其计算公式如下：

$$应纳税额=组成计税价格×消费税比例税率$$

$$组成计税价格=（关税完税价格+关税）÷（1-消费税比例税率）$$

式中，关税完税价格是指海关核定的关税计税价格。

2. 从量定额计征消费税

实行从量定额办法计征消费税的，其计算公式如下：

$$应纳税额=海关核定的应税消费品的进口数量×定额税率$$

3. 复合计税法计征消费税

实行复合计税办法计征消费税的，其计算公式如下：

$$应纳税额=组成计税价格×消费税比例税率+进口数量×定额税率$$

$$组成计税价格=（关税完税价格+关税+进口数量×定额税率）÷$$
$$（1-消费税比例税率）$$

进口环节消费税除国务院另有规定外，一律不得给予减税、免税。

进口应税消费品同时涉及缴纳进口环节增值税，进口环节增值税的组成计税价格与消费税的组成计税价格相同。

【以案说法】甲商贸公司为增值税一般纳税人，本年 7 月从国外进口一批粮食白酒，共计 5 000 千克。该批应税消费品的关税完税价格为 100 万元，按规定应缴纳关税

20 万元。粮食白酒的消费税税率为 20%，定额消费税为 0.5 元/500 克。要求：计算甲商贸公司进口粮食白酒的应纳消费税。

根据消费税法律制度的规定，纳税人进口应税消费品，按照组成计税价格和规定的税率计征消费税，进口粮食白酒实行复合方法计算应纳税额。

结论：组成计税价格=（1 000 000+200 000+5 000×2×0.5）÷（1-20%）

　　　　　　　 = 1 506 250 （元）

甲商贸公司应纳消费税=1 506 250×20%+5 000×2×0.5=306 250（元）

三、已纳消费税的扣除

为了避免重复征税，现行消费税法律制度规定，将外购应税消费品和委托加工收回的应税消费品继续生产应税消费品销售的，可以将外购应税消费品和委托加工收回应税消费品已缴纳的消费税给予扣除。

【改革意见】根据《中华人民共和国消费税法（征求意见稿）》的规定，外购的应税消费品用于连续生产应税消费品的，符合下列情形的所纳消费税税款准予按规定抵扣：

（1）烟丝生产卷烟的。

（2）鞭炮、焰火生产鞭炮、焰火的。

（3）杆头、杆身和握把生产高尔夫球杆的。

（4）木制一次性筷子生产木制一次性筷子的。

（5）实木地板生产实木地板的。

（6）石脑油、燃料油生产成品油的。

（7）汽油、柴油、润滑油分别生产汽油、柴油、润滑油的。

（8）集团内部企业间用啤酒液生产啤酒的。

（9）葡萄酒生产葡萄酒的。

（10）高档化妆品生产高档化妆品的。

除第（6）（7）（8）项外，上述准予抵扣的情形仅限于进口或从同税目纳税人购进的应税消费品。

（一）外购应税消费品已纳消费税扣除的计算

由于某些应税消费品是用外购已缴纳消费税的应税消费品连续生产出来的，在对这些连续生产出来的应税消费品计算征税时，税法规定应按当期生产领用数量计算准予扣除外购的应税消费品已纳的消费税税款。

当期准予扣除外购应税消费品已纳消费税税款的计算公式如下：

当期准予扣除的外购应税消费品已纳税款 = 当期准予扣除的外购应税消费品买价（或数量）×外购应税消费品适用税率

当期准予扣除的外购应税消费品买价（或数量）= 期初库存的外购应税消费品的买价+当期购进的应税消费品的买价-期末库存的外购应税消费品的买价

【特别提示】可扣除的项目都是同一税目、同一纳税环节，扣除范围不包括酒（葡萄酒除外）、小汽车、摩托车、高档手表、游艇、电池、涂料，用于生产非应税消费品的不得扣除。

【特别提示】对自己不生产应税消费品，只是购进后再销售应税消费品的工业企业，其销售的珠宝玉石、高档化妆品和鞭炮、焰火，凡不能构成最终消费品直接进入消费品市场，而需进一步加工的（如需进行深加工、包装、贴标、组合等），应当征收消费税，同时允许扣除上述外购应税消费品的已纳税款。

【特别提示】允许扣除已纳税款的应税消费品只限于从工业企业购进的应税消费品和进口环节已缴纳消费税的应税消费品，对从境内商业企业购进应税消费品的已纳税款一律不得扣除。

【特别提示】纳税人用外购已税珠宝玉石生产的改在零售环节征收消费税的金银首饰，在计税时一律不得扣除外购已税珠宝玉石已纳税款。烟草批发企业在计算应纳消费税时不得扣除已含的生产环节的消费税税款。

【以案说法】甲卷烟生产企业月初库存外购应税烟丝金额为30万元，当月又外购应税烟丝金额为60万元（不含增值税），月末库存烟丝金额为20万元，其余均于当月领用用于生产卷烟。烟丝适用的消费税税率为30%。要求：计算甲卷烟生产企业当月准许扣除的外购烟丝已纳消费税。

结论：当期准许扣除的外购烟丝买价=30+60-20=70（万元）

当月准许扣除的外购烟丝已纳消费税=70×30%=21（万元）

（二）委托加工收回的应税消费品已纳消费税扣除的计算

委托加工的应税消费品因为已由受托方代收代缴消费税，所以委托方收回货物后用于连续生产应税消费品的，其已纳税款准予按照规定从连续生产的应税消费品应纳税额中按当期生产领用数量计算扣除其消费税已纳税款。

当期准予扣除的委托加工应税消费品已纳税款的计算公式如下：

当期准予扣除的委托加工应税消费品已纳税款 = 期初库存的委托加工应税消费品已纳税款+当期收回的委托加工应税消费品已纳税款-期末库存的委托加工应税消费品已纳税款

【特别提示】纳税人用委托加工收回的已税珠宝玉石生产的改在零售环节征收消费税的金银首饰，在计税时一律不得扣除已税珠宝玉石的已纳税款。

【特别提示】纳税人以外购、进口、委托加工收回的应税消费品（以下统称"外购应税消费品"）为原料连续生产应税消费品，准予按现行政策规定抵扣外购应税消费品已纳税款。经主管税务机关核实上述外购应税消费品未缴纳消费税的，纳税人应将已抵扣的消费税税款从核实当月允许抵扣的消费税中冲减。

【特别提示】消费税与增值税的抵扣时间不一样。对于增值税而言，购入或委托加工收回时（取得增值税专用发票且认证通过的当月）就可以抵扣进项税额；而消费税则是购入或委托加工收回后，领用时才能扣减。

【以案说法】甲工厂本年1月委托乙工厂加工高档化妆品A，收回时被代收代缴消费税800元；委托丙工厂加工高档化妆品B，收回时被代收代缴消费税1 000元。甲工厂将A、B两种高档化妆品收回后继续加工生产高档化妆品C出售，当月销售额为

10 000元，甲工厂期初库存的委托加工应税消费品已纳税款为600元，期末库存的委托加工应税消费品已纳税款为960元。要求：计算甲工厂当月准予扣除的委托加工应税消费品已纳税款。

结论：当月准予扣除的委托加工按当期生产领用数量计算。应税消费品已纳税款=600+（800+1 000）-960=1 440（元）

【开篇案例解析】

（1）自产自用应税消费品的税法规定。纳税人自产自用的应税消费品，用于连续生产应税消费品的，不纳税；用于其他方面的，于移送使用时纳税。

其中，用于连续生产应税消费品是指纳税人将自产自用的应税消费品作为直接材料生产最终应税消费品，自产自用应税消费品构成最终应税消费品的实体，既不缴纳消费税也不缴纳增值税，此时增值税和消费税的处理相同。

用于其他方面是指纳税人将自产自用应税消费品用于生产非应税消费品、在建工程、管理部门、非生产机构、提供劳务、馈赠、赞助、集资、广告、样品、职工福利、奖励等方面。纳税人自产的应税消费品只要是用于税法规定的其他方面都要做视同销售处理，依法缴纳消费税。此时，增值税的视同销售要比消费税的视同销售范围小，用于连续生产非应税消费品、在建工程、管理部门、非生产机构、提供劳务，属于用于增值税的应税项目，增值税不做视同销售处理，不缴纳增值税。

在业务二中，企业将自产小汽车用于企业管理部门使用，虽然小汽车的所有权并没有发生改变，但属于用于其他方面列示的"管理部门"，按规定于移送使用时纳税，其实质为消费税的视同销售。2013年8月后，企业购进小汽车允许抵扣进项税额，小汽车不再属于增值税非应税项目，全面"营改增"后，所有的经营业务都征收增值税，因此不存在非应税项目。将自产小汽车用于企业管理部门使用，不需要缴纳增值税，但需要缴纳消费税。因为企业是小汽车的最终消费者，其应纳的消费税应由企业承担，消费税也应计入固定资产成本。

（2）在业务一中，该企业用自产小汽车进行投资，转让了小汽车的所有权，企业按销售自产应税消费品进行会计处理，确认销售收入和增值税销项税额。其做法是正确的，但企业计算消费税的计税依据错误。

纳税人用于换取生产资料和消费资料、投资入股和抵偿债务等方面的应税消费品，应当以纳税人同类应税消费品的最高销售价格作为计税依据计算消费税。税法在消费税的计税价格中，规定了采用最高价格计税的情况，其他税种的计税均没有这种规定。用小汽车进行投资属于规定情况的一种，应以纳税人同类应税消费品的最高销售价格作为计税依据计算消费税。

计算消费税的销售价格=11.2×50=560（万元）

应纳消费税=560×5%=28（万元）

在业务二中，企业将新研制的小汽车用于单位办公使用，因为没有该产品的市场价格，只能采用组成计税价格计算应纳消费税。税法规定小汽车的成本利润率为8%。

组成计税价格=[19×（1+8%）]÷（1-5%）=21.6（万元）

应纳消费税=21.6×5%=1.08（万元）

第三节　消费税出口退（免）税的计算

一、出口应税消费品的免税

出口应税消费品的免税，主要适用于生产企业直接出口或委托外贸企业出口应税消费品。生产企业直接出口应税消费品或委托外贸企业出口应税消费品，不予计算缴纳消费税。

二、出口应税消费品的退税

出口应税消费品的退税，主要适用于外贸企业自营出口或委托其他外贸企业代理出口应税消费品。

（一）出口应税消费品的企业

出口应税消费品的退税，原则上应将所征税款全部退还给出口企业，即采取先征后退办法。出口应税消费品退税的企业范围主要包括：

（1）有出口经营权的外贸、工贸公司。

（2）特定出口退税企业，如对外承包工程公司、外轮供应公司等。

（二）出口应税消费品退税的范围

1. 具备出口条件，给予退税的消费品

这类消费品必须具备四个条件：一是属于消费税征税范围的消费品，二是取得"消费税税收（出口货物专用）缴款书"、增值税专用发票（税款抵扣联）、出口货物报关单（出口退税联）、出口收汇核销单，三是必须报关离境，四是在财务上做出口销售处理。

2. 不具备出口条件，也给予退税的消费品

这类消费品包括对外承包工程公司运出境外用于对外承包项目的消费品，外轮供应公司、远洋运输供应公司销售给外轮、远洋货轮而收取外汇的消费品等。

（三）出口应税消费品退税的税率

计算出口应税消费品应退消费税的税率或单位税额，应严格按照《中华人民共和国消费税暂行条例》所附《消费税税目税率（税额）表》执行。当出口的货物是应税消费品时，其退还增值税要按规定的增值税退税率计算，而其退还消费税则要按应税消费品所适用的消费税税率计算。企业应将不同消费税税率的出口应税消费品分开核算和申报，凡划分不清适用税率的，一律从低适用税率计算消费税应纳税额。

（四）出口应税消费品退税的计算

1. 退税的计税依据

出口货物的消费税应退税额的计税依据，按购进出口货物的消费税专用缴款书和海关进口消费税专用缴款书确定。属于从价定率计征消费税的，为已征且未在内销应税消费品应纳税额中抵扣的购进出口货物金额；属于从量定额计征消费税的，为已征且未在内销应税消费品应纳税额中抵扣的购进出口货物数量；属于复合计征消费税的，按从价定率和从量定额的计税依据分别确定。

2. 退税的计算方法

外贸企业自营出口或委托其他外贸企业代理出口货物的消费税应退税额，应分别按上述计算依据和《消费税税目税率（税额）表》规定的税率计算应退税额。其计算公式如下：

$$消费税应退税额 = 从价定率计征消费税的退税计税依据 × 比例税率 +$$
$$从量定额计征消费税的退税计税依据 × 定额税率$$

三、消费税出口退（免）税的其他有关规定

外贸企业自营出口或委托其他外贸企业代理出口的应税消费品办理退税后，发生退关或国外退货进口时予以免税的，报关出口者必须及时向其机构所在地或居住地主管税务机关申报补缴已退的消费税税款。

生产企业出口或委托外贸企业代理出口的应税消费品办理免税后，发生退关或国外退货，进口时已予以免税的，经机构所在地或居住地主管税务机关批准，可暂不办理补税，待其转为国内实际销售时，再申报补缴消费税。

第四节 消费税的征收管理

一、消费税的纳税义务发生时间

纳税人销售应税消费品的，按不同的销售结算方式，其纳税义务发生时间分别如下：

（1）采取赊销和分期收款结算方式的，纳税义务发生时间为书面合同约定的收款日期的当天；书面合同没有约定收款日期或无书面合同的，纳税义务发生时间为发出应税消费品的当天。

（2）采取预收货款结算方式的，纳税义务发生时间为发出应税消费品的当天。

（3）采取托收承付和委托银行收款方式的，纳税义务发生时间为发出应税消费品并办妥托收手当天。

（4）采取其他结算方式的，纳税义务发生时间为收讫销售款或取得索取销售款凭据的当天。

（5）纳税人自产自用应税消费品的，纳税义务发生时间为移送使用的当天

（6）纳税人委托加工应税消费品的，纳税义务发生时间为纳税人提货的当天。

（7）纳税人进口应税消费品的，纳税义务发生时间为报关进口的当天。

二、消费税的纳税期限

根据《中华人民共和国消费税暂行条例》的规定，消费税的纳税期限分别为 1 日、3 日、5 日、10 日、15 日、1 个月或 1 个季度。纳税人的具体纳税期限，由主管税务机关根据纳税人应纳税额的多少分别核定；不能按照固定期限纳税的，可以按次纳税。

纳税人以 1 个月或 1 个季度为一期纳税的，自期满之日起 15 日内申报纳税；以 1 日、3 日、5 日、10 日或 15 日为一期纳税的，自期满之日起 5 日内预缴税款，于次月

1 日至 15 日内申报纳税并结清上月应纳税款。

纳税人进口应税消费品，应当自海关填发"海关进口消费税专用缴款书"之日起 15 日内缴纳税款。

【改革意见】为落实深化"放管服"改革精神，进一步减少纳税人办税频次，减轻纳税人申报负担，《中华人民共和国消费税法（征求意见稿)》取消 1 日、3 日和 5 日计税期间，新增"半年"的计税期间。消费税的计税期间分别为 10 日、15 日、1 个月、1 个季度或半年。纳税人的具体计税期间由主管税务机关根据纳税人应纳税额的大小分别核定；不能按照固定计税期间纳税的，可以按次纳税。

纳税人以 1 个月、1 个季度或半年为 1 个计税期间的，自期满之日起 15 日内申报纳税；以 10 日或 15 日为 1 个计税期间的，自期满之日起 5 日内预缴税款，于次月 1 日起 15 日内申报纳税并结清上月应纳税款。扣缴义务人解缴税款的计税期间和申报纳税期限，依照上述规定执行。

三、消费税的纳税地点

（1）纳税人销售应税消费品及自产自用应税消费品，除国家另有规定外，应当向纳税人机构所在地或居住地的主管税务机关申报纳税。

（2）纳税人到外县（市）销售或委托外县（市）代销自产应税消费品的，于应税消费品销售后，向纳税人机构所在地或居住地主管税务机关申报纳税。

（3）纳税人的总机构与分支机构不在同一县（市）的，应当分别向各自机构所在地的主管税务机关申报纳税；经财政部、国家税务总局或其授权的财政、税务机关批准，可以由总机构汇总向总机构所在地的主管税务机关申报纳税。

【特别提示】卷烟批发企业的纳税地点比较特殊，总机构与分支机构不在同一地区的，由总机构申报纳税。

（4）委托加工的应税消费品，除委托个人加工以外，由受托方向所在地主管税务机关代收代缴消费税税款。

【特别提示】委托个人加工的应税消费品，由委托方向其机构所在地或居住地主管税务机关申报纳税。

（5）进口的应税消费品，由进口人或其代理人向报关地海关申报纳税。

【特别提示】出口的应税消费品办理退税后，发生退关或国外退货进口时予以免税的，报关出口者必须及时向其机构所在地或居住地主管税务机关申报补缴已退的消费税税款。

纳税人销售应税消费品，如果因质量等原因由购买者退回时，经机构所在地或居住地主管税务机关审核批准后，可退还已缴纳的消费税税款。

尾篇课程思政

小张是广州市某木业制造公司的会计，该公司为增值税一般纳税人，主要从事木制地板的生产、销售以及进口。本年 2 月 2 日下午，公司会计主管嘱咐小张申报缴纳本年 1 月的消费税，小张整理了本年 1 月公司发生的各项业务如下：

（1）1月2日，公司销售自产实木地板 90 000 平方米，单价为每平方米 280 元，开具增值税专用发票，另外收取包装费 113 000 元（开具普通发票），货款当天到账。

（2）1月8日，公司受托加工特制木地板一批（无同类售价），委托方提供橡木，合同列明材料成本为 84 万元，收取加工费（不含税）为 44 万元，1月18日完成生产，共交付委托方 2 800 平方米橡木地板，加工费 1月20日全部到账。

（3）1月18日，公司将自产 A 型木地板 2 000 平方米用于本企业办公室装修；6 000 平方米用于奖励给优秀员工。账面成本合计为 340 000 元。该 A 型木地板没有同类销售价格。

（4）1月20日，公司从西班牙进口的一批橡木原木抵达海关，关税完税价格为 120 万元，关税税率为 20%；当天从葡萄牙进口的一批橡木地板也抵达海关，关税完税价格为 600 万元，关税税率为 30%，1月25日均已完成报关并取得海关开具的完税凭证。

（5）1月21日，公司将进口的橡木原木加工做成工艺品，1月30日销售取得价税合计为 521 000 元，货款当天到账。

（6）1月22日，公司用部分原木的尾料加工成一次性木筷 20 000 箱，单箱售价 50 元。1月29日，用进口橡木加工成高档筷子 8 000 箱，单箱售价 180 元。1月31日，两种型号的筷子全部销售给某贸易公司，因为是长期客户，购买量大，销售时一次给予 5% 的折扣，并且在同一张发票上注明，货款当天到账。

（实木地板和木制一次性筷子消费税税率和成本利润率均为 5%；增值税专用发票已经税务机关认证。）

请思考下列问题：

（1）广州市某木业制造公司在 1 月的各项业务中哪些属于消费税的征税范围？

（2）请帮助小张计算该公司 1 月应当缴纳的消费税。

（3）由于月底公司资金周转困难，老板要求小张想出"妙计"，小张打算采取将销售木制一次性筷子的收入作为销售高档筷子收入的入账方法，用这部分逃避消费税的钱作为企业的流动资金，投入生产。你认为这种做法是否妥当？

课程思政评析

（1）业务（1）1月2日销售实木地板应缴纳消费税；业务（2）1月18日交付的受托加工地板，也是消费税的征税范围，应按委托加工应税产品的规定代收代缴消费税；业务（3）1月18日将自产 A 型木地板用于本企业办公室装修和奖励给优秀员工，符合视同销售条件也应缴纳消费税；业务（4）1月20日从西班牙进口的橡木原木不属于消费税的征税范围，但从葡萄牙进口的橡木地板应缴纳消费税；业务（5）1月21日将进口的橡木原木加工做成工艺品不属于消费税的征税范围；业务（6）1月31日销售的一次性木筷属于消费税的征税范围，需要缴纳消费税，而生产的高档筷子则无需缴纳消费税。

（2）实木地板和木制一次性筷子的消费税计税方法是从价定率。

业务（1）1月2日销售实木地板 90 000 平方米，单价为每平方米 280 元，该笔业务应确认消费税 = [90 000×280+113 000÷(1+13%)]×5% = 1 265 000（元）

业务（2）1月8日受托加工特制木地板一批，由于无同类销售价格，故用组成计税价格计算代收代缴消费税。应纳消费税＝（420 000＋220 000）÷（1−5%）×5%＝33 684.21（元）

业务（3）1月18日将自产A型木地板用于本企业办公室装修和用于奖励给优秀员工。该A型木地板没有同类销售价格，用组成计税价格计算该笔业务应纳消费税＝340 000×（1+5%）÷（1−5%）×5%＝18 789.47（元）

业务（4）1月20日从葡萄牙进口的橡木地板应纳消费税＝6 000 000×（1+30%）÷（1−5%）×5%＝410 526.32（元）

业务（6）1月31日销售的一次性木筷由于折扣在同一张发票上注明，因此应当用折扣价作为销售额计算。该笔业务应确认消费税＝20 000×50×（1−5%）×5%＝47 500（元）

（3）本【尾篇课程思政】所蕴含的思政元素至少涉及了专业知识素养、法律适用以及如何做一个合格的诚实守信的纳税人（由学生根据所学知识简要谈谈个人见解）。

第四章

企业所得税法

党的二十大报告指出，"高质量发展是全面建设社会主义现代化国家的首要任务" "坚持创新在我国现代化建设全局中的核心地位"。近年来，国家先后出台高新技术企业适用的优惠税率、研发费用加计扣除、亏损弥补期限延长、对小微企业年应纳税所得额100万~300万元部分，再减半征收企业所得税……一系列减税降费和税收支持政策助力广大市场主体轻装上阵、平稳发展。在减税降费等宏观政策综合作用下，全社会创新创业活力得到释放。

▇教学目标

通过本章教学至少应该实现下列目标：了解企业所得税的概念与特点，掌握企业所得税纳税义务人、征税对象、税率、计税依据等课税要素；掌握企业所得税应纳税额的计算；熟悉资产的税务处理、企业所得税的税收优惠、特别纳税调整和征收管理等知识目标；具有运用企业所得税法正确处理纳税实务、运用税收原则及其法律关系正确享有纳税人的权利和履行纳税人的义务等能力目标；具备良好的知法、懂法等业务素质，提高时政信息敏感度，充分理解各项企业所得税政策背后包含的促进产业升级转型，以民为本，取之于民、用之于民等思政目标。

▇开篇案例导入

A企业为张三投资设立的个人独资企业，本年会计利润为100万元。B通信元件公司是由三位归国博士发起创立的，在新三板上市，属于符合认定条件的国家重点扶持高新技术企业。本年，该企业的会计利润为4 000万元。C集团属于国有大型企业，其业务以轨道设计、轨道铺设施工为主。本年，该企业的会计利润为8 000万元。

请思考下列问题：

（1）以上三家企业是否属于企业所得税纳税义务人？如果属于，分别适用什么所得税税率？

（2）能否计算出案例中需要缴纳企业所得税的企业应纳税所得额？不能的话还需要知道什么信息？

（3）国家重点扶持的高新技术企业有哪些税收优惠政策？这些优惠政策对促进社会经济发展、社会和谐以及弘扬民族精神等有什么积极作用和现实意义？

案例解析分别在本章第一节、第二节、第五节。

第一节 企业所得税概述

一、企业所得税的概念与特点

（一）企业所得税的概念

企业所得税是对我国境内企业和其他取得收入的组织的生产经营所得和其他所得征收的所得税。

企业所得税是国家参与企业利润分配并调节其收益水平的一个关键税种，体现国家与企业的分配关系，是现代市场经济国家普遍征收的重要税种。目前，世界上已有160多个国家或地区开征了企业所得税。

（二）企业所得税的特点

1. 征税范围广

在中华人民共和国境内的企业，除个人独资企业、合伙企业不适用企业所得税外，其余企业和其他取得收入的组织，都要就其生产经营所得和其他所得缴纳企业所得税。

2. 两类纳税人

纳税人包括居民企业和非居民企业两类，且分别具有不同的纳税义务。纳税人和实际负担人通常是一致的，因此可以直接调节纳税人的所得。

3. 征税对象为所得额

以所得额为征税对象，区别于流转税的征税对象为流转额。计税依据为应纳税所得额，应纳税所得额通常不等同于会计利润，一般需要在会计利润的基础上按照税法的规定进行纳税调整后计算得到。

4. 税负公平

企业所得税对企业（除法律另有规定外），不分所有制、不分地区、不分行业，实行统一比例税率。企业所得税的负担水平和纳税人所得直接关联，即所得多的多征，所得少的少征，无所得的不征。因此，企业所得税是能够较好体现税负公平和税收中性的良性税种。

5. 征管复杂

企业所得税以应纳税所得额为计税依据，正确计算应纳税所得额需要核算企业的收入总额、不征税收入、免税收入、各项扣除和亏损弥补等多个项目，需要企业在会计利润的基础上进行复杂的纳税调整，这给企业所得税的征收管理带来了难度。

二、企业所得税的纳税人与扣缴义务人

（一）企业所得税的纳税人

企业所得税是对我国境内企业和其他取得收入的组织的生产经营所得和其他所得征收的一种直接税。在中华人民共和国境内，企业和其他取得收入的组织（以下统称"企业"）为企业所得税的纳税人。但个人独资企业、合伙企业不是企业所得税的纳税人。

【特别提示】（1）这里所说的个人独资企业、合伙企业是指依据中国法律、行政法规的规定在中国境内成立的个人独资企业和合伙企业，不包括境外依据外国法律成立的个人独资企业和合伙企业。

（2）我国的个人独资企业不具有法人资格，不缴纳企业所得税，由其自然人投资者缴纳个人所得税。

（3）我国的合伙企业不具有法人资格，合伙企业本身不缴纳企业所得税，以每个合伙人为纳税义务人，合伙企业的合伙人是自然人的，缴纳个人所得税；合伙人是法人和其他组织的，缴纳企业所得税。

企业所得税的企业分为居民企业和非居民企业，分别承担不同的纳税责任。

1. 居民企业

居民企业是指依法在中国境内成立，或者依照外国（地区）法律成立但实际管理机构在中国境内的企业。居民企业包括除个人独资企业和合伙企业以外的公司、企业、事业单位、社会团体、民办非企业单位、基金会、外国商会、农民专业合作社以及取得收入的其他组织。

2. 非居民企业

非居民企业是指依照外国（地区）法律成立且实际管理机构不在中国境内，但在中国境内设立机构、场所的，或者在中国境内未设立机构、场所，但有来源于中国境内所得的企业。

实际管理机构是指对企业的生产经营、人员、账务、财产等实施实质性全面管理和控制的机构。机构、场所是指在中国境内从事生产经营活动的机构、场所，具体包括：

（1）管理机构、营业机构、办事机构。

（2）工厂、农场、开采自然资源的场所。

（3）提供劳务的场所。

（4）从事建筑、安装、装配、修理、勘探等工程作业的场所。

（5）其他从事生产经营活动的机构、场所。

非居民企业委托营业代理人在中国境内从事生产经营活动的，包括委托单位或个人经常代其签订合同或储存、交付货物等，该营业代理人视为非居民企业在中国境内设立的机构、场所。

【课程思政】纳税义务人有责任足额将需要缴纳的企业所得税上缴税务部门，按照预算级次通过银行缴入中国人民银行国库，再按照级次分配到各级（中央、省、市、县、乡镇）政府，从国库划到财政，再供各级政府支出。除铁路总公司、各银行总行及海洋石油企业等集中缴纳的部分，全部归中央国库外，其他企业所得税中央国库入60%，地方政府入40%。由此增加财政积累，充实国库，可用于国家建设、赈灾济民，可谓取之于民、用之于民。

（二）企业所得税的扣缴义务人

1. 支付人为扣缴义务人

非居民企业在中国境内未设立机构、场所的，或者虽设立机构、场所但取得的所得与其所设机构、场所没有实际联系的，其来源于中国境内的所得应缴纳的所得税，实行源泉扣缴，以支付人为扣缴义务人，税款由扣缴义务人在每次支付或到期应支付时，从支付或到期应支付的款项中扣缴。

支付人是指依照有关法律规定或合同约定对非居民企业直接负有支付相关款项义务的单位或个人。支付包括现金支付、汇拨支付、转账支付和权益兑价支付等货币支付和非货币支付。到期应支付的款项是指支付人按照权责发生制原则应当计入相关成本、费用的应付款项。

2. 指定的扣缴义务人

对非居民企业在中国境内取得工程作业和劳务所得应缴纳的所得税，税务机关可以指定工程价款或劳务费的支付人为扣缴义务人。

【特别提示】支付人为扣缴义务人，又称法定扣缴义务人，一般适用于在我国境内未设立机构、场所，但有来源于我国所得的情形。指定扣缴义务人一般适用于在我国设立机构、场所，但所设机构、场所不具备会计核算能力的情形。

在中国境内从事工程作业和提供劳务的非居民企业发生下列情形之一的，县级以上税务机关可以指定工程价款或劳务费的支付人为扣缴义务人：

（1）预计工程作业或提供劳务期限不足一个纳税年度的，且有证据表明不履行纳税义务的。

（2）没有办理税务登记或临时税务登记的，且未委托中国境内的代理人履行纳税义务的。

（3）未按照规定期限办理企业所得税纳税申报或预缴申报的。

（4）其他规定情形。

县级以上税务机关在指定扣缴义务人时，应同时告知扣缴义务人所扣税款的计算依据、计算方法和扣缴期限。

扣缴义务人每次代扣的税款，应当自代扣之日起7日内缴入国库，并向所在地的税务机关报送扣缴企业所得税报告表。

扣缴义务人未依法扣缴税款或无法履行扣缴义务的，由纳税人在所得发生地缴纳税款。在中国境内存在多处所得发生地的，由纳税人选择其中一地申报缴纳企业所得税纳税人未依法缴纳税款的，税务机关可以从该纳税人在中国境内其他收入项目（指该纳税人在中国境内取得的其他各种来源的收入）的支付人应付的款项中，追缴该纳税人的应纳税款。

税务机关在追缴该纳税人应纳税款时，应当将追款理由、追缴数额、扣缴期限和缴纳方式等告知该纳税人。

三、企业所得税征税对象的确定

（一）居民企业的征税对象

居民企业应当就其来源于中国境内、境外的所得缴纳企业所得税。所得包括销售货物所得、提供劳务所得、转让财产所得、股息红利等权益性投资所得、利息所得、租金所得、特许权使用费所得、接受捐赠所得和其他所得。

（二）非居民企业的征税对象

非居民企业在中国境内设立机构、场所的，应当就其所设机构、场所取得的来源于中国境内的所得以及发生在中国境外但与其所设机构、场所有实际联系的所得，缴纳企业所得税。

【特别提示】实际联系是指非居民企业在中国境内设立的机构、场所拥有据以取得所得的股权、债券以及拥有、管理、控制据以取得所得的财产等。

非居民企业在中国境内未设立机构、场所的，或者虽设立机构、场所但取得的所得与其所设机构、场所没有实际联系的，应当就其来源于中国境内的所得缴纳企业所得税。

来源于中国境内、境外的所得，按照以下原则确定：

（1）销售货物所得，按照交易活动发生地确定。

（2）提供劳务所得，按照劳务发生地确定。

（3）转让财产所得。不动产转让所得按照不动产所在地确定，动产转让所得按照转让动产的企业或机构、场所所在地确定，权益性投资资产转让所得按照被投资企业所在地确定。

（4）股息、红利等权益性投资所得，按照分配所得的企业所在地确定。

（5）利息所得、租金所得、特许权使用费所得，按照负担、支付所得的企业或机构、场所所在地确定，或者按照负担、支付所得的个人住所地确定。

（6）其他所得，由国务院财政、税务主管部门确定。

【特别提示】为了充分保证企业所得税的税收收入，并且体现公平性原则，不论是居民还是非居民纳税人，均应作为企业所得税的征税对象，按照规定，缴纳所得税。

四、企业所得税税率的判定

企业所得税税率是体现国家与企业分配关系的核心要素。税率设计的原则是兼顾国家、企业、职工个人三者利益，既要保证国家财政收入的稳定增长，又要使企业在发展生产、经营方面有一定的财力保证；既要考虑企业的实际情况和负担能力，又要维护税率的统一。

我国企业所得税实行比例税率。比例税率简便易行，透明度高，不会因为征税而改变企业间收入分配比例，有利于促进效率的提高。企业所得税税率的具体规定如下：

（一）基本税率

企业所得税的基本税率为25%。其适用于居民企业和在中国境内设有机构、场所且取得的所得与机构、场所有实际联系的非居民企业。

（二）低税率

低税率20%适用于在中国境内未设立机构、场所，或者虽设立机构、场所但取得的所得与其所设机构、场所没有实际联系的非居民企业。

（三）优惠税率

1. 优惠税率10%

适用优惠税率20%的非居民企业，"预提所得税"时，实际减按10%的税率征收。国家规划布局内的重点软件企业和集成电路设计企业，当年未享受免税优惠的，可减按10%的税率缴纳企业所得税。

2. 优惠税率15%

适用优惠税率15%的是符合认定条件和程序的高新技术企业、技术先进型服务企业和设立在西部地区的鼓励类产业。

3. 优惠税率20%

优惠税率20%主要适用于居民企业中符合条件的小型微利企业。

【课程思政】高新技术企业是知识与技术密集经济实体，是发展高新技术产业的重要基础，是调整产业结构、提高国家竞争力的主力军。国家对高新技术企业所得税实行减按15%的税率征收企业所得税优惠政策的经济与政治意义在于：扶持和鼓励高新技术企业发展，推动创新驱动发展，建设创新型国家和社会主义现代化强国。

【开篇案例解析】

A公司为个人独资企业，不属于企业所得税的纳税义务人；B和C企业属于企业所得税的纳税义务人。其中，B企业适用15%的优惠税率，C企业适用25%的基本税率。

第二节　企业所得税应纳税所得额的确定

一、企业所得税计税依据的确定

企业所得税应纳税额取决于应纳税所得额和适用税率两个因素。在实际操作中，应纳税所得额的计算一般有直接计算法和间接计算法两种方法。

（一）直接计算法

在直接计算法下，企业每一纳税年度的收入总额减除不征税收入、免税收入、各项扣除以及允许弥补的以前年度亏损后的余额，即为应纳税所得额。其计算公式如下：

应纳税所得额=收入总额-不征税收入-免税收入-各项扣除金额-弥补亏损

（二）间接计算法

在间接计算法下，会计利润加上或减去按照税法规定调整的项目金额，即为应纳税所得额。其计算公式如下：

应纳税所得额＝利润总额±纳税调整项目金额

纳税调整项目金额包括两方面的内容：一方面是企业的财务会计处理和税法规定不一致的地方应予以调整的金额，另一方面是企业按税法规定准予扣除的金额。

【特别提示】应税收入、不征税收入和免税收入均应计入收入总额。在计算应纳税所得额时，企业财务会计处理办法与税收法律法规的规定不一致的，应当依照税收法律法规的规定计算。

【开篇案例解析】案例仅仅给出企业的会计利润，无法准确得出应纳税所得额的金额，根据应纳税所得额的间接计算法，还需要知道是否有具体的纳税调整事项。

二、收入总额的确定

企业的收入总额包括以货币形式和非货币形式从各种来源取得的收入，具体有销售货物收入、提供劳务收入、转让财产收入、股息和红利等权益性投资收益、利息收入、租金收入、特许权使用费收入、接受捐赠收入和其他收入。

企业取得收入的货币形式包括现金、银行存款、应收账款、应收票据、准备持有至到期的债券投资以及债务的豁免等。企业以非货币形式取得的收入，包括固定资产、生物资产、无形资产、股权投资、存货、不准备持有至到期的债券投资、劳务以及有关权益等，这些非货币性资产应当按照公允价值确定收入额。公允价值是指按照市场价格确定的价值。

【特别提示】计算企业所得税的各种收入均为不含增值税的收入。

（一）一般收入的确认

（1）销售货物收入。销售货物收入是指企业销售商品、产品、原材料、包装物、低值易耗品以及其他存货取得的收入。

【特别提示】销售货物收入包括销售货物同时收取的价外费用（不含增值税）、视同销售货物收入（不含增值税）。

企业销售商品同时满足下列条件的，应确认收入的实现：

①商品销售合同已经签订，企业已将与商品所有权相关的主要风险和报酬转移给购货方。

②企业对已售出的商品既没有保留通常与所有权相联系的继续管理权，也没有实施有效控制。

③收入的金额能够可靠计量。

④已发生或将发生的销售方的成本能够可靠核算。

符合以上收入确认条件，采取下列商品销售方式的，应按以下规定确认收入实现时间：

①销售商品采用托收承付方式的，在办妥托收手续时确认收入。

②销售商品采取预收款方式的，在发出商品时确认收入。

③销售商品需要安装和检验的，在购买方接受商品以及安装和检验完毕时确认收入。如果安装程序比较简单，可以在发出商品时确认收入。

④销售商品采用支付手续费方式委托代销的，在收到代销清单时确认收入。

（2）提供劳务收入。提供劳务收入是指企业从事建筑安装、修理修配、交通运输、仓储租赁、金融保险、邮电通信、咨询经纪、文化体育、科学研究、技术服务、教育培训、餐饮住宿、中介代理、卫生保健、社区服务、旅游、娱乐、加工以及其他劳务服务活动取得的收入。企业在各个纳税期期末，提供劳务交易的结果能够可靠估计的，应采用完工进度（完工百分比）法确认提供劳务收入。

提供劳务交易的结果能够可靠估计是指同时满足下列条件：

①收入的金额能够可靠计量。

②交易的完工进度能够可靠确定。

③交易中已发生和将发生的成本能够可靠核算。

企业提供劳务完工进度的确定，可以选用下列方法：

①已完成工作的测量。

②已提供劳务占劳务总量的比例。

③发生成本占总成本的比例。

企业应按照从接受劳务方已收或应收的合同或协议价款确定劳务收入总额，根据纳税期期末提供劳务收入总额乘以完工进度扣除以前纳税年度累计已确认提供劳务收入后的金额，确认为当期劳务收入；同时，按照提供劳务估计总成本乘以完工进度扣除以前纳税期间累计已确认劳务成本后的金额，结转为当期劳务成本。

下列提供劳务满足收入确认条件的，应按规定确认收入：

①安装费应根据安装完工进度确认收入。安装工作是商品销售附带条件的，安装费在确认商品销售实现时确认收入。

②宣传媒介的收费应在相关的广告或商业行为出现于公众面前时确认收入。广告的制作费应根据制作广告的完工进度确认收入。

③软件费是为特定客户开发软件的收费，应根据开发的完工进度确认收入。

④服务费是包含在商品售价内可以区分的服务费，应在提供服务的期间分期确认收入。

⑤艺术表演、招待宴会和其他特殊活动的收费应在相关活动发生时确认收入。收费涉及几项活动的，预收的款项应合理分配给每项活动，分别确认收入。

⑥会员费。申请入会或加入会员，只允许取得会籍，所有其他服务或商品都要另付费就可以得到各种服务或商品，或者以低于非会员的价格销售商品或提供服务的，该会员费应在整个受益期内分期确认收入。

⑦特许权费。属于提供设备和其他有形资产的特许权费，在交付资产或转移资产所有权时确认收入；属于提供初始及后续服务的特许权费，在提供服务时确认收入

⑧劳务费。长期为客户提供重复的劳务收取的劳务费，在相关劳务活动发生时确认收入。

（3）转让财产收入。转让财产收入是指企业转让固定资产、生物资产、无形资产、股权、债权财产等取得的收入。

（4）股息和红利等权益性投资收益。股息和红利等权益性投资收益是指企业因权益性投资从被投资方取得的收入。股息和红利等权益性投资收益，除国务院财政、税务主管部门另有规定外，按照被投资方做出利润分配决定的日期确认收入的实现。

（5）利息收入。利息收入是指企业将资金提供给他人使用但不构成权益性投资，或者因他人占用本企业资金取得的收入，包括存款利息、贷款利息、债券利息、欠款利息等收入。利息收入应按照合同约定的债务人应付利息的日期确认收入的实现。

（6）租金收入。租金收入是指企业提供固定资产、包装物或其他有形资产的使用

权取得的收入。租金收入应按照合同约定的承租人应付租金的日期确认收入的实现。

（7）特许权使用费收入。特许权使用费收入是指企业提供专利权、非专利技术、商标权、著作权以及其他特许使用权取得的收入。特许权使用费收入应按照合同约定的特许权使用人应付特许权使用费的日期确认收入的实现。

（8）接受捐赠收入。接受捐赠收入是指企业接受的来自其他企业、组织或个人无偿给予的货币性资产、非货币性资产。接受捐赠收入按照实际收到捐赠资产的日期确认收入的实现。

（9）其他收入。其他收入是指企业取得的除以上收入外的其他收入，包括企业资产溢余收入、逾期未退包装物押金收入、确实无法偿付的应付款项、已经做坏账损失处理后又收回的应收款项、债务重组收入、补贴收入、违约金收入、汇兑收益等。

【特别提示】《中华人民共和国企业所得税法》中的"其他收入"与会计中的"其他业务收入"不是相同的概念。其他业务收入是计算业务招待费、广告费和业务宣传费税前扣除限额的基数，即销售（营业）收入的组成部分。

企业取得财产（包括各类资产、股权、债权等）转让收入、债务重组收入、接受捐赠收入、无法偿付的应付款收入等，不论是以货币形式还是以非货币形式体现，除另有规定外，均应一次性计入确认收入的年度计算缴纳企业所得税。

【特别提示】《国家税务总局关于非货币性资产投资企业所得税有关征管问题的公告》（国家税务总局公告2015年第33号）规定，实行查账征收的居民企业以非货币性资产对外投资确认的非货币性资产转让所得，可自确认非货币性资产转让收入年度起不超过连续五个纳税年度的期间内，分期均匀计入相应年度的应纳税所得额，按规定计算缴纳企业所得税。

（二）特殊收入的确认

（1）采取分期收款方式销售货物，按照合同约定的收款日期确认收入的实现。

（2）采取售后回购方式销售商品，销售的商品按售价确认收入，回购的商品作为购进商品处理。有证据表明不符合销售收入确认条件的，如以销售商品方式进行融资，收到的款项应确认为负债。回购价格大于原售价的，差额应在回购期间确认为利息费用。

（3）采取以旧换新方式销售商品，应当按照销售商品收入的确认条件确认收入，回收的商品作为购进商品处理。

（4）采取商业折扣（折扣销售）方式销售商品。企业为促进商品销售而在商品价格上给予的价格扣除属于商业折扣。商品销售涉及商业折扣的，应当按照扣除商业折扣后的金额确定销售商品收入金额。

（5）采取现金折扣（销售折扣）方式销售商品。债权人为鼓励债务人在规定的期限内付款而向债务人提供的债务扣除属于现金折扣。销售商品涉及现金折扣的，应当按扣除现金折扣前的金额确定销售商品收入金额，现金折扣在实际发生时作为财务费用扣除。

（6）采取折让退回方式销售商品。企业因售出商品的质量不合格等原因而在售价上给予的减让属于销售折让。企业因售出商品质量、品种不符合要求等原因而发生的退货属于销售退回。企业已经确认销售收入的售出商品发生销售折让或销售退回的，应当在发生当期冲减当期销售商品收入。

（7）采取"买一赠一"等方式组合销售本企业商品不属于捐赠，应将总的销售金额按各项商品公允价值的比例来分摊确认各项的销售收入。

（8）企业受托加工制造大型机械设备、船舶、飞机等以及从事建筑、安装、装配业务或提供劳务等，持续时间超过12个月的，按照纳税年度内完工进度或完成的工作量确认收入的实现。

（9）采取产品分成方式取得收入，以企业分得产品的时间确认收入的实现，其收入额按照产品的公允价值确定。

（10）企业发生非货币性资产交换以及将货物、财产、劳务用于捐赠、偿债、赞助、集资、广告、样品、职工福利和进行利润分配等用途，应当视同销售货物、转让财产和提供劳务，但国务院财政、税务主管部门另有规定的除外。

（三）处置资产收入的确认

企业将资产移送他人的下列情形，因资产所有权属已发生改变而不属于内部处置资产，应按规定视同销售确定收入。

（1）用于市场推广或销售。

（2）用于交际应酬。

（3）用于职工奖励或福利。

（4）用于股息分配。

（5）用于对外捐赠。

（6）其他改变资产所有权属的用途。

企业发生上述规定情形的，除另有规定外，应按照被移送资产的公允价值确定销售收入。

【特别提示】视同销售确定的收入应当作为业务招待费、广告费和业务宣传费扣除限额的计算基数。

【问题思考】对于企业所得税中的处置资产是否视同销售确认收入这一问题，有什么原则或规律？

【问题解答】资产所有权属在形式和实质上均不发生改变的（资产转移至境外的除外）可作为内部处置资产，这种情况不视同销售确认收入。例如，除将资产转移至境外以外，企业发生下列情形的处置资产，不视同销售确认收入：相关资产的计税基础延续计算，将资产用于生产、制造、加工另一产品，改变资产形状、结构或性能，改变资产用途（如自建商品房转为自用或经营），将资产在总机构及其分支机构之间转移，上述两种或两种以上情形的混合，其他不改变资产所有权属的用途。对于资产所有权属已发生改变的，即将资产移送他人，这种情况视同销售确认收入。

三、不征税收入和免税收入的确定

（一）不征税收入

收入总额中的下列收入为不征税收入：

1. 财政拨款

财政拨款是指各级人民政府对纳入预算管理的事业单位、社会团体等组织拨付的财政资金，但国务院和国务院财政、税务主管部门另有规定的除外。

2. 依法收取并纳入财政管理的行政事业性收费、政府性基金

行政事业性收费是指依照法律法规等有关规定，按照国务院规定程序批准，在实施社会公共管理以及在向公民、法人或其他组织提供特定公共服务过程中，向特定对象收取并纳入财政管理的费用。政府性基金是指企业依照法律、行政法规等有关规定，代政府收取的具有专项用途的财政资金。

3. 国务院规定的其他不征税收入

国务院规定的其他不征税收入是指企业取得的，由国务院财政、税务主管部门规定专项用途并经国务院批准的财政性资金。财政性资金是指企业取得的来源于政府及其有关部门的财政补助、补贴、贷款贴息以及其他各类财政专项资金，包括直接减免的增值税和即征即退、先征后退、先征后返的各种税收，但不包括企业按规定取得的出口退税款。

自 2018 年 9 月 20 日起，对全国社会保障基金理事会及基本养老保险基金投资管理机构在国务院批准的投资范围内，运用养老基金投资取得的归属于养老基金的投资收入，作为企业所得税不征税收入。

自 2018 年 9 月 10 日起，对全国社会保障基金取得的直接股权投资收益、股权投资基金收益，作为企业所得税不征税收入。

【特别提示】企业的不征税收入用于支出所形成的费用，不得在计算应纳税所得额时扣除；企业的不征税收入用于支出所形成的资产，其计算的折旧、摊销不得在计算应纳税所得额时扣除。

（二）免税收入

企业的下列收入为免税收入：

（1）国债利息收入。但是，国债转让收入不是免税收入，按投资转让所得依法纳税。

（2）符合条件的居民企业之间的股息、红利等权益性投资收益。该收益是指居民企业直接投资于其他居民企业取得的投资收益，但不包括连续持有居民企业公开发行并上市流通的股票不足 12 个月取得的投资收益。

（3）在中国境内设立机构、场所的非居民企业从居民企业取得与该机构、场所有实际联系的股息、红利等权益性投资收益。该收益不包括连续持有居民企业公开发行并上市流通的股票不足 12 个月取得的投资收益。

（4）符合条件的非营利组织的收入。

（5）非营利组织其他免税收入。非营利组织其他免税收入具体包括接受其他单位或个人捐赠的收入；除《中华人民共和国企业所得税法》第七条规定的财政拨款以外的其他政府补助收入，但不包括因政府购买服务取得的收入；按照省级以上民政、财政部门规定收取的会费；不征税收入和免税收入孳生的银行存款利息收入；财政部、国家税务总局规定的其他收入。

不征税收入与免税收入的区别与联系如表 4-1 所示。

表 4-1   不征税收入与免税收入的区别与联系

项目	不征税收入	免税收入
联系	均属于企业所得税所称的"收入总额",在计算企业所得税应纳税所得额时应扣除	
区别	①不征税收入是指不应列入征税范围的收入; ②不征税收入对应的费用、折旧、摊销一般不得在计算应纳税所得额时扣除	①免税收入是应列入征税范围的收入,只是国家出于特殊考虑给予税收优惠,但在一定时期有可能恢复征税; ②免税收入对应的费用、折旧、摊销一般可以在计算应纳税所得额时扣除

【课程思政】免税收入是对于某些该纳税的经营活动准予其不纳税,国家从宏观调控角度,鼓励此类经济活动,给予免税的优惠。弄清楚免税收入的范围,无论对于纳税企业还是税务机关稽查人员,都极为重要。税务机关应杜绝不该免税的项目混入,严厉查处此类偷税漏税者。

四、准予扣除项目的确定

(一)税前扣除项目的原则

除税收法规另有规定外,税前扣除一般应遵循以下原则:

1. 权责发生制原则

权责发生制原则是指企业费用应在发生的所属期扣除,而不是在实际支付时确认扣除。

2. 配比原则

配比原则是指企业发生的费用应当与收入配比扣除。除特殊规定外,企业发生的费用不得提前或滞后申报扣除。

3. 相关性原则

相关性原则是指企业可扣除的费用从性质和根源上必须与取得应税收入直接相关。

4. 确定性原则

确定性原则是指企业可扣除的费用不论何时支付,其金额必须是确定的。

5. 合理性原则

合理性原则是指符合生产经营活动常规,应当计入当期损益或有关资产成本的必要和正常的支出。

6. 区分收益性支出和资本性支出原则

收益性支出在发生当期直接扣除;资本性支出应当分期扣除或计入有关资产成本,不得在发生当期直接扣除。

(二)准予扣除项目的基本范围

税前扣除项目的基本范围包括成本、费用、税金、损失和其他支出。

1. 成本

成本是指企业在生产经营活动中发生的销售成本、销货成本、业务支出以及其他耗费。

2. 费用

费用是指企业在生产经营活动中发生的销售费用、管理费用和财务费用,已经计入成本的有关费用除外。

3. 税金

税金是指企业发生的除企业所得税和允许抵扣的增值税以外的各项税金及其附加。

【问题思考】允许企业所得税税前扣除的税金及其附加有哪些？扣除形式有哪几种？

【问题解答】在我国目前的税收体系中，允许税前扣除的税金及其附加的种类主要有企业按规定缴纳的消费税、城市维护建设税、教育费附加、地方教育附加、出口关税、资源税、土地增值税、房产税、车船税、城镇土地使用税、印花税、车辆购置税、契税、耕地占用税、进口关税、按规定不得抵扣的增值税进项税额等。税金及其附加扣除有两种方式：一是在发生当期扣除（如消费税、城市维护建设税、教育费附加、地方教育附加、出口关税、资源税、土地增值税、房产税、车船税、城镇土地使用税、印花税等）；二是在发生当期计入相关资产成本，在以后各期分摊扣除（如车辆购置税、契税、耕地占用税、进口关税、按规定不得抵扣的增值税进项税额等）。

4. 损失

损失是指企业在生产经营活动中发生的固定资产和存货的盘亏、毁损、报废损失，转让财产损失，呆账损失，坏账损失，自然灾害等不可抗力因素造成的损失以及其他损失。企业发生的损失，减除责任人赔偿和保险赔款后的余额，依照国务院财政、税务主管部门的规定扣除。企业已经作为损失处理的资产，在以后纳税年度又全部收回或部分收回时，应当计入当期收入。

【特别提示】并非所有的损失都可以税前扣除。准予税前扣除的损失不包括各种行政性罚款、被没收财物的损失以及刑事责任附加刑中的罚金、没收财产等。

5. 其他支出

其他支出是指除成本、费用、税金、损失外，企业在生产经营活动中发生的与生产经营活动有关的、合理的支出。

【问题思考】甲公司被法院判决支付赔偿金，但无法取得发票，此项支出能否在税前扣除？

【问题解答】根据《中华人民共和国企业所得税法》第八条的规定，企业实际发生的与取得收入有关的、合理的支出，包括成本、费用、税金、损失和其他支出，准予在计算应纳税所得额时扣除。因此，如果该赔偿金的支出是与企业生产经营有关且属于企业因合同行为而发生的，可以税前扣除。法院判决企业支付赔偿金，企业可以凭法院的判决文书与收款方开具的收据作为扣除凭据。

（三）准予扣除项目的具体内容

在计算应纳税所得额时，下列项目可以按照实际发生额或规定的标准扣除：

1. 工资、薪金支出

工资、薪金支出是指企业每一纳税年度支付给在本企业任职或受雇的员工的所有现金形式或非现金形式的劳动报酬，包括基本工资、奖金、津贴、补贴、年终加薪、加班工资以及与员工任职或受雇有关的其他支出。企业发生的合理的工资、薪金支出，准予扣除。

【特别提示】企业安置残疾人员的，在按照支付给残疾职工工资据实扣除的基础上，按照支付给残疾职工工资的100%加计扣除。

【问题思考】某公司 2018 年 12 月计提的工资在 2019 年 1 月发放，请问能否计入 2018 年度工资、薪金支出予以企业所得税税前扣除？

【问题解答】根据《国家税务总局关于企业工资薪金和职工福利费等支出税前扣除问题的公告》（国家税务总局公告 2015 年第 34 号）的规定，企业在年度汇算清缴结束前向员工实际支付的已预提汇缴的年度工资、薪金，准予在汇缴年度按规定扣除。因此，2018 年 12 月计提的工资在 2019 年 1 月发放，可以在 2018 年度企业所得税汇算清缴时税前扣除。

2. 职工福利费、工会经费、职工教育经费

（1）职工福利费。企业发生的职工福利费支出，不超过工资、薪金总额 14% 的部分准予扣除。

（2）工会经费。企业拨缴的工会经费，不超过工资、薪金总额 2% 的部分准予扣除。

（3）职工教育经费。自 2018 年 1 月 1 日起，除国务院财政、税务主管部门或省级人民政府规定外，企业发生的职工教育经费支出，不超过工资、薪金总额 8% 的部分，准予在计算企业所得税应纳税所得额时扣除；超过部分准予结转以后纳税年度扣除。软件企业职工培训费可以全额扣除，扣除职工培训费后的职工教育经费的余额应按照工资、薪金的 8% 的比例扣除。

【特别提示】工资、薪金总额是指企业按照有关规定实际发放的工资、薪金总额，不包括企业的职工福利费、职工教育经费、工会经费（以下简称"三项经费"）以及养老保险费、医疗保险费、失业保险费、工伤保险费、生育保险费等社会保险费和住房公积金。三项经费中只有职工教育经费可以结转以后纳税年度扣除。防暑降温费为职工福利费，按规定比例扣除；而防暑降温用品为劳保用品，防暑降温用品支出（劳动保护费），可以据实扣除。

【以案说法】甲企业本年发生合理的工资、薪金支出 200 万元，职工福利费 40 万元，职工教育经费 4 万元。已知在计算企业所得税应纳税所得额时，职工福利费支出、职工教育经费支出的扣除比例分别为不超过工资、薪金总额的 14% 和 8%。要求：计算甲企业本年在计算应纳税所得额时准予扣除的职工福利费和职工教育经费金额合计数。

结论：职工福利费税前扣除限额 = 200×14% = 28（万元）

职工福利费实际发生 40 万元，超过扣除限额，因此税前准予扣除 28 万元。

职工教育经费税前扣除限额 = 200×8% = 16（万元）

职工教育经费实际发生 4 万元，未超过扣除限额，因此准予全额税前扣除。

准予扣除的职工福利费和职工教育经费金额合计 = 28+4 = 32（万元）

3. 社会保险费

（1）企业依照国务院有关主管部门或省级人民政府规定的范围和标准为职工缴纳的"五险一金"，即基本养老保险费、基本医疗保险费、失业保险费、工伤保险费、生育保险费等基本社会保险费和住房公积金，准予扣除。

（2）企业为投资者或职工支付的补充养老保险费、补充医疗保险费，在国务院财政、税务主管部门规定的范围和标准内，准予扣除。企业依照国家有关规定为特殊工种职工支付的人身安全保险费和符合国务院财政、税务主管部门规定可以扣除的商业

保险费，准予扣除。

【问题思考】某公司员工因公出差，购买长途车票的同时购买了人身意外伤害保险。请思考：这种人身意外伤害保险费支出是否可以在该公司企业所得税税前扣除？

【问题解答】根据《国家税务总局关于企业所得税有关问题的公告》（国家税务总局公告2016年第80号）的规定，企业职工因公出差乘坐交通工具发生的人身意外保险费支出，准予企业在计算应纳税所得额时扣除。因此，该公司为一般员工缴纳的人身意外伤害保险费支出准予在企业所得税税前扣除。

4. 利息费用

企业在生产经营活动中发生的利息费用，按下列规定扣除。

（1）非金融企业向金融企业借款的利息支出、金融企业的各项存款利息支出和同业拆借利息支出、企业经批准发行债券的利息支出可以据实扣除。

（2）非金融企业向非金融企业借款的利息支出，不超过按照金融企业同期同类贷款利率计算的数额的部分可以据实扣除，超过部分不得扣除。

【特别提示】企业实际支付给关联方的利息支出，除另有规定外，其接受关联方债权性投资与其权益性投资的比例如下：金融企业为5：1，其他企业为2：1。超过规定标准而发生的利息支出，不能在计算应纳税所得额时扣除。所谓金融企业，是指各类银行、保险公司以及经中国人民银行批准从事金融业务的非银行金融机构，包括银行（国家专业银行、区域性银行、股份制银行、外资银行、中外合资银行以及其他综合性银行）、保险（全国性保险企业、区域性保险企业、股份制保险企业、中外合资保险企业以及其他专业性保险企业）、城市和农村信用社、各类财务公司以及其他从事信托投资、租赁等业务的专业性或综合性非银行金融机构。所谓非金融企业，是指除上述金融企业以外的所有企业、事业单位以及社会团体等企业或组织。

【以案说法】甲公司为一家化妆品生产企业，本年3月因业务发展需要向中国工商银行借款30万元，期限半年，年利率为8%；5月又向自己的供应商借款100万元，期限半年，年利率为10%。上述借款均用于经营周转，甲公司无其他借款。要求：计算分析甲公司本年在计算应纳税所得额时准予扣除的利息费用。

结论：向银行借款准予扣除的借款利息=30×8%÷2=1.2（万元）

向供应商的借款，在8%以内的可以扣除，则向供应商借款准予扣除的借款利息=100×8%÷2=4（万元）

本年在计算应纳税所得额时准予扣除的利息费用合计=1.2+4=5.2（万元）

5. 借款费用

（1）企业在生产经营活动中发生的合理的不需要资本化的借款费用，准予扣除。

（2）企业为购置、建造固定资产、无形资产和经过12个月以上的建造才能达到预定可销售状态的存货发生借款的，在有关资产购置、建造期间发生的合理的借款费用，应予以资本化，作为资本性支出计入有关资产的成本；有关资产交付使用后发生的借款利息，可以在发生当期扣除。

【特别提示】准予扣除的借款费用和借款利息不包括需要资本化的借款费用和借款利息。

6. 汇兑损失

企业在货币交易中及纳税年度终了时将人民币以外的货币性资产负债按照期末即期人民币汇率中间价折算为人民币时产生的汇兑损失，除已经计入有关资产成本以及向所有者进行利润分配外，准予扣除。

7. 业务招待费

企业发生的与生产经营活动有关的业务招待费支出，准予按照发生额的60%扣除，但最高不得超过当年销售（营业）收入的0.5%。

作为业务招待费限额的计算基数的收入范围是当年销售（营业）收入，包括销售货物收入、让渡资产使用权（收取资产租金或使用费）收入、提供劳务收入等主营业务收入，还包括其他业务收入、视同销售收入等，但是不包括营业外收入、转让固定资产或无形资产所有权收入、投资收益（从事股权投资业务的企业除外）。对从事股权投资业务的企业（包括集团公司总部、创业投资企业等），其从被投资企业所分配的股息、红利以及股权转让收入，可以按规定的比例计算业务招待费扣除限额。

【特别提示】上述"当年销售（营业）收入"为不含增值税的收入。企业在筹建期间发生的与筹办活动有关的业务招待费支出，可以按实际发生额的60%计入企业筹办费，并按有关规定在税前扣除。

【问题思考】根据企业所得税的有关规定，业务招待费按照销售（营业）收入的0.5%与业务招待费实际发生额的60%中较小的金额在税前扣除。但是业务招待费中还有发票不合格等需要纳税调整的事项，进行纳税调整时是否应当进行剔除？

【问题解答】《中华人民共和国发票管理办法》第二十一条规定，不符合规定的发票，不得作为财务报销凭证，任何单位和个人有权拒收。不符合规定的发票不得作为财务报销凭证，也就意味着不能作为税前扣除的凭据。因此，允许税前扣除的业务招待费取得的发票必须为合法有效凭证。那么业务招待费纳税调增额应包括取得不符合规定的发票和发生额40%的金额。

8. 广告费和业务宣传费

企业发生的符合条件的广告费和业务宣传费支出，除国务院财政、税务主管部门另有规定外，不超过当年销售（营业）收入15%的部分，准予扣除；超过部分，准予结转以后纳税年度扣除。

2021年1月1日至2025年12月31日，对化妆品制造或销售、医药制造和饮料制造（不含酒类制造）企业发生的广告费和业务宣传费支出，不超过当年销售（营业）收入30%的部分，准予扣除；超过部分，准予在以后纳税年度结转扣除。

对签订广告费和业务宣传费分摊协议的关联企业，其中，一方发生的不超过当年销售（营业）收入税前扣除限额比例内的广告费和业务宣传费支出可以在本企业扣除，也可以将其中的部分或全部按照分摊协议归集至另一方扣除；另一方在计算本企业广告费和业务宣传费支出企业所得税税前扣除限额时，可以将按照上述办法归集至本企业的广告费和业务宣传费不计算在内。

烟草企业的烟草广告费和业务宣传费支出，一律不得在计算应纳税所得额时扣除。

【特别提示】（1）企业申报扣除的广告费支出应与赞助支出严格区分。非广告性的赞助支出，税前不得扣除。

（2）企业在筹建期间发生的广告费和业务宣传费，可以按实际发生额计入企业筹办费，并按有关规定在税前扣除。

（3）广告费和业务宣传费的超标准部分可以无限期向以后纳税年度结转，属于税法与会计之间的"暂时性差异"；而业务招待费的超标准部分不能向以后纳税年度结转，属于税法与会计之间的"永久性差异"。

9. 环境保护专项资金

企业依照法律、行政法规有关规定提取的用于环境保护、生态恢复等方面的专项资金，准予扣除。专项资金提取后改变用途的，不得扣除。

【课程思政】环境保护专项资金只是提取数而不是实际发生数。但按规定提取未使用的环境保护专项资金也可以暂时税前扣除。这体现着怎样的思政元素？

【思政解析】随着国家环保战略的推进，我国已将环境保护纳入国民经济与社会发展规划和年度计划，在经济发展中需要防治环境污染和生态破坏，为鼓励企业主动保护环境的积极性，规定企业计提的专项资金允许税前扣除（但实际支付时不得重复扣除）。这充分体现了保护环境人人有责，绿水青山就是金山银山的理念。

10. 租赁费

企业根据生产经营活动的需要租入固定资产支付的租赁费，按照下列方法扣除：

（1）以经营租赁方式租入固定资产发生的租赁费支出，按照租赁期限均匀扣除。所谓经营租赁，是指所有权不转移的租赁。

【特别提示】如果交易合同或协议中规定租赁期限跨年度且租金提前一次性支付的，出租人可以对上述已确认的收入，在租赁期内分期均匀计入相关年度收入。

（2）以融资租赁方式租入固定资产发生的租赁费支出，按照规定构成融资租入固定资产价值的部分应当提取折旧费，分期扣除。所谓融资租赁，是指实质上转移了与资产所有权有关的全部风险和报酬的租赁。

11. 劳动保护费

企业发生的合理的劳动保护支出，准予扣除。劳动保护支出是指确因工作需要为员工配备或提供工作服、手套、安全保护用品、防暑降温用品等所发生的支出。

12. 公益性捐赠支出

公益性捐赠是指企业通过公益性社会组织或县级以上人民政府及其部门，用于符合法律规定的慈善活动、公益事业的捐赠。企业当年发生以及以前年度结转的公益性捐赠支出，不超过年度利润总额12%的部分，准予扣除；超过年度利润总额12%的部分，准予结转以后3年内在计算应纳税所得额时扣除。

自2021年1月1日起，企业或个人通过公益性群众团体用于符合法律规定的公益慈善事业捐赠支出，准予按税法规定在计算应纳税所得额时扣除。公益性群众团体包括依照《社会团体登记管理条例》规定不需进行社团登记的人民团体以及经国务院批准免予登记的社会团体，且按规定条件和程序已经取得公益性捐赠税前扣除资格。

2019年1月1日至2025年12月31日，企业通过公益性社会组织或县级（含县级）以上人民政府及其组成部门和直属机构，用于目标脱贫地区的扶贫捐赠支出，准予在计算企业所得税应纳税所得额时据实扣除。在政策执行期限内，目标脱贫地区实现脱贫的，可以继续适用上述政策。企业同时发生扶贫捐赠支出和其他公益性捐赠支出，在计算公益性捐赠支出年度扣除限额时，符合条件的扶贫捐赠支出不计算在内。

企业在非货币性资产捐赠过程中发生的运费、保险费、人工费用等相关支出，凡纳入国家机关、公益性社会组织开具的公益捐赠票据记载的数额中的，作为公益性捐赠支出按照规定在税前扣除；上述费用未纳入公益性捐赠票据记载的数额中的，作为企业相关费用按照规定在税前扣除。

【特别提示】（1）公益性社会组织，应当依法取得公益性捐赠税前扣除资格。

（2）年度利润总额是指企业依照国家统一的会计制度规定计算的大于零的数额。

（3）纳税人"直接"向受赠人的捐赠属于非公益性捐赠，不得在企业所得税税前扣除。

（4）企业发生的公益性捐赠支出未在当年税前扣除的部分，准予向以后年度结转扣除，但结转年限自捐赠发生年度的次年起计算最长不得超过3年。

（5）企业在对公益性捐赠支出计算扣除时，应先扣除以前年度结转的捐赠支出，再扣除当年发生的捐赠支出。

【课程思政】《财政部 国家税务总局关于支持新型冠状病毒感染的肺炎疫情防控有关捐赠税收政策的公告》（财税公告2020年第9号）与《国家税务总局关于支持新型冠状病毒感染的肺炎疫情防控有关税收征收管理事项的公告》（国家税务总局公告2020年第4号）都明确规定，抗击新冠疫情期间的公益性捐赠在计算所得税应纳税所得额时可以全额扣除。请思考这两项政策规定的思政意义？

【思政解析】这两项政策规定，充分体现国家、政府与人民群众对抗击新冠疫情的决心和共克时艰、渡过难关的坚强意志。

13. 有关资产的费用

企业转让各类固定资产发生的费用，允许扣除。企业按规定计算的固定资产折旧费、无形资产和递延资产的摊销费，准予扣除。

【特别提示】递延资产在会计上称为"长期待摊费用"。

14. 总机构分摊的费用

非居民企业在中国境内设立的机构、场所，就其中国境外总机构发生的与该机构、场所生产经营有关的费用，能够提供总机构出具的费用汇集范围、定额、分配依据和方法等证明文件并合理分摊的，准予扣除。

15. 资产损失

企业当期发生的固定资产和流动资产盘亏、毁损净损失，由其提供清查盘存资料，经主管税务机关审核后，准予扣除；企业因存货盘亏、毁损、报废等原因不得从销项税额中抵扣的进项税额，应视同企业财产损失，准予与存货损失一起在企业所得税前按规定扣除。

【特别提示】对于存货损失，其进项税额是否可以作为损失额税前扣除，要区分以下两种情况：

（1）存货因管理不善损失，对应的进项税额不得抵扣，但可以在企业所得税税前扣除。

损失额=存货成本+不得抵扣的进项税额−责任人赔偿和保险赔款

（2）存货因不可抗力损失，对应的进项税额仍然可以抵扣。

损失额=存货成本-责任人赔偿和保险赔款

资产损失取消了审批制度，取而代之的是申报扣除制度。企业发生的资产损失，应按规定的程序和要求向主管税务机关申报后方能在税前扣除。未经申报的损失，不得在税前扣除。

16. 手续费及佣金支出

（1）企业发生的与生产经营有关的手续费及佣金支出，不超过以下规定计算限额以内的部分，准予扣除。

保险企业发生与其经营活动有关的手续费及佣金支出，不超过当年全部保费收入扣除退保金等后余额的18%（含本数）的部分，在计算应纳税所得额时准予扣除；超过部分，允许结转以后年度扣除。

其他企业按与具有合法经营资格中介服务机构或个人（不含交易双方及其雇员代理人和代表人等）所签订服务协议或合同确认的收入金额的5%计算限额准予扣除；超过部分，不得扣除。

（2）企业应与具有合法经营资格中介服务企业或个人签订代办协议或合同，并按国家有关规定支付手续费及佣金。除委托个人代理外，企业以现金等非转账方式支付的手续费及佣金不得在税前扣除。企业为发行权益性证券支付给有关证券承销机构的手续费及佣金不得在税前扣除。

（3）企业不得将手续费及佣金支出计入回扣、业务提成、返利、进场费等费用。

（4）企业已计入固定资产、无形资产等相关资产的手续费及佣金支出，应当通过折旧、摊销等方式分期扣除，不得在发生当期直接扣除。

（5）企业支付的手续费及佣金不得直接冲减服务协议或合同金额，应如实入账。

（6）企业应当如实向当地主管税务机关提供当年手续费及佣金计算分配表和其他相关资料，并依法取得合法真实凭证。

17. 其他项目

依照有关法律、行政法规和国家有关税法规定准予扣除的其他项目，如会员费、合理的会议费、差旅费、违约金、诉讼费用等。

五、不得扣除项目的确定

在计算应纳税所得额时，下列支出不得扣除：

（1）向投资者支付的股息、红利等权益性投资收益款项。

（2）企业所得税税款。

（3）税收滞纳金。它是指纳税人违反税收法规，被税务机关处以的滞纳金。

（4）罚金、罚款和被没收财物的损失。它是指纳税人违反国家有关法律法规规定被有关部门处以的罚款以及被司法机关处以的罚金和被没收财物的损失。

【问题思考】行政罚款不得在企业所得税税前扣除。请思考：银行罚息、企业之间的违约金可以在税前扣除吗？

【问题解答】根据《中华人民共和国企业所得税法》第十条的规定，罚金、罚款和被没收财物的损失属于行政处罚范畴，不得在税前扣除。但是，罚金、罚款和被罚没财物的损失，不包括纳税人按照经济合同规定支付的违约金（包括银行罚息）、罚款和诉讼费。因此，银行罚息属于纳税人按照经济合同规定支付的违约金，不属于行政罚款，可以在税前扣除。

（5）超过规定标准的捐赠支出。

（6）赞助支出。它是指企业发生的与生产经营活动无关的各种非广告性质支出。

（7）未经核定的准备金支出。它是指不符合国务院财政、税务主管部门规定的各项资产减值准备、风险准备等准备金支出。

（8）企业之间支付的管理费、企业内营业机构之间支付的租金和特许权使用费以及非银行企业内营业机构之间支付的利息。

（9）企业以其取得的不征税收入用于支出所形成的费用或资产（包括对资产计提的折旧、摊销）不得在税前扣除，但企业取得的各项免税收入所对应的各项成本费用，除另有规定外，可以在计算企业应纳税所得额时扣除。

（10）与取得收入无关的其他支出。

【特别提示】企业对内投资（包括购置或建造固定资产及购买或开发无形资产等的投资）以及对外投资（包括购买股票或债务等的投资）均不得税前扣除。对内投资只能通过对于固定资产的折旧或无形资产的摊销等方式税前扣除，对外投资只能在转让股票和债券时通过从转让收入中扣除当时购买时的投资成本的方式税前扣除。

【课程思政】税法在规定了企业实际发生与取得收入有关并且合理的支出允许税前扣除的一般规则的同时，又明确了禁止扣除和特殊扣除项目。请剖析其现实的思政意义。

【思政解析】税法的这个规定，一方面避免某些纳税人随意扩大扣除范围，如有意模糊混淆股息、红利与职工工资薪酬界限进行避税、逃税行为；另一方面也体现了对于负面或不鼓励的经济行为带来的支出通过不予扣除的方式从税收上予以"惩戒"。

六、亏损弥补

亏损是指企业依照《中华人民共和国企业所得税法》的规定，将每一纳税年度的收入总额减除不征税收入、免税收入和各项扣除后小于零的数额。企业某一纳税年度发生的亏损可以用下一年度的所得弥补，下一年度的所得不足以弥补的，可以逐年延续弥补，但最长不得超过5年。自2018年1月1日起，当年具备高新技术企业或科技型中小企业资格的企业，其具备资格年度之前5个年度发生的尚未弥补完的亏损，准予结转以后年度弥补，最长结转年限由5年延长至10年。

【特别提示】企业在汇总计算缴纳企业所得税时，其境外营业机构的亏损不得抵减境内营业机构的盈利。亏损是指企业财务报表中的亏损额经主管税务机关按税法规定核实调整后的金额，即税法口径的亏损额。5年内不论是盈利还是亏损，都作为实际弥补期限计算；先亏先补，后亏后补。亏损弥补期限是自亏损年度报告的下一年度起连续5年不间断地计算。筹办期间不计算为亏损年度，企业应从开始生产经营的年度计算为损益年度。对于筹办期间发生的费用支出，企业可以在开始经营之日的当年一次性扣除，也可以按照税法有关长期待摊费用的处理规定处理，但一经选定，不得改变。

【课程思政】为保障企业均衡发展，获得更大的经济效益，参照国际通行做法，纳税人发生年度亏损，可以用下一纳税年度的所得弥补，下一纳税年度的所得不足弥补的，可以逐年连续弥补，但最长不得超过 5 年。请思考这一政策的思想元素？

【思政解析】新的企业在创办初期有个开拓市场的过程——广告费大量集中支付，一般会导致新办企业在头几年亏损。有了这个政策后，它可以拉近新旧企业发展起点的距离，便于企业自由公平地竞争、生存与健康发展。

第三节　资产的税务处理

一、固定资产的税务处理

固定资产是指企业为生产产品、提供劳务、出租或经营管理而持有的，使用时间超过 12 个月的非货币性资产，包括房屋、建筑物、机器、机械、运输工具以及其他与生产经营活动有关的设备、器具、工具等。

（一）固定资产的计税基础

（1）外购的固定资产，以购买价款和支付的相关税费以及直接归属于使该资产达到预定用途发生的其他支出为计税基础。

（2）自行建造的固定资产，以竣工结算前发生的支出为计税基础。

（3）融资租入的固定资产，以租赁合同约定的付款总额和承租人在签订租赁合同过程中发生的相关费用为计税基础。租赁合同未约定付款总额的，以该资产的公允价值和承租人在签订租赁合同过程中发生的相关费用为计税基础。

（4）盘盈的固定资产，以同类固定资产的重置完全价值为计税基础。

（5）通过捐赠、投资、非货币性资产交换、债务重组等方式取得的固定资产，以该资产的公允价值和支付的相关税费为计税基础。

（6）改建的固定资产，除已足额提取折旧的固定资产和租入的固定资产以外的其他固定资产，以改建过程中发生的改建支出增加为计税基础。

（二）固定资产折旧的范围

在计算应纳税所得额时，企业按照规定计提的固定资产折旧，准予扣除。下列固定资产不得计提折旧扣除：

（1）除房屋、建筑物以外未投入使用的固定资产。

（2）以经营租赁方式租入的固定资产。

（3）以融资租赁方式租出的固定资产。

（4）已足额提取折旧仍继续使用的固定资产。

（5）与经营活动无关的固定资产。

（6）单独估价作为固定资产入账的土地。

（7）其他不得计算折旧扣除的固定资产。

【特别提示】未投入使用的房屋、建筑物计提的折旧可以在税前扣除；房屋、建筑物以外未投入使用的固定资产，不得计提折旧扣除。

（三）固定资产折旧的计提方法

（1）企业应当自固定资产投入使用月份的次月起计提折旧；停止使用的固定资产，应当自停止使用月份的次月起停止计提折旧。

（2）企业应当根据固定资产的性质和使用情况，合理确定固定资产的预计净残值。固定资产的预计净残值一经确定，不得变更。

（3）固定资产按照直线法计提的折旧，准予扣除。

【特别提示】对符合采取加速折旧方法的，企业可以采取双倍余额递减法或年数总和法计提折旧，并允许税前扣除。

（四）固定资产折旧的计提年限

除国务院财政、税务主管部门另有规定外，固定资产计提折旧的最低年限如下：

（1）房屋、建筑物，计提折旧的最低年限为20年。

（2）飞机、火车、轮船、机器、机械和其他生产设备，计提折旧的最低年限为10年。

（3）与生产经营活动有关的器具、工具、家具等，计提折旧的最低年限为5年。

（4）飞机、火车、轮船以外的运输工具，计提折旧的最低年限为4年。

（5）电子设备，计提折旧的最低年限为3年。

从事开采石油、天然气等矿产资源的企业，在开始商业性生产前发生的费用和有关固定资产的折耗、折旧方法，由国务院财政、税务主管部门另行规定。

二、生物资产的税务处理

生物资产是指有生命的动物和植物。生物资产可以分为消耗性生物资产、生产性生物资产和公益性生物资产。上述三类生物资产中，只有生产性生物资产可以计提折旧。消耗性生物资产是指为出售而持有的或在将来收获为农产品的生物资产，包括生长中的农田作物、蔬菜、用材林以及存栏待售的牲畜等。生产性生物资产是指为产出农产品、提供劳务或出租等目的而持有的生物资产，包括经济林、薪炭林、产畜和役畜等。公益性生物资产是指以防护、环境保护为主要目的的生物资产，包括防风固沙林、水土保持林和水源涵养林等。

（一）生物资产的计税基础

生产性生物资产按照以下方法确定计税基础：

（1）外购的生产性生物资产，以购买价款和支付的相关税费为计税基础。

（2）通过捐赠、投资、非货币性资产交换、债务重组等方式取得的生产性生物资产，以该资产的公允价值和支付的相关税费为计税基础。

（二）生物资产的折旧方法和折旧年限

1. 生物资产的折旧方法

生产性生物资产按照直线法计提的折旧，准予扣除。企业应当自生产性生物资产投入使用月份的次月起计提折旧；停止使用的生产性生物资产，应当自停止使用月份的次月起停止计提折旧。

企业应当根据生产性生物资产的性质和使用情况，合理确定生产性生物资产的预计净残值。生产性生物资产的预计净残值一经确定，不得变更。

2. 生物资产的折旧年限

生产性生物资产计提折旧的最低年限如下：

（1）林木类生产性生物资产计提折旧的最低年限为 10 年。

（2）畜类生产性生物资产计提折旧的最低年限为 3 年。

三、无形资产的税务处理

无形资产是指企业长期使用但没有实物形态的资产，包括专利权、商标权、著作权、土地使用权、非专利技术、商誉等。

（一）无形资产的计税基础

无形资产按照以下方法确定计税基础：

（1）外购的无形资产，以购买价款和支付的相关税费及直接归属于使该资产达到预定用途发生的其他支出为计税基础。

（2）自行开发的无形资产，以开发过程中该资产符合资本化条件后至达到预定用途前发生的支出为计税基础。

（3）通过捐赠、投资、非货币性资产交换、债务重组等方式取得的无形资产，以该资产的公允价值和支付的相关税费为计税基础。

（二）无形资产的摊销范围

在计算应纳税所得额时，企业按照规定计算的无形资产摊销费用，准予扣除。下列无形资产不得计算摊销费用扣除：

（1）自行开发的支出已在计算应纳税所得额时扣除的无形资产。

（2）自创商誉。

【特别提示】自创商誉不得计算摊销费用扣除；外购商誉的支出，在企业整体转让或清算时准予扣除。

（3）与经营活动无关的无形资产。

（4）其他不得计算摊销费用扣除的无形资产。

（三）无形资产的摊销方法及年限

无形资产的摊销采取直线法计算，年限不得低于 10 年。作为投资或受让的无形资产，有关法律规定或合同约定了使用年限的，可以按照规定或约定的使用年限分期摊销。外购商誉的支出，在企业整体转让或清算时准予扣除。

四、长期待摊费用的税务处理

长期待摊费用是指企业发生的应在一个年度以上或几个年度进行摊销的费用。在计算应纳税所得额时，企业发生的下列支出作为长期待摊费用，按照规定摊销的，准予扣除：

（1）已足额提取折旧的固定资产的改建支出。

（2）租入固定资产的改建支出。

（3）固定资产的大修理支出。

（4）其他应当作为长期待摊费用的支出。

【特别提示】企业的固定资产修理支出（非固定资产大修理支出）可以在发生当期直接扣除。固定资产的大修理支出要按照固定资产尚可使用年限分期摊销。

固定资产的改建支出是指改变房屋或建筑物结构、延长使用年限等发生的支出。已足额提取折旧的固定资产的改建支出，按照固定资产预计尚可使用年限分期摊销；租入固定资产的改建支出，按照合同约定的剩余租赁期限分期摊销；改建的固定资产延长使用年限的，除已足额提取折旧的固定资产、租入固定资产的改建支出外，其他的固定资产发生改建支出，应当适当延长折旧年限。

固定资产的大修理支出是指同时符合以下条件的支出：修理支出达到取得固定资产时的计税基础50%以上、修理后固定资产的使用年限延长两年以上。大修理支出，按照固定资产尚可使用年限分期摊销。

其他应当作为长期待摊费用的支出，自支出发生月份的次月起分期摊销，摊销年限不得低于3年。

五、存货的税务处理

存货是指企业持有以备出售的产品或商品、处在生产过程中的在产品、在生产或提供劳务过程中耗用的材料和物料等。

（一）存货的计税基础

存货按照以下方法确定成本：

（1）通过支付现金方式取得的存货，以购买价款和支付的相关税费为成本。

（2）通过支付现金以外的方式取得的存货，以该存货的公允价值和支付的相关税费为成本。

（3）生产性生物资产收获的农产品，以产出或采收过程中发生的材料费、人工费和分摊的间接费用等必要支出为成本。

（二）存货的计算方法

企业使用或销售的存货的成本计算方法，可以在先进先出法、加权平均法、个别计价法中选用一种。成本计算方法一经选用，不得随意变更。

【特别提示】存货的计价方法中，没有后进先出法。

六、投资资产的税务处理

投资资产是指企业对外进行权益性投资和债权性投资而形成的资产。

（一）投资资产的成本

投资资产按以下方法确定投资成本：

（1）通过支付现金方式取得的投资资产，以购买价款为成本。

（2）通过支付现金以外的方式取得的投资资产，以该资产的公允价值和支付的相关税费为成本。

（二）投资资产的成本的扣除方法

企业对外投资期间，投资资产的成本在计算应纳税所得额时不得扣除；企业在转让或处置投资资产时，投资资产的成本准予扣除。

（三）投资企业撤回或减少投资的税务处理

自2011年7月1日起，投资企业从被投资企业撤回或减少投资，其取得的资产中，相当于初始出资的部分，应确认为投资收回；相当于被投资企业累计未分配利润和累计盈余公积按减少实收资本比例计算的部分，应确认为股息所得；其余部分，应确认为投资资产转让所得。

被投资企业发生的经营亏损，由被投资企业按规定结转弥补。投资企业不得调整降低其投资成本，也不得将其确认为投资损失。

第四节　企业所得税的计算

一、查账征收应纳税额的计算

（一）居民企业以及在中国境内设立机构、场所且取得所得与该机构、场所有实际联系的非居民企业查账征收应纳税额的计算

居民企业以及在中国境内设立机构、场所且取得所得与该机构、场所有实际联系的非居民企业应纳所得税税额等于应纳税所得额乘以适用税率。其基本计算公式如下：

$$应纳企业所得税=应纳税所得额×适用税率-减免税额-抵免税额$$

1. 应纳税所得额的计算

详见本章第二节应纳税所得额计算的相关内容。

2. 减免税额的计算

详见本章第五节税额减免的相关内容。

3. 抵免税额的计算

企业取得的下列所得已在境外缴纳的所得税税额可以从其当期应纳税额中抵免，抵免限额为该项所得依照《中华人民共和国企业所得税法》规定计算的应纳税额。超过抵免限额的部分，可以在以后五个年度内用每年度抵免限额抵免当年应抵税额后的余额进行抵补。

（1）居民企业来源于中国境外的应税所得。

（2）非居民企业在中国境内设立机构、场所，取得发生在中国境外但与该机构、场所有实际联系的应税所得。

外国企业在境外实际缴纳的所得税税额中，属于居民企业从其直接或间接控制的外国企业分得的来源于中国境外的股息、红利等权益性投资收益负担的部分，可以作为该居民企业的可抵免境外所得税税额，在《中华人民共和国企业所得税法》规定的抵免限额内抵免。

其中，直接控制是指居民企业直接持有外国企业20%以上股份，间接控制是指居民企业以间接持股方式持有外国企业20%以上股份，具体认定办法由国务院财政、税务主管部门另行制定。已在境外缴纳的所得税税额是指企业来源于中国境外的所得依照中国境外税收法律及相关规定应当缴纳并已经实际缴纳的企业所得税性质的税款。抵免限额是指企业来源于中国境外的所得，依照《中华人民共和国企业所得税法》及其实施条例的规定计算的应纳税额。2016年12月31日之前，除国务院财政、税务主管部门另有规定外，该抵免限额应当分国（地区）不分项计算。其计算公式如下：

抵免限额=中国境内外所得依法计算的应纳税总额×来源于某国（地区）的

应纳税所得额÷中国境内外应纳税所得额

上式可以简化为：

抵免限额=来源于某国（地区）的应纳税所得额×中国法定税率

自 2017 年 1 月 1 日起，企业可以选择按国（地区）别分别计算［分国（地区）不分项］，或者不按国（地区）别汇总计算［不分国（地区）不分项］其来源于境外的应纳税所得额，并按照上述公式中规定的税率，分别计算其可抵免境外所得税税额和抵免限额。上述方式一经选定，五年内不得改变。企业选择采用不同于以前年度的方式（以下统称"新方式"）计算可抵免境外所得税税额和抵免限额时，对该企业以前年度按照规定没有抵免完的余额，可以在税法规定结转的剩余年限内，按新方式计算的抵免限额中继续结转抵免。

（二）在中国境内未设立机构、场所的，或者虽设立机构、场所但取得的所得与其所设机构、场所没有实际联系的非居民企业查账征收应纳税额的计算

对于在中国境内未设立机构、场所的，或者虽设立机构、场所但取得的所得与其所设机构、场所没有实际联系的非居民企业的所得，其来源于中国境内的所得按照下列方法计算应纳税所得额：

（1）股息、红利等权益性投资收益和利息、租金、特许权使用费所得，以收入全额为应纳税所得额。

（2）转让财产所得，以收入全额减除财产净值后的余额为应纳税所得额。

（3）其他所得，参照前两项规定的办法计算应纳税所得额。

其中，财产净值是指财产的计税基础减除已经按照规定扣除的折旧、折耗、摊销、准备金等之后的余额。

对于在中国境内未设立机构、场所的，或者虽设立机构、场所但取得的所得与其所设机构、场所没有实际联系的非居民企业，应纳税额的计算公式如下：

应纳税额=年应纳税所得额×税率（减按 10%）

【以案说法】A 国的甲企业在中国境内未设立机构、场所，但在本年从中国境内取得了下列所得：股息为 30 万元、利息为 20 万元、特许权使用费为 50 万元；同时，甲企业转让了其在中国境内的财产，转让收入为 90 万元。该财产的净值为 75 万元。要求：计算分析甲企业本年在中国境内的应纳企业所得税。

结论：甲企业取得的股息、利息和特许权使用费的应纳税所得额=30+20+50=100（万元）

甲企业取得财产转让所得的应纳税所得额=90−75=15（万元）

应纳企业所得税=（100+15）×10%=11.5（万元）

二、核定征收应纳税额的计算

（一）居民企业核定征收应纳税额的计算

为了加强企业所得税的征收管理，税务机关对部分中小企业采取核定征收的办法计算其应纳税额。

1. 核定征收的范围

居民企业纳税人中，具有下列情形之一的，核定征收企业所得税：

（1）依照法律、行政法规的规定可以不设置账簿的。

（2）依照法律、行政法规的规定应当设置但未设置账簿的。

（3）擅自销毁账簿或拒不提供纳税资料的。

（4）虽设置账簿，但账目混乱或成本资料、收入凭证、费用凭证残缺不全，难以查账的。

（5）发生纳税义务，未按照规定的期限办理纳税申报，经税务机关责令限期申报，逾期仍不申报的。

（6）申报的计税依据明显偏低，又无正当理由的。

特殊行业、特殊类型的纳税人和一定规模以上的纳税人不属于所得税核定征收的范围。

2. 核定征收的方法

税务机关应根据纳税人的具体情况，对核定征收企业所得税的纳税人，核定应税所得率或核定应纳所得税额。

（1）具有下列情形之一的，税务机关核定其应税所得率：

①能正确核算（查实）收入总额，但不能正确核算（查实）成本费用总额的。

②能正确核算（查实）成本费用总额，但不能正确核算（查实）收入总额的。

③通过合理方法，能计算和推定纳税人收入总额或成本费用总额的。

纳税人不属于以上情形的，核定其应纳所得税额。

（2）税务机关采用下列方法核定征收企业所得税：

①参照当地同类行业或类似行业中经营规模和收入水平相近的纳税人的税负水平核定。

②按照应税收入额或成本费用支出额定率核定。

③按照耗用的原材料、燃料、动力等推算或测算核定。

④按照其他合理方法核定。

采用上述所列一种方法不足以正确核定应纳税所得额或应纳税额的，税务机关可以同时采用两种以上方法核定。采用两种以上方法测算的应纳所得税额不一致时，税务机关可以按测算的应纳所得税额从高核定。

3. 核定征收计算公式

$$应纳企业所得税=应纳税所得额×适用税率$$
$$应纳税所得额=应税收入额×应税所得率$$
$$=成本（费用）支出额÷(1-应税所得率)×应税所得率$$

上式中，应税收入额=收入总额-不征税收入-免税收入

应税所得率表如表4-2所示。

表4-2 应税所得率表

行业	应税所得率/%
农、林、牧、渔业	3~10
制造业	5~15

表4-2(续)

行业	应税所得率/%
批发和零售贸易业	4~15
交通运输业	7~15
建筑业	8~20
饮食业	8~25
娱乐业	15~30
其他行业	10~30

（二）非居民企业核定征收应纳税额的计算

非居民企业采用核定征收方式征收企业所得税应纳税额的计算公式如下：

$$应纳企业所得税=核定的应纳税所得额×适用税率$$

非居民企业因会计账簿不健全，资料残缺难以查账，或者其他原因不能准确计算并据实申报其应纳税所得额的，税务机关有权采取以下方法核定其应纳税所得额：

1. 按收入总额核定应纳税所得额

该方法适用于能够正确核算收入或通过合理方法推定收入总额，但不能正确核算成本费用的非居民企业。其计算公式如下：

$$应纳税所得额=收入总额×经税务机关核定的利润率$$

税务机关可以按照以下标准确定非居民企业的利润率：

（1）从事承包工程作业、设计和咨询劳务的，利润率为15%~30%。

（2）从事管理服务的，利润率为30%~50%。

（3）从事其他劳务或劳务以外经营活动的，利润率不低于15%。

税务机关有根据认为非居民企业的实际利润率明显高于上述标准的，可以按照比上述标准更高的利润率核定其应纳税所得额。

2. 按成本费用核定应纳税所得额

该方法适用于能够正确核算成本费用，但不能正确核算收入总额的非居民企业。其计算公式如下：

$$应纳税所得额=成本费用总额÷(1-经税务机关核定的利润率)×$$
$$经税务机关核定的利润率$$

3. 按经费支出换算收入核定应纳税所得额

该方法适用于能够正确核算经费支出总额，但不能正确核算收入总额和成本费用的非居民企业。其计算公式如下：

$$应纳税所得额=本期经费支出额÷(1-核定利润率)×核定利润率$$

4. 税务机关核定劳务收入

非居民企业与中国居民企业签订机器设备或货物销售合同，同时提供设备安装、装配、技术培训、指导、监督服务等劳务，其销售货物合同中未列明提供上述劳务服务收费金额，或者计价不合理的，主管税务机关可以根据实际情况，参照相同或相近业务的计价标准核定劳务收入。无参照标准的，主管税务机关以不低于销售货物合同总价款的10%为原则，确定非居民企业的劳务收入。

主管税务机关要严格实行核定征收企业所得税的标准，不得违规扩大核定征收范围。

【课程思政】 主管税务机关要严格实行核定征收企业所得税的标准，不得违规扩大核定征收范围，请思考其中所蕴含思政元素。

【思政解析】 要严格实行核定征收企业所得税的标准，不得违规扩大核定征收范围，是坚决杜绝不论是否符合查账征收条件，对销售（营业）收入额在一定数额以下或对某一行业的纳税人一律实行核定征收的基本保障，防止税务人员违规执法，损害纳税人的合法权益。对于已实行核定征收的纳税人，一旦其具备查账征收条件，要及时改为查账征收。

第五节　企业所得税的税收优惠

税收优惠指国家在税收法律、行政法规中规定对一部分特定企业和课税对象给予减轻或免除税收负担的一种措施。税法规定的企业所得税的税收优惠方式包括三类：税基式减免、税率式减免、税额式减免等。

一、税基式减免

（一）免税收入

企业的下列收入为免税收入：

（1）国债利息收入。

（2）符合条件的居民企业之间的股息、红利等权益性投资收益。

（3）在中国境内设立机构、场所的非居民企业从居民企业取得与该机构、场所有实际联系的股息、红利等权益性投资收益。

（4）符合条件的非营利组织的收入。

《财政部 国家税务总局关于非营利组织企业所得税免税收入问题的通知》（财税〔2009〕122号）规定，非营利组织的下列收入为免税收入：

①接受其他单位或个人捐赠的收入。

②除《中华人民共和国企业所得税法》第七条规定的财政拨款以外的其他政府补助收入，但不包括因政府购买服务取得的收入。

③按照省级以上民政、财政部门规定收取的会费。

④不征税收入和免税收入孳生的银行存款利息收入。

⑤财政部、国家税务总局规定的其他收入。

【特别提示】 对企业取得的2012年及以后年度发行的地方政府债券利息收入，免征企业所得税。

【特别提示】 2021年11月7日至2025年12月31日，对境外机构投资境内债券市场取得的债券利息收入暂免征收企业所得税。暂免征收企业所得税的范围不包括境外机构在境内设立的机构、场所取得的与该机构、场所有实际联系的债券利息。

【特别提示】 对企业投资者持有2019—2023年发行的铁路债券取得的利息收入，

减半征收企业所得税。铁路债券是指以国家铁路集团有限公司为发行和偿还主体的债券，包括中国铁路建设债券、中期票据、短期融资券等债务融资工具。

（二）减计收入

企业综合利用资源、生产符合国家产业政策规定的产品所取得的收入，可以在计算应纳税所得额时减计收入。

综合利用资源是指企业以《资源综合利用企业所得税优惠目录》规定的资源作为主要原材料，生产国家非限制和禁止并符合国家和行业相关标准的产品取得的收入，减按 90% 计入收入总额。

2019 年 6 月 1 日至 2025 年 12 月 31 日，社区提供养老、托育、家政等服务的机构，提供社区养老、托育、家政服务取得的收入，在计算应纳税所得额时，减按 90% 计入收入总额。社区包括城市社区和农村社区。

（三）加计扣除

加计扣除优惠包括以下两项基本内容：

1. 研究开发费用

制造业企业开展研发活动中实际发生的研发费用，未形成无形资产计入当期损益的，在按规定据实扣除的基础上，自 2021 年 1 月 1 日起，再按照实际发生额的 100% 在税前加计扣除；形成无形资产的，自 2021 年 1 月 1 日起，按照无形资产成本的 200% 在税前摊销。

其他企业开展研发活动中实际发生的研发费用，未形成无形资产计入当期损益的，在按规定据实扣除的基础上，再按照实际发生额的 75% 在税前加计扣除；形成无形资产的，在上述期间按照无形资产成本的 175% 在税前摊销（此政策的执行时间为 2018 年 1 月 1 日至 2023 年 12 月 31 日）。

【特别提示】根据《财政部 税务总局 科技部关于进一步提高科技型中小企业研发费用税前加计扣除比例的公告》（财政部 税务总局 科技部公告 2022 年第 16 号）的规定，科技型中小企业开展研发活动中实际发生的研发费用，未形成无形资产计入当期损益的，在按规定据实扣除的基础上，自 2022 年 1 月 1 日起，再按照实际发生额的 100% 在税前加计扣除；形成无形资产的，自 2022 年 1 月 1 日起，按照无形资产成本的 200% 在税前摊销。

【特别提示】根据《财政部 税务总局 科技部关于加大支持科技创新税前扣除力度的公告》（财政部 税务总局 科技部公告 2022 年第 28 号）的规定，高新技术企业在 2022 年 10 月 1 日至 2022 年 12 月 31 日新购置的设备、器具，允许当年一次性全额在计算应纳税所得额时扣除，并允许在税前实行 100% 加计扣除。现行适用研发费用税前加计扣除比例 75% 的企业，在 2022 年 10 月 1 日至 2022 年 12 月 31 日，税前加计扣除比例提高至 100%。

【特别提示】《关于进一步完善研发费用税前加计扣除政策的公告》（财政部 税务总局公告 2023 年第 7 号）规定如下：

一、企业开展研发活动中实际发生的研发费用，未形成无形资产计入当期损益的，在按规定据实扣除的基础上，自 2023 年 1 月 1 日起，再按照实际发生额的 100% 在税前加计扣除；形成无形资产的，自 2023 年 1 月 1 日起，按照无形资产成本的 200% 在税前摊销。

二、企业享受研发费用加计扣除政策的其他政策口径和管理要求，按照《财政部 国家税务总局 科技部关于完善研究开发费用税前加计扣除政策的通知》（财税〔2015〕119 号）、《财政部 税务总局 科技部关于企业委托境外研究开发费用税前加计扣除有关政策问题的通知》（财税〔2018〕64 号）等文件相关规定执行。

三、本公告自 2023 年 1 月 1 日起执行，《财政部 税务总局关于进一步完善研发费用税前加计扣除政策的公告》（财政部 税务总局公告 2021 年第 13 号）、《财政部 税务总局 科技部关于进一步提高科技型中小企业研发费用税前加计扣除比例的公告》（财政部 税务总局 科技部公告 2022 年第 16 号）、《财政部 税务总局 科技部关于加大支持科技创新税前扣除力度的公告》（财政部 税务总局 科技部公告 2022 年第 28 号）同时废止。

研发费用的具体范围如下：

（1）人员人工费用，即直接从事研发活动人员的工资、薪金、基本养老保险费、基本医疗保险费、失业保险费、工伤保险费、生育保险费和住房公积金以及外聘研发人员的劳务费用。

（2）直接投入费用，包括研发活动直接消耗的材料、燃料和动力费用；用于中间试验和产品试制的模具、工艺装备开发及制造费，不构成固定资产的样品、样机及一般测试手段购置费，试制产品的检验费；用于研发活动的仪器、设备的运行维护、调整、检验、维修等费用以及通过经营租赁方式租入的用于研发活动的仪器、设备租赁费。

（3）折旧费用，即用于研发活动的仪器、设备的折旧费。

（4）无形资产摊销，即用于研发活动的软件、专利权、非专利技术（包括许可证、专有技术、设计和计算方法等）的摊销费用。

（5）新产品设计费、新工艺规程制定费、新药研制的临床试验费、勘探开发技术的现场试验费。

（6）其他相关费用。与研发活动直接相关的其他费用，如技术图书资料费、资料翻译费、专家咨询费、高新科技研发保险费以及研发成果的检索、分析、评议、论证、鉴定、评审、评估、验收费用，知识产权的申请费、注册费、代理费，差旅费和会议费等。此项费用总额不得超过可加计扣除研发费用总额的 10%。

（7）财政部和国家税务总局规定的其他费用。

自 2018 年 1 月 1 日起，委托境外进行研发活动所发生的费用，按照费用实际发生额的 80% 计入委托方的委托境外研发费用。委托境外研发费用不超过境内符合条件的研发费用 2/3 的部分，可以按规定在企业所得税前加计扣除。委托外部研究开发费用实际发生额应按照独立交易原则确定。委托方与受托方存在关联关系的，受托方应向委托方提供研发项目费用支出明细情况。

企业共同合作开发的项目，由合作各方就自身实际承担的研发费用分别计算加计扣除。

企业集团根据生产经营和科技开发的实际情况，对技术要求高、投资数额大、需要集中研发的项目，其实际发生的研发费用，可以按照权利和义务相一致、费用支出和收益分享相配比的原则，合理确定研发费用的分摊方法，在受益成员企业间进行分摊，由相关成员企业分别计算加计扣除。

2. 残疾人员工资

企业安置残疾人员所支付工资费用的加计扣除是指企业安置残疾人员的，在按照支付给残疾职工工资据实扣除的基础上，按照支付给残疾职工工资的100%加计扣除。残疾人员的范围适用《中华人民共和国残疾人保障法》的有关规定。

（四）固定资产加速折旧

企业的固定资产由于技术进步等原因，确需加速折旧的，可以缩短折旧年限或采取加速折旧的方法。可以采用以上折旧方法的固定资产是指由于技术进步，产品更新换代较快的固定资产；常年处于强震动、高腐蚀状态的固定资产。

采取缩短折旧年限方法的，最低折旧年限不得低于规定折旧年限的60%；采取加速折旧方法的，可以采取双倍余额递减法或年数总和法。

企业在2018年1月1日至2023年12月31日新购进（包括自行建造）的设备、器具，单位价值不超过500万元的，允许一次性计入当期成本费用在计算应纳税所得额时扣除，不再分年度计算折旧。

【课程思政】为贯彻落实国务院完善固定资产加速折旧政策精神，2014年后，财政部和国家税务总局陆续出台文件（财税〔2014〕75号、财税〔2015〕106号、财税〔2018〕54号等），扩大固定资产加速折旧的范围和力度。请思考：扩大固定资产加速折旧的范围和在促进社会经济发展和利国惠民方面的积极意义。

【思政解析】加速折旧政策可以减轻企业前期纳税负担，缓解企业资金压力，增强企业活力，有助于稳定当前经济。另外，采用加速折旧政策的杠杆，企业将会更积极地进行固定资产投资、更新技术设备，企业提质增效了，国家的经济也就提质增效了，这是党和政府推动企业固定资产加速折旧的根本目的所在，是推进经济结构调整和转型升级的又一重要举措。另外，加速折旧的利好政策进一步扩大到生物、计算机、信息服务等新兴产业，这意味着改善企业现金流的同时，政府希望在稳增长的基础上对调结构进行引导，使企业尽早收回投资，更新固定资产，加快淘汰落后的技术设备，提升中国先进制造业产品在全球的竞争力。

（五）技术转让所得免征和减半征税

符合条件的技术转让所得可以享受企业所得额免征和减半征收企业所得税是指在一个纳税年度内，居民企业转让符合条件的技术所有权取得的所得不超过500万元的部分，免征企业所得税；超过500万元的部分，减半征收企业所得税。自2015年10月1日起，全国范围内的居民企业转让5年以上非独占许可使用权取得的技术转让所得，也纳入上述享受企业所得税优惠的技术转让所得范围。

（六）创投企业享受抵扣应纳税所得额

符合条件的创投企业可以享受抵扣应纳税所得额是指自2018年1月1日起，公司制创业投资企业采取股权投资方式直接投资于种子期、初创期科技型企业（以下简称"初创科技型企业"）满2年（24个月，下同）的，可以按照投资额的70%在股权持有满2年的当年抵扣该公司制创业投资企业的应纳税所得额；当年不足抵扣的，可以在以后纳税年度结转抵扣。

有限合伙制创业投资企业（以下简称"合伙创投企业"）采取股权投资方式直接投资于初创科技型企业满2年的，该合伙创投企业的法人合伙人可以按照对初创科技型企业投资额的 70% 抵扣法人合伙人从合伙创投企业分得的所得；当年不足抵扣的，可以在以后纳税年度结转抵扣。

【以案说法】A 企业 2018 年 1 月 1 日向 B 企业（未上市的中小高新技术企业）投资 200 万元，股权持有到 2019 年 12 月 31 日。要求：计算 A 企业 2019 年度可抵扣的应纳税所得额。

结论：A 企业 2019 年度可抵扣的应纳税所得额为 140 万元（200×70%）。

二、税率式减免

（一）高新技术企业减按 15% 的税率征税

国家需要重点扶持的高新技术企业减按 15% 的税率征收企业所得税。国家需要重点扶持的高新技术企业是指拥有核心自主知识产权，并同时符合下列 8 个条件的企业：

（1）企业申请认定时须注册成立 1 年以上。

（2）企业通过自主研发、受让、受赠、并购等方式，获得对其主要产品（服务）在技术上发挥核心支持作用的知识产权的所有权。

（3）对企业主要产品（服务）发挥核心支持作用的技术属于《国家重点支持的高新技术领域》规定的范围。

（4）企业从事研发和相关技术创新活动的科技人员占企业当年职工总数的比例不低于 10%。

（5）企业近 3 个会计年度（实际经营期不满 3 年的按实际经营时间计算，下同）的研究开发费用总额占同期销售收入总额的比例符合如下要求：

①最近一年销售收入小于 5 000 万元（含）的企业，比例不低于 5%。

②最近一年销售收入在 5 000 万元至 2 亿元（含）的企业，比例不低于 4%。

③最近一年销售收入在 2 亿元以上的企业，比例不低于 3%。

其中，企业在中国境内发生的研究开发费用总额占全部研究开发费用总额的比例不低于 60%。

（6）近一年高新技术产品（服务）收入占企业同期总收入的比例不低于 60%。

（7）企业创新能力评价应达到相应要求。

（8）企业申请认定前一年内未发生重大安全、重大质量事故或严重环境违法行为。

【课程思政】结合"国家需要重点扶持的高新技术企业减按 15% 的税率征收企业所得税"政策，请谈一谈你对"大众创业，万众创新"的正确理解。

【思政解析】科技是第一生产力，创新无疑是科学技术进步的成果之一。在 21 世纪的今天，创新决定着国家、民族的未来，已经是国家综合国力的重要体现。2014 年，我国提出"大众创业，万众创新"的理念。现如今伴随着我国供给侧结构性改革的热潮，以高新技术企业为代表的企业正成为国家创新的主体。高新技术企业在增强创新力度的同时也面临着许多的问题，如企业资金短缺、市场失灵等。为了使市场资源得到最优配置，政府必须要进行宏观调控，以此为企业提供良好的创新环境，我国政府鼓励高新技术企业进行技术创新，陆续出台了一系列税收优惠政策。

（二）小型微利企业减按 20% 的税率征税

小型微利企业减按 20% 的税率征收企业所得税。该优惠政策只适用于居民企业，不适用于非居民企业。

【特别提示】（1）根据《财政部 税务总局关于实施小微企业普惠性税收减免政策的通知》（财税〔2019〕13号）的规定，2019年1月1日至2021年12月31日，对小型微利企业年应纳税所得额不超过100万元的部分，减按25%计入应纳税所得额，按20%的税率缴纳企业所得税；对年应纳税所得额超过100万元但不超过300万元的部分，减按50%计入应纳税所得额，按20%的税率缴纳企业所得税。上述小型微利企业是指从事国家非限制和禁止行业，且同时符合年度应纳税所得额不超过300万元、从业人数不超过300人、资产总额不超过5 000万元三个条件的企业。

（2）根据《财政部 税务总局关于实施小微企业和个体工商户所得税优惠政策的公告》（财政部 税务总局公告2021年第12号）的规定，2021年1月1日至2022年12月31日，对小型微利企业和个体工商户年应纳税所得额不超过100万元的部分，在现行优惠政策基础上，再减半征收所得税。小型微利企业和个体工商户不区分征收方式，均可享受减半政策。

（3）根据《财政部 税务总局关于进一步实施小微企业所得税优惠政策的公告》（财政部 税务总局公告2022年第13号）的规定，对小型微利企业年应纳税所得额超过100万元但不超过300万元的部分，减按25%计入应纳税所得额，按20%的税率缴纳企业所得税，优惠政策区间为自2022年1月1日至2024年12月31日。

（4）根据《财政部 税务总局关于小微企业和个体工商户所得税优惠政策的公告》（财政部 税务总局公告2023年第6号）的规定，对小型微利企业年应纳税所得额不超过100万元的部分，减按25%计入应纳税所得额，按20%的税率缴纳企业所得税。对个体工商户年应纳税所得额不超过100万元的部分，在现行优惠政策基础上，减半征收个人所得税。优惠政策区间为2023年1月1日至2024年12月31日。

【特别提示】根据《财政部 税务总局关于进一步支持小微企业和个体工商户发展有关税费政策的公告》（财政部 税务总局公告2023年第12号）的规定，对小型微利企业减按25%计算应纳税所得额，按20%的税率缴纳企业所得税政策，延续执行至2027年12月31日。

小型微利企业的优惠政策如表4-3所示。

表4-3　小型微利企业的优惠政策

文件	具体规定	执行期限
《国家税务总局关于落实支持小型微利企业和个体工商户发展所得税优惠政策有关事项的公告》（国家税务总局公告2021年第8号）	对小型微利企业年应纳税所得额不超过100万元的部分，减按12.5%计入应纳税所得额，按20%的税率缴纳企业所得税	2021年1月1日至2022年12月31日
《财政部 税务总局关于进一步实施小微企业所得税优惠政策的公告》（财政部 税务总局公告2022年第13号）	对小型微利企业年应纳税所得额超过100万元但不超过300万元的部分，减按25%计入应纳税所得额，按20%的税率缴纳企业所得税	2022年1月1日至2024年12月31日
《财政部 税务总局关于小微企业和个体工商户所得税优惠政策的公告》（财政部 税务总局公告2023年第6号）	对小型微利企业年应纳税所得额不超过100万元的部分，减按25%计入应纳税所得额，按20%的税率缴纳企业所得税	2023年1月1日至2024年12月31日

表4-3(续)

文件	具体规定	执行期限
《财政部 税务总局关于进一步支持小微企业和个体工商户发展有关税费政策的公告》（财政部、税务总局公告2023年第12号）	对小型微利企业减按25%计算应纳税所得额，按20%的税率缴纳企业所得税	执行至2027年12月31日

【课程思政】结合小型微利企业征收企业所得税政策，请谈一谈你对"进一步支持小微企业发展，减轻小型微利企业赋税压力，充分释放发展活力"的正确理解。

【思政解析】为贯彻落实党中央、国务院决策部署，进一步支持小微企业发展，财政部、国家税务总局对小型微利企业实行税收优惠，发挥了国家财政的作用，促进了经济资源的合理配置，有利于促进经济平衡发展。为小型微利企业提供税收优惠政策，帮助小型微利企业减轻赋税压力，有助于其充分释放发展活力，从而为更多群体提供就业机会，鼓励创业，缓解就业压力，维护社会稳定；有助于改善小型微利企业的融资环境，提升企业的整体实力；有助于振奋小型微利企业发展壮大的信心，带动经济繁荣发展。

（三）非居民企业减按10%的税率征税

这里的非居民企业是指在中国境内未设立机构、场所，或者虽设立机构、场所但取得的所得与其所设机构、场所没有实际联系的企业。

（四）西部地区减免税

2021年1月1日至2030年12月31日，对设在西部地区的鼓励类产业企业减按15%的税率征收企业所得税。鼓励类产业企业是指以西部地区鼓励类产业目录中规定的产业项目为主营业务，且其主营业务收入占企业收入总额60%以上的企业。

西部地区包括内蒙古自治区、广西壮族自治区、重庆市、四川省、贵州省、云南省、西藏自治区、陕西省、甘肃省、青海省、宁夏回族自治区、新疆维吾尔自治区、新疆生产建设兵团。湖南湘西土家族苗族自治州、湖北恩施土家族苗族自治州、吉林延边朝鲜族自治州和江西省赣州市，可以比照执行。

（五）海南自由贸易港企业所得税优惠

2020年1月1日至2024年12月31日，对海南自由贸易港实行以下企业所得税优惠政策：

对注册在海南自由贸易港并实质性运营的鼓励类产业企业，减按15%的税率征收企业所得税。鼓励类产业企业是指以海南自由贸易港鼓励类产业目录中规定的产业项目为主营业务，且其主营业务收入占企业收入总额的60%以上的企业。实质性运营是指企业的实际管理机构设在海南自由贸易港，并对企业生产经营、人员、账务、财产等实施实质性全面管理和控制。不符合实质性运营的企业不得享受优惠。对总机构设在海南自由贸易港的符合条件的企业，仅就其设在海南自由贸易港的总机构和分支机构的所得，适用15%的税率；对总机构设在海南自由贸易港以外的企业，仅就其设在海南自由贸易港内的符合条件的分支机构的所得，适用15%的税率。

对在海南自由贸易港设立的旅游业、现代服务业、高新技术产业企业新增境外直接投资取得的所得，免征企业所得税。新增境外直接投资所得应当符合以下条件：

（1）从境外新设分支机构取得的营业利润；或者从持股比例超过20%（含）的境外子公司分回的，与新增境外直接投资相对应的股息所得。

（2）被投资国（地区）的企业所得税法定税率不低于5%。

对在海南自由贸易港设立的企业，新购置（含自建、自行开发）固定资产或无形资产，单位价值不超过500万元（含）的，允许一次性计入当期成本费用，在计算应纳税所得额时扣除，不再分年度计算折旧和摊销；新购置（含自建、自行开发）固定资产或无形资产，单位价值超过500万元的，可以缩短折旧、摊销年限或采取加速折旧、摊销的方法。固定资产是指除房屋、建筑物以外的固定资产。

三、税额式减免

企业的下列所得项目，可以免征、减征企业所得税。企业如果从事国家限制和禁止发展的项目，不得享受企业所得税优惠。

（一）从事农、林、牧、渔业项目的所得

企业从事农、林、牧、渔业项目的所得，包括免征和减征两部分。

（1）企业从事下列项目的所得，免征企业所得税：

①蔬菜、谷物、薯类、油料、豆类、棉花、麻类、糖料、水果、坚果的种植。

②农作物新品种的选育。

③中药材的种植。

④林木的培育和种植。

⑤牲畜、家禽的饲养。

⑥林产品的采集。

⑦灌溉、农产品初加工、兽医、农技推广、农机作业和维修等农、林、牧、渔服务业项目。

⑧远洋捕捞。

（2）企业从事下列项目的所得，减半征收企业所得税：

①花卉、茶以及其他饮料作物和香料作物的种植；

②海水养殖、内陆养殖。

（二）从事国家重点扶持的公共基础设施项目投资经营的所得

企业从事国家重点扶持的公共基础设施项目投资经营的所得，自项目取得第一笔生产经营收入所属纳税年度起，第1~3年免征企业所得税，第4~6年减半征收企业所得税。国家重点扶持的公共基础设施项目是指《公共基础设施项目企业所得税优惠目录》规定的港口码头、机场、铁路、公路、电力、水利等项目。

（三）从事符合条件的环境保护、节能节水项目的所得

《财政部 国家税务总局 国家发展改革委关于公布环境保护节能节水项目企业所得税优惠目录（试行）的通知》（财税〔2009〕166号）规定，企业从事环境保护、节能节水项目的所得，自项目取得第一笔生产经营收入所属纳税年度起，第1~3年免征企业所得税，第4~6年减半征收企业所得税。符合条件的环境保护、节能节水项目，包括公共污水处理、公共垃圾处理、沼气综合开发利用、节能减排技术改造、海水淡化等。

以上规定享受减免税优惠的项目,在减免税期限内转让的,受让方自受让之日起,可以在剩余期限内享受规定的减免税优惠;减免税期限届满后转让的,受让方不得就该项目重复享受减免税优惠。

【课程思政】结合"从事符合条件的环境保护、节能节水项目的所得"政策,请谈一谈你对"坚持节约发展、清洁发展、安全发展"的正确理解。

【思政解析】坚持节约发展、清洁发展、安全发展,才能实现经济又好又快发展。进一步加强节能减排工作,也是应对全球气候变化的迫切需要,是应该承担的责任。中国政府正在加快发展现代能源产业,坚持节约资源和保护环境的基本国策,把建设资源节约型、环境友好型社会放在工业化、现代化发展战略的突出位置,努力增强可持续发展能力,建设创新型国家,继续为世界经济发展和繁荣做出更大贡献。

(四)税额抵免

税额抵免是指企业购置并实际使用《环境保护专用设备企业所得税优惠目录》《节能节水专用设备企业所得税优惠目录》《安全生产专用设备企业所得税优惠目录》规定的环境保护、节能节水、安全生产等专用设备的,该专用设备的投资额的10%可以从企业当年的应纳税额中抵免;当年不足抵免的,可以在以后5个纳税年度结转抵免。

享受上述企业所得税优惠的企业,应当实际购置并自身实际投入使用优惠目录中规定的专用设备;企业购置上述专用设备在5年内转让、出租的,应当停止享受企业所得税优惠,并补缴已经抵免的企业所得税税款。转让的受让方可以按照该专用设备投资额的10%抵免当年企业所得税应纳税额;当年应纳税额不足抵免的,可以在以后5个纳税年度结转抵免。企业所得税优惠目录,由国务院财政、税务主管部门与国务院有关部门制定,报国务院批准后公布施行。

【以案说法】2019年,A居民企业购买符合规定的安全生产专用设备用于生产经营,取得的增值税普通发票上注明价税合计金额为21万元。已知该企业2017年亏损为60万元,2018年盈利为30万元。2019年度经审核的未弥补亏损前应纳税所得额为90万元。要求:计算分析2019年A企业实际应缴纳的企业所得税。

企业购置并实际使用规定的安全生产专用设备的,该专用设备投资额的10%可以从企业当年企业所得税应纳税额中抵免。

结论:A居民企业当年应纳企业所得税=[90-(60-30)]×25%=15(万元)

A居民企业实际应纳企业所得税=15-21×10%=12.9(万元)

(五)民族自治地方的税收优惠

民族自治地方的自治机关对本民族自治地方的企业应缴纳的企业所得税中属于地方分享的部分,可以决定减征或免征。自治州、自治县决定减征或免征的,须报省、自治区、直辖市人民政府批准。

民族自治地方是指依照《中华人民共和国民族区域自治法》的规定,实行民族区域自治的自治区、自治州、自治县。

对民族自治地方内国家限制和禁止行业的企业,不得减征或免征企业所得税。

【课程思政】结合民族自治地方的税收优惠政策,谈一谈你对维护国家统一、民族团结的理解。

【思政解析】民族区域自治制度是我国宪法所确认的一项基本政治制度。长期以来，民族区域自治制度作为我国解决民族问题的战略性措施，对于维护国家的统一、民族的团结，对于加速发展民族区域自治地方的各项事业，实现各民族的共同繁荣，发挥了极为重要的积极作用。虽然我国少数民族地区资源丰富，但是地区的经济发展依然较为落后，为了促进各少数民族地区经济发展，缩小发展差距，税法从税收角度，相应地制定了税收优惠政策。

（六）非居民企业的优惠

非居民企业取得下列所得免征企业所得税：

（1）外国政府向中国政府提供贷款取得的利息所得；

（2）国际金融组织向中国政府和居民企业提供优惠贷款取得的利息所得；

（3）经国务院批准的其他所得。

这里的非居民企业是指在中国境内未设立机构、场所，或者虽设立机构、场所但取得的所得与其所设机构、场所没有实际联系的企业。

【开篇案例解析】

一般而言，高新技术企业相关税收优惠政策如下：

（1）减按15%的税率征收企业所得税。《中华人民共和国企业所得税法》第二十八条规定，国家需要重点扶持的高新技术企业，减按15%的税率征收企业所得税。

（2）延长亏损结转年限。根据《财政部 税务总局关于延长高新技术企业和科技型中小企业亏损结转年限的通知》（财税〔2018〕76号）的规定，自2018年1月1日起，当年具备高新技术企业或科技型中小企业资格（以下统称"资格"）的企业，其具备资格年度之前5个年度发生的尚未弥补完的亏损，准予结转以后年度弥补，最长结转年限由5年延长至10年。

（3）技术转让所得企业所得税减免。《中华人民共和国企业所得税法实施条例》第九十条规定，《中华人民共和国企业所得税法》第二十七条第四项所称符合条件的技术转让所得免征、减征企业所得税，是指一个纳税年度内，居民企业技术转让所得不超过500万元的部分，免征企业所得税；超过500万元的部分，减半征收企业所得税。

（4）研发费用加计扣除。根据《财政部 税务总局 科技部关于提高研究开发费用税前加计扣除比例的通知》（财税〔2018〕99号）的规定，企业开展研发活动中实际发生的研发费用，未形成无形资产计入当期损益的，在按规定据实扣除的基础上，在2018年1月1日至2020年12月31日，再按照实际发生额的75%在税前加计扣除；形成无形资产的，在上述期间按照无形资产成本的175%在税前摊销。

上述高新技术企业的所得税优惠政策，有助于引导企业调整产业结构，走持续自主创新的发展道路，激发企业增加研发投入，有力推动自主创新的热情，提高科技创新的能力，培育创造新技术、新业态和提供新供给的生力军，促进社会经济发展。产业从资源依赖型向科技主导型转变，有利于社会的可持续发展，符合生态经济理念。良性的发展也体现了我国作为负责任的大国的地位。中华民族屹立于世界民族之林，我们能从种种政策导向与发展中，树立民族自信、经济自信。

第六节　关联企业特别纳税调整

一、调整范围

企业与其关联方之间的业务往来，不符合独立交易原则而减少企业或其关联方应纳税收入或所得额的，税务机关有权按照合理的方法调整。

（一）关联方

关联方是指与企业有下列关联关系之一的企业、其他组织或个人：

（1）在资金、经营、购销等方面存在直接或间接的控制关系。

（2）直接或间接地同为第三者所控制。

（3）在利益上具有关联的其他关系。

（二）关联业务的税务处理

（1）企业与其关联方共同开发、受让无形资产，或者共同提供、接受劳务发生的成本，在计算应纳税所得额时应当按照独立交易原则进行分摊。

（2）企业与其关联方分摊成本时，应当按照成本与预期收益相配比的原则进行分摊，并在税务机关规定的期限内，按照税务机关的要求报送有关资料

（3）企业与其关联方分摊成本时违反以上第（1）项和第（2）项规定的，其自行分摊的成本不得在计算应纳税所得额时扣除。

（4）企业可以向税务机关提出与其关联方之间业务往来的定价原则和计算方法，税务机关与企业协商、确认后，达成预约定价安排。预约定价安排是指企业就其未来年度关联交易的定价原则和计算方法，向税务机关提出申请，与税务机关按照独立交易原则协商、确认后达成的协议。

（5）企业向税务机关报送年度企业所得税纳税申报表时，应当就其与关联方之间的业务往来，附送年度关联业务往来报告表。税务机关在进行关联业务调查时，企业及其关联方以及与关联业务调查有关的其他企业应当按照规定提供相关资料。

（6）由居民企业，或者由居民企业和中国居民共同控制的设立在实际税负明显偏低的国家（地区）的企业，并非由于合理的经营需要而对利润不做分配或者减少分配的上述利润中应归属于该居民企业的部分，应当计入该居民企业的当期收入。

二、调整方法

关联企业所得不实的，调整方法如下：

（一）可比非受控价格法

可比非受控价格法是指按照没有关联关系的交易各方进行相同或类似业务往来的价格进行定价的方法。一般情况下，可比非受控价格法适用于所有类型的关联交易。

（二）再销售价格法

再销售价格法是指按照从关联方购进商品再销售给没有关联关系的交易方的价格，减去相同或类似业务的销售毛利进行定价的方法。再销售价格法通常适用于再销售者

未对商品进行改变外形、性能、结构或更换商标等实质性增值加工的简单加工或单纯购销业务。

（三）成本加成法

成本加成法是指以关联交易发生的合理成本加上可比非关联交易毛利作为关联交易的公平成交价格。成本加成法通常适用于有形资产的购销、转让和使用，劳务提供或资金融通的关联交易。

（四）交易净利润法

交易净利润法是指按照没有关联关系的交易各方进行相同或类似业务往来取得的净利润水平确定利润的方法。交易净利润法通常适用于有形资产的购销、转让和使用，无形资产的转让和使用以及劳务提供等关联交易。

（五）利润分割法

利润分割法是指将企业与其关联方的合并利润或亏损在各方之间采用合理标准进行分配的方法。利润分割法通常适用于各参与方关联交易高度整合且难以单独评估各方交易结果的情况。

三、核定征收

企业不提供与其关联方之间业务往来资料，或者提供虚假、不完整资料，未能真实反映其关联业务往来情况的，税务机关有权依法核定其应纳税所得额。核定方法如下：

（1）参照同类或类似企业的利润率水平核定。

（2）按照企业成本加合理的费用和利润的方法核定。

（3）按照关联企业集团整体利润的合理比例核定。

（4）按照其他合理方法核定。

企业对税务机关按照上述规定的方法核定的应纳税所得额有异议的，应当提供相关证据，经税务机关认定后，调整核定的应纳税所得额。

四、加收利息和追溯时限

企业实施其他不具有合理商业目的的安排而减少其应纳税收入或所得额的，税务机关有权按照合理方法调整。不具有合理商业目的是指以减少、免除或推迟缴纳税款为主要目的。

（一）特别纳税调整的加收利息

税务机关根据税法做出的纳税调整决定，应在补征税款的基础上，从每一调整年度次年6月1日起至补缴税款之日止的期限，按日加收利息。加收的利息应当按照税款所属纳税年度中国人民银行公布的与补税期间同期的人民币贷款基准利率加5个百分点计算。

（二）特别纳税调整的追溯时限

企业与其关联方之间的业务往来，不符合独立交易原则，或者企业实施其他不具有合理商业目的的安排的，税务机关有权在该业务发生的纳税年度起10年内进行纳税调整。

第七节　企业所得税的征收管理

一、企业所得税的纳税义务发生时间

详见本章第二节企业所得税应纳税所得额的确定的相关内容。

二、企业所得税的纳税期限

企业所得税按年计征，分月或分季预缴，年终汇算清缴，多退少补。

企业所得税的纳税年度是指自公历 1 月 1 日起至 12 月 31 日止。企业在一个纳税年度的中间开业，或者由于合并、关闭等原因终止经营活动，使该纳税年度的实际经营期不足 12 个月的，应当以其实际经营期为一个纳税年度。企业清算时，应当以清算期间作为一个纳税年度。

企业自年度终了之日起 5 个月内，向税务机关报送年度企业所得税纳税申报表，并汇算清缴，结清应缴企业所得税税款。

企业在年度中间终止经营活动的，应当自实际经营终止之日起 60 日内，向税务机关办理当期企业所得税汇算清缴。

三、企业所得税的纳税地点

除税收法规、行政法规另有规定外，居民企业以企业登记注册地为纳税地点；登记注册地在境外的，以实际管理机构所在地为纳税地点。

企业登记注册地是指企业依照国家有关规定登记注册的住所地。

非居民企业在中国境内设立机构、场所的，应当就其所设机构、场所取得的来源于中国境内的所得以及发生在中国境外但是与其所设机构、场所有实际联系的所得，以机构、场所所在地为纳税地点。非居民企业在中国境内设立两个或两个以上的机构、场所的，经税务机关审核批准，可以选择由其主要机构、场所汇总缴纳企业所得税。非居民企业在中国未设立机构、场所的，或者虽设立机构、场所但取得的所得与其所设机构、场所没有实际联系的，以扣缴义务人所在地为纳税地点。

尾篇课程思政

某市某化工有限责任公司（以下简称"该公司"）的主要产品为高端墙体涂料，适用的企业所得税税率为25%。2019 年，该公司的生产经营业务如下：

（1）该公司全年直接销售涂料取得销售收入为 4 000 万元（不含用于对外投资的部分）。该公司全年涂料销售成本为 2 400 万元（不含对外投资的部分）。

（2）2月，该公司将自产的一批涂料用于投资，同期同类售价为 100 万元，货物成本为 65 万元。

（3）该公司接受捐赠原材料一批，价值为 50 万元并取得捐赠方开具的增值税专用发票，进项税额为 6.5 万元。对该项捐赠收入，该企业已计入营业外收入核算。

（4）1 月 1 日，该公司将闲置的办公室出租给 B 公司，全年收取租金 60 万元。该公司将折旧费用计入了当期管理费用中进行扣除。

（5）该公司 2019 年度准予税前扣除的税金及附加为 23.55 万元；发生的销售费用为 900 万元（其中广告费为 750 万元）；管理费用为 400 万元（其中业务招待费为 45 万元）。

（6）该公司 2019 年度的财务费用为 180 万元，其中由于生产经营需要，该公司向其母公司借款 1 000 万元，且母公司为其担保向其他企业借款 500 万元，使用期限均为 6 个月（2019 年 6 月 1 日至 11 月 30 日）。该公司提供的金融机构同类同期贷款利率证明注明的年利率为 6%，共支付利息 45 万元。

假设该公司 2019 年各月的所有者权益为 300 万元。本年度该公司无其他关联方借款，该公司不能提供相关资料证明交易活动符合独立交易原则。

（7）已计入成本、费用中的全年实发工资总额为 200 万元（属于合理范围），实际发生的职工工会经费为 3 万元、职工福利费为 30 万元、职工教育经费为 7.5 万元。

（8）该公司对外转让涂料的专利技术所有权，取得收入为 350 万元，相配比的成本、费用为 50 万元（收入、成本、费用均独立核算）。

（9）6 月，该公司从国内购入 2 台环境净化监测设备并于当月投入使用，增值税专用发票注明价款为 250 万元，进项税额为 32.5 万元。该公司采用直线法按 5 年计提折旧，残值率为 8%，相关折旧已经计入管理费用中。税法规定该设备直线法折旧年限为 10 年。

（10）该公司 2019 年度发生的营业外支出包括通过当地民政局向贫困山区捐款 65 万元，违反工商管理规定被相关部门处罚 3 万元。

（11）12 月 20 日，该公司取得到期的国债利息收入为 45 万元。

根据以上资料，回答下列问题：

（1）该公司 2019 年度会计利润为多少？

（2）销售费用应调整的应纳税所得额为多少？

（3）管理费用应调整的应纳税所得额为多少？

（4）财务费用应调整的应纳税所得额为多少？

（5）营业外支出应调整的应纳税所得额为多少？

（6）工资及三项经费应调整的应纳税所得额为多少？

（7）技术转让所得应调整的应纳税所得额为多少？

（8）环境保护设备折旧应调整的应纳税所得额为多少？

（9）该公司 2019 年度应纳所得税额为多少？

（10）对于上述涉及的纳税调整事项，其政策依据是什么？财务人员从思政角度应如何把握这些政策。

（1）会计利润=4 000+100+56.5+60 +（350-50）+45-2 400-65-23.55-900-400-180-65-3=524.95（万元）

（2）广告费的计算基数=4 000+100+60=4 160（万元）

广告费的扣除限额=4 160×15%=624（万元）

实际发生广告费=750（万元）

销售费用应调增应纳税所得额为126万元。

（3）招待费扣除限额=4 160×0.5%=20.8（万元）

招待费实际发生额的60%=45×60%=27（万元）

两者取其较低者，税前允许扣除的招待费为20.8万元，管理费用应调增应纳税所得额为24.2万元（45-20.8）

（4）企业实际支出给关联方的利息支出，除另有规定外，其接受关联方债权性投资与其权益性投资的比例如下：金融企业5∶1，其他企业2∶1。超过规定标准而发生的利息支出，不能在计算应纳税所得额时扣除。

允许扣除关联方债权性投资=300×12×2=7 200（万元）

不允许扣除关联方债权性投资=1 500×6-7 200=1 800（万元）

不允许扣除的利息支出=1 800×6%÷12=9（万元）

财务费用应调增应纳税所得额为9万元。

（5）捐赠支出扣除限额=524.95×12%=62.994≈62.99（万元）

公益性捐赠为65万元，税前允许扣除为62.99万元，营业外支出应调增应纳税所得额为2.01万元。

（6）税法允许扣除的工会经费限额=200×2%=4（万元）

实际发生为3万元，无需调整。

允许扣除的职工福利费限额=200×14%=28（万元）

实际发生为30万元，超标，应调增应纳税所得额为2万元。

允许扣除的职工教育经费限额=200×8%=16（万元）

实际发生为7.5万元，未超标，无需调整

三项经费总共应调增应纳税所得额为2万元。

（7）技术转让所得不超过500万元的部分，免征所得税。实际技术转让所得为300万元，免征所得税，调减应纳税所得额为300万元。

（8）环保设备会计折旧=250×（1-8%）÷5÷2=23（万元）

税法上的折旧=250×（1-8%）÷10÷2=11.5（万元）

环保设备折旧应调增应纳税所得额为11.5万元（23-11.5）。

（9）国债利息收入为免税收入，应当调减应纳税所得额45万。违反工商管理规定被相关部门处罚3万元，不得税前扣除，应该调增应纳税所得额3万元。

应纳税所得额=524.95+126+24.2+9+2.01+2-300+11.5-45+3=357.66（万元）

应纳企业所得税=357.66×25%=89.415（万元）

（10）本题纳税调整的依据涉及以下几项：

企业发生的符合条件的广告费和业务宣传费支出，除国务院财政、税务主管部门另有规定外，不超过当年销售（营业）收入15%的部分，准予扣除；超过部分，准予结转以后纳税年度扣除。

企业发生的与生产经营活动有关的业务招待费支出，准予按照发生额的60%扣除，但最高不得超过当年销售（营业）收入的0.5%。

企业实际支付给关联方的利息支出，能够按照《中华人民共和国企业所得税法》及其实施条例的有关规定提供相关资料，并证明相关交易活动符合独立交易原则的，或者该企业的实际税负不高于境内关联方的，其实际支付给境内关联方的利息支出，在计算应纳税所得额时准予扣除。除此之外，企业在计算应纳税所得额时，实际支付给关联方的利息支出，不超过规定比例（金融企业为5：1，其他企业为2：1）和《中华人民共和国企业所得税法》及其实施条例有关规定计算的部分，准予扣除；超过部分，不得在发生当期和以后年度扣除。

公益性捐赠是指企业通过公益性社会组织或县级以上人民政府及其部门，用于符合法律规定的慈善活动、公益事业的捐赠。企业当年发生以及以前年度结转的公益性捐赠支出，不超过年度利润总额12%的部分，准予扣除；超过年度利润总额12%的部分，准予结转以后3年内在计算应纳税所得额时扣除。

企业拨缴的工会经费，不超过工资、薪金总额2%的部分准予扣除。企业发生的职工福利费支出，不超过工资、薪金总额14%的部分准予扣除。自2018年1月1日起，税法将一般企业的职工教育经费税前扣除限额与高新技术企业的限额统一，从2.5%提高至8%。

一个纳税年度内，居民企业转让符合条件的技术所有权取得的所得不超过500万元的部分，免征企业所得税；超过500万元的部分，减半征收企业所得税。

这些政策依据，有纳税调增的也有纳税调减的，作为财务人员要准确掌握并更新税收政策的相关知识，不能盲目地为了少缴税进行相关账务处理，应把握税收筹划与偷税漏税的界限，秉承客观公正的态度，依法纳税，及时清缴。

第五章

个人所得税法

党的二十大报告指出："完善个人所得税制度，规范收入分配秩序，规范财富积累机制，保护合法收入，调节过高收入，取缔非法收入。"为了实现此目标，我国需要进一步深化个人所得税改革，在努力做大做好"蛋糕"的同时，要完善综合与分类相结合的个人所得税制度，合理扩大纳入综合征税的所得范围，加强对高收入者的税收调节和监管，规范资本性所得管理，完善公益慈善事业税收优惠政策，通过加大税收再分配调节力度并提高精准性，使发展成果更多更公平惠及全体人民。

----- ■教学目标 -----

通过本章教学至少应该实现下列目标：掌握个人所得税的纳税人、应税所得的项目、税率、应纳税所得额以及个人所得税税收优惠，熟悉境外所得税额扣除办法，了解个人所得税征收管理的规定等知识目标；具有判断具体所得是否征收个人所得税以及熟练计算综合所得、经营所得、财产租赁所得、财产转让所得、偶然所得等的应纳税额等能力目标；理解我国全面建成小康社会的发展目标和以人为本的科学发展观，认识我国改善民生，不断提升人民群众获得感、幸福感和安全感的社会主义制度优越性，具有爱党、爱国、爱民的正能量，树立劳动光荣思想，正确享受减税政策红利，增强纳税光荣和依法纳税意识等思政目标。

----- ■开篇案例导入 -----

税务部门公布多起未按规定办理个人所得税汇算案例，主要有三种类型：第一种是纳税人虚假填报"三险一金"或专项附加扣除，第二种是在办理汇算时少填报收入，第三种是违规享受税收优惠。请阅读以下案例材料并谈谈你的看法。

案例一：吉林省松原市税务部门在对个人所得税综合所得汇算清缴办理情况开展事后抽查时，发现吉林省松原市某保险营销人员赵某未办理 2019 年度、2020 年度和 2021 年度个人所得税综合所得汇算清缴，遂依法对其进行立案检查。经查，纳税人赵某未在法定限期内办理 2019 年度、2020 年度和 2021 年度个人所得税综合所得汇算清缴，少缴个人所得税。经税务部门提醒督促，赵某仍未办理汇算申报。依据《中华人民共和国个人所得税法》《中华人民共和国税收征收管理法》《中华人民共和国行政处罚法》等相关法律法规的规定，松原市税务局第一稽查局对赵某追缴税款、加收滞纳金并处罚款共计 6.31 万元。税务部门依法送达税务处理决定书和税务行政处罚决定书，赵某已按规定缴清税款、滞纳金和罚款。

案例二：江苏省苏州市税务部门在 2022 年度个税汇算退税数据分析时发现，纳税人吴某存在虚假填报捐赠扣除和大病医疗专项附加扣除的情况。经查，吴某先后就职于苏州某人力资源有限公司、苏州某房地产经纪有限公司，在办理 2022 年度个税汇算时，填报了大额的公益性捐赠扣除和大病医疗专项附加扣除，并提供了伪造的"国家医保服务平台"相关扣除截图和捐赠支出凭证截图。税务部门进一步对该纳税人以前年度的个税汇算情况进行了核查，发现该纳税人在办理 2019—2021 年度个税汇算时，均存在以上类似情况。吴某在个税年度汇算时存在伪造证据骗取国家税款的情况，性质较为恶劣，税务部门对其立案稽查，并在后续三年纳入税收监管重点人员名单。

案例三：吉林省税务部门在 2022 年度个税汇算退税审核时发现，某出版社存在部分纳税人错误填报继续教育专项附加扣除的情况。根据《个人所得税专项附加扣除暂行办法》的规定，纳税人接受职业资格继续教育的，在取得该证书的当年可以享受个税继续教育专项附加扣除。经查，该单位少数纳税人在汇算时选择以"出版专业技术人员职业资格"填报专项附加扣除的继续教育，实际仅为取得证书后每年的学时教育，不符合继续教育专项附加扣除的相关规定。吉林省税务部门进一步对该单位纳税人以前年度的专项附加扣除填报情况进行了核查，对错误填报的纳税人逐一纠正补征税款，并依法加收滞纳金。

案例解析在本章第三节。

第一节　个人所得税概述

一、个人所得税的概念、纳税人与扣缴义务人

（一）个人所得税的概念

个人所得税在 1799 年首创于英国，是与我们每个普通人的生活联系最为紧密的一种税。我国于 1980 年 9 月 10 日第五届全国人民代表大会第三次会议通过了《中华人民共和国个人所得税法》（以下简称《个人所得税法》）。此后，全国人民代表大会常务委

员会分别于 1993 年 10 月 31 日、1999 年 8 月 30 日、2005 年 10 月 27 日、2007 年 6 月 29 日、2007 年 12 月 29 日、2011 年 6 月 30 日、2018 年 8 月 31 日对《个人所得税法》做出修正。1994 年 1 月 28 日，国务院公布《中华人民共和国个人所得税法实施条例》（以下简称《个人所得税法实施条例》）。此后，国务院分别于 2005 年 12 月 19 日、2008 年 2 月 18 日、2011 年 7 月 19 日、2018 年 12 月 18 日对《个人所得税法实施条例》做出修订。国家财政、税务主管部门又制定了一系列部门规章和规范性文件，如《国务院关于印发个人所得税专项附件扣除暂行办法的通知》等。这些法律法规、部门规章以及规范性文件构成了我国的个人所得税法律制度。

（二）个人所得税的纳税人

个人所得税是对个人（自然人）取得的各项应税所得征收的一种所得税。个人所得税的纳税人包括中国公民（含我国香港、澳门、台湾同胞）、个体工商户、外籍个人、个人独资企业投资者和合伙企业自然人合伙人等。

在我国，依据住所和居住时间两个标准，个人所得税的纳税人可以分为居民个人和非居民个人两大类，各自承担不同的纳税义务。

1. 居民个人

在中国境内有住所，或者无住所而一个纳税年度内在中国境内居住累计满 183 天的个人，为居民个人。居民个人从中国境内和境外取得的所得，依照《中华人民共和国个人所得税法》的规定缴纳个人所得税。居民个人包括以下两类：

（1）在中国境内有住所的个人。在中国境内有住所是指因户籍、家庭、经济利益关系而在中国境内习惯性居住，即个人因学习、工作、探亲等原因消除之后，没有理由在其他地方继续居留时，所要回到的地方，而不是指实际居住或在某一个特定时期内的居住地。因此，在中国境内定居的中国公民和外国侨民属于居民个人，不包括虽有中国国籍，但没有在中国大陆定居，而是侨居海外的华侨和居住在我国香港、澳门、台湾地区的同胞。从中国境内和境外取得的所得，分别是指来源于中国境内的所得和来源于中国境外的所得。

（2）在中国境内无住所但居住满 183 天的个人。所谓在境内居住满 183 天，是指在一个纳税年度内（公历 1 月 1 日起至 12 月 31 日止），在中国境内居住满 183 天。在计算居住天数时，不扣减临时离境的天数。所谓临时离境，是指在一个纳税年度内，一次不超过 30 天或多次累计不超过 90 天的离境。

【特别提示】无住所个人一个纳税年度内在中国境内累计居住天数，按照个人在中国境内累计停留的天数计算。在中国境内停留的当天满 24 小时的，计入中国境内居住天数；在中国境内停留的当天不足 24 小时的，不计入中国境内居住天数。

2. 非居民个人

在中国境内无住所又不居住，或者无住所而在一个纳税年度内在中国境内居住累计不满 183 天的个人，为非居民个人。非居民个人从中国境内取得的所得，依照《中华人民共和国个人所得税法》的规定缴纳个人所得税。

【特别提示】（1）在中国境内无住所的个人，在一个纳税年度内在中国境内居住累计不超过 90 天的，其来源于中国境内的所得，由境外雇主支付并且不由该雇主在中国境内的机构、场所负担的部分，免予缴纳个人所得税。

（2）在中国境内无住所的个人，在中国境内居住累计满183天的年度连续不满6年的，经向主管税务机关备案，其来源于中国境外且由境外单位或个人支付的所得，免予缴纳个人所得税；在中国境内居住累计满183天的任何一年度中有1次离境超过30天的，其在中国境内居住累计满183天的年度的连续年限重新起算。

（3）在中国境内无住所的个人一个纳税年度在中国境内累计居住满183天的，如果此前6年在中国境内每年累计居住天数都满183天而且没有任何一年单次离境超过30天，该纳税年度来源于中国境内、境外的所得应当缴纳个人所得税；如果此前6年的任何一年在中国境内累计居住天数不满183天或单次离境超过30天，该纳税年度来源于中国境外且由境外单位或个人支付的所得，免予缴纳个人所得税。这里的"此前6年"，是指该纳税年度的前1年至前6年的连续6个年度，此前6年的起始年度自2019年（含）以后的年度开始计算。

【课程思政】新修订的《中华人民共和国个人所得税法》的一个修订内容就是将居民个人的时间判定标准由境内居住满一年调整为满183天，请思考其中的原因及蕴含的经济意义与思政意义。

【思政解析】新修订的《中华人民共和国个人所得税法》修改居住时间标准的主要原因有两个：一是与国际惯例相接轨，让我国与多数国家的税收协定相互衔接。经济全球化和"一带一路"倡议背景下，各国经济相互依存关系不断加深。对于一项跨境劳务所得，不仅劳务提供者的居住国要予以征税，主张劳务所得来源于本国境内的国家也要行使税收管辖权，由此导致了国际税收管辖权冲突，为了处理跨境劳务所得的征税权归属，183天规则就被各国广泛接受用以协调国家间跨国受雇所得的征税权划分问题。截至2018年7月底，我国已与107个国家（地区）签署税收协定，标准是183天，因此执行183天规则有利于国际上的友好交往与合作。二是为了维护中国税收管辖权和税基安全，有效防范"定期离境"、恶意规避居民纳税人身份行为的发生。旧版的《中华人民共和国个人所得税法》规定，在中国境内有住所，或者无住所而在境内居住满一年的个人，从中国境内和境外取得的所得，依照本法规定缴纳个人所得税。从法律角度看，认定居民的时间期限越长，被认定为居民的条件就越宽松，这实质上意味着对居民管辖权在更大程度上的放弃。更重要的是，由于认定居民的时间期限过长，纳税人规避被认定为居民纳税人的空间就越大，造成税源流失的可能性也越大。

因此，无论是从统一协调国内法和国际法角度，还是从跨境个税征管角度上，有必要将无住所居住时间标准由"满一年"修改为"满183天"。同时，为了吸引外资和鼓励外籍人员来华工作，促进对外交流，修订的《中华人民共和国个人所得税法实施条例》继续保留了旧版条例对境外支付的境外所得免予征税的制度安排，并进一步放宽了免税条件。这主要体现在三个方面：一是将免税条件由构成居民纳税人不满5年，放宽到连续不满6年；二是在任一年度中，只要有一次离境超过30天的，就重新计算连续居住年限；三是将管理方式由主管税务机关批准改为备案，简化了流程，方便了纳税人。

【问题思考】李先生为香港居民，在深圳工作，每周一早上来深圳上班，周五晚上回香港。请问：李先生在境外所得是否可以免于缴纳境内个人所得税？

【问题解答】由于周一和周五当天停留都不足24小时，因此不计入境内居住天数，再加上周六、周日2天也不计入，这样每周可计入的天数仅为3天，按全年52周计算，李先生全年在境内居住天数为156天，未超过183天，不构成居民个人，因此李先生取得的全部境外所得可以免缴境内个人所得税。

（三）个人所得税的扣缴义务人

个人所得税以所得人为纳税人，以支付所得的单位或个人为扣缴义务人。扣缴义务人向个人支付应税款项时，应当依照《中华人民共和国个人所得税法》的规定预扣或代扣税款，按时缴库，并专项记载备查。支付包括现金支付、汇拨支付、转账支付和以有价证券、实物以及其他形式的支付。

由于支付所得的单位和个人与取得所得的人之间有多重支付的现象，有时难以确定扣缴义务人。为保证全国执行的统一，认定标准如下：凡税务机关认定对所得的支付对象和支付数额有决定权的单位和个人，即为扣缴义务人。

二、个人所得税的所得来源

（一）来源于中国境内的所得

除国务院财政、税务主管部门另有规定外，下列所得，不论支付地点是否在中国境内，均为来源于中国境内的所得：

（1）因任职、受雇、履约等在中国境内提供劳务取得的所得。

（2）将财产出租给承租人在中国境内使用而取得的所得。

（3）许可各种特许权在中国境内使用而取得的所得。

（4）转让中国境内的不动产等财产或在中国境内转让其他财产取得的所得。

（5）从中国境内企业、事业单位、其他组织以及居民个人取得的利息、股息、红利所得。

（二）来源于中国境外的所得

《财政部 税务总局关于境外所得有关个人所得税政策的公告》（财政部 税务总局公告2020年第3号）规定，下列所得为来源于中国境外的所得：

（1）因任职、受雇、履约等在中国境外提供劳务取得的所得。

（2）中国境外企业以及其他组织支付且负担的稿酬所得。

（3）许可各种特许权在中国境外使用而取得的所得。

（4）在中国境外从事生产、经营活动而取得的与生产、经营活动相关的所得。

（5）从中国境外企业、其他组织以及非居民个人取得的利息、股息、红利所得。

（6）将财产出租给承租人在中国境外使用而取得的所得。

（7）转让中国境外的不动产、转让对中国境外企业以及其他组织投资形成的股票、股权以及其他权益性资产（以下统称"权益性资产"）或在中国境外转让其他财产取得的所得。但转让对中国境外企业以及其他组织投资形成的权益性资产，该权益性资产被转让前3年（连续36个公历月份）内的任一时间，被投资企业或其他组织的资产公允价值的50%以上直接或间接来自位于中国境内的不动产的，取得的所得为来源于中国境内的所得。

（8）中国境外企业、其他组织以及非居民个人支付且负担的偶然所得。

（9）财政部、税务总局另有规定的，按照相关规定执行。

【问题思考】如何判断稿酬所得为来源于境内或境外的所得？

【问题解答】《财政部 税务总局关于非居民个人和无住所个人有关个人所得税政策的公告》（财政部 税务总局公告2019年第35号）指出，由境内企业、事业单位、其他组织支付或负担的稿酬所得，为来源于境内的所得。

三、个人所得税的征税对象

个人所得税的征税对象是个人取得的应税所得。按应纳税所得的来源划分，现行个人所得税共分为九个应税项目。个人取得的所得，难以界定应纳税所得项目的，由国务院税务主管部门确定。

（一）工资、薪金所得

工资、薪金所得是指个人因任职或受雇而取得的工资、薪金、奖金、年终加薪、劳动分红、津贴、补贴以及与任职或受雇有关的其他所得。年终加薪、劳动分红不分种类和取得情况，一律按工资、薪金所得征税。

不属于工资、薪金性质的补贴、津贴，不征收个人所得税，具体包括：

（1）独生子女补贴。

（2）执行公务员工资制度未纳入基本工资总额的补贴、津贴差额和家属成员的副食补贴。

（3）托儿补助费。

（4）差旅费津贴、误餐补助。

【特别提示】（1）误餐补助是指按照财政部规定，个人因公在城区、郊区工作，不能在工作单位或返回就餐的，根据实际误餐顿数，按规定的标准领取的误餐费。

（2）单位以误餐补助名义发给职工的补助、津贴不包括在内，应当并入当月工资、薪金所得计征个人所得税。

【问题思考】王老师从广州一家重点小学退休后又去了一所民办学校教书。到了发薪水的日子，学校财务人员说要扣个人所得税。王老师很纳闷，退休工资不是不交税吗？

【问题解答】首先，离退休工资或养老金免纳个人所得税。但是，离退休人员另从原任职单位取得的各类补贴奖金、实物，不属于免税项目，应按"工资、薪金所得"项目的规定缴纳个人所得税。其次，离退休人员再任职取得的收入，可能涉及"工资、薪金所得"或"劳务报酬所得"项目，到底按这两个项目中的哪一个计税，就看是否符合以下四个条件：一是与用人单位签订一年以上（含一年）劳动合同（协议），存在长期或连续的雇用与被雇用关系；二是因事假、病假、休假等原因不能正常出勤时，仍享受固定或基本工资收入；三是与单位其他正式职工享受同等福利、培训及其他待遇；四是职务晋升、职称评定等工作由用人单位负责组织。如果王老师符合上述条件，就以其取得的收入在减除按个人所得税法规定的费用扣除标准之后，按"工资、薪金所得"项目缴纳个人所得税。如果不符合上述条件，王老师应按"劳务报酬所得"项目计征个人所得税。

（二）劳务报酬所得

劳务报酬所得是指个人从事劳务取得的所得，包括从事设计、装潢、安装、制图化验、测试、医疗、法律、会计、咨询、讲学、翻译、审稿、书画、雕刻、影视、录音、录像、演出、表演、广告、展览、技术服务、介绍服务、经纪服务、代办服务以及其他劳务取得的所得。个人所得税所列各项"劳务报酬所得"一般属于个人独立从事自由职业取得的所得或属于独立个人的劳动所得。

【特别提示】个人兼职取得的收入应按照"劳务报酬所得"项目缴纳个人所得税。在校学生因参与勤工俭学活动（包括参与学校组织的勤工俭学活动）而取得属于《中华人民共和国个人所得税法》规定的应税所得项目的所得，应按照"劳务报酬所得"项目缴纳个人所得税。

【问题思考】如何区分劳务报酬所得和工资、薪金所得？

【问题解答】区分劳务报酬所得和工资、薪金所得，主要看是否存在雇用与被雇用的关系。对于工资、薪金所得，单位与个人存在雇用与被雇用的关系；而对于劳务报酬所得，单位与个人不存在雇用与被雇用的关系。例如，演员从其所属单位领取工资，教师从学校领取工资，就属于"工资、薪金所得"，而不属于"劳务报酬所得"。如果从事某项劳务活动取得的报酬不是来自聘用、雇用或工作单位，如演员"走穴"演出取得的报酬，教师自行举办学习班、培训班等取得的收入，就属于"劳务报酬所得"或"经营所得"。工资、薪金所得与劳务报酬所得项目的辨析举例如表5-1所示。

表5-1　工资、薪金所得与劳务报酬所得项目的辨析举例

职业	收入来源	项目
演员、教师	在本单位演出、授课	工资、薪金所得
	在其他单位演出、授课	劳务报酬所得
个人	兼职	劳务报酬所得
受雇于律师个人	为律师个人工作	劳务报酬所得
保险营销员证券经纪人	从证券公司取得佣金	劳务报酬所得
董事、监事	从任职公司（包括关联公司）取得所得	工资、薪金所得
	从非任职受雇单位取得所得	劳务报酬所得
商品营销奖励	雇员从单位取得所得	工资、薪金所得
	非雇员从单位取得所得	劳务报酬所得

【问题思考】企业以免费旅游方式对营销人员进行的个人奖励是否缴纳个人所得税？

【问题解答】按照我国现行个人所得税法律法规的有关规定，在商品营销活动中，企业和单位对营销业绩突出人员以培训班、研讨会、工作考察等名义组织旅游活动，通过免收差旅费、旅游费对个人实行的营销业绩奖励（包括实物、有价证券等），应根据所发生费用全额计入营销人员应税所得，依法征收个人所得税，并由提供上述费用的企业和单位代扣代缴。其中，对企业雇员享受的此类奖励，应与当期的工资、薪金合并，按照"工资、薪金所得"项目征收个人所得税；对其他人员享受的此类奖励，应作为当期的劳务收入，按照"劳务报酬所得"项目征收个人所得税。

（三）稿酬所得

稿酬所得是指个人因其作品以图书、报刊等形式出版、发表而取得的所得。作品包括文学作品、书画作品、摄影作品以及其他作品。作者去世后，财产继承人取得的遗作稿酬，也应征收个人所得税。

【问题思考】编辑、记者等专业人员在本单位的稿酬属于稿酬所得还是工资、薪金所得？

【问题解答】任职、受雇于报纸、杂志等单位的编辑、记者等专业人员，因在本单位的报纸、杂志上发表作品取得的所得，属于因任职、受雇而取得的所得，应与其当月工资收入合并，按"工资、薪金所得"项目缴纳个人所得税。除上述专业人员外，其他人员在本单位的报纸、杂志上发表作品取得的所得，应按"稿酬所得"项目缴纳个人所得税。出版社的专业作者撰写、编写或翻译的作品，由本社以图书形式出版而取得的稿费收入，应按"稿酬所得"项目计算缴纳个人所得税。

【课程思政】个人所得税法律法规把稿酬所得单独列为一个独立的税目，请思考其中的思政意义？

【思政解析】稿酬所得可以说是一种智力劳动所得，在原个人所得税和个人收入调节税中，稿酬所得一开始并未享受税收优惠政策，是因为在当时领取稿酬的群体主要是作家群体。过去，作家群体往往背靠作家协会，不仅有工资福利待遇，而且写作还有稿酬。随着时代的发展，越来越多从事写作的人不是专职在作协工作的作家或写作者，作品的发表往往意味着个人为知识创新做出贡献，无论是自然科学，还是人文社会科学，莫不如此。对稿酬单独列为一个税目并实行较为优惠的税收政策，体现了国家对智力劳动和知识创新的鼓励，有利于社会主义文化繁荣。

（四）特许权使用费所得

特许权使用费所得是指个人提供专利权、商标权、著作权、非专利技术以及其他特许权的使用权取得的所得。提供著作权的使用权取得的所得，不包括稿酬所得。

（1）对于作者将自己的文字作品手稿原件或复印件公开拍卖（竞价）取得的所得，属于提供著作权的使用所得，应按"特许权使用费所得"项目征收个人所得税。

（2）个人取得特许权的经济赔偿收入，应按"特许权使用费所得"项目缴纳个人所得税，税款由支付赔偿的单位或个人代扣代缴。

（3）从2005年5月1日起，编剧从电视剧的制作单位取得的剧本使用费，不再区分剧本的使用方是否为其任职单位，统一按特许权使用费所得项目征收个人所得税。

【问题思考】个人转让专利权、商标权、著作权、非专利技术的所有权取得的所得，是按照"财产转让所得"项目缴纳个人所得税，还是按照"特许权使用费所得"项目缴纳个人所得税？

【问题解答】个人转让专利权、商标权、著作权、非专利技术的所有权取得的所得，按照财产转让所得缴纳个人所得税。

（五）经营所得

经营所得是指个体工商户从事生产、经营活动取得的所得，个人独资企业投资人、合伙企业的个人合伙人来源于境内注册的个人独资企业、合伙企业生产、经营的所得；个人依法从事办学、医疗、咨询以及其他有偿服务活动取得的所得；个人对企业、事业单位承包经营、承租经营以及转包、转租取得的所得；个人从事其他生产、经营活动取得的所得。

（六）财产租赁所得

财产租赁所得是指个人出租不动产、机器设备、车船以及其他财产而取得的所得。

【特别提示】个人取得的房屋转租收入，属于"财产租赁所得"项目。

（七）财产转让所得

财产转让所得是指个人转让有价证券、股权、合伙企业中的财产份额、不动产、机器设备、车船以及其他财产取得的所得。

（1）个人将投资于在中国境内成立的企业或组织（不包括个人独资企业和合伙企业）的股权或股份，转让给其他个人或法人的行为，按照"财产转让所得"项目，依法计算缴纳个人所得税。其具体包括以下情形：

①出售股权。

②公司回购股权。

③发行人首次公开发行新股时，被投资企业股东将其持有的股份以公开发行方式一并向投资者发售。

④股权被司法或行政机关强制过户。

⑤以股权对外投资或进行其他非货币性交易。

⑥以股权抵偿债务。

⑦其他股权转移行为。

（2）个人因各种原因终止投资、联营、经营合作等行为，从被投资企业或合作项目、被投资企业的其他投资者以及合作项目的经营合作人取得股权转让收入、违约金、补偿金、赔偿金以及以其他名目收回的款项等，均属于个人所得税应税收入，应按照"财产转让所得"项目适用的规定计算缴纳个人所得税。

（3）个人以非货币性资产投资，属于个人转让非货币性资产和投资同时发生。个人转让非货币性资产的所得，应按照"财产转让所得"项目，依法计算缴纳个人所得税。

（4）个人转让"新三板"挂牌公司原始股取得的所得，按照"财产转让所得"，适用20%的比例税率征收个人所得税。原始股是指个人在"新三板"挂牌公司挂牌前取得的股票以及在该公司挂牌前和挂牌后由上述股票孳生的送股、转股。

（5）个人通过招标、竞拍或其他方式购置债权以后，通过相关司法或行政程序主张债权而取得的所得，应按照"财产转让所得"项目缴纳个人所得税。

（6）个人通过网络收购玩家的虚拟货币，加价后向他人出售取得的收入，应按照"财产转让所得"项目计算缴纳个人所得税。

【问题思考】纳税人收回转让的股权，如何征收个人所得税？

【问题解答】个人转让股权后又收回的，分为以下两种情形：

（1）股权转让合同履行完毕、股权已作变更登记，且所得已经实现的，转让人取得的股权转让收入应当依法缴纳个人所得税。转让行为结束后，当事人双方签订并执行解除原股权转让合同、退回股权的协议，是又一次股权转让行为，对前次转让行为征收的个人所得税款不予退回。

（2）股权转让合同未履行完毕，因执行仲裁委员会做出的解除股权转让合同及补充协议的裁决，停止执行原股权转让合同，并原价收回已转让股权的，由于其股权转让行为尚未完成、收入未完全实现，随着股权转让关系的解除，股权收益不复存在，纳税人不应缴纳个人所得税。

（八）利息、股息、红利所得

利息、股息、红利所得是指个人拥有债权、股权而取得的利息、股息、红利所得。其中，利息一般是指存款、贷款和债券的利息。股息、红利是指个人拥有股权取得的公司、企业分红。按照一定的比率派发的每股息金，称为股息。根据公司、企业应分配的超过股息部分的利润，按股派发的红股称为红利。

【特别提示】（1）除个人独资企业、合伙企业以外的其他企业的个人投资者，以企业资金为本人、家庭成员及其相关人员支付与企业生产、经营无关的消费性支出及购买汽车、住房等财产性支出，视为企业对个人投资者的红利分配，依照"利息、股息、红利所得"项目计征个人所得税。

（2）纳税年度内个人投资者从其投资企业（个人独资企业、合伙企业除外）借款，在该纳税年度终了后既不归还又未用于企业生产、经营的，其未归还的借款可以视为企业对个人投资者的红利分配，依照"利息、股息、红利所得"项目计征个人所得税。

（九）偶然所得

偶然所得是指个人得奖、中奖、中彩以及其他偶然性质的所得。得奖是指参加各种有奖竞赛活动，取得名次得到的奖金；中奖、中彩是指参加各种有奖活动，如有奖储蓄、购买彩票，经过规定程序，抽中、摇中号码而取得的奖金。

【特别提示】（1）个人为单位或他人提供担保获得收入，按照"偶然所得"项目计算缴纳个人所得税。

（2）房屋产权所有人将房屋产权无偿赠与他人的，受赠人因无偿受赠房屋取得的受赠收入，按照"偶然所得"项目计算缴纳个人所得税。

（3）企业对累积消费达到一定额度的顾客，给予额外抽奖机会，个人的获奖所得，按照"偶然所得"项目计算缴纳个人所得税。

【课程思政】新修订的《中华人民共和国个人所得税法》将课税所得项目由原来的11项合并至9项，删除了原个人所得列举项目第十一项"经国务院财政部门确定征税的其他所得"，请思考其中的思政意义。

【思政解析】鉴于现实情况的复杂性和对事物发展的无法预知性，在许多的法律规定中往往采用"其他"条款，即"兜底条款"，对于一些被认定为应税项目，但不易明确所得性质、划归所得项目的收入，财税部门通常会通过政策文件形式明确将其作为"其他所得"项目征税。但这种做法有积极的一面，也有消极的一面。新修订的《中华人民共和国个人所得税法》不再有单列的"其他所得"项目，原因是：第一，随着税法的不断完善，"其他所得"项目将对现有制度形成一定的阻碍作用。《中华人民共和国税收征收管理法》规定，税收的开征、停征以及减税、免税、退税、补税，依照法律的规定执行；法律授权国务院规定的，依照国务院制定的行政法规的规定执行。旧版的《中华人民共和国个人所得税法》中由国务院财政部门确定的"其他所得"均是由国务院财政部门规定的，并没有通过立法，违反了上述的税收法定原则。

第二，"其他所得"项目在确认方面存在不规范性，在其定义方面也时常存在争议，因为新修订的《中华人民共和国个人所得税法》中明确列示的项目已经比较全面，"其他所得"项目也会失去存在的意义，这体现了我国财税法治的进步。财税是国家治理的基础和重要支柱，通过深化税收制度改革，建立有利于科学发展、社会公平、市场统一的税收制度体系，从而为全面推进我国的国家治理体系、治理能力的现代化铺平道路，个人所得税改革在深化财税改革、推动国家治理现代化的进程中贡献了重要的力量。

【问题思考】近年来，不少企业通过发放"网络红包"开展促销业务，"网络红包"成为一种常见的营销方式。"网络红包"既包括现金网络红包，也包括各类消费券、代金券、抵用券、优惠券等非现金网络红包。"网络红包"应当如何征税呢?

【问题解答】《财政部 国家税务总局关于企业促销展业赠送礼品有关个人所得税问题的通知》(财政部 税务总局公告 2011 年第 50 号) 规定，企业在业务宣传、广告等活动中，随机向本单位以外的个人赠送礼品，企业在年会、座谈会、庆典以及其他活动中向本单位以外的个人赠送礼品，个人取得的礼品收入，应征收个人所得税;企业通过价格折扣、折让方式向个人销售商品（产品）和提供服务等情形，不征收个人所得税。从性质上看，企业发放的网络红包，也属于礼品的一种形式，为进一步明确和细化政策操作口径，便于征纳双方执行，财政部、国家税务总局联合印发《财政部 税务总局关于个人取得有关收入适用个人所得税应税所得项目的公告》(财政部 税务总局公告 2019 年第 74 号) 规定，企业发放的具有中奖性质的网络红包，获奖个人应缴纳个人所得税，但具有销售折扣或折让性质的网络红包，不征收个人所得税。需要说明的是，网络红包仅包括企业向个人发放的网络红包，不包括亲戚朋友之间互相赠送的网络红包。亲戚朋友之间互相赠送的礼品（包括网络红包），不在个人所得税征税范围之内。

第二节　个人所得税的计算

一、个人所得税的应纳税所得额

个人所得税的计税依据是纳税人取得的应纳税所得额。应纳税所得额为个人取得的各项收入减去税法规定的费用扣除金额和减免税收入后的余额。由于个人所得税的应税项目不同，扣除费用标准也各不相同，需要按不同应税项目分项计算。

个人所得的形式包括现金、实物、有价证券和其他形式的经济利益。所得为实物的，应当按照取得的凭证上所注明的价格计算应纳税所得额，无凭证的实物或凭证上所注明的价格明显偏低的，参照市场价格核定应纳税所得额。所得为有价证券的，根据票面价格和市场价格核定应纳税所得额。所得为其他形式的经济利益的，参照市场价格核定应纳税所得额。

（一）居民个人的综合所得的应纳税所得额

居民个人的综合所得，以每一纳税年度的收入额减除费用 6 万元以及专项扣除、专项附加扣除和依法确定的其他扣除后的余额，为应纳税所得额。

　　综合所得包括工资、薪金所得，劳务报酬所得，稿酬所得，特许权使用费所得四项。其中，劳务报酬所得、特许权使用费所得，以收入减除20%的费用后的余额为收入额，即劳务报酬所得、特许权使用费所得按照原收入额打八折后计算纳税；为鼓励创作，稿酬所得在减除20%费用的基础上，再减按70%计算纳税（见表5-2）。

表5-2　综合所得的应纳税所得额

项目	综合所得收入额	应纳税所得额
工资、薪金所得	工资、薪金所得×100%	综合所得收入额−基本减除费用−专项扣除−专项附加扣除−其他扣除−免税收入−准予扣除的公益救济性捐赠
劳务报酬所得	劳务报酬所得×80%	
稿酬所得	稿酬所得×56%	
特许权使用费所得	特许权使用费所得×80%	

具体计算公式如下：

居民个人的综合所得的应纳税所得额＝工资、薪金全部收入额＋劳务报酬收入×80%＋稿酬收入×56%＋特许权使用费收入×80%−60 000−专项扣除−专项附加扣除−其他扣除

　　【课程思政】　个人所得税的税制模式主要分为综合税制、分类税制、综合与分类相结合的税制共三种类型。我国之前的个人所得税制实行的是分类税制，即将个人各种不同来源、性质各异的所得进行分类，分别扣除不同的费用，各自按不同的税率课税。2018年新修订的《中华人民共和国个人所得税法》（以下简称"新个税法"）的最大亮点在于历史性地实现了个税制度由分类税制向综合与分类相结合的税制的转变。新个税法为什么实施综合与分类相结合的税制模式？

　　【思政解析】　实行分类与综合相结合的个税改革已提出多年，并成为我国个税改革的共识。此次个税改革，终于实现了质的突破，显示出将从多方面完善个税功能的强烈信号，也使个税改革真正驶上促进国家治理现代化的道路。其具体表现如下：一是有利于完善财政收入功能，保持国家财政收入稳定。实行分类与综合改革后，虽然对低收入者来说将降低税收负担，但是对高收入者来说，若对其工资、薪金，稿酬，特许权使用费，劳务报酬四项劳动收入综合征税后，将适用更高的税率，可能会增加其税收负担。加之以"金税三期"为依托的税收征管信息化系统的使用，偷税漏税现象将会大大减少。总体来看，预期改革后个人所得税的收入规模将进一步上升。这也完全符合中央提出的逐步降低间接税比重并逐步提高直接税比重的税制结构优化方向。尤其值得一提的是，由于"特朗普税改"，美国企业所得税负担大幅降低，全球企业税收竞争加剧，中国企业原本较重的税收负担将难以为继，必然逐步降低。此时的个税改革，有利于不断完善财政收入功能，保持国家财政收入稳定。二是有利于完善收入分配功能，体现公平纳税，更好地兼顾纳税人的收入水平和负担能力，缩小贫富差距。研究表明，我国实行的分类个人所得税虽然具有调节收入分配的功能，但其对基尼系数的降低力度微弱。其主要原因在于，个人所得税收入规模较小，并且分类征收无法

真正体现个人的真实纳税能力。综合所得税制比分类所得税制更公平。不一样的所得，就要缴纳不一样的税，这是综合所得税制的好处；一样的所得额，可能会缴纳不一样的税，这是分类所得税制的弊病。在2019年以前，同样是每个月6 000元的收入，甲收到的是工资、薪金所得，乙收到的是劳务报酬所得。按照旧版个税法律的规定，甲可以扣除3 500元（"三险一金"扣除暂且忽略不计），适用3%或10%的税率；但乙只能扣除20%，剩下的4 800元要适用20%的比例税率。显然，乙的税负要重于甲，这是不公平的。如果实行综合所得税制，那么无论是工资、薪金所得，还是劳务报酬所得，用同样的方法计算应纳税额，那么税负的不公平因素就可以基本消除。三是有利于增强政府信息化管理能力，提高政府社会治理效率。实行综合个人所得税制度，将对税收征管提出更高的要求。在通常情况下，个人在取得收入时，支付者会代扣代缴个人所得税，但一年结束之后，个人要对自己所缴纳的所得税进行汇算清缴，多退少补。涉及的所得种类越多，个人的工作量越大，税务机关的工作量也相应上升。面对广大自然纳税人，税务机关原有针对企业的管理模式和能力将会无法适应。因此，提高税收征管效率的重点在于能够对纳税人涉税信息进行有效监控。随着我国"金税三期"工程的推进，利用信息化手段和大数据技术，完全可以解决个人所得税的征管问题。国税和地税合并为个人所得税的综合征收提供了更加有利的条件。当前，为了节约征纳成本，我国建立的是介于分类所得税制和综合所得税制之间的综合与分类相结合的所得税制。未来，随着个税改革的不断推进，更多收入或将纳入综合征税，从而更好地发挥个税缩小收入分配差距的调节作用，更好地实现税负公平。

1. 基本减除费用

基本减除费用为每年6万元，这一标准也可以称为免征额（不规范的说法叫"起征点"）。随着社会经济的发展，我国已多次调整减除费用标准。第一次调整是在2005年，由每月800元提高到每月1 600元；第二次调整是2007年，由每月1 600元提高到每月2 000元；第三次调整是在2011年，由每月2 000元提高到每月3 500元；第四次调整是在2018年，自2018年10月1日起由每月3 500元提高到每月5 000元（每年6万元）。

【课程思政】个人所得税的基本减除费用额不断调整和提高，目前确定为5 000元/月（6万元/年），其中的思政意义是什么？

【思政解析】个税的减除费用额不断调整和提高的思政意义在于：首先，参照社会平均个人月消费水平，从所得当中税前扣除用于个人基本消费需要部分后，对剩余部分纳税，其功能正在于调节贫富差距，平衡二次分配。中华人民共和国经济飞速发展，人们的收入已经增长了多倍。30多年前，800元是工薪阶层月收入的10~20倍；今天，北京、上海等地居民月平均收入已逾万元，因此个税的减除费用额调整体现了经济的快速发展、法治的与时俱进，这种做法增加了居民可支配收入，也正是扩大内需最直接、最有效的手段。其次，体现中国特色社会主义的优越性和共同富裕目标，有利于社会安定团结。现阶段将减除费用额定为每月5 000元，主要是基于以下几个方面的考虑：一是5 000元的基本减除费用标准是统筹考虑了城镇居民人均基本消费支出、每个就业者平均负担的人数、居民消费价格指数等因素后综合确定的。按照城镇居民消费支出年均增长率推算，2018年人均负担的消费支出每月约为4 200元。基本减除费用标准确定为每月 5 000 元，不仅覆盖了人均消费支出，而且体现了一定的前瞻性。二是新个税法除基本减除费用标准外，还新增了多项专项附加扣除，扩大了低档税率级距，使广大纳税人都能够从不同程度上享受到减税的红利，特别是中等以下收入群体获益更大。仅以基本减除费用标准提高到每月 5 000 元这一项因素来测算，新个税法实施后个人所得税的纳税人占城镇就业人员的比例将由现在的 44% 下降至 15%。此外，5 000 元的基本扣除费用标准不是固定不变的，今后还将结合深化个人所得税改革以及城镇居民基本消费支出水平的变化情况进行动态调整。

2. 专项扣除

专项扣除包括居民个人按照国家规定的范围和标准缴纳的基本养老保险、基本医疗保险、失业保险等社会保险费和住房公积金等。

3. 专项附加扣除

专项附加扣除包括子女教育、继续教育、大病医疗、住房贷款利息、住房租金、赡养老人、婴幼儿照护等支出。

（1）子女教育。纳税人的子女接受学前教育和学历教育的相关支出，按照每个子女每年 12 000 元（每月 1 000 元）的标准定额扣除。

【特别提示】①学前教育包括年满 3 岁至小学入学前教育。学历教育包括义务教育（小学和初中教育）、高中阶段教育（普通高中、中等职业教育）、高等教育（大学专科、大学本科、硕士研究生、博士研究生教育）。

②受教育子女的父母分别按扣除标准的 50% 扣除；经父母约定，也可以选择由其中一方按扣除标准的 100% 扣除。具体扣除方式在一个纳税年度内不得变更。

③纳税人子女在中国境外接受教育的，纳税人应当留存境外学校录取通知书、留学签证等相关教育的证明资料备查。

（2）继续教育。纳税人在中国境内接受学历（学位）继续教育的支出，在学历（学位）教育期间按照每月 400 元定额扣除。同一学历（学位）继续教育的扣除期限不能超过 48 个月。纳税人接受技能人员职业资格继续教育、专业技术人员职业资格继续教育的支出，在取得相关证书的当年，按照 3 600 元定额扣除。

【特别提示】①个人接受本科及以下学历（学位）继续教育，符合规定扣除条件的，可以选择由其父母扣除，也可以选择由本人扣除。

②纳税人接受技能人员职业资格继续教育、专业技术人员职业资格继续教育的，应当留存相关证书等资料备查。

（3）大病医疗。在一个纳税年度内，纳税人发生的与基本医保相关的医药费用支出，扣除医保报销后个人负担（指医保目录范围内的自付部分）累计超过 15 000 元的部分，由纳税人在办理年度汇算清缴时，在 80 000 元限额内据实扣除。

【特别提示】纳税人发生的医药费用支出可以选择由本人或其配偶扣除；未成年子女发生的医药费用支出可以选择由其父母一方扣除。

（4）住房贷款利息。纳税人本人或配偶使用商业银行或住房公积金个人住房贷款为本人或其配偶购买住房，发生的首套住房贷款利息支出，在偿还贷款期间，可以按照每年 12 000 元（每月 1 000 元）的标准定额扣除。

【特别提示】①扣除期限最长不超过 240 个月。纳税人只能享受一次首套住房贷款的利息扣除。

②经夫妻双方约定，可以选择由其中一方扣除，具体扣除方式在一个纳税年度内不得变更。

（5）住房租金。纳税人本人及配偶在纳税人的主要工作城市没有住房，而在主要工作城市租赁住房发生的租金支出，可以按照以下标准定额扣除：

①承租的住房位于直辖市、省会城市、计划单列市以及国务院确定的其他城市，扣除标准为每月 1 500 元。

②承租的住房位于其他城市的，市辖区户籍人口超过 100 万人的，扣除标准为每月 1 100 元。

③承租的住房位于其他城市的，市辖区户籍人口不超过 100 万人（含）的，扣除标准为每月 800 元。

【特别提示】①夫妻双方主要工作城市相同的，只能由一方扣除住房租金支出。

②住房租金支出由签订租赁住房合同的承租人扣除。

③纳税人及其配偶不得同时分别享受住房贷款利息专项附加扣除和住房租金专项附加扣除。

（6）赡养老人。纳税人赡养一位及以上被赡养人的赡养支出，统一按照以下标准定额扣除：

①纳税人为独生子女的，按照每年 24 000 元（每月 2 000 元）的标准定额扣除。

②纳税人为非独生子女的，由其与兄弟姐妹分摊每月 2 000 元的扣除额度，每人分摊的额度不能超过每月 1 000 元。分摊可以由赡养人均摊或约定分摊，也可以由被赡养人指定分摊。

【特别提示】①被赡养人是指年满 60 岁的父母以及子女均已去世的年满 60 岁的祖父母、外祖父母。个人所得税专项附加扣除暂行办法所称父母，是指生父母、继父母、养父母。所称子女，是指婚生子女、非婚生子女、继子女、养子女。父母之外的其他人担任未成年人的监护人的，比照《个人所得税专项附加扣除暂行办法》的规定执行。

②约定或指定分摊的须签订书面分摊协议，指定分摊优先于约定分摊。具体分摊方式和额度在一个纳税年度内不能变更。

③纳税人赡养两个及以上老人的，不按老人人数加倍扣除。

【问题思考】赡养岳父母或公婆的费用是否可以享受个人所得税附加扣除？

【问题解答】《个人所得税专项附加扣除暂行办法》第二十三条规定："本办法所称被赡养人是指年满 60 岁的父母，以及子女均已去世的年满 60 岁的祖父母、外祖父母。"因此，赡养岳父母或公婆的费用不可以享受个人所得税专项附加扣除。

（7）3 岁以下婴幼儿照护。2022 年 3 月 28 日，《国务院关于设立 3 岁以下婴幼儿照护个人所得税专项附加扣除的通知》发布。国务院决定设立 3 岁以下婴幼儿照护个人所得税专项附加扣除，自 2022 年 1 月 1 日起实施。纳税人照护 3 岁以下婴幼儿子女的相关支出，按照每个婴幼儿每月 1 000 元的标准定额扣除。父母可以选择由其中一方按扣除标准的 100% 扣除，也可以选择由双方分别按扣除标准的 50% 扣除，具体扣除方式在一个纳税年度内不能变更。

作为优化生育政策的配套支持措施之一，这项专项附加扣除项目的设立，将让更多育儿家庭从中受益。

【课程思政】此次个税法修改还有一大亮点，就是在计算居民个人的综合所得时，除了减除费用 6 万元和专项扣除外，首次新设专项附加扣除，其思政意义是什么？

【思政解析】本次个税改革增加了专项附加扣除项目，主要是考虑个人负担的差异性，更符合个人所得税的基本原理，体现税制的公平合理性。子女教育、继续教育、大病医疗、住房贷款利息和住房租金这些扣除项目均是与老百姓生活密切相关的支出项目，允许支出从综合收入中扣除，有利于降低家庭的教育支出、医疗支出、住房贷款和租房支出负担，从而降低劳动力负担，促进人力资本成长，使普通居民生活成本降低。这也是贯彻落实党的十九大精神的重要体现。党的十九大提出"坚持在发展中保障和改善民生"。新个税法新增专项附加扣除，国务院对专项附加扣除项目的范围、标准和实施步骤做出具体规定，使广大纳税人实实在在享受到减税的红利，也进一步增加了人民群众的获得感，让人民生活更幸福。

4. 其他扣除

其他扣除包括个人缴付符合国家规定的企业年金、职业年金，个人购买符合国家规定的商业健康保险、税收递延型商业养老保险的支出以及国务院规定可以扣除的其他项目。自 2017 年 7 月 1 日起，对个人购买符合规定的商业健康保险产品的支出，允许在当年计算应纳税所得额时予以扣除，扣除限额为 2 400 元/年。

自 2022 年 1 月 1 日起，对个人养老金实施递延纳税优惠政策。在缴费环节，个人向个人养老金资金账户的缴费，按照 12 000 元/年的限额标准，在综合所得或经营所得中据实扣除；在投资环节，计入个人养老金资金账户的投资收益暂不征收个人所得税；在领取环节，个人领取的个人养老金，不并入综合所得，单独按照 3% 的税率计算缴纳个人所得税，其缴纳的税款计入"工资、薪金所得"项目。

个人缴费享受税前扣除优惠时，以个人养老金信息管理服务平台出具的扣除凭证为扣税凭据。取得工资薪金所得、按累计预扣法预扣预缴个人所得税劳务报酬所得的，其缴费可以选择在当年预扣预缴或次年汇算清缴时在限额标准内据实扣除。选择在当年预扣预缴的，应及时将相关凭证提供给扣缴单位。扣缴单位应按照有关要求，为纳税人办理税前扣除有关事项。取得其他劳务报酬、稿酬、特许权使用费等所得或经营所得的，其缴费在次年汇算清缴时在限额标准内据实扣除。个人按规定领取个人养老金时，由开立个人养老金资金账户所在市的商业银行机构代扣代缴其应缴的个人所得税。

【特别提示】专项扣除、专项附加扣除和依法确定的其他扣除，以居民个人一个纳税年度的应纳税所得额为限额；一个纳税年度扣除不完的，不结转以后年度扣除。

（二）非居民个人所得的应纳税所得额

（1）非居民个人的工资、薪金所得，以每月收入额减除费用 5 000 元后的余额为应纳税所得额。

（2）劳务报酬所得、稿酬所得、特许权使用费所得，以每次收入额为应纳税所得额。

【特别提示】非居民个人取得的劳务报酬所得、稿酬所得、特许权使用费所得，属于一次性收入的，以取得该项收入为一次；属于同一项目连续性收入的，以一个月内取得的收入为一次。劳务报酬所得、稿酬所得、特许权使用费所得以收入减除 20% 的费用后的余额为收入额。稿酬所得的收入额减按 70% 计算。

（三）经营所得的应纳税所得额

经营所得以每一纳税年度的收入总额减除成本、费用以及损失后的余额，为应纳税所得额。成本、费用是指生产、经营活动中发生的各项直接支出和分配计入成本的间接费用以及销售费用、管理费用、财务费用；损失是指生产、经营活动中发生的固定资产和存货的盘亏、毁损、报废损失，转让财产损失，坏账损失，自然灾害等不可抗力因素造成的损失以及其他损失。

【特别提示】（1）取得经营所得的个人，没有综合所得的，计算其每一纳税年度的应纳税所得额时，应当减除费用6万元、专项扣除、专项附加扣除以及依法确定的其他扣除。专项附加扣除在办理汇算清缴时减除。

（2）从事生产、经营活动，未提供完整、准确的纳税资料，不能正确计算应纳税所得额的，由主管税务机关核定应纳税所得额或应纳税额。

个体工商户的生产、经营所得的应纳税所得额的具体规定如下：个体工商户的生产、经营所得，以每一纳税年度的收入总额，减除成本、费用、税金、损失、其他支出以及允许弥补的以前年度亏损后的余额，为应纳税所得额。

（1）个体工商户的下列支出不得扣除：

①个人所得税税款。

②税收滞纳金。

③罚金、罚款和被没收财物的损失。

④不符合扣除规定的捐赠支出。

⑤赞助支出。

⑥用于个人和家庭的支出。

⑦与取得生产经营收入无关的其他支出。

⑧国家税务总局规定不准扣除的支出。

（2）个体工商户生产经营活动中，应当分别核算生产经营费用和个人、家庭费用。生产经营与个人、家庭生活混用难以分清的费用，其40%视为与生产经营有关的费用，准予扣除。

（3）工资、薪金支出。个体工商户实际支付给从业人员的合理的工资、薪金支出，准予扣除。个体工商户业主的工资、薪金支出不得税前扣除。

（4）保险费支出。保险费包括"五险一金"和补充养老保险、补充医疗保险以及人身商业保险和财产保险。其中，个体工商户按照国务院有关主管部门或省级人民政府规定的范围和标准为其业主和从业人员缴纳的基本养老保险费、基本医疗保险费、失业保险费、生育保险费、工伤保险费和住房公积金，准予扣除。个体工商户为从业人员缴纳的补充养老保险费、补充医疗保险费，分别在不超过从业人员工资总额5%标准内的部分据实扣除；超过部分，不得扣除。除个体工商户依照国家有关规定为特殊工种从业人员支付的人身安全保险费和财政部、国家税务总局规定可以扣除的其他商业保险费外，个体工商户业主本人或为从业人员支付的商业保险费，不得扣除。个体工商户参加财产保险，按照规定缴纳的保险费，准予扣除。

【特别提示】个体工商户为业主本人缴纳的补充养老保险费、补充医疗保险费，以当地（地级市）上年度社会平均工资的3倍为计算基数，分别在不超过该计算基数5%

标准内的部分据实扣除；超过部分，不得扣除。

（5）个体工商户在生产经营活动中发生的合理的且不需要资本化的借款费用、利息支出、三项经费、业务招待费、广告费和业务宣传费、劳动保护支出等参照企业所得税，准予扣除。

（6）个体工商户按照规定缴纳的摊位费、行政性收费、协会会费等，按实际发生数额扣除。

（7）税金。个体工商户在生产经营活动中发生的除个人所得税和允许抵扣的增值税以外的各项税金及其附加，准予在税前扣除。个体工商户代其从业人员或他人负担的税款，不得税前扣除。

（8）捐赠支出。个体工商户直接对受益人的捐赠不得扣除。个体工商户通过公益性社会团体或县级以上人民政府及其部门，用于《中华人民共和国公益事业捐赠法》规定的公益事业的捐赠，捐赠额不超过其应纳税所得额30%的部分可以据实扣除。财政部、国家税务总局规定可以全额在税前扣除的捐赠支出项目，按有关规定执行。

（9）亏损。个体工商户纳税年度发生的亏损，准予向以后年度结转，用以后年度的生产经营所得弥补，但结转年限最长不得超过5年。

（10）损失。个体工商户发生的损失，减除责任人赔偿和保险赔款后的余额，参照财政部、国家税务总局有关企业资产损失税前扣除的规定扣除。个体工商户已经作为损失处理的资产，在以后纳税年度又全部收回或部分收回时，应当计入收回当期的收入。

（11）其他支出。其他支出是指除成本、费用、税金、损失外，个体工商户在生产经营活动中发生的与生产经营活动有关的、合理的支出。

（12）允许弥补的亏损。允许弥补的以前年度亏损是指个体工商户依照规定计算的应纳税所得额小于零的数额。

【特别提示】查账征收的个人独资企业和合伙企业的扣除项目比照《个体工商户个人所得税计税办法》的规定确定。

（四）财产租赁所得的应纳税所得额

财产租赁所得每次收入不超过4 000元的，减除费用800元；4 000元以上的减除20%的费用，其余额为应纳税所得额。

个人出租财产取得的财产租赁收入，在计算缴纳个人所得税时，应依次扣除以下费用：

（1）准予扣除项目。这主要指财产租赁过程中缴纳的税费。

（2）由纳税人负担的该出租财产实际开支的修缮费费用。修缮费的扣除以每次800元为限，一次扣除不完的，准予在下一次继续扣除，直到扣完为止。

（3）税法规定的费用扣除标准（定额减除费用800元或定率减除20%的费用）。

（五）财产转让所得的应纳税所得额

财产转让所得以一次转让财产的收入额减除财产原值和合理费用后的余额为应纳税所得额。财产原值按照下列方法计算：

（1）有价证券，为买入价及买入时按照规定缴纳的有关费用。

（2）建筑物，为建造费或购进价格以及其他有关费用。

（3）土地使用权，为取得土地使用权所支付的金额、开发土地的费用以及其他有关费用。

（4）机器设备、车船，为购进价格、运输费、安装费以及其他有关费用。

【特别提示】纳税人未提供完整、准确的财产原值凭证，不能按照规定的方法确定财产原值的，由主管税务机关核定财产原值。

（六）利息、股息、红利所得和偶然所得的应纳税所得额

利息、股息、红利所得和偶然所得，以每次收入额为应纳税所得额。

【课程思政】个人所得税规定综合所得、经营所得等所得可以在收入总额扣除一定费用后，将其余额作为应纳税所得额，而利息、股息、红利所得和偶然所得直接以收入额为应纳税所得额，其中的思政意义是什么？

【思政解析】劳动收入是指各类劳动者通过劳动获得的各种报酬，如工资、薪金所得，稿酬所得等，是经过劳动创造后获得的收入。劳动是光荣的，爱岗敬业是社会主义核心价值观的重要内容之一，是我国正在大力倡导的良好社会风尚。劳动不仅可以实现个人自我价值，更可以实现中华民族伟大复兴的梦想。伟大的中国梦是全国人民的梦想，要实现中华民族伟大复兴的梦想，只有通过我们每个人兢兢业业地工作，才能梦想成真。个人所得税法律通过规定收入总额不是应纳税所得额，劳动收入可以扣除按照法律规定的费用，如生计费用、"三险一金"、子女教育费用等，让劳动者的光荣看得见、摸得着，真正让人们劳有所得、干有所值。合法的非劳动收入是指劳动收入以外的通过其他途径获得的各种收入，主要包括财产性收入、转移性收入和其他收入等。其中，财产性收入是指各种投资收入，如买股票、入股获得的利润或分红，银行存款获得的利息以及馈赠、遗产、救济等，这些一般是凭借资产、凭借身份等，而非通过自己的劳动获得的收入，因此被称为非劳动收入。这些投资性所得和偶然所得在税法中不能减除一定的费用，体现国家更鼓励劳动，社会更需要每一位劳动者在工作岗位上勤勤恳恳、尽心尽力，这样才能为自己、为单位、为社会、为国家创造出更多财富，才能让经济社会发展得更好更快。

【特别提示】关于每次收入的确定，财产租赁所得，以一个月内取得的收入为一次。利息、股息、红利所得，以支付利息、股息、红利时取得的收入为一次。偶然所得，以每次取得该项收入为一次。非居民个人取得的劳务报酬所得、稿酬所得、特许权使用费所得，属于一次性收入的，以取得该项收入为一次；属于同一项目连续性收入的，以一个月内取得的收入为一次。

二、个人所得税的税率

个人所得税按不同的个人所得项目，分别规定了超额累进税率和比例税率两种形式。

（一）综合所得

综合所得适用3%~45%的超额累进税率。个人所得税税率表（居民个人综合所得适用）如表5-3所示。

表 5-3 个人所得税税率表

(居民个人综合所得适用)

级数	全年应纳税所得额	税率/%	速算扣除数
1	不超过 36 000 元的部分	3	0
2	超过 36 000 元至 144 000 元的部分	10	2 520
3	超过 144 000 元至 300 000 元的部分	20	16 920
4	超过 300 000 元至 420 000 元的部分	25	31 920
5	超过 420 000 元至 660 000 元的部分	30	52 920
6	超过 660 000 元至 960 000 元的部分	35	85 920
7	超过 960 000 元的部分	45	181 920

注：本表所称全年应纳税所得额是指依照法律规定，居民个人取得综合所得以每一纳税年度收入额减除费用 6 万元以及专项扣除、专项附加扣除和依法确定的其他扣除后的余额。

（二）经营所得的适用税率

经营所得适用 5%～35% 五级超额累进税率。个人所得税税率表（经营所得适用）如表 5-4 所示。

表 5-4 个人所得税税率表

(经营所得适用)

级数	全年应纳税所得额	税率/%	速算扣除数
1	不超过 30 000 元的部分	5	0
2	超过 30 000 元至 90 000 元的部分	10	1 500
3	超过 90 000 元至 300 000 元的部分	20	10 500
4	超过 300 000 元至 500 000 元的部分	30	40 500
5	超过 500 000 元的部分	35	65 500

注：本表所称全年应纳税所得额是指依照法律规定，以每一纳税年度的收入总额减除成本、费用以及损失后的余额。

（三）财产租赁所得，财产转让所得，利息、股息、红利所得和偶然所得的适用税率

财产租赁所得，财产转让所得，利息、股息、红利所得和偶然所得，适用比例税率，税率为 20%。

【特别提示】为了配合国家住房制度改革，支持住房租赁市场的健康发展，从 2008 年 3 月 1 日起，个人出租住房取得的所得暂减按 10% 的税率征收个人所得税。

（四）非居民个人的工资、薪金所得，劳务报酬所得，稿酬所得，特许权使用费所得的税率表

个人所得税税率表（非居民个人工资、薪金所得，劳务报酬所得，稿酬所得，特许权使用费所得适用）如表 5-5 所示。

表 5-5　个人所得税税率表

（非居民个人工资、薪金所得，劳务报酬所得，稿酬所得，特许权使用费所得适用）

级数	应纳税所得额	税率/%	速算扣除数
1	不超过 3 000 元的部分	3	0
2	超过 3 000 元至 12 000 元的部分	10	210
3	超过 12 000 元至 25 000 元的部分	20	1 410
4	超过 25 000 元至 35 000 元的部分	25	2 660
5	超过 35 000 元至 55 000 元的部分	30	4 410
6	超过 55 000 元至 80 000 元的部分	35	7 160
7	超过 80 000 元的部分	45	15 160

【课程思政】超额累进税率规则在个税中的运用体现了什么思政意义？

【思政解析】公民之所以纳税是因为我们享受了国家提供的公共服务，税收是公共服务的对价。公共服务包括了稳定的社会环境。为了实现社会安定，国家就要确保社会的最低生活保障水平，调节收入差距，不让收入差距过分拉大，避免产生社会不稳定因素。因此，税收有一个功能就是调节贫富差距，不让富裕阶层财富增长过快。所谓累进税率，是相对于比例税率而言的。累进税率是根据征税对象数量或金额分等规定递增的多级税率。应税数量越多或金额越大，适用的税率也越高。累进税率能体现量能负担原则，使纳税人的负担水平与负税能力相适应，但税款计算较为复杂。在比例税率规则中，税率是恒定的，每一个纳税人适用同一个税率，其差异性仅仅体现在税基的不同。仅有的差异性恰恰使得其对公平的实现程度止步于形式正义，而不能够基于该种差异予以相适应的差别对待，即对"弱者"的税基予以更低的税率作为评价，以求实现实质意义上的公正。累进税率规则的出现，很好地处理了该种缺陷，将"应纳税所得额低，适用低税率；应纳税所得额高，适用高税率"的思想融入税率规则中。为了发挥个税调节个人收入、公平财富分配的作用，我国对综合所得和经营所得实行超额累进税率规则，超额累进规则即可归纳为将应纳税所得额根据级层区分为不同的部分，进而对若干个独立单元分别进行不同税率的适用，进而相加得到最终的结果。收入越高，缴税越多。新个税法修改对综合所得的税率进行了调整，扩大了3%、10%、20%三档低税率的级距，缩小了25%的税率的级距，但是维持综合所得45%的最高税率不变。有意见认为，45%的税率应当予以适当降低，否则不利于人才引进。对此，我们应当综合看待45%的最高累进税率。第一，适用45%的税率的人群，实际上已经享受前几档税率级距调整带来的减负优惠，若下调45%的税率将会直接削弱个税调节收入分配的作用。第二，与国际税改趋势保持一致。近年来，各国以及经济合作与发展组织（OECD）国家最高边际税率平均水平稳定在42%左右。第三，多项改革措施"组合拳"也能实现高收入人群降低税负的效果，如提高基本减除费用标准、专项附加扣除等措施，使纳税人在不同程度享受到减税红利，实现减税减负。

三、个人所得税的应纳税额

【问题思考】 小王有多套房产，本年取得了房产租赁收入和房产转让收入，并在取得收入的同时申报缴纳了个人所得税，此外没有其他收入。请问：小王需要按纳税年度合并计算个人所得税吗？

【问题解答】 小王取得的房产租赁收入和房产转让收入分别属于财产租赁所得和财产转让所得，只需要分别计算个人所得税，不需要按纳税年度合并计算个人所得税。

（一）居民个人综合所得应纳税额的计算

居民个人取得综合所得，按年计算个人所得税；有扣缴义务人的，由扣缴义务人按月或按次预扣预缴税款；需要办理汇算清缴的，应当在取得所得的次年 3 月 1 日至 6 月 30 日内办理汇算清缴。预扣预缴办法由国务院税务主管部门制定。因此，当居民个人取得综合所得时，应纳税额的计算一般分为两个环节，即预扣预缴和汇算清缴。其中，工资、薪金所得的预扣预缴应纳税额的计算不同于劳务报酬所得、稿酬所得和特许权使用费所得。

1. 工资、薪金所得应纳税额的计算

（1）工资、薪金所得的预扣预缴。扣缴义务人向居民个人支付工资、薪金所得时，应当按照累计预扣法计算预扣税款，并按月办理全员全额扣缴申报。

累计预扣法是指扣缴义务人在一个纳税年度内预扣预缴税款时，以纳税人在本单位截至当前月份工资、薪金所得累计收入减除累计免税收入、累计减除费用、累计专项扣除、累计专项附加扣除和累计依法确定的其他扣除后的余额为累计预扣预缴应纳税所得额，计算累计应预扣预缴税额，再减除累计减免税额和累计已预扣预缴税额，其余额为本期应预扣预缴税额。余额为负值时，暂不退税。纳税年度终了后余额仍为负值时，由纳税人通过办理综合所得年度汇算清缴，税款多退少补。

具体计算公式如下：

本期应预扣预缴税额=（累计预扣预缴应纳税所得额×预扣率-速算扣除数）-

累计减免税额-累计已预扣预缴税额

累计预扣预缴应纳税所得额=累计收入-累计免税收入-累计减除费用-累计专项

扣除-累计专项附加扣除-累计依法确定的其他扣除

式中，累计减除费用按照 5 000 元/月乘以纳税人当年截至本月在本单位的任职受雇月份数计算。计算居民个人工资、薪金所得预扣预缴税额的预扣率、速算扣除数，按表 5-6 执行。

表 5-6 个人所得税的预扣率表

（居民个人工资、薪金所得预扣预缴适用）

级数	累计预扣预缴应纳税所得额	预扣率/%	速算扣除数
1	不超过 36 000 元的部分	3	0
2	超过 36 000 元至 144 000 元的部分	10	2 520
3	超过 144 000 元至 300 000 元的部分	20	16 920

表5-6(续)

级数	累计预扣预缴应纳税所得额	预扣率/%	速算扣除数
4	超过 300 000 元至 420 000 元的部分	25	31 920
5	超过 420 000 元至 660 000 元的部分	30	52 920
6	超过 660 000 元至 960 000 元的部分	35	85 920
7	超过 960 000 元的部分	45	181 920

【特别提示】为进一步支持稳就业、保就业，减轻当年新入职人员个人所得税预扣预缴阶段的税收负担，国家税务总局发布《关于完善调整部分纳税人个人所得税预扣预缴方法的公告》，自 2020 年 7 月 1 日起，对当年首次入职居民个人取得的工资、薪金所得的预扣预缴方法进行完善调整，即对一个纳税年度内首次取得工资、薪金所得的居民个人，扣缴义务人在预扣预缴个人所得税时，可以按照 5 000 元/月乘以纳税人当年截至本月月份数计算累计减除费用。例如，大学生小李 2022 年 7 月毕业后进入某公司工作，公司发放 7 月工资，并计算当期应预扣预缴的个人所得税时，可以减除费用 3 000 元（7 个月×5 000 元/月）。首次取得工资、薪金所得的居民个人是指自纳税年度首月起至新入职时，未取得工资、薪金所得或未按照累计预扣法预扣预缴过连续性劳务报酬所得个人所得税的居民个人。

【特别提示】正在接受全日制学历教育的学生因实习取得劳务报酬所得的，扣缴义务人预扣预缴个人所得税时，可以按照《国家税务总局关于发布〈个人所得税扣缴申报管理办法（试行）〉的公告》规定的累计预扣法计算并预扣预缴税款。例如，学生小张 7 月在某公司实习取得劳务报酬 3 000 元。扣缴单位在为其预扣预缴劳务报酬所得个人所得税时，可以采取累计预扣法预扣预缴税款。如果采用该方法，那么小张 7 月的劳务报酬扣除 5 000 元减除费用后则无需预缴税款，比预扣预缴方法完善调整前少预缴 440 元。如果小张年内再无其他综合所得，也就无需办理年度汇算退税。

【特别提示】自 2021 年 1 月 1 日起，对上一完整纳税年度内每月均在同一单位预扣预缴工资、薪金所得个人所得税且全年工资、薪金收入不超过 6 万元的居民个人，扣缴义务人在预扣预缴本年度工资、薪金所得个人所得税时，累计减除费用自 1 月起直接按照全年 6 万元计算扣除。在纳税人累计收入不超过 6 万元的月份，暂不预扣预缴个人所得税；其累计收入超过 6 万元的当月及年内后续月份，再预扣预缴个人所得税。

【以案说法】广州某公司职工李先生本年 1 月工资收入为 18 000 元，当月专项扣除额（"三险一金"）相当于职工工薪收入的 22%，子女教育、继续教育、住房贷款利息和赡养老人等专项附加扣除额共计 4 400 元，无其他扣除额。李先生本年 2 月工资收入为 17 500 元，专项扣除额、专项附加扣除额与 1 月相同。请计算李先生 1 月和 2 月的工资、薪金应预扣预缴的个人所得税。

结论：1 月的工资、薪金应预扣预缴个人所得税的计算、

应纳税所得额 = 18 000-5 000-18 000×22%-4 400 = 4 640（元）

预扣预缴的个人所得税税额 = 4 640×3%-0 = 139.2（元）

2 月的工资、薪金应预扣预缴个人所得税的计算。

1~2月工资、薪金累计预扣预缴应纳税所得额＝（18 000＋17 500）－5 000×2－（18 000＋17 500）×22%－4 400×2＝8 890（元）

2月的工资、薪金预扣预缴的个人所得税税额＝8 890×3%－139.2＝127.5（元）

（2）工资、薪金所得的汇算清缴。年度终了后，若纳税人符合汇算清缴的情形应当在次年3~6月到主管税务机关进行个人所得税的汇算清缴。

【以案说法】广州某公司职工李先生本年全年工资收入总额为220 000元，无其他收入，当年专项扣除额（"三险一金"）相当于职工工薪收入的22%，全年专项附加扣除额共计为52 800元，无其他扣除额；当年预扣预缴个税合计1 680元。下年年初，李先生到主管税务机关办理汇算清缴时，请计算李先生应退（补）的个人所得税。

结论：全年应纳税所得额＝220 000－220 000×22%－52 800－60 000＝58 800（元）

全年应纳个人所得税＝58 800×10%－2 520＝3 360（元）

应补交个人所得税＝3 360－1 680＝1 680（元）

（3）全年一次性奖金收入的计税。在2023年12月31日前，全年一次性奖金收入可以不并入当年综合所得，以全年一次性奖金除以12个月得到的数额，以按月换算后的综合所得确定适用税率和速算扣除数，单独计算纳税。其计算公式如下：

应纳税额＝全年一次性奖金收入×适用税率－速算扣除数

在2023年12月31日前，居民个人取得全年一次性奖金，也可以选择并入当年综合所得计算纳税。两种计算方法的计算结果不同。同种计算方法对普通员工与企业高管的计算结果也可能不同。纳税人应在事先测算后，选择全年一次性奖金的计税方法。

【以案说法】王先生在某单位任职，12月工资为7 000元，专项扣除为1 400元，专项附加扣除为2 000元，当月发放年终奖为48 000元。请问：王先生应当如何进行计税？

结论：第一种方案，选择全年一次性奖金不并入综合所得。

当月工资应纳税所得额＝7 000－1 400－5 000－2 000＝－1 400（元），不缴纳个税。

确认一次性奖金适用税率。48 000÷12＝4 000（元/月），对应税率表（见表5-5），确定税率为10%，速算扣除数为210。

一次性奖金应该缴纳个人所得税＝48 000×10%－210＝4 590（元）

第二种方案，选择全年一次性奖金并入综合所得。

当月应纳税所得额＝48 000＋7 000－1 400－5 000－2 000＝46 600（元）

根据表5-3，确认适用税率为10%，速算扣除数为2 520。

当月应纳个人所得税＝46 600×10%－2 520＝2 140（元）

2. 劳务报酬所得、稿酬所得、特许权使用费所得应纳税额的计算

扣缴义务人向居民个人支付劳务报酬所得、稿酬所得、特许权使用费所得，按次或按月预扣预缴个人所得税。具体预扣预缴方法如下：劳务报酬所得、稿酬所得、特许权使用费所得以收入减除费用后的余额为收入额。其中，稿酬所得的收入额减按70%计算。

劳务报酬所得、稿酬所得、特许权使用费所得每次收入不超过4 000元的，减除费用按800元计算；每次收入4 000元以上的，减除费用按20%计算。

劳务报酬所得、稿酬所得、特许权使用费所得，以每次收入额为预扣预缴应纳税

所得额。

劳务报酬所得适用20%~40%的超额累进预扣率（见表5-7），稿酬所得、特许权使用费所得适用20%的比例预扣率。

具体计算公式如下：

劳务报酬所得应预扣预缴税额＝预扣预缴应纳税所得额×预扣率-速算扣除数

稿酬所得、特许权使用费所得应预扣预缴税额＝预扣预缴应纳税所得额×20%

表5-7　个人所得税的预扣率表

（居民个人工资、薪金所得预扣预缴适用）

级数	预扣预缴应纳税所得额	预扣率/%	速算扣除数
1	不超过20 000元的部分	20	0
2	超过20 000元至50 000元的部分	30	2 000
3	超过500 000元的部分	40	7 000

【以案说法】某演员本年9月在A地演出3天，共获得演出收入为60 000元。某作家本年5月取得一笔稿酬收入为2 000元。要求：分别计算某演员、某作家应预扣预缴的个人所得税。

结论：某演员应预扣预缴个人所得税的计算。

应纳税所得额＝60 000×(1-20%)＝48 000（元）

应预扣预缴个人所得税＝48 000×30%-2 000＝12 400（元）

某作家应预扣预缴个人所得税计算如下：

应纳税所得额＝(2 000-800)×70%＝840（元）

应预扣预缴个人所得税＝840×20%＝168（元）

居民个人取得劳务报酬所得、稿酬所得、特许权使用费所得，在预扣预缴税款后，应当在年度终了后与工资、薪金所得合并计税。

居民个人工资、薪金所得，劳务报酬所得，稿酬所得，特许权使用费所得年度预扣预缴税额与年度应纳税额不一致的，由居民个人于次年3月1日至6月30日向主管税务机关办理综合所得年度汇算清缴，税款多退少补。

综合所得应纳税额的计算公式如下：

应纳税额＝应纳税所得额×适用税率-速算扣除数

＝（每一纳税年度的收入额-费用60 000元-专项扣除-专项附加扣除-依法确定的其他扣除）×适用税率-速算扣除数

＝［工资、薪金收入额+劳务报酬收入×(1-20%)+稿酬收入×(1-20%)×70%+特许使用费收入×(1-20%)-60 000-专项扣除、专项附加扣除和依法确定的其他扣除］×适用税率-速算扣除数

【以案说法】广州某公司职工（居民个人）李先生当年全年工资收入总额为220 000元，全年"三险一金"等专项扣除及专项附加扣除额共计100 320元，无其他扣除额。当年预扣预缴工资的个税合计为3 360元。本年3月李先生从兼职单位乙公司取得一次性劳务报酬收入为40 000元，本年6月从丙出版社取得一次性稿酬收入为

12 000 元，本年 10 月转让给丁公司专利权取得一次性特许权使用费收入为 3 000 元。上述收入均为税前收入，且均来源于中国境内并已由相关单位预扣预缴个人所得税。假设不考虑增值税等因素，计算李先生次年 3 月 1 日至 6 月 30 日内汇算清缴应补缴（或申请退回）的个人所得税。

结论：本年综合所得应纳税所得额 = 220 000 + 40 000 × (1−20%) + 12 000 × (1−20%) × 70% + 3 000 × (1−20%) − 60 000 − 100 320 = 100 800（元）

本年综合所得应纳个人所得税 = 100 800 × 10% − 2 520 = 7 560（元）

劳务报酬所得应由乙公司预扣预缴的个人所得税 = 40 000 × (1−20%) × 30% − 2 000 = 7 600（元）

稿酬所得应由丙出版社预扣预缴的个人所得税 = 12 000 × (1−20%) × 70% × 20% = 1 344（元）

特许权使用费所得应由丁公司预扣预缴的个人所得税 = (3 000 − 800) × 20% = 440（元）

本年各相关单位预扣代缴个人所得税合计 = 3 360 + 7 600 + 1 344 + 440 = 12 744（元）

次年 3 月 1 日至 6 月 30 日内汇算清缴时应申请退回个人所得税 = 12 744 − 7 560 = 5 184（元）

【问题思考】劳务报酬、稿酬、特许权使用费在预扣预缴与年度汇算清缴时，它们的计算方法有什么区别？

【问题解答】（1）收入额的计算方法不同。年度汇算清缴时，这三项收入额为收入减除 20% 的费用后的余额。预扣预缴时收入额为每次收入减除费用后的余额，其中收入不超过 4 000 元的，费用按 800 元计算；每次收入 4 000 元以上的，费用按 20% 计算。

（2）可扣除的项目不同。这三项所得和工资、薪金所得属于综合所得，年度汇算清缴时以四项所得的合计收入额减除费用 60 000 元以及专项扣除、专项附加扣除和依法确定的其他扣除后的余额，为应纳税所得额。这三项所得日常预扣预缴税款时暂不减除专项附加扣除。

（3）适用的税率、预扣率不同。年度汇算清缴时，各项所得合并适用 3%～45% 的超额累进税率；预扣预缴时，劳务报酬所得适用三级超额累进预扣率表，稿酬所得、特许权使用费所得适用 20% 的比例预扣率。

（二）非居民个人所得应纳税额的计算

1. 非居民个人的工资、薪金所得

非居民个人的工资、薪金所得适用七级超额累进税率（见表 5-5），其应纳税额的计算公式如下：

应纳税额 = 月应纳税所得额 × 适用税率 − 速算扣除数

= (每月工资、薪金收入额 − 5 000) × 适用税率 − 速算扣除数

2. 非居民个人的劳务报酬所得、稿酬所得、特许权使用费所得

非居民个人的劳务报酬所得、稿酬所得、特许权使用费所得均适用七级超额累进税率（见表 5-5），其应纳税额的计算公式如下：

应纳税额 = 应纳税所得额 × 适用税率 − 速算扣除数

= 每次收入额 × 适用税率 − 速算扣除数

非居民个人取得工资、薪金所得，劳务报酬所得，稿酬所得，特许权使用费所得，

有扣缴义务人的，由扣缴义务人按月或按次代扣代缴税款，不办理汇算清缴。

【以案说法】本年1月，非居民个人汤姆从任职单位取得税前工资、薪金收入为20 000元。本年2月，汤姆取得一次性劳务报酬收入为10 000元。本年3月，汤姆取得一次性稿酬收入为3 500元。上述收入来源于中国境内，且不享受免税优惠政策。计算本年1月汤姆的应纳个人所得税。

结论：本年1月工资、薪金所得的应纳税所得额=20 000-5 000=15 000（元）

本年1月工资、薪金所得应纳个人所得税=15 000×20%-1 410=490（元）

本年2月劳务报酬所得的应纳税所得额=10 000×（1-20%）=8 000（元）

本年2月劳务报酬所得应纳个人所得税=8 000×10%-210=590（元）

本年3月稿酬所得的应纳税所得额=3 500×（1-20%）×70%=1 960（元）

本年3月稿酬所得应纳个人所得税=1 960×3%=588（元）

（三）经营所得应纳税额的计算

应纳税额=应纳税所得额×适用税率-速算扣除数

=（全年收入总额-成本、费用、税金、损失、其他支出及以前年度亏损）×适用税率-速算扣除数

【特别提示】近年来，为进一步帮助市场主体恢复元气、增强活力，促进个体工商户发展，财政部和税务总局联合下发多个公告，不断加大政策优惠力度（见表5-8）。

表5-8　个体工商户的优惠政策

文件	具体规定	执行期限
《财政部 税务总局关于实施小微企业和个体工商户所得税优惠政策的公告》（财政部 税务总局公告2021年第12号）	对小型微利企业和个体工商户年应纳税所得额不超过100万元的部分，在现行优惠政策基础上，再减半征收所得税。小型微利企业和个体工商户不区分征收方式，均可享受减半政策	2021年1月1日至2022年12月31日
《财政部 税务总局关于小微企业和个体工商户所得税优惠政策的公告》（财政部 税务总局公告2023年第6号）	对个体工商户经营所得年应纳税所得额不超过100万元的部分，在现行优惠政策基础上，减半征收个人所得税	2023年1月1日至2024年12月31日
《财政部 税务总局关于进一步支持小微企业和个体工商户发展有关税费政策的公告》（财政部 税务总局公告2023年第12号）	对个体工商户年应纳税所得额不超过200万元的部分，减半征收个人所得税。个体工商户在享受现行其他个人所得税优惠政策的基础上，可叠加享受本条优惠政策	2023年1月1日至2027年12月31日

（四）财产租赁所得应纳税额的计算

财产租赁所得适用20%的比例税率，但对个人出租住房取得的所得暂减按10%的税率征收个人所得税。按照租赁收入的多少，其应纳税额的计算公式如下：

1. 每次（月）收入不超过4 000元的

应纳税额=应纳税所得额×适用税率（20%或10%）

=［每次（月）收入额-准予扣除项目-修缮费用（800元为限）-800］×税率

2. 每次（月）收入超过 4 000 元的

应纳税额＝应纳税所得额×适用税率(20%或10%)

　　　　＝［每次(月)收入额－准予扣除项目－修缮费用(800 元为限)］×(1－20%)×

税率

【特别提示】计算财产租赁所得个人所得税时，首先扣除财产租赁过程中缴纳的税费，其次扣除个人向出租方支付的租金（转租时），再次扣除由纳税人负担的该出租财产实际开支的修缮费用，最后减除税法规定的费用扣除标准。减除后如果余额不足 4 000 元则减去 800 元，如果余额超过 4 000 元则减去 20%。

【以案说法】王某本年 1 月将其原居住的房屋租给他人用于居住，每月租金为 4 900 元（不含增值税），租金按月收取。本年 1 月该房屋发生修缮费用为 1 200 元，相关税费为 200 元。计算本年 1 月王某的应纳个人所得税。

结论：应纳税所得额＝4 900－200－800＝3 900（元）<4 000（元）

应纳个人所得税＝［（4 900－200－800）－800］×10%＝（3 900－800）×10%＝310（元）

（五）财产转让所得应纳税额的计算

财产转让所得应纳税额的计算公式如下：

应纳税额＝应纳税所得额×适用税率＝（收入总额－财产原值－合理税费）×20%

【以案说法】本年 10 月，王某转让其私有住房一套，取得转让收入为 50 万元。该套住房购进时的原价为 18 万元，转让时支付有关税费为 16 000 元。计算王某转让其私有住房取得收入的应纳个人所得税。

结论：应纳个人所得税＝（500 000－180 000－16 000）×20%＝60 800（元）

（六）利息、股息、红利所得和偶然所得应纳税额的计算

利息、股息、红利所得和偶然所得按收入全额计征个人所得税，不扣除任何费用；非公益性的直接捐赠税前不得扣除。

应纳税额＝每次收入额×20%

【以案说法】本年 3 月，王某在某公司举行的有奖销售活动中获得奖金为 30 000 元，领奖时发生交通费为 600 元、食宿费为 400 元（均由自己承担）。在颁奖现场王某直接向某大学图书馆捐款 3 000 元。计算王某中奖收入的应纳个人所得税。

结论：应纳个人所得税＝30 000×20%＝6 000（元）

四、个人所得税应纳税额计算的其他规定

（一）公益救济性捐赠支出允许扣除的规定

公益救济性捐赠支出的个人所得税税前扣除处理分为两种：一种是按应纳税所得额的 30%扣除，另一种是全额扣除。

个人将其所得对教育、扶贫、济困等公益慈善事业进行捐赠，捐赠额未超过纳税人申报的应纳税所得额 30%的部分，可以从其应纳税所得额中扣除；国务院规定对公益慈善事业捐赠实行全额税前扣除的，从其规定。个人将其所得对教育、扶贫、济困等公益慈善事业进行捐赠是指个人将其所得通过中国境内的公益性社会组织、国家机关向教育、扶贫、济困等公益慈善事业的捐赠。

【特别提示】公益性捐赠支出的限额扣除基数为应纳税所得额，是指计算扣除捐赠

额之前的应纳税所得额，而非收入。除非是收入全额计税的情形（利息、股息、红利所得和偶然所得）。

【课程思政】个人进行公益性捐赠支出可以在税前扣除的规定体现了什么思政意义？

【思政解析】《中华人民共和国个人所得税法》规定，个人将其所得向教育和其他社会公益事业等进行捐赠，从其应纳税所得额中扣除。这就是说，在个人捐赠时，只要其捐赠方式、捐赠款投向、捐赠额度符合法律的规定，就可以使部分或全部的捐赠款免缴个人所得税。该政策实际上是允许纳税人将自己对外捐赠的一部分改为由国家的税收来负担。该条款的立法宗旨很明确，就是要引导纳税人的捐赠方向，将其引入公益、救济性质，鼓励高收入者对公益、教育事业做出贡献。公益性捐赠是测量社会善意的一把尺子，有利于带动"人人公益"和"全民公益"成为社会新风尚，直接推动了我国社会文明进步，助推精神文明达到新的高度。该条款的出台，鼓励了社会上个人的慈善捐赠行为，弘扬了社会主义道德，提高了个人的捐赠积极性，增强了个人的社会责任感；保障了国家的税收权益，保证了财政收入的顺利实现；在构建和谐社会等方面发挥了重大作用。

【以案说法】本年1月，李某取得中奖收入为100 000元，通过国家机关向红十字事业捐赠10 000元，直接捐赠给自己的母校某小学2 000元，通过当地民政部门向贫困地区捐赠40 000元。如何计算李某的中奖收入的应纳个人所得税。

判断三笔捐赠如何在税前扣除。

结论：向红十字事业捐赠10 000元属于全额扣除；直接捐赠给某小学2 000元不得在税前扣除；通过民政部门向贫困地区捐赠属于限额扣除。

允许在税前扣除的捐赠限额=100 000×30%=30 000（元）

李某的应纳税额=（100 000−10 000−30 000）×20%=12 000（元）

（二）上市公司股权激励征税的规定

居民个人取得股票期权、股票增值权、限制性股票、股权奖励等股权激励，符合规定的相关条件的，在2021年12月31日前，不并入当年综合所得，全额单独适用综合所得税率表，计算纳税。居民个人一个纳税年度内取得两次以上（含两次）股权激励的，应合并计算纳税。其计算公式如下：

$$应纳税额=股权激励收入×适用税率−速算扣除数$$

（三）个人领取企业年金、职业年金、解除劳动关系、提前退休、内部退养的一次性补偿收入征税的规定

（1）个人达到国家规定的退休年龄，领取的企业年金、职业年金，符合相关规定的，不并入综合所得，全额单独计算应纳税款。其中按月领取的，适用月度税率表计算纳税；按季领取的，平均分摊计入各月，按每月领取额适用月度税率表计算纳税；按年领取的，适用综合所得税率表计算纳税。

个人因出境定居而一次性领取的年金个人账户资金，或者个人死亡后，其指定的受益人或法定继承人一次性领取的年金个人账户余额，适用综合所得税率表计算纳税。对个人除上述特殊原因外一次性领取年金个人账户资金或余额的，适用月度税率表计算纳税。

（2）解除劳动关系一次性补偿收入的征税规定。个人与用人单位解除劳动关系取得一次性补偿收入（包括用人单位发放的经济补偿金、生活补助费和其他补助费），在当地上年职工平均工资 3 倍数额以内的部分，免征个人所得税；超过 3 倍数额的部分，不并入当年综合所得，单独适用综合所得税率表计算纳税。

（3）提前退休一次性补贴收入的征税规定。个人办理提前退休手续而取得的一次性补贴收入，应按照办理提前退休手续至法定离退休年龄之间实际年度数平均分摊，确定适用税率和速算扣除数，单独适用综合所得税率表计算纳税。其计算公式如下：

应纳税额＝{[（一次性补贴收入÷办理提前退休手续至法定退休年龄的实际年度数）−费用扣除标准]×适用税率−速算扣除数}×办理提前退休手续至法定退休年龄的实际年度数

（4）内部退养一次性补贴收入的征税规定。实行内部退养的个人在其办理内部退养手续后至法定离退休年龄之间从原任职单位取得的工资、薪金，不属于离退休工资，应按"工资、薪金所得"项目计征个人所得税。个人在办理内部退养手续后从原任职单位取得的一次性收入，应按办理内部退养手续后至法定离退休年龄之间的所属月份进行平均，并与领取当月的工资、薪金所得合并后减除当月费用扣除标准，以余额为基数确定适用税率，再将当月工资、薪金加上取得的一次性收入，减去费用扣除标准，按适用税率计征个人所得税。

个人在办理内部退养手续后至法定离退休年龄之间重新就业取得的工资、薪金所得，应与其从原任职单位取得的同一月份的工资、薪金所得合并，并依法自行向主管税务机关申报缴纳个人所得税。

（四）两个或两个以上的个人共同取得同一项目收入的个人所得税的计算

根据《个人所得税法实施条例》第十八条的规定：两个以上的个人共同取得同一项目收入的，应当对每个人取得的收入分别按照个人所得税法的规定计算纳税，即按"先分、后扣、再税"的办法计算各自应当缴纳的个人所得税。

五、境外所得已纳税款抵免的计算

境外税收抵免制度是消除所得来源国和纳税人居民国就同一所得重复征税的主要途径。2020 年 1 月 17 日，《财政部 国家税务总局关于境外所得有关个人所得税政策的公告》（财政部 税务总局公告 2020 年第 3 号，以下简称"第 3 号公告"），明确了居民个人从中国境外取得的所得，可以从其应纳税额中抵免已在境外缴纳的个人所得税税额，但抵免额不得超过该纳税人境外所得依照《中华人民共和国个人所得税法》规定计算的应纳税额。已在境外缴纳的个人所得税税额是指居民个人来源于中国境外的所得，依照该所得来源国家（地区）的法律应当缴纳并且实际已经缴纳的个人所得税税额。

"第 3 号公告"规定，居民个人应当按照以下方法计算当期境内和境外所得应纳税额：

（1）居民个人来源于中国境外的综合所得，应当与境内综合所得合并计算应纳税额。

（2）居民个人来源于中国境外的经营所得，应当与境内经营所得合并计算应纳税额。居民个人来源于境外的经营所得，按照《中华人民共和国个人所得税法》及其实施条例的有关规定计算的亏损，不得抵减其境内或他国（地区）的应纳税所得额，但可以用来源于同一国家（地区）以后年度的经营所得按中国税法规定弥补。

（3）居民个人来源于中国境外的利息、股息、红利所得，财产租赁所得，财产转让所得和偶然所得（以下统称"其他分类所得"），不与境内所得合并，应当分别单独计算应纳税额。

居民个人境外所得税收抵免计算具体分为四步：第一步，分别计算居民个人当年内取得的全部境内和境外所得中综合所得、经营所得、其他分类所得对应的应纳税额。第二步，计算来源于同一国家或地区的各项所得的抵免限额。第三步，将上述来源于同一国家或地区的各项所得的抵免限额之和作为来源于该国或地区所得的抵免限额。第四步，按照孰低原则确定来源于该国或地区的税收抵免限额及结转抵免情况。

【特别提示】《中华人民共和国个人所得税法实施条例》第二十一条规定，来源于中国境外一个国家（地区）的综合所得抵免限额、经营所得抵免限额以及其他所得抵免限额之和，为来源于该国家或地区所得的抵免限额。综合所得的抵免限额为居民个人境内和境外综合所得的应纳税总额，乘以境外某国家或地区的综合所得收入额在个人境内和境外综合所得收入总额中的占比。经营所得的抵免限额为个人境内、境外经营所得的应纳税总额，乘以境外某国家或地区的经营所得的应纳税所得额在个人境内、境外经营所得的应纳税所得额中的占比。其他所得的抵免限额为来源于该国家或地区的其他所得直接乘以20%的税率。

【以案说法】居民个人张先生本年度在中国境内工作期间取得工资、薪金收入为30万元，在A国工作期间取得工资、薪金收入为20万元，无其他综合所得，需要合并计算其在境内、境外的综合所得。已知其综合所得可扣除基本减除费用为6万元、专项扣除为3万元、专项附加扣除为4万元，还可以税前扣除公益性捐赠为2万元。同时，张先生当年取得来源于A国的股息、红利收入为10万元，已按A国税法规定缴纳个人所得税为1万元。假设张先生来源于中国境内的工资、薪金没有进行预扣预缴，从A国取得的工资、薪金收入已经在A国缴纳个人所得税为6万元。在不考虑税收协定因素的情况下计算张先生应在境内缴纳的税款。

结论：（1）张先生本年度取得的全部境内、境外综合所得应纳税所得额=30+20-6-3-4-2=35（万元）

（2）张先生本年度境内、境外综合所得应纳税额=35×25%-3.192=5.558（万元）

股息红利所得应纳税额=10×20%=2（万元）

境内、境外所得应纳税额合计为7.558万元。

（3）张先生取得的A国综合所得可抵免限额=5.558×20÷（30+20）=2.223 2（万元）

来源于A国其他分类所得的可抵免限额=10×20%=2（万元）

来源于A国所得的税收抵免限额合计=2.223 2+2=4.223 2（万元）

（4）张先生在A国实际已缴纳个人所得税税款为7万元，大于其可抵免的境外所得税收抵免限额4.223 2万元，按照孰低原则，张先生在本年度来自A国的境外所得仅可抵免4.223 2万元，尚未抵免完毕的2.776 8万元可在以后5个纳税年度申报从A国取得的境外所得抵免限额的余额中结转抵免。

（5）张先生应在境内缴纳税款=5.558+2-4.223 2=3.334 8（万元）

六、个人所得税的税收优惠

（一）法定免税项目

（1）省级人民政府、国务院部委和中国人民解放军军以上单位以及外国组织、国际组织颁发的科学、教育、技术、文化、卫生、体育、环境保护等方面的奖金。

（2）国债和国家发行的金融债券的利息。国债利息是指个人持有财政部发行的债券而取得的利息。国家发行的金融债券利息是指个人持有经国务院批准发行的金融债券而取得的利息所得。

（3）按照国家统一规定发给的补贴、津贴。按照国家统一规定发给的补贴、津贴是指按照国务院规定发给的政府特殊津贴、院士津贴以及国务院规定免予缴纳个人所得税的其他补贴、津贴。

（4）福利费、抚恤金、救济金。福利费是指根据国家有关规定，从企业、事业单位、国家机关、社会组织提留的福利费或者工会经费中支付给个人的生活补助费。救济金是指各级人民政府民政部门支付给个人的生活困难补助费。

（5）保险赔款。

（6）军人的转业费、复员费、退役金。

（7）按照国家统一规定发给干部、职工的安家费、退职费、基本养老金或退休费、离休费、离休生活补助费。

（8）依照有关法律规定应予免税的各国驻华使馆、领事馆的外交代表、领事官员和其他人员的所得。

（9）中国政府参加的国际公约、签订的协议中规定免税的所得。

（10）国务院规定的其他免税所得。

（二）法定减税项目

（1）残疾、孤老人员和烈属的所得。

【特别提示】为了更好地发挥税收政策促进残疾人就业的作用，进一步保障残疾人的切身利益，在全国统一实行促进残疾人就业的税收优惠政策，财政部、国家税务总局发布《财政部 国家税务总局关于促进残疾人就业税收优惠政策的通知》，规定对残疾人个人取得的劳动所得才能适用减税规定。具体所得项目为工资、薪金所得，劳务报酬所得，稿酬所得，特许权使用费所得和经营所得。

（2）因自然灾害遭受重大损失的。上述减税项目的具体幅度和期限，由省、自治区、直辖市人民政府规定，并报同级人民代表大会常务委员会备案。国务院可以规定其他减税情形，报全国人民代表大会常务委员会备案。

（三）其他免税和暂免征税项目

1. 暂免征收个人所得税的所得

（1）外籍个人以非现金形式或实报实销形式取得的住房补贴、伙食补贴、搬迁费、洗衣费，按合理标准取得的境内、境外出差补贴，取得的语言训练费、子女教育费等，经当地税务机关审核批准为合理的部分，从外商投资企业取得的股息、红利所得等。

（2）个人在上海证券交易所、深圳证券交易所转让从上市公司公开发行和转让市场取得的股票转让所得。

（3）自2018年11月1日（含）起，对个人转让全国中小企业股份转让系统（"新三板"）挂牌公司非原始股取得的所得。非原始股是指个人在"新三板"挂牌公司挂牌后取得的股票以及由上述股票孳生的送股、转股。

（4）个人举报、协查各种违法、犯罪行为而获得的奖金。

（5）个人办理代扣代缴手续，按规定取得的扣缴手续费。

（6）个人转让自用达5年以上，并且是唯一的家庭生活用房取得的所得。

（7）个人购买福利彩票、体育彩票，一次中奖收入在1万元以下（含1万元）的暂免征收个人所得税；超过1万元的，全额征收个人所得税。

（8）个人取得单张有奖发票奖金所得不超过800元（含800元）的。

（9）企业和事业单位根据国家有关政策规定的办法和标准，为在本单位任职或受雇的全体职工缴付的企业年金或职业年金单位缴费部分，在计入个人账户时，个人暂不缴纳个人所得税。个人根据国家有关政策规定缴付的年金个人缴费部分，在不超过本人缴费工资计税基数的4%的标准内的部分，暂从个人当期的应纳税所得额中扣除。年金基金投资运营收益分配计入个人账户时，个人暂不缴纳个人所得税。

（10）自2015年9月8日起，个人从公开发行和转让市场取得的上市公司股票，持股期限超过1年的股息、红利所得。

（11）自2008年10月9日（含）起，储蓄存款利息所得。

（12）自2019年7月1日起至2024年6月30日止，个人持有全国中小企业股份转让系统挂牌公司的股票，持股期限超过1年的股息、红利所得。

（13）个体工商户、个人独资企业和合伙企业或个人从事种植业、养殖业、饲养业、捕捞业取得的所得。

2. 免征收个人所得税的所得

（1）达到离休、退休年龄，但确因工作需要，适当延长离休、退休年龄的高级专家（享受国家发放的政府特殊津贴的专家、学者），其在延长离休、退休期间的工资、薪金所得，视同离休、退休工资。

（2）对工伤职工及其近亲属按照《工伤保险条例》规定取得的工伤保险待遇。

（3）企业依照国家有关法律规定宣告破产，企业职工从该破产企业取得的一次性安置费收入。

（4）被拆迁人按照国家有关城镇房屋拆迁管理办法规定的标准取得的拆迁补偿款。

3. 不征收个人所得税的所得

（1）以下情形的房屋产权无偿赠与的，对当事双方不征收个人所得税：房屋产权所有人将房屋产权无偿赠与配偶、父母、子女、祖父母、外祖父母、孙子女、外孙子女、兄弟姐妹；房屋产权所有人将房屋产权无偿赠与对其承担直接抚养或赡养义务的抚养人或赡养人；房屋产权所有人死亡，依法取得房屋产权的法定继承人、遗嘱继承人或受遗赠人。

（2）企业在销售商品（产品）和提供服务过程中向个人赠送礼品，属于下列情形之一的，不征收个人所得税：企业通过价格折扣、折让方式向个人销售商品（产品）和提供服务；企业在向个人销售商品（产品）和提供服务的同时给予赠品，如通信企业对个人购买手机赠话费、入网费，或者购话费赠手机等；企业对累积消费达到一定额度的个人按消费积分反馈礼品。

【特别提示】税收法律、行政法规、部门规章和规范性文件中未明确规定纳税人享受减免税必须经税务机关审批，且纳税人取得的所得完全符合减免税条件的，无需经主管税务机关审核，纳税人可以自行享受减免税。税收法律、行政法规、部门规章和规范性文件中明确规定纳税人享受减免税必须经税务机关审批的，或者纳税人无法准确判断其取得的所得是否应享受个人所得税减免的，必须经主管税务机关按照有关规定审核或批准后，方可减免个人所得税。

【以案说法】李某本年10月取得如下收入：到期国债利息收入为986元；购买福利彩票支出500元，取得一次性中奖收入为15 000元；境内上市公司股票转让所得为10 000元；转让自用住房一套，取得转让收入为500万元（该套住房购买价为200万元，购买时间为10年前并且是唯一的家庭生活用房）。计算李某当月应缴纳的个人所得税税额。

国债利息收入免征个人所得税，股票转让所得暂不征收个人所得税，转让自用5年以上并且是唯一的家庭生活用房取得的所得暂免征收个人所得税，福利彩票收入为15 000元（超过1万元）应缴纳个人所得税且不得扣除购买彩票支出。

结论：中奖收入应缴纳个人所得税税额＝15 000×20%＝3 000（元）

李某当月应缴纳的个人所得税税额为3 000元。

【课程思政】简析上述个人所得税的税收优惠政策体现的思政意义。

【思政解析】自我国开征个人所得税以来，为适应经济形势的发展和需要，体现对纳税人的支持、鼓励和照顾，国家对纳税人因特定行为取得的所得和特定纳税人取得的所得给予了一系列税收优惠，具体包含免税、减税、税项扣除和税收抵免四个方面。这些税收优惠政策与广大工薪阶层纳税人密切相关，体现出国家运用税收手段在调节经济利益时减负于民、藏富于民的社会价值追求。经济和社会发展的最终目标应是每一个公民能够过上健康富裕的美好生活。"国富"之根本目的还在于"民富"。正所谓："天下顺治在民富，天下和静在民乐。"

中国共产党始终代表中国最广大人民的根本利益。毛泽东同志指出："共产党是为民族、为人民谋利益的政党，它本身决无私利可图。"党的一切工作都是为了实现好、维护好、发展好最广大人民的根本利益。习近平总书记指出："党的一切工作，必须以最广大人民根本利益为最高标准。"新时代，我们必须始终不渝坚持把人民拥护不拥护、赞成不赞成、高兴不高兴作为制定政策的依据，顺应民心、尊重民意、关注民情、致力民生，解决好人民群众关心的现实利益问题，不断增强人民的获得感、幸福感、安全感，更好满足人民对美好生活的新期待。

个税税收优惠充分体现了必须始终把人民利益摆在至高无上的地位，让改革发展成果更多更公平惠及全体人民，朝着实现全体人民共同富裕不断迈进的党和国家发展经济的目标。

第三节　个人所得税的征收管理

一、个人所得税的纳税期限

个人所得税的纳税期限可以按所得的不同分为以下情况：

（1）居民个人取得综合所得，按年计算个人所得税；有扣缴义务人的，由扣缴义务人按月或按次预扣预缴税款；需要办理汇算清缴的，应当在取得所得的次年 3 月 1 日至 6 月 30 日内办理汇算清缴。预扣预缴办法由国务院税务主管部门制定。居民个人向扣缴义务人提供专项附加扣除信息的，扣缴义务人按月预扣预缴税款时应当按照规定予以扣除，不得拒绝。

（2）非居民个人取得工资、薪金所得，劳务报酬所得，稿酬所得和特许权使用费所得，有扣缴义务人的，由扣缴义务人按月或按次代扣代缴税款，不办理汇算清缴。

（3）纳税人取得经营所得，按年计算个人所得税，由纳税人在月度或者季度终了后 15 日内向税务机关报送纳税申报表，并预缴税款；在取得所得的次年 3 月 31 日前办理汇算清缴。

（4）纳税人取得利息、股息、红利所得，财产租赁所得，财产转让所得和偶然所得，按月或按次计算个人所得税，有扣缴义务人的，由扣缴义务人按月或按次代扣代缴税款。

（5）纳税人取得应税所得没有扣缴义务人的，应当在取得所得的次月 15 日内向税务机关报送纳税申报表，并缴纳税款。

纳税人取得应税所得，扣缴义务人未扣缴税款的，纳税人应当在取得所得的次年 6 月 30 日前，缴纳税款；税务机关通知限期缴纳的，纳税人应当按照期限缴纳税款。

（6）居民个人从中国境外取得所得的，应当在取得所得的次年 3 月 1 日至 6 月 30 日内申报纳税。

（7）纳税人因移居境外注销中国户籍的，应当在注销中国户籍前办理税款清算。

【特别提示】非居民个人在中国境内从两处以上取得工资、薪金所得的，应当在取得所得的次月 15 日内申报纳税。

【特别提示】各项所得的计算，以人民币为单位。所得为人民币以外货币的，按照办理纳税申报或扣缴申报的上一月最后一日人民币汇率中间价，折合成人民币计算应纳税所得额。年度终了后办理汇算清缴的，对已经按月、按季或按次预缴税款的人民币以外货币所得，不再重新折算；对应当补缴税款的所得部分，按照上一纳税年度最后一日人民币汇率中间价，折合成人民币计算应纳税所得额。

【问题思考】新个人所得税法为什么把纳税人汇算清缴时间定为次年 3 月 1 日至 6 月 30 日？

【问答解答】新个人所得税法之所以把纳税人汇算清缴时间定为次年 3 月 1 日至 6 月 30 日，主要考虑：一是年度终了后，税务机关、扣缴义务人和纳税人需要整理归集涉税数据信息，为汇算清缴做准备，并避开"春节"。二是 4 个月的汇算时间较为合适。参照发达国家,如美国、加拿大的汇缴时间为 4 个月左右,我国给予的汇缴时间是合适的。三是大多数国家在 4~6 月期间汇算清缴,便于纳税人统筹汇算清缴和境外税收抵免。

二、个人所得税的纳税地点

纳税人办理纳税申报的地点以及其他有关事项的具体办法,由国务院税务主管部门制定。《个人所得税自行纳税申报办法(试行)》相关规定如下:

(1)在中国境内有任职、受雇单位的,向任职、受雇单位所在地主管税务机关申报。

(2)从两处或两处以上取得工资、薪金所得的,选择并固定向其中一处单位所在地主管税务机关申报。

(3)从中国境外取得所得的,向中国境内户籍所在地主管税务机关申报。在中国境内有户籍,但户籍所在地与中国境内经常居住地不一致的,选择并固定向其中一地主管税务机关申报。在中国境内没有户籍的,向中国境内经常居住地主管税务机关申报。

(4)个体工商户向实际经营所在地主管税务机关申报。

(5)个人独资、合伙企业投资者兴办两个或两个以上企业的,区分不同情形确定纳税申报地点:

①兴办的企业全部是个人独资性质的,分别向各企业的实际经营管理所在地主管税务机关申报。

②兴办的企业中含有合伙性质的,向经常居住地主管税务机关申报。

③兴办的企业中含有合伙性质,个人投资者经常居住地与其兴办企业的经营管理所在地不一致的,选择并固定向其参与兴办的某一合伙企业的经营管理所在地主管税务机关申报。

(6)除以上情形外,纳税人应当向取得所得所在地主管税务机关申报。

三、个人所得税的纳税申报情形

(一)扣缴义务人办理全员全额扣缴申报

扣缴义务人应当按照国家规定办理全员全额扣缴申报,并向纳税人提供其个人所得和已扣缴税款等信息。个人所得税全员全额扣缴申报是指扣缴义务人向个人支付应税所得时,不论其是否属于本单位人员、支付的应税所得是否达到纳税标准,扣缴义务人应当在代扣税款的次月内,向主管税务机关报送其支付应税所得个人的基本信息、支付所得项目和数额、扣缴税款数额以及其他相关涉税信息。扣缴义务人每月或每次预扣、代扣的税款,应当在次月 15 日内缴入国库,并向税务机关报送扣缴个人所得税申报表。税务机关对扣缴义务人按照所扣缴的税款,付给 2% 的手续费。

【特别提示】实行个人所得税全员全额扣缴申报的应税所得包括:

(1)工资、薪金所得。

(2)劳务报酬所得。

(3)稿酬所得。

（4）特许权使用费所得。

（5）利息、股息、红利所得。

（6）财产租赁所得。

（7）财产转让所得。

（8）偶然所得。

（9）经国务院财政部门确定征税的其他所得。

（二）纳税人应当依法办理纳税申报

有下列情形之一的，纳税人应当依法办理纳税申报：

（1）取得综合所得需要办理汇算清缴。需要办理汇算清缴的情形包括：

①在两处或两处以上取得综合所得，且综合所得年收入额减去专项扣除的余额超过6万元。

②取得劳务报酬所得、稿酬所得、特许权使用费所得中一项或多项所得，且综合所得年收入额减去专项扣除的余额超过6万元。

③纳税年度内预缴税额低于应纳税额的。

④纳税人申请退税。纳税人申请退税，应当提供其在中国境内开设的银行账户，并在汇算清缴地就地办理税款退库。

（2）取得应税所得没有扣缴义务人。

（3）取得应税所得，扣缴义务人未扣缴税款。

（4）取得境外所得。

（5）因移居境外注销中国户籍。

（6）非居民个人在中国境内从两处以上取得工资、薪金所得。

（7）国务院规定的其他情形。

【问题思考】新个人所得税法的征管模式对综合所得采取代扣代缴和自行申报相结合的方式，请问这对纳税人产生什么影响？

【问答解答】自行申报对纳税人主要有以下几个方面的影响：一是纳税人可以充分主张税收权益。通过自行申报，纳税人根据个人实际负担情况，享受税前扣除和税收优惠。二是能够促进建立平等的征纳关系。通过自行申报，税务机关将纳税义务还权还责于纳税人。三是能够让依法纳税理念更加深入人心。

【特别提示】纳税人可以委托扣缴义务人或其他单位和个人办理汇算清缴。纳税人、扣缴义务人应当按照规定保存与专项附加扣除相关的资料。税务机关可以对纳税人提供的专项附加扣除信息进行抽查，具体办法由国务院税务主管部门另行规定。税务机关发现纳税人提供虚假信息的，应当责令改正并通知扣缴义务人；情节严重的，有关部门应当依法予以处理，纳入信用信息系统并实施联合惩戒。

【特别提示】居民个人取得工资、薪金所得时，可以向扣缴义务人提供专项附加扣除有关信息，由扣缴义务人扣缴税款时减除专项附加扣除。纳税人同时从两处以上取得工资、薪金所得，并由扣缴义务人减除专项附加扣除的，对同一专项附加扣除项目，在一个纳税年度内只能选择从一处取得的所得中减除。居民个人取得劳务报酬所得、稿酬所得、特许权使用费所得，应当在汇算清缴时向税务机关提供有关信息，减除专项附加扣除。

（三）个人所得税的申请退税

纳税人多缴税款的，可以按规定申请退税。纳税人申请退税时提供的汇算清缴信息有错误的，税务机关应当告知其更正；纳税人更正的，税务机关应当及时办理退税。

【特别提示】扣缴义务人未将扣缴的税款解缴入库的，不影响纳税人按照规定申请退税，税务机关应当凭纳税人提供的有关资料办理退税。

四、个人所得税的纳税调整

有下列情形之一的，税务机关有权按照合理方法进行纳税调整：

（1）个人与其关联方之间的业务往来不符合独立交易原则而减少本人或其关联方应纳税额，且无正当理由。

（2）居民个人控制的，或者居民个人和居民企业共同控制的设立在实际税负明显偏低的国家（地区）的企业，无合理经营需要，对应当归属于居民个人的利润不做分配或减少分配。

（3）个人实施其他不具有合理商业目的的安排而获取不当税收利益。

税务机关依照规定作出纳税调整，需要补征税款的，应当补征税款，并依法加收利息。

【特别提示】上述所称利息，应当按照税款所属纳税申报期最后一日中国人民银行公布的与补税期间同期的人民币贷款基准利率计算，自税款纳税申报期满次日起至补缴税款期限届满之日止按日加收。纳税人在补缴税款期限届满前补缴税款的，利息加收至补缴税款之日。

五、个人所得税的信息管理规定

公安、人民银行、金融监督管理等相关部门应当协助税务机关确认纳税人的身份、金融账户信息。教育、卫生、医疗保障、民政、人力资源和社会保障、住房和城乡建设、公安、人民银行、金融监督管理等相关部门应当向税务机关提供纳税人子女教育、继续教育、大病医疗、住房贷款利息、住房租金、赡养老人等专项附加扣除信息。

个人转让不动产的，税务机关应当根据不动产登记等相关信息核验应缴的个人所得税，登记机构办理转移登记时，应当查验与该不动产转让相关的个人所得税的完税凭证。个人转让股权办理变更登记的，市场主体登记机关应当查验与该股权交易相关的个人所得税的完税凭证。

有关部门依法将纳税人、扣缴义务人遵守税法的情况纳入信用信息系统，并实施联合激励或惩戒。

扣缴义务人应当按照纳税人提供的信息计算办理扣缴申报，不得擅自更改纳税人提供的信息。

纳税人发现扣缴义务人提供或扣缴申报的个人信息、所得、扣缴税款等与实际情况不符的，有权要求扣缴义务人修改。扣缴义务人拒绝修改的，纳税人应当报告税务机关，税务机关应当及时处理。

纳税人、扣缴义务人应当按照规定保存与专项附加扣除相关的资料。税务机关可以对纳税人提供的专项附加扣除信息进行抽查，具体办法由国务院税务主管部门另行规定。税务机关发现纳税人提供虚假信息的，应当责令改正并通知扣缴义务人；情节严重的，有关部门应当依法予以处理，纳入信用信息系统并实施联合惩戒。

【开篇案例解析】

新个人所得税法实施后，纳税人取得综合所得需要依法办理汇算清缴、多退少补。个人所得税汇算清缴是自 2020 年开始执行的新制度，很多自然人纳税人已进行了汇算清缴，但仍有部分人忽视甚至故意不进行汇算清缴，不把提醒督促当回事，拒绝补税或进行虚假纳税申报，税务机关将这些典型违法案件予以曝光，有利于纠正极少数纳税人认为汇算清缴可做可不做的错误观念。

纳税人一定要严守税法规定，如实进行申报，该补缴的要依法补缴。如果发现存在涉税问题，税务机关会通过提示提醒、督促整改和约谈警示等方式，提醒督促纳税人整改。对拒不整改或整改不到位的纳税人，税务机关将依法依规立案检查。此外，纳税人不能轻信网上各类"节税秘笈"，不能在社交网络平台随意传播非官方信息，更不能触碰法律红线，应成为诚实守信的纳税人。我国出台了很多税收优惠政策，合法合规享受这些税收优惠政策才是正道。

尾篇课程思政

中国公民李某任职于境内甲企业，同时为乙企业的个人大股东。本年 1~12 月，李某取得以下收入（均为税前收入）：每月工资、薪金收入为 20 000 元；每月甲企业支付的独生子女补贴 800 元；3 月为中国境内丙公司提供咨询服务取得收入为 40 000 元；4 月获得保险赔款为 10 000 元；5 月购买福利彩票，一次中奖收入为 15 000 元；6 月因持有某上市公司股票而取得红利为 12 000 元，已知该股票为李某上年 1 月从公开发行和转让市场中取得的；7 月将其拥有的两处住房中的一套已使用 5 年的住房出售，转让收入为 200 000 元（该房产买价为 120 000 元），另支付其他可以扣除的相关税费 5 000 元；8 月乙企业为李某购买了一辆小轿车并将所有权归到李某名下，已知该车购买价为 300 000 元，经当地税务机关核定，乙企业在代扣个人所得税税款时允许税前减除的数额为 100 000 元。

李某上述所得均由支付所得的单位依法预扣预缴或代扣代缴了个人所得税。李某本年专项扣除、专项附加扣除和依法确定的其他扣除共计 50 000 元（假设不考虑增值税因素）。

回答下列问题：

（1）请分析并计算：

①李某综合所得汇算清缴应补缴（退回）的个人所得税是多少？

②李某取得的保险赔款和福利彩票中奖收入的应纳个人所得税是多少？

③李某取得的红利所得的应纳个人所得税是多少？

④李某出售住房的应纳个人所得税是多少？

⑤李某取得车辆所有权的应纳个人所得税是多少？

（2）在进行年度汇算时李某看到网上流传的"退税攻略"，试图通过虚报专项附加扣除项目信息的方式增加退税金额，于是伪造并虚增一条全年 12 000 元子女教育专项附加扣除数据。主管税务机关在日常监控中，对照李某的年度申报数据，要求补正相关证明材料。李某无法提供相关证明材料。请从思政角度评价李某的行为。

课程思政评析

（1）①首先，独生子女补贴不属于应税的工资、薪金所得，不缴纳个人所得税。其次，综合所得包括工资、薪金所得和兼职的劳务报酬所得。

李某本年工资、薪金所得应由甲企业预扣预缴的个人所得税=（20 000×12-60 000-50 000）×10%-2 520=10 480（元）

劳务报酬所得应由支付所得的单位预扣预缴的个人所得税=40 000×（1-20%）×30%-2 000=7 600（元）

合计已经缴纳的个人所得税=10 480+7 600=18 080（元）

李某的本年综合所得应纳税所得额=20 000×12+40 000×（1-20%）-60 000-50 000=162 000（元）

本年综合所得应纳个人所得税=162 000×20%-16 920=15 480（元）

本年综合所得汇算清缴时应退回的个人所得税=2 600（元）

②保险赔款免征个人所得税。李某取得的福利彩票中奖收入应纳个人所得税。

应纳个人所得税=15 000×20%=3 000（元）

③自2015年9月8日起，个人从公开发行和转让市场取得的上市公司股票，持股期限在1个月以内（含1个月）的，其股息、红利所得全额计入应纳税所得额；持股期限在1个月以上至1年（含1年）的，暂减按50%计入应纳税所得额；持股期限超过1年的，暂免征收个人所得税。李某取得的红利所得应纳个人所得税为零。

④李某出售住房应纳个人所得税=（200 000-120 000-5 000）×20%=15 000（元）

⑤企业为股东购买车辆并将车辆所有权归到股东个人名下，应按照利息、股息、红利所得项目征收个人所得税。考虑到该股东个人名下的车辆同时也为企业经营使用的实际情况，允许合理减除部分所得。

李某取得车辆所有权应纳个人所得税=（300 000-100 000）×20%=40 000（元）

（2）李某的行为属于未依法如实填报专项附加扣除项目信息，根据《个人所得税专项附加扣除操作办法（试行）》第二十九条的规定，纳税人有报送虚假专项附加扣除信息、重复享受专项附加扣除、超范围或标准享受专项附加扣除、拒不提供留存备查资料、税务总局规定的其他情形之一的，主管税务机关应当责令其改正；情形严重的，应当纳入有关信用信息系统，并按照国家有关规定实施联合惩戒；涉及违反税收征管法律法规等的，税务机关依法进行处理。同时，纳税除承担上述不如实填报的法律后果外，还对其今后享受专项附加扣除造成一定影响。例如，《财政部 税务总局关于个人所得税综合所得汇算清缴涉及有关政策问题的公告》第三条规定，居民个人填报专项附加扣除信息存在明显错误，经税务机关通知，居民个人拒不更正或不说明情况的，税务机关可以暂停纳税人享受专项附加扣除。

总之，诚实守信是享受个税改革红利的前提，只有如实依法申报，依法纳税，做一个诚信的公民，减税红利才能应享尽享。

第六章 | 土地增值税法

党的二十大报告指出，"完善以宪法为核心的中国特色社会主义法律体系""加强重点领域、新兴领域、涉外领域立法""推进科学立法、民主立法、依法立法，统筹立改废释纂，增强立法系统性、整体性、协同性、时效性"。土地增值税是国家利用税收杠杆进行宏观调控的重要工具。目前，征收土地增值税的主要依据为 1993 年出台的《中华人民共和国土地增值税暂行条例》。该条例施行约 30 年来，上升为法律的条件和时机已经成熟。2019 年 7 月，财政部、国家税务总局联合起草了《中华人民共和国土地增值税法（征求意见稿）》。土地增值税立法是贯彻落实税收法定原则的重要步骤，也是健全地方税体系改革的重要内容，有利于健全我国的房地产税收体系、推进国家治理体系和治理能力现代化。

■教学目标

通过本章教学至少应该实现下列目标：掌握土地增值税法的含义及特征，了解《中华人民共和国土地增值税法（征求意见稿）》的内容，熟悉土地增值税的税收减免政策以及征收管理等知识目标；具有运用税法知识开展土地增值税的确认、计算、预缴、清算等纳税实务以及能够正确享有纳税的权利和履行纳税人的义务等能力目标；具备良好的知法、懂法等业务素质以及遵纪守法、诚信纳税等思政目标。

■开篇案例导入

1 月，某国有商业企业利用库房空地进行住宅商品房开发，按照国家有关规定补缴土地出让金 2 840 万元，缴纳相关税费 160 万元。住宅开发成本为 2 800 万元，其中含装修费用 500 万元。房地产开发费用中的利息支出为 300 万元（不能提供金融机构证明）。当年商品房全部销售完毕，该企业取得不含增值税销售收入共计

9 000万元。该企业缴纳城市维护建设税和教育费附加45万元，缴纳印花税4.5万元。已知该企业所在省人民政府规定的房地产开发费用的计算扣除比例为10%。

请思考下列问题：

（1）房地产开发企业和非房地产开发企业在计算土地增值税时存在哪些不同？

（2）该企业如何计算土地增值税？

（3）简要说明征收土地增值税所蕴含的思政元素。

案例解析在本章第二节。

第一节　土地增值税概述

一、土地增值税的概念

土地增值税是指转让国有土地使用权、地上的建筑物及其附着物（以下简称"转让房地产"）并取得收入的单位和个人，就其转让房地产所取得的增值额为计税依据向国家缴纳的一种税。土地增值税的征税对象是指有偿转让国有土地使用权及地上建筑物和其他附着物产权所取得的增值额，纳税人转让房地产所取得的收入减除规定扣除项目金额后的余额，为增值额。

【特别提示】地上的建筑物是指建于土地上的一切建筑物，包括地上地下的各种附属设施。附着物是指附着于土地上的不能移动，一经移动即遭损坏的种植物、养植物及其他物品。

二、土地增值税的纳税人

转让国有土地使用权、地上的建筑物及其附着物并取得收入的单位和个人，为土地增值税的纳税义务人（以下简称"纳税人"）。单位包括各类企业、事业单位、国家机关和社会团体及其他组织。个人包括个体经营者和其他个人。土地增值税也适用于外商投资企业、外国企业、外国驻华机构、海外华侨、港澳台同胞、外国公民。

【改革意见】根据《中华人民共和国土地增值税法（征求意见稿）》的规定，在中华人民共和国境内转移房地产并取得收入的单位和个人，为土地增值税的纳税人，应当依照税法的规定缴纳土地增值税。

三、土地增值税的征税范围

土地增值税的征税范围主要包括转让国有土地使用权、地上建筑物及其附着物连同国有土地使用权一并转让、存量房地产的买卖等。

（一）属于土地增值税的征税范围的情况

属于土地增值税的征税范围的情况如下：

（1）转让国有土地使用权（指以出售方式转让国有土地使用权）。

（2）地上建筑物及其附着物连同国有土地使用权一并转让。

（3）存量房地产买卖。

（4）抵押期满以房地产抵债（发生权属转让）。

（5）单位之间交换房地产（有实物形态收入）。

（6）投资方或接受方属于房地产开发企业的房地产投资。

（7）投资联营后将投入的房地产再转让的。

（8）合作建房建成后转让的。

（9）土地使用者处置土地使用权。

（二）不属于土地增值税的征税范围的情况

不属于土地增值税的征税范围的情况如下：

（1）房地产继承（原所有人无收入）。

（2）房地产赠予（有范围限制，原所有人无收入）。

（3）房地产自用或出租（权属未变）。

（4）房地产在抵押期间（权属未变）。

（5）房地产的代建行为（权属未变）。

（6）房地产评估增值。

【特别提示】土地增值税只对转让国有土地使用权的行为征税，对出让国有土地的行为不征税。国有土地出让是指国家以土地所有者的身份将土地使用权在一定年限内让予土地使用者，并由土地使用者向国家支付土地出让金的行为。

【特别提示】土地增值税只对有偿转让的房地产征税，对以继承、赠与等方式无偿转让的房地产，不予征税。不征土地增值税的房地产赠与行为包括以下两种情况：第一，房地产所有人、土地使用权所有人将房屋产权、土地使用权赠与直系亲属或承担直接赡养义务人的行为；第二，房地产所有人、土地使用权所有人通过中国境内非营利的社会团体、国家机关将房屋产权、土地使用权赠与教育、民政和其他社会福利、公益事业的行为。社会团体是指中国青少年发展基金会、希望工程基金会、宋庆龄基金会、减灾委员会、中国红十字会、中国残疾人联合会、全国老年基金会、老区促进会以及经民政部门批准成立的其他非营利的公益性组织。

【改革意见】根据《中华人民共和国土地增值税法（征求意见稿）》的规定，转移房地产是指下列行为：

（1）转让土地使用权、地上的建筑物及其附着物。

（2）出让集体土地使用权、地上的建筑物及其附着物，或者以集体土地使用权、地上的建筑物及其附着物作价出资、入股。土地承包经营权流转不征收土地增值税。

第二节　土地增值税的计算

一、土地增值税的计税依据

土地增值税以纳税人转让房地产取得的增值额为计税依据。纳税人转让房地产取得的增值额是纳税人转让房地产取得的应税收入减去规定扣除项目金额后的余额。因此，应税收入和扣除项目金额的确定是计算土地增值税的基础与前提。

（一）应税收入的确认

纳税人转让房地产取得的应税收入为不含增值税收入，包括转让房地产的全部价款及有关经济收益。纳税人转让房地产取得的收入包括货币收入、实物收入和其他收入。

1. 货币收入

货币收入是指纳税人转让房地产而取得的现金、银行存款和国库券、金融债券、企业债券、股票等有价证券。

2. 实物收入

实物收入是指纳税人转让房地产而取得的各种实物形态的收入，如钢材、水泥等建材，房屋、土地等不动产。这些实物收入一般要按照公允价值确认应税收入。

3. 其他收入

其他收入是指纳税人转让房地产而取得的无形资产收入或具有财产价值的权利，如专利权、商标权、著作权、专有技术使用权、土地使用权、商誉权等。这些无形资产收入一般要进行专门的评估，按照评估价确认应税收入。

4. 外币的折算

纳税人取得的收入为外国货币的，应当以取得收入当天或当月 1 日国家公布的市场汇价折合成人民币，据以计算土地增值税税额。当月以分期收款方式取得的外币收入，也应按实际收款日当月 1 日国家公布的市场汇价折合成人民币。

（二）扣除项目金额的确认

依照《中华人民共和国土地增值税暂行条例》的规定，准予纳税人从房地产转让收入额减除的扣除项目可以分为新建房扣除项目和旧房及建筑物扣除项目。扣除金额具体包括以下内容：

1. 取得土地使用权所支付的金额

取得土地使用权所支付的金额包括以下内容：

（1）纳税人为取得土地使用权支付的地价款。地价款的确定有以下三种方式：

①以协议、招标、拍卖等出让方式取得土地使用权的，地价款为纳税人支付的土地出让金。

②以行政划拨方式取得土地使用权的，地价款为按照国家有关规定补缴的土地出让金。

③以转让方式取得土地使用权的，地价款为向原土地使用权人实际支付的地价款。

（2）纳税人在取得土地使用权时按国家统一规定缴纳的有关费用和税金。有关费用和税金是指纳税人在取得土地使用权过程中为办理有关手续，必须按国家统一规定缴纳的有关登记、过户手续费和契税。

2. 房地产开发成本

房地产开发成本是指纳税人开发房地产项目实际发生的成本，包括土地的征用及拆迁补偿费、前期工程费、建筑安装工程费、基础设施费、公共配套设施费、开发间接费用等。

（1）土地征用及拆迁补偿费包括土地征用费、耕地占用税、劳动力安置费及有关地上、地下附着物拆迁补偿的净支出、安置动迁用房支出等。

（2）前期工程费包括规划、设计、项目可行性研究和水文、地质、勘察、测绘、"三通一平"等支出。

（3）建筑安装工程费是指以出包方式支付给承包单位的建筑安装工程费和以自营方式发生的建筑安装工程费。

（4）基础设施费包括开发小区内道路、供水、供电、供气、排污、排洪、通信、照明、环卫、绿化等工程发生的支出。

（5）公共配套设施费包括不能有偿转让的开发小区内公共配套设施发生的支出。

（6）开发间接费用是指直接组织、管理开发项目发生的费用，包括工资、职工福利费、折旧费、修理费、办公费、水电费、劳动保护费、周转房摊销等。

3. 房地产开发费用

房地产开发费用是指与房地产开发项目有关的销售费用、管理费用、财务费用。根据现行财务会计制度的规定，这三项费用作为期间费用，按照实际发生额直接计入当期损益。但是在计算土地增值税时，房地产开发费用并不是按照纳税人实际发生额进行扣除，应分别按以下两种情况进行扣除：

（1）财务费用中的利息支出，凡能够按转让房地产项目计算分摊并提供金融机构证明的，允许据实扣除，但最高不能超过按商业银行同类同期贷款利率计算的金额。其他房地产开发费用，按规定计算的金额（取得土地使用权所支付的金额和房地产开发成本，下同）之和的5%以内计算扣除。计算扣除的具体比例，由各省、自治区、直辖市人民政府规定。其计算公式为：

允许扣除的房地产开发费用=利息+（取得土地使用权所支付的金额+房地产开发成本）×省级政府确定的比例

（2）财务费用中的利息支出，凡不能按转让房地产项目计算分摊利息支出或不能提供金融机构证明的，房地产开发费用按规定计算的金额之和的10%以内计算扣除。计算扣除的具体比例，由各省、自治区、直辖市人民政府规定。其计算公式为：

允许扣除的房地产开发费用=（取得土地使用权所支付的金额+房地产开发成本）×省级政府确定比例

【特别提示】财政部、国家税务总局对扣除项目金额中利息支出的计算问题做了两项专门规定：一是利息的上浮幅度按国家的有关规定执行，超过上浮幅度的部分不允许扣除；二是对超过贷款期限的利息部分和加罚的利息不允许扣除。

4. 与转让房地产有关的税金

与转让房地产有关的税金是指在转让房地产时缴纳的城市维护建设税、印花税。因转让房地产缴纳的教育费附加也可视同税金予以扣除。《中华人民共和国土地增值税暂行条例》等规定的土地增值税扣除项目涉及的增值税进项税额，允许在销项税额中计算抵扣的，不计入扣除项目；不允许在销项税额中计算抵扣的，可以计入扣除项目。

5. 财政部确定的其他扣除项目

对从事房地产开发的纳税人可以按规定计算的金额之和，加计20%的扣除。此条优惠只适于从事房地产开发的纳税人，除此之外的其他纳税人不适用。其计算公式为：

从事房地产开发的纳税人加计扣除 =（取得土地使用权所支付的金额+房地产开发成本）×20%

6. 旧房及建筑物的扣除金额

（1）按旧房及建筑物的评估价格扣除。旧房及建筑物的评估价格是指在转让已使用的房屋及建筑物时，由政府批准设立的房地产评估机构评定的重置成本价乘以成新度折扣率后的价格。评估价格须经当地税务机关确认。其计算公式为：

$$评估价格 = 重置成本价 \times 成新度折扣率$$

重置成本价的含义是：对旧房及建筑物，按转让时的建材价格及人工费用计算建造同样面积、同样层次、同样结构、同样建设标准的新房及建筑物所需花费的成本费用。

成新度折扣率的含义是：按旧房的新旧程度做一定比例的折扣。

因此，转让旧房应按房屋及建筑物的评估价格、取得土地使用权支付的地价款和按国家统一规定缴纳的有关费用以及在转让环节缴纳的税金作为扣除项目金额计征土地增值税。取得土地使用权时未支付地价款或不能提供已支付的地价款凭据的，在计征土地增值税时不允许扣除。

（2）按购房发票金额计算扣除。纳税人转让旧房及建筑物，凡不能取得评估价格，但能提供购房发票的，经当地税务部门确认，《中华人民共和国土地增值税暂行条例》规定的扣除项目的金额，可以按发票上所载金额并从购买年度起至转让年度止每年加计5%计算。对纳税人购房时缴纳的契税，凡能够提供契税完税凭证的，准予作为"与转让房地产有关的税金"予以扣除，不作为加计5%的基数。

对转让旧房及建筑物，既没有评估价格，又不能提供购房发票的，税务机关可以根据《中华人民共和国税收征收管理法》第三十五条的规定，实行核定征收。

7. 计税依据的特殊规定

（1）隐瞒、虚报房地产成交价格的。隐瞒、虚报房地产成交价格是指纳税人不报或有意低报转让土地使用权、地上建筑物及其附着物价款的行为。纳税人隐瞒、虚报房地产成交价格的，应由评估机构参照同类房地产的市场交易价格进行评估，税务机关根据评估价格确定转让房地产的收入。

（2）提供扣除项目金额不实的。提供扣除项目金额不实是指纳税人在纳税申报时不据实提供扣除项目金额，而是虚增被转让房地产扣除项目的内容或金额，使税务机关无法从纳税人方面了解计征土地增值税所需的正确的扣除项目金额，以达到虚增成本偷税的目的。纳税人申报扣除项目金额不实的，应由评估机构按照房屋重置成本价乘以房屋的成新度折扣率计算的房屋成本价和取得土地使用权时的基准地价进行评估。税务机关根据评估价格确定房地产的扣除项目金额，并用该房地产坐落土地取得时的基准地价或标准地价来确定土地的扣除项目金额，房地产和土地的扣除项目金额之和即为该房地产的扣除项目金额。

（3）转让房地产的成交价格低于房地产评估价格，又无正当理由的。转让房地产的成交价格低于房地产评估价格，又无正当理由是指纳税人申报的转让房地产的成交价低于房地产评估机构采用市场比较法评估的正常市场交易价，纳税人又无正当理由进行解释的行为。这种情况应按评估的市场交易价确定其实际成交价，并以此作为转让房地产的收入计算征收土地增值税。

（4）非直接销售和自用房地产收入的确定。房地产开发企业将开发产品用于职工福利、奖励、对外投资、分配给股东或投资人、抵偿债务、换取其他单位和个人的非货币性资产等，发生所有权转移时应视同销售房地产，其收入按下列方法和顺序确认：一是按本企业在同一地区、同一年度销售的同类房地产的平均价格确定，二是由主管税务机关参照当地当年同类房地产的市场格或评估价值确定。

【改革意见】根据《中华人民共和国土地增值税法（征求意见稿）》的规定，计算增值额时准予扣除的项目如下：

（1）取得土地使用权支付的金额。

（2）开发土地的成本、费用。

（3）新建房及配套设施的成本、费用或旧房及建筑物的评估价格。

（4）与转移房地产有关的税金。

（5）国务院规定的其他扣除项目。

二、土地增值税的税率

土地增值税实行四级超率累进税率：增值额未超过扣除项目金额50%的部分，税率为30%；

增值额超过扣除项目金额50%、未超过扣除项目金额100%的部分，税率为40%；增值额超过扣除项目金额100%、未超过扣除项目金额200%的部分，税率为50%；增值额超过扣除项目金额200%的部分，税率为60%。土地增值税四级超率累进税率表如表6-1所示。

表6-1　土地增值税四级超率累进税率表　　　　　单位:%

级次	增值额与扣除项目金额的比率	税率	速算扣除系数
1	不超过50%的部分（≤50%）	30	0
2	超过50%，未超过100%的部分（>50%，≤100%）	40	5
3	超过100%，未超过200%的部分（>100%，≤200%）	50	15
4	超过200%的部分（>200%）	60	35

【特别提示】每级"增值额未超过扣除项目金额"的比例，均包括本比例数。

三、土地增值税应纳税额的计算

（一）应纳税额的计算公式

土地增值税按照纳税人转让房地产取得的增值额和规定的税率计算征收。土地增值税的计算公式如下：

$$应纳税额 = \sum（每级距的增值额 \times 适用税率）$$

由于分步计算比较烦琐，一般可以采用速算扣除法计算，即计算土地增值税税额，可以按照增值额乘以适用的税率减去扣除项目金额乘以速算扣除系数的简便方法计算。具体公式如下：

$$应纳税额 = 增值额 \times 税率 - 扣除项目金额 \times 速算扣除系数$$

（1）增值额未超过扣除项目金额50%。

$$土地增值税应纳税额 = 增值额 \times 30\%$$

（2）增值额超过扣除项目金额50%，未超过100%。

$$土地增值税应纳税额=增值额×40\%-扣除项目金额×5\%$$

（3）增值额超过扣除项目金额100%，未超过200%。

$$土地增值税应纳税额=增值额×50\%-扣除项目金额×15\%$$

（4）增值额超过扣除项目金额200%。

$$土地增值税应纳税额=增值额×60\%-扣除项目金额×35\%$$

【特别提示】计算土地增值税的步骤可以分为以下五步：

第一步，计算应税收入。

第二步，计算扣除项目金额。

第三步，用应税收入减除扣除项目金额计算增值额。

第四步，用土地增值额与扣除项目金额之间的比例，确定适用税率和速算扣除系数。

第五步，计算应纳税额。

【开篇案例解析】

（1）非房地产开发企业缴纳的印花税允许作为税金扣除，非房地产开发企业不允许按照取得土地使用权所支付金额和房地产发成本合计数的20%加计扣除。

（2）该企业1月的应纳土地增值税计算如下：

①住宅销售收入为9 000万元。

②确定转让房地产的扣除项目金额包括：

取得土地使用权所支付的金额=2 840+160=3 000（万元）

住宅开发成本为2 800万元。

房地产开发费用=（3 000+2 800）×10%=580（万元）

与转让房地产有关的税金=45+4.5=49.5（万元）

转让房地产的扣除项目金额=2 840+160+2 800+（2 840+160+2 800）×10%+49.5=6 429.5（万元）

③转让房地产的增值额=9 000-6 429.5=2 570.5（万元）

④增值额与扣除项目金额的比率=2 570.5÷6 429.5=39.98%

增值额与扣除项目金额的比率未超过50%，适用的税率为30%。

⑤应纳土地增值税=2 570.5×30%=771.15（万元）。

（3）土地增值税的征收，一是为了取得土地资源消耗的补偿基金，保护国有土地资源的合理开发利用；二是为了调节资源级差收入，以利于企业在平等的基础上开展竞争。土地增值税的征收是为了达到规范土地、房地产市场交易秩序，合理调节土地增值收益，维护国家权益的目的。征收土地增值税，有利于筹集财政收入、调节土地增值收益分配、促进房地产市场健康稳定发展。征收土地增值税，是深入践行"绿水青山就是金山银山"理念，是要让良好生态环境真正成为人民生活的增长点、成为经济社会持续健康发展的支撑点、成为展现我国良好形象的发力点。我们必须更加自觉地推动绿色发展、循环发展、低碳发展，切实把绿色发展理念融入经济社会发展各方面，真正走出一条生产发展、生活富裕、生态良好的文明发展道路。我们只有更加重视生态环境，更加尊重自然生态的发展规律，保护和利用好生态环境，才能更好地发展生产力，在更高层次上实现人与自然的和谐。

四、土地增值税的优惠政策

（一）纳税人建造普通标准住宅出售，增值额未超过扣除项目金额 20% 的免税

普通标准住宅是指按所在地一般民用住宅标准建造的居住用住宅。高级公寓、别墅、度假村等不属于普通标准住宅。普通标准住宅与其他住宅的具体划分界限，2005年 5 月 31 日以前由各省、自治区、直辖市人民政府规定。自 2005 年 6 月 1 日起，普通标准住宅应同时满足：住宅小区建筑容积率在 1.0 以上，单套建筑面积在 120 平方米以下，实际成交价格低于同级别土地上住房平均交易价格 1.2 倍以下。各省、自治区、直辖市根据实际情况制定本地区享受优惠政策普通住房具体标准。允许单套建筑面积和价格标准适当浮动，但向上浮动的比例不得超过上述标准的 20%。纳税人既建普通标准住宅又进行其他房地产开发的，应分别核算增值额。不分别核算增值额或不能准确核算增值额的，其建造的普通标准住宅不能适用这一免税规定。

（二）因国家建设需要征用、收回的房地产暂免征税

因国家建设需要依法征用、收回的房地产是指因城市实施规划、国家建设的需要而被政府批准征收的房地产或收回的土地使用权。因城市实施规划、国家建设的需要而搬迁，由纳税人自行转让原房地产的，免征土地增值税。

（三）转让旧房作为公共租赁住房房源且增值额未超过扣除项目金额 20% 的免税

企事业单位、社会团体以及其他组织转让旧房作为公共租赁住房房源且增值额未超过扣除项目金额 20% 的免税。

（四）个人销售住房暂免征税

自 2008 年 11 月 1 日起，个人销售住房，暂免征收土地增值税。

（五）个人之间互换房地产免税

个人之间互换自有居住用房地产的，经当地税务机关核实，免征土地增值税。

（六）关于企业改制重组的土地增值税政策

2021 年 1 月 1 日至 2023 年 12 月 31 日，企业改制重组有关土地增值税政策如下：

（1）企业按照《中华人民共和国公司法》有关规定整体改制，包括非公司制企业制为有限责任公司或股份有限公司，有限责任公司变更为股份有限公司，股份有限公司变更为有限责任公司，对改制前的企业将国有土地使用权、地上的建筑物及其附着物（以下简称"房地产"）转移、变更到改制后的企业，暂不征收土地增值税。整体改制是指不改变原企业的投资主体，并承继原企业权利、义务的行为。

（2）按照法律规定或合同约定，两个或两个以上企业合并为一个企业，且原企业投资主体存续的，对原企业将房地产转移、变更到合并后的企业，暂不征收土地增值税。

（3）按照法律规定或合同约定，企业分设为两个或两个以上与原企业投资主体相同的企业，对原企业将房地产转移、变更到分立后的企业，暂不征收土地增值税。

（4）单位、个人在改制重组时以房地产作价入股进行投资，对其将房地产转移、变更到被投资的企业，暂不征土地增值税。

上述改制重组有关土地增值税政策不适用于房地产转移任意一方为房地产开发企业的情形。

（5）改制重组后再转让房地产并申报缴纳土地增值税时，"取得土地使用权所支付

的金额"按照改制重组前取得该宗国有土地使用权所支付的地价款和按国家统一规定缴纳的有关费用确定；经批准以国有土地使用权作价出资入股的，为作价入股时县级及以上自然资源部门批准的评估价格。按购房发票确定扣除项目金额的，按照改制重组前购房发票所载金额并从购买年度起至本次转让年度止每年加计5%计算扣除项目额。购买年度是指购房发票所载日期的当年。

【特别提示】纳税人享受上述税收政策，应按税务机关规定办理。"不改变原企业投资主体""投资主体相同"是指企业改制重组前后出资人不发生变动，出资人的出资比例可以发生变动。投资主体存续是指原企业出资人必须存在于改制重组后的企业，出资人的出资比例可以发生变动。

【改革意见】根据《中华人民共和国土地增值税法（征求意见稿）》的规定，下列情形可以减征或免征土地增值税：

（1）纳税人建造保障性住房出售，增值额未超过扣除项目金额20%的，免征土地增值税。

（2）因国家建设需要依法征收、收回的房地产，免征土地增值税。

（3）国务院可以根据国民经济和社会发展的需要规定其他减征或免征土地增值税情形，并报全国人民代表大会常务委员会备案。

省、自治区、直辖市人民政府可以决定对下列情形减征或免征土地增值税，并报同级人民代表大会常务委员会备案：

（1）纳税人建造普通标准住宅出售，增值额未超过扣除项目金额20%的。

（2）房地产市场较不发达、地价水平较低地区的纳税人出让集体土地使用权、地上的建筑物及其附着物，或者以集体土地使用权、地上的建筑物及其附着物作价出资、入股的。

第三节　土地增值税的征收管理

一、土地增值税的纳税申报

纳税人应在转让房地产合同签订后7日内，到房地产所在地主管税务机关办理纳税申报，并向税务机关提交房屋及建筑物产权、土地使用权证书，土地使用权转让、房地产买卖合同，房地产评估报告及其他与转让房地产有关的资料，之后在税务机关规定的期限内缴纳土地增值税。

纳税人因经常发生房地产转让而难以在每次转让后申报的，经税务机关审核同意后，可以定期进行纳税申报，具体期限由主管税务机关根据情况确定。

纳税人采取预售方式销售房地产的，对在项目全部竣工结算前转让房地产取得的收入，税务机关可以预征土地增值税。具体办法由各省、自治区、直辖市税务机关根据当地情况制定。

对纳税人预售房地产取得的收入，凡当地税务机关规定预征土地增值税的，纳税人应当到主管税务机关办理纳税申报，并按规定比例预缴，待办理完纳税清算后，多退少补。

【改革意见】根据《中华人民共和国土地增值税法（征求意见稿）》的规定，土地增值税纳税义务发生时间为房地产转移合同签订的当日。房地产开发项目土地增值税实行先预缴后清算的办法。从事房地产开发的纳税人应当自纳税义务发生月份终了之日起15日内，向税务机关报送预缴土地增值税纳税申报表，预缴税款。

二、土地增值税的纳税清算

土地增值税清算是指纳税人在符合土地增值税清算条件后，依照税收法律法规以及土地增值税有关政策规定，计算房地产开发项目应缴纳的土地增值税税额，并填写土地增值税清算申报表，向主管税务机关提供有关资料，办理土地增值税清算手续，结清该房地产项目应缴纳土地增值税税款的行为。

（一）土地增值税的清算单位

土地增值税以国家有关部门审批的房地产开发项目为单位进行清算，对分期开发的项目，以分期项目为单位清算。房地产开发项目中同时包含普通住宅和非普通住宅的，应分别计算增值额。

（二）土地增值税的清算条件

1. 纳税人应进行土地增值税的清算的情形

符合下列情形之一的，纳税人应进行土地增值税的清算：

（1）房地产开发项目全部竣工、完成销售的。

（2）整体转让未竣工决算房地产开发项目的。

（3）直接转让土地使用权的。

2. 主管税务机关要求纳税人进行土地增值税清算的情形

符合下列情形之一的，主管税务机关可以要求纳税人进行土地增值税清算：

（1）已竣工验收的房地产开发项目，其已转让的房地产建筑面积占整个项目可售建筑面积的比例在85%以上，或者该比例虽然未超过85%，但是剩余的可售建筑面积已经出租或自用的。

（2）取得销售（预售）许可证满3年仍未销售完毕的。

（3）纳税人申请注销税务登记但未办理土地增值税清算手续的。

（4）省级税务机关规定的其他情况。

【改革意见】根据《中华人民共和国土地增值税法（征求意见稿）》的规定，从事房地产开发的纳税人应当自达到以下房地产清算条件起90日内，向税务机关报送土地增值税纳税申报表，自行完成清算，结清应缴税款或向税务机关申请退税：

（1）已竣工验收的房地产开发项目，已转让的房地产建筑面积占整个项目可售建筑面积的比例在85%以上，或者该比例虽然未超过85%，但是剩余的可售建筑面积已经出租或自用的。

（2）取得销售（预售）许可证满3年仍未销售完毕的。

（3）整体转让未竣工决算房地产开发项目的。

（4）直接转让土地使用权的。

（5）纳税人申请注销税务登记但未办理土地增值税清算手续的。

（6）国务院确定的其他情形。

3. 土地增值税清算应报送的资料

纳税人办理土地增值税清算应报送以下资料:

(1) 房地产开发企业清算土地增值税书面申请、土地增值税纳税申报表。

(2) 项目竣工决算报表、取得土地使用权所支付的地价款凭证、国有土地使用权出让合同、银行贷款利息结算通知单、项目工程合同结算单、商品房购销合同统计表等与转让房地产的收入、成本和费用有关的证明资料。

(3) 主管税务机关要求报送的其他与土地增值税清算有关的证明资料等。

纳税人委托税务中介机构审核鉴证的清算项目,还应报送中介机构出具的土地增值税清算税款鉴证报告。

4. 清算后再转让房地产的处理(房地产项目尾盘销售)

在土地增值税清算时未转让的房地产,清算后销售或有偿转让的,纳税人应按规定进行土地增值税的纳税申报,扣除项目金额按清算时的单位建筑面积成本费用乘以销售额或转让面积计算。单位建筑面积成本费用的计算公式如下:

单位建筑面积成本费用=清算时的扣除项目总金额÷清算的总建筑面积

【以案说法】甲房地产开发公司开发的星湖小区(其他商品房),项目总建筑面积为10万平方米,总可售面积为9万平方米。该项目发生的可扣除项目总金额(不包含税金及附加)为9 000万元。在土地增值税清算时,已售面积为8.1万平方米,清算比例为90%,清算面积为9万平方米,清算时扣除项目总金额为8 100万元,清算后再转让的面积为0.9万平方米,则单位建筑面积成本费用如何计算?

单位建筑面积成本费用=清算时的扣除项目总金额÷清算的总建筑面积=8 100÷9=900(元/平方米)

清算后再转让时扣除项目总金额=单位建筑面积成本费用×转让面积=900×0.9=810(万元)

5. 土地增值税的核定征收

房地产开发企业有下列情形之一的,税务机关可以实行核定征收土地增值税:

(1) 依照法律、行政法规的规定应当设置但未设置账簿的。

(2) 擅自销毁账簿或拒不提供纳税资料的。

(3) 虽设置账簿,但账目混乱或成本资料、收入凭证、费用凭证残缺不全,难以确定转让收入或扣除项目金额的。

(4) 符合土地增值税清算条件,未按照规定的期限办理清算手续,经税务机关责令限期清算,逾期仍不清算的。

(5) 申报的计税依据明显偏低,又无正当理由的。

三、土地增值税的纳税地点

土地增值税的纳税人发生应税行为应向房地产所在地主管税务机关缴纳税款。这里所称的房地产所在地是指房地产的坐落地。纳税人转让的房地产坐落在两个或两个以上地区的,应按房地产所在地分别申报纳税。

【特别提示】在实际工作中,纳税地点的确定又可以分为以下两种情况:第一,纳税人是法人的。当转让的房地产坐落地与其机构所在地或经营所在地一致时,在办理税务登记的原管辖税务机关申报纳税；当转让的房地产坐落地与其机构所在地或经营所在地不一致时，在房地产坐落地所管辖的税务机关申报纳税。第二，纳税人是自然人的。当转让的房地产坐落地与其住所所在地一致时，在住所所在地税务机关申报纳税；当转让的房地产坐落地与其住所所在地不一致时，在办理过户手续所在地的税务机关申报纳税。

尾篇课程思政

财政部、税务总局联合起草了《中华人民共和国土地增值税法草案（征求意见稿）》（以下简称《征求意见稿》）。现将《征求意见稿》的主要内容摘录如下：

（1）关于征税范围。《征求意见稿》将出让、转让集体土地使用权、地上的建筑物及其附着物（以下简称"集体房地产"）纳入征税范围；同时，拟将目前对集体房地产征收的土地增值收益调节金取消。

（2）关于扣除项目。《征求意见稿》将《中华人民共和国土地增值税暂行条例》（以下简称《条例》）第六条第五项授权财政部规定的其他扣除项目调整为国务院规定的其他扣除项目。需要说明的是，考虑到集体、国有房地产的成本构成差异较大，且不同地区集建地（集体经营性建设用地）入市方式、途径、形态、用途等差异也很大，成本构成和级差收益千差万别，再者集体房地产入市目前仍处于试点阶段，相关管理制度还在探索和逐步健全过程中，相关扣除项目难以做出统一规定。

（3）关于税收优惠。《征求意见稿》在延续《条例》优惠规定的基础上，对个别政策做了适当调整。一是吸收了现行税收优惠政策中关于建造增值率低于20%的保障性住房免税的规定。二是增加了授权国务院可规定减征或免征土地增值税的其他情形。这些调整主要考虑的是国务院需要根据经济社会发展形势，相机决定一些阶段性、过渡性优惠政策，如企业改制重组土地增值税政策、房地产市场调控相关的土地增值税政策等。三是将建造增值率低于20%的普通住宅免税的规定，调整为授权省级政府结合本地实际决定减征或免征，以体现因地制宜、因城施策的房地产市场调控政策导向，落实地方政府主体责任。四是增加了授权省级人民政府对房地产市场较不发达、地价水平较低地区集体房地产减征或免征土地增值税的规定。其主要原因是土地级差收益的地区差异巨大，为了建立兼顾国家、集体、个人土地收益分配机制，适当下放税政管理权限，有必要授权省级政府因地制宜制定集体房地产相关税收优惠政策。

（4）关于纳税义务发生时间和申报纳税期限。《征求意见稿》增加了关于纳税义务发生时间的规定，将其明确为房地产转移合同签订的当日。同时，为简化缴税程序、方便纳税人，《征求意见稿》调整了申报缴税期限。一是将《条例》中分开设置的纳税申报和缴纳税款两个时间期限合并为申报缴纳期限。二是将申报缴税期限由《条例》规定的房地产转移合同签订之日后7日内申报并在税务机关核定期限内缴税，调整为区分不同类型纳税人，规定不同的期限。从事房地产开发的纳税人，自纳税义务发生月份终了之日起15日内，申报预缴土地增值税；达到清算条件后90日内，申报清算土地增值税。其他纳税人自纳税义务发生之日起30日内申报缴税。

（5）关于征收管理模式。《征求意见稿》明确规定了房地产开发项目实行先预缴后清算的制度，并将现行税务机关根据纳税人提供的资料进行清算审核的做法，调整为从事房地产开发的纳税人应自行完成清算，结清应缴税款或向税务机关申请退税。

请根据上述资料，思考下列问题：

（1）如何理解《征求意见稿》中集体土地的"出让"？在集体土地上开发的小产权房是否应缴纳土地增值税？谈谈你的看法。

（2）《条例》规定，清算的具体办法，由省级地税局来规定。《征求意见稿》将其改为清算办法规定为国家税务总局规定，各省、自治区、直辖市人民政府可根据本地实际提出具体办法，并报同级人民代表大会常务委员会决定。由此，请分析"权限上收"的利弊。

（3）请参照上述已知的税收优惠内容，简要说明其中所蕴含的思政元素。

课程思政评析

（1）集体土地的"出让"就是集体土地所有者将使用权出让给买受人的行为。主体是所有者，比如村集体，出让完成后，应该进行土地使用权的变更登记。此时，村集体就要缴纳土地增值税。

取得土地使用权者再将其转让，这不应再理解为"出让"了，不缴纳土地增值税。土地增值税只由村集体缴纳。

但是，如果买受人以土地使用权作价投资入股，目前税法规定是应该缴纳土地增值税。这就是说，直接出售使用权不征税，作价投资则要征税。这样来看，此次《征求意见稿》的表述不大妥当。

从这个意义上讲，买卖小产权房，只要销售主体不是村集体，依然不缴纳土地增值税。

另外，如果不走土地使用权变更登记这一步，村集体直接把建设用地出租给他人，这算不算出让使用权呢？缴纳不缴纳土地增值税呢？

对租赁的一般理解就是在所有权不变的情况下，对使用权的让渡。这样理解就是出让使用权，就要征土地增值税。租金如果年年收，这个税又该怎么计算呢？

如果对村集体出租集体土地按租赁理解，不按出让使用权理解，就不征收土地增值税，那么只要不登记，就能避税吗？由此可见，《征求意见稿》有待进一步完善。

（2）清算权限上收，土地增值税的清算就不会各地有各地的政策了，增强了土地增值税政策的全国统一性。但是，各省、自治区、直辖市人民政府可根据本地实际提出具体办法，并报同级人民代表大会常务委员会决定。各省级人民代表大会可以制定"具体办法"。适当下放税政管理权限，有利于省级政府因地制宜地制定集体房地产相关税收政策。

从实际情况来看，具体的清算政策会直接影响到土地增值税的纳税义务，甚至可能在土地增值税法律、条例的规定之外，限制扣除项目、增加纳税义务。因此，具体的清算政策下放到省一级制定，有违纳税法定思想，易滋生地方政府依靠"卖地"创收的现象，也就是通过土地出让金的收入来支持地方政府债务的偿还等。

（3）上述政策优惠，体现因地制宜、因城施策的房地产市场调控政策导向，充分体现了党和政府对民生的关心、关爱与关怀，同时也是我们促进区域协调发展和全面建成小康社会"补短板"的重要保障机制之一。

第七章

其他小税种税法

党的二十大报告指出，"推动绿色发展，促进人与自然和谐共生""完善支持绿色发展的财税、金融、投资、价格政策和标准体系"。2018 年 1 月 1 日，《中华人民共和国环境保护税法》施行，成为我国第一部专门体现"绿色税制"的单行税法。深入践行"绿水青山就是金山银山"理念，必须更加自觉地推动绿色发展、循环发展、低碳发展，而环境保护税、资源税、耕地占用税等"多税共治"的绿色税收体系，将有力推动着生态文明建设，在更高层次上实现人与自然的和谐，创造人类文明新形态。

第一节 关税法

■教学目标

通过本节教学至少应该实现下列目标：掌握关税的税法概念、种类及其构成要素，了解关税的税收减免政策以及征收管理等知识目标；具有运用税法正确处理纳税实务、运用税收原则及其法律关系正确享有纳税人的权利和履行纳税人的义务等能力目标；具备良好的知法、懂法等业务素质以及遵纪守法、诚信纳税、法治观念等思政目标。

■开篇案例导入

某企业于本年 1 月从意大利进口一批布料。该批布料在国外购买价折合人民币为 800 000 元，货物运抵我国入关前发生运输费折合人民币为 30 000 元，保险费折合人民币为 20 000 元。已知布料适用的增值税税率为 13%，进口关税税率为 20%。

请思考下列问题：

（1）该企业在进口环节需要缴纳哪些税收？

（2）如何计算该批布料的应纳税额。

一、关税的概念和纳税人

（一）关税的概念

关税是对进出国境或关境的货物、物品征收的一种税。由于计税依据是商品的流转额，因此也被归为流转税。关税一般分为进口关税、出口关税和过境关税。我国目前对进出境货物征收的关税分为进口关税和出口关税两类。

关境又称海关境域或关税领域，是海关法律全面实施的领域，包括该国的领土、领海、领空。

在通常情况下，一国的关境与国境是一致的。在特殊情况下，一方面，如果某一国家在国境内设立了自由港、自由贸易区等，这些区域就进出口关税而言处在关境之外。这时，该国的关境小于国境。我国的关境小于国境。另一方面，如果几个国家结成关税同盟，组成共同的关境，实施统一的关税法令和统一的对外税则，这些国家彼此之间货物进出国境不征收关税，只对来自或运往其他国家的货物进出共同关境时征收关税，这些国家的关境大于国境。

（二）关税的纳税人

进口货物的收货人、出口货物的发货人、进出境物品的所有人，是关税的纳税义务人。

进出口货物的收货人、发货人是依法取得对外贸易经营权并进口或出口货物的法人或其他社会团体。其具体包括外贸进出口公司、工贸或农贸结合的进出口公司以及其他经批准经营进出口商品的企业。

进出境物品的所有人包括该物品的所有人和推定为所有人的人。其具体包括入境旅客随身携带的行李、物品的持有人；各种运输工具上服务人员入境时携带自用物品的持有人；馈赠物品以及其他方式入境个人物品的所有人；个人邮递物品的收件人。在一般情况下，对携带进境的物品，推定其携带人为所有人；对分离运输的行李，推定相应的进出境旅客为所有人；对以邮递方式进境的物品，推定其收件人为所有人；对以邮递或其他运输方式出境的物品，推定其寄件人或托运人为所有人。

【特别提示】接受纳税人委托办理货物报关等有关手续的代理人，可以代办纳税手续，但不是纳税义务人。

二、关税的征税范围和税目

关税的征税范围是准许进出境的货物和物品。货物是指贸易性商品；物品是指入境旅客随身携带的行李物品、个人邮递物品、各种运输工具上的服务人员携带进口的自用物品、馈赠物品以及其他方式进境的个人物品。凡准许进出口的货物，除国家另有规定的以外，均应由海关征收进口关税或出口关税，对从境外采购进口的原产于中国境内的货物，也应按规定征收进口关税。

关税的税目、税率都由《中华人民共和国海关进出口税则》（以下简称《进出口税则》）规定，包括三个主要部分：归类总规则、进口税率表、出口税率表。其中，归类总规则是进出口货物分类的具有法律效力的原则和方法。

《进出口税则》中的商品分类目录为关税税目。按照归类总规则及其归类方法，每一种商品都能找到一个最适合的对应税目。全部应税商品共分为21大类。在21大类商品之下，分为97章，每章商品又细分为若干商品项数。这些商品项数分别用8位数字组成的代码表示，或者称为税则号列。每个税则号列后还要对商品进行基本描述，并标明该税则号列的商品适用的税率。我国2019年版《进出口税则》的税目总数为8 549个。

三、关税的税率

（一）税率的种类

关税的税率分为进口税率和出口税率两种。进口税率分为普通税率、最惠国税率、协定税率、特惠税率、关税配额税率和暂定税率。进口货物适用何种关税税率是以进口货物的原产地为标准的。进口关税一般采用比例税率，实行从价计征的办法，但对啤酒、原油等少数货物则实行从量计征。广播用录像机、放像机、摄像机等适用从价加从量的复合税率。征收出口关税的货物项目很少，主要为少数资源性产品及易于竞相杀价、盲目进口、需要规范出口秩序的半制成品。出口关税税率包括出口税率和年度暂定税率两类。

1. 普通税率

原产于未与我国共同适用最惠国条款的世界贸易组织成员，未与我国订有相互给予最惠国待遇、关税优惠条款贸易协定和特殊关税优惠条款贸易协定的国家或地区的进口货物以及原产地不明的货物，按照普通税率征税。

2. 最惠国税率

原产于与我国共同适用最惠国条款的世界贸易组织成员的进口货物，原产于与我国签订含有相互给予最惠国待遇的双边贸易协定的国家或地区的进口货物以及原产于我国的进口货物，按照最惠国税率征税。

3. 协定税率

原产于与我国签订含有关税优惠条款的区域性贸易协定的国家或地区的进口货物，按照协定税率征税。

4. 特惠税率

原产于与我国签订含有特殊关税优惠条款的贸易协定的国家或地区的进口货物，按照特惠税率征税。

5. 关税配额税率

关税配额税率是指关税配额限度内的税率。关税配额是进口国限制进口货物数量的措施，把征收关税和进口配额相结合以限制进口。在配额内进口的货物可以适用较低的关税配额税率，在配额外进口的货物则适用较高的关税配额税率。

6. 暂定税率

暂定税率是在最惠国税率的基础上，对一些国内需要降低进口关税的货物以及出于国际双边关系的考虑需要个别安排的进口货物实行的暂定税率。

（二）税率的确定

进出口货物应当依照《进出口税则》规定的归类原则归入合适的税号，按照适用的税率征税。其中：

（1）进出口货物应按收发货人或他们的代理人申报进口或出口之日实施的税率征税。

（2）进口货物到达之前，经海关核准先行申报的，应该按照装载此货物的运输工具申报进境之日实施的税率征税。

（3）进出口货物的补税和退税，适用该进出口货物原申报进口或出口之日所实施的税率，但下列情况除外：

①按照特定减免税办法批准予以减免税的进口货物，后因情况改变经海关批准转让或出售需予补税的，应按其原进口之日实施的税率征税。

②加工贸易进口料、件等属于保税性质的进口货物，如经批准转为内销，应按向海关申报转为内销当日实施的税率征税；如未经批准擅自转为内销的，则按海关查获日期所施行的税率征税。

③对经批准缓税进口的货物以后缴税时，不论是分期或一次缴清税款，都应按货物原进口之日实施的税率计征税款。

④分期支付租金的租赁进口货物，分期付税时，都应按该项货物原进口之日实施的税率征税。

⑤溢卸、误卸货物事后确定需予征税时，应按其原运输工具申报进口日期所实施的税率征税。如原进口日期无法查明的，可以按确定补税当天实施的税率征税。

⑥由于《进出口税则》归类的改变、完税价格的审定或其他工作差错而需补征税款的，应按原征税日期实施的税率征税。

⑦查获的走私进口货物需予补税时，应按查获日期实施的税率征税。

⑧暂时进口货物转为正式进口需予补税时，按其转为正式进口之日实施的税率征税。

【特别提示】我国对部分产品实行滑准税。滑准税是一种关税税率随进口商品价格由高到低而由低到高设置计征关税的方法，可以使进口商品的价格越高，其进口关税税率越低；进口商品的价格越低，其进口关税税率越高。滑准税的税率实际为比例税率，其主要特点是可以保持滑准税商品的国内市场价格相对稳定，尽可能减少国际市场价格波动的影响。我国于2005年5月开始对关税配额外棉花进口配额征收滑准税，税率滑动的范围为5%~40%，征收的目的是在大量棉花进口的情况下，减少进口棉花对国内棉花市场的冲击，确保棉农收益。2010年，我国对关税配额外进口一定数量的棉花继续实施滑准税。

五、关税的计税依据

关税的计税依据是完税价格。

（一）进口货物的完税价格

1. 一般贸易项下进口货物的完税价格

一般贸易项下进口货物以海关审定的成交价格为基础的到岸价格作为完税价格。

成交价格是一般贸易项下进口货物的买方为购买该项货物，向卖方实际支付或应当支付的价格。在货物成交过程中，进口人在成交价格外另支付给卖方的佣金，应计入成交价格，而向境外采购代理人支付的买方佣金则不能计入，如已包括在成交价格中应予以扣除；卖方付给进口人的正常回扣，应从成交价格中扣除。卖方违反合同规定延期交货的罚款，卖方在货价中冲减时，罚款则不能从成交价格中扣除。

到岸价格是指包括货价以及货物运抵我国关境内输入地点起卸前的包装费、运费、保险费和其他劳务费等费用构成的一种价格，其中还应包括为了在境内生产、制造、使用或出版、发行而向境外支付的与该进口货物有关的专利、商标、著作权以及专有技术、计算机软件和资料等费用。为避免低报、瞒报价格偷逃关税，进口货物的到岸价格不能确定时，本着公正、合理原则，海关应当按照规定估定完税价格。

【特别提示】货物运抵我国关境内输入地点起卸后发生的通关费、运费等不能计入关税完税价格。

【以案说法】某进出口公司从俄罗斯进口一批化工原料，共300吨。货物以境外口岸离岸价格成交，单价折合人民币为20 000元/吨；买方承担的包装费为500元/吨；向卖方支付的佣金为1 000元/吨；向自己的采购代理人支付的佣金为5 000元。已知该货物运抵中国海关境内输入地点起卸前的包装、运输、保险和其他劳务费用为2 000元/吨，进口后另发生运输和装卸费用300元。计算该进出口公司该批化工原料的关税完税价格。

该批化工原料的关税完税价格 =（20 000+500+1 000+2 000）×300 = 705（万元）

2. 特殊贸易项下进口货物的完税价格

对某些特殊、灵活的贸易方式（如寄售等）下进口货物，在进口时没有"成交价格"可作依据。为此，《中华人民共和国进出口关税条例》对这些进口货物制定了确定其完税价格的方法。

（1）运往境外加工的货物的完税价格。出境时已向海关报明，并在海关规定期限内复运进境的，以境外加工费和料件费以及复运进境的运输及其相关费用与保险费审查确定完税价格。

（2）运往境外修理的机械器具、运输工具或其他货物的完税价格。出境时已向海关报明并在海关规定期限内复运进境的，以经海关审定的修理费和料件费作为完税价格。

（3）租借和租赁进口货物的完税价格。租借、租赁方式进境的货物，以海关审查确定的货物租金作为完税价格。

（4）国内单位留购的进口货样、展览品和广告陈列品的完税价格。对国内单位留购的进口货样、展览品和广告陈列品，以留购价格作为完税价格。但对留购货样、展览品和广告陈列品的买方，除按留购价格付款外，又直接或间接给卖方一定利益的，海关可以另行确定上述货物的完税价格。

（5）逾期未出境的暂进口货物的完税价格。对经海关批准暂时进口的施工机械、工程车辆、供安装使用的仪器和工具、电视或电影摄制机械以及盛装货物的容器等，如入境超过半年仍留在国内使用的，应自第七个月起，按月征收进口关税。其完税价格按原货进口时的到岸价格确定，每月的税额计算公式为：

$$每月关税 = 货物原到岸价格 \times 关税税率 \times 1 \div 48$$

（6）转让出售进口减免税货物的完税价格。按照特定减免税办法批准予以减免税进口的货物，在转让或出售而需补税时，可以按这些货物原进口时的到岸价格确定其完税价格。其计算公式为：

完税价格＝原入境到岸价格×[1－实际使用月份÷(管理年限×12)]

管理年限是指海关对减免税进口的货物监督管理的年限。

（二）出口货物的完税价格

出口货物应当以海关审定的货物售予境外的离岸价格，扣除出口关税后作为完税价格。其计算公式为：

出口货物完税价格＝离岸价格÷(1＋出口税率)

离岸价格应以该项货物运离关境前的最后一个口岸的离岸价格为实际离岸价格。若该项货物从内地起运，则从内地口岸至最后出境口岸所支付的国内段运输费用应予扣除。离岸价格不包括装船以后发生的费用。出口货物在成交价格以外支付给国外的佣金应予扣除，未单独列明的则不予扣除。出口货物在成交价格以外，买方还另行支付的货物包装费，应计入成交价格。当离岸价格不能确定时，完税价格由海关估定。

（三）进出口货物完税价格的审定

对进出口货物的收发货人或其代理人向海关申报进出口货物的成交价格明显偏低，而又不能提供合法证据和正当理由的；申报价格明显低于海关掌握的相同或类似货物的国际市场上公开成交货物的价格，而又不能提供合法证据和正当理由的；申报价格经海关调查认定买卖双方之间有特殊经济关系或对货物的使用、转让互相订有特殊条件或特殊安排，影响成交价格的以及其他特殊成交情况，海关认为需要估价的，则按以下方法依次估定完税价格：

（1）相同货物成交价格法，即以从同一出口国家或地区购进的相同货物的成交价格作为该被估货物完税价格的依据。

（2）类似货物成交价格法，即以从同一出口国家或地区购进的类似货物的成交价格作为被估货物的完税价格的依据。

（3）国际市场价格法，即以进口货物的相同或类似货物在国际市场上公开的成交价格为该进口货物的完税价格。

（4）国内市场价格倒扣法，即以进口货物的相同或类似货物在国内市场上的批发价格，扣除合理的税、费、利润后的价格为该进口货物的完税价格。

（5）合理方法估定的价格。如果按照上述几种方法顺序估价仍不能确定其完税价格时，可由海关按照合理方法估定。

六、关税应纳税额的计算

（一）从价计税应纳关税税额的计算

从价税是最普遍的关税计征方法，它以进（出）口货物的完税价格作为计税依据。进（出）口货物应纳关税税额的计算公式为：

应纳关税税额＝应税进（出）口货物数量×单位完税价格×适用税率

【以案说法】甲企业进口一批电子设备，海关审定其价值折合人民币为200万元，运费折合人民币为10万元，保险运保费折合人民币为0.63万元，该批设备的进口关税税率为10%，计算该批设备应纳关税税额。

关税完税价格＝200＋10＋0.63＝210.63（万元）

应纳关税税额＝210.63×10%＝21.06（万元）

（二）从量计税应纳关税税额的计算

从量税是以进口商品的数量为计税依据的一种关税计征方法。其应纳关税税额的计算公式为：

$$应纳关税税额＝应税进口货物数量×关税单位税额$$

【以案说法】乙公司进口德国啤酒共计300万升，我国税制规定其适用的税额为6元/升，计算该公司应纳关税税额。

应纳关税税额＝300×6＝1 800（万元）

（三）复合计税应纳关税税额的计算

复合税是对某种进口货物同时使用从价计征和从量计征的一种关税计征方法。其应纳关税税额的计算公式为：

$$应纳关税税额＝应税进口货物数量×关税单位税额+应税进口货物数量×$$
$$单位完税价格×适用税率$$

【以案说法】丙企业进口录像机10台，完税价格为3 000美元/台。根据规定，每台从量税为4 000元，从价税为3%。当日外汇牌价为1：7。计算该企业应纳关税税额。

应纳关税税额＝（4 000+3 000×7×3%）×10＝46 300（元）

（四）滑准税应纳关税税额的计算

滑准税是指关税的税率随着进口商品价格的变动而反方向变动的一种税率形式，即价格越高，税率越低，税率为比例税率。因此，对实行滑准税率的进口商品应纳税额的计算方法与从价税的计算方法相同。

【开篇案例解析】

（1）该企业在该批布料报关后，应当按照规定缴纳进口关税和进口环节增值税。

（2）关税完税价格＝800 000+30 000+20 000＝850 000（元）

应缴纳进口关税＝850 000×20%＝170 000（元）

应缴纳进口环节增值税＝（850 000+170 000）×13%＝132 600（元）

七、关税的优惠政策

关税的减免税分为法定性减免税、政策性减免税和临时性减免税。

（一）法定性减免税

《中华人民共和国海关法》和《中华人民共和国进出口关税条例》中规定的减免税称为法定性减免税。其主要有以下情形：

（1）一票货物关税税额、进口环节增值税或消费税税额在人民币50元以下的。

（2）无商业价值的广告品和货样。

（3）外国政府、国际组织无偿赠送的物资。

（4）进出境运输工具装载的途中必需的燃料、物料和饮食用品。

（5）因故退还的中国出口货物，可以免征进口关税，但已征收的出口关税不予退还。

（6）因故退还的境外进口货物，可以免征出口关税，但已征收的进口关税不予退还。

对有上述情况的货物，经海关审查无误后可以免税。中国缔结或参加的国际条约规定减征、免征关税的货物、物品，海关应当按照规定减免关税。

（二）政策性减免税

有下列情形之一的进口货物，海关可以酌情减免税：

（1）在境外运输途中或在起卸时，遭受到损坏或损失的。

（2）起卸后海关放行前，因不可抗力遭受损坏或损失的。

（3）海关查验时已经破漏、损坏或腐烂，经证明不是保管不慎造成的。

（三）临时性减免税

为境外厂商加工、装配成品和为制造外销产品而进口的原材料、辅料、零件、部件、配套件和包装物料，海关按照实际加工出口的成品数量免征进口关税，或者对进口料、件先征进口关税，再按照实际加工出口的成品数量予以退税。

八、关税的征收管理

（一）纳税期限与滞纳金

关税在货物实际进出境时，即在纳税人按进出口货物通关规定向海关申报后、海关放行前一次性缴纳。进出口货物的收发货人或其代理人应当在海关填发税款缴款书之日起15日内，向指定银行缴纳税款。逾期不缴的，除依法追缴外，由海关自到期次日起至缴清税款之日止，按日征收欠缴税额0.05%的滞纳金。

$$关税滞纳金 = 滞纳关税税额 \times 滞纳金征收比率 \times 滞纳天数$$

【以案说法】丁公司进口一批货物，海关于本年9月1日填发税款缴款书，但丁公司直至9月25日才缴纳10 000元的关税。计算海关对丁公司应征收的关税滞纳金。

海关于本年9月1日填发税款缴款书，则本年9月15日为关税缴纳期限。从9月16日至9月25日共滞纳10天。

$$关税滞纳金 = 10\ 000 \times 0.05\% \times 10 = 50（元）$$

（二）海关暂不予放行的行李物品

自2016年6月1日起，旅客携运进出境的行李物品有下列情形之一的，海关暂不予放行：

（1）旅客不能当场缴纳进境物品税款的。

（2）出境的物品属于许可证件管理的范围，但旅客不能当场提交的。

（3）进出境的物品超出自用合理数量，按规定应当办理货物报关手续或其他海关手续，其尚未办理的。

（4）对进出境物品的属性、内容存疑，需要由有关主管部门进行认定、鉴定、验核的。

（5）按规定暂不予以放行的其他行李物品。

（三）关税的退税与追缴

对由于海关误征、多缴纳税款的；海关核准免验的进口货物在完税后，发现有短卸情况，经海关审查认可的；已征出口关税的货物，因故未装运出口申报退关，经海关查验属实的，纳税人可以从缴纳税款之日起的一年内，书面声明理由，连同纳税收据向海关申请退税，逾期不予受理。海关应当自受理退税申请之日起30日内作出书面答复，并通知退税申请人。进出口货物完税后，如发现少征或漏征税款，海关有权在一年内予以补征；如因收发货人或其代人违反规定而造成少征或漏征税款的，海关在三年内可以追缴。

（四）关税的纳税地点

纳税人向货物进（出）境地的海关申报，计算关税和进口环节代征税款，并填发税款缴款书。

▰ 尾篇课程思政 ▰

2019年4月8日，国务院关税税则委员会决定，自2019年4月9日起，调整进境物品进口税（俗称"行邮税"），主要将税目1、2的税率分别由现行15%、25%调降为13%、20%。简要说明降低进口物品"行邮税"的社会经济意义与思政意义。

▰ 课程思政评析 ▰

"行邮税"是对个人携带、邮递进境的物品关税、进口环节增值税和消费税合并征收的进口税。根据相关规定，进境居民旅客携带在境外获取的个人自用进境物品，总值在5 000元人民币以内（含5 000元）的；非居民旅客携带拟留在中国境内的个人自用进境物品，总值在2 000元人民币以内（含2 000元）的，海关予以免税放行，若超出相应的标准，海关仅对超出部分的个人自用进境物品征收"行邮税"。"行邮税"的纳税义务人一般为携带应税个人自用物品的入境旅客以及进口邮递物品的收件人等。这意味着，有出国旅游购物、个人海淘商品需求的普通消费者将直接从此次税率下调中获益。同时，航空、出境游、跨境物流等相关概念股，也将受益。

我国降低了部分商品的"行邮税"税率，一方面，个人出境购物受惠，更好地体现了以人民为中心的发展理念，满足了人民美好生活的需要，具有扩大进口、拉动消费的作用；另一方面，征收"行邮税"，有利于打击偷逃税款的商业性走私行为，增加国家税收收入。

第二节　城市维护建设税法

- - - ■ 教学目标 -

通过本节教学至少应该实现下列目标：了解城市维护建设税的概念，熟悉城市维护建设税的纳税人与征税范围，掌握城市维护建设税的计税依据、税率，熟悉城市维护建设税的优惠政策以及征收管理，掌握教育费附加和地方教育附加相关知识目标；能够结合增值税、消费税计算城市维护建设税应纳税额等能力目标；了解城市维护建设税的征收有利于推进和完善城市公共服务、生态环保等重大工程和基础设施建设，对保护人民生命财产安全，维护国家安全、公共安全、环境安全和社会秩序发挥积极作用等思政目标。

■开篇案例导入

位于某市的甲地板厂为外商投资企业，本年 1 月进购一批木材，取得的增值税发票上注明不含税价格为 800 000 元。甲地板厂当月委托位于县城的乙工厂将木材加工成实木地板，支付不含税加工费 150 000 元。乙工厂 2 月交付 50% 的实木地板，3 月完工交付剩余部分。已知实木地板的消费税税率为 5%。

请思考下列问题：

（1）外商投资企业甲地板厂是否需要缴纳城市维护建设税？

（2）计算乙工厂 3 月应代收代缴的城市维护建设税。

（3）简要说明城市维护建设税蕴含的思政元素。

一、城市维护建设税的概念、纳税人及征税范围

（一）城市维护建设税的概念

城市维护建设税是以纳税人依法实际缴纳的增值税、消费税税额为计税依据所征收的一种税，主要目的是筹集城镇设施建设和维护资金。1985 年 2 月 8 日，国务院发布了《中华人民共和国城市维护建设税暂行条例》。2020 年 8 月 11 日，第十三届全国人大常委会第二十一次会议通过了《中华人民共和国城市维护建设税法》。

【特别提示】教育费附加是以各单位和个人实际缴纳的增值税、消费税税额为计征依据而征收的一种费用，目的是加快发展教育事业，扩大教育经费资金来源。地方教育附加是指为实施"科教兴省"战略，增加地方教育的资金投入，促进各省、自治区、直辖市教育事业发展而征收的一项地方政府性资金。1986 年 4 月 28 日，国务院发布了《征收教育费附加的暂行规定》，自 1986 年 7 月 1 日起施行。2005 年 8 月 20 日，国务院公布《国务院关于修改〈征收教育费附加的暂行规定〉的决定》，自 2005 年 10 月 1 日起施行。

（二）城市维护建设税的纳税人

在中华人民共和国境内缴纳增值税、消费税的单位和个人，为城市维护建设税的纳税人，应当依照规定缴纳城市维护建设税。单位包括国有企业、集体企业、私营企业、股份制企业、其他企业和行政单位、事业单位、军事单位、社会团体、其他单位；个人包括个体工商户以及其他个人。城市维护建设税的扣缴义务人为负有增值税、消费税扣缴义务的单位和个人，在扣缴增值税、消费税的同时扣缴城市维护建设税。

【特别提示】自 2010 年 12 月 1 日起，国家对外商投资企业、外国企业及外籍个人征收城市维护建设税。

【特别提示】教育费附加与地方教育附加的纳税人为税法规定征收增值税、消费税的单位和个人，包括外商投资企业、外国企业及外籍个人。

（三）城市维护建设税的征税范围

城市维护建设税以纳税人实际缴纳的增值税、消费税税额为计税依据，随增值税、消费税同时征收，其本身没有特定的课税对象，其征管方法也完全比照增值税、消费税的有关规定办理。

二、城市维护建设税的计税依据

城市维护建设税以纳税人实际缴纳的增值税、消费税税额为计税依据。

对实行增值税期末留抵退税的纳税人，允许其从城市维护建设的计税依据中扣除退还的增值税税额。城市维护建设税计税依据的具体确定办法，由国务院依据税收法律、行政法规规定，报全国人民代表大会常务委员会备案。

【特别提示】教育费附加与地方教育附加以纳税人实际缴纳的增值税、消费税税额之和为计征依据。

三、城市维护建设税的税率

（一）税率的具体规定

城市维护建设税采用比例税率。按纳税人所在地区的不同，设置三档差别比例税率，见表7-1。

表7-1　城市维护建设税税率表

档次	纳税人所在地	税率/%
1	市区	7
2	县城、镇	5
3	不在市、县城、镇（如开采海洋石油资源）	1

（二）适用税率的确定

城市维护建设税的适用税率，应当按照纳税人所在地的规定税率执行。纳税人所在地是指纳税人住所地或与纳税人生产经营活动相关的其他地点，具体地点由省、自治区、直辖市确定。下列两种情况可以按缴纳增值税、消费税所在地的规定税率就地缴纳城市维护建设税：

（1）由受托方代扣代缴、代收代缴增值税、消费税的单位和个人，其代扣代缴、代收代缴的城市维护建设税按受托方所在地适用税率执行。

（2）流动经营等无固定纳税地点的单位和个人，在经营地缴纳增值税、消费税的，其城市维护建设税的缴纳按经营地适用税率执行。

【特别提示】按照1994年2月7日《国务院关于教育费加征收问题的紧急通知》的规定，现行教育费附加征收比率为3%。根据《财政部关于统一地方教育附加政策有关问题的通知》的规定，现行地方教育附加征收比率为2%。

四、城市维护建设税应纳税额的计算

城市维护建设税应纳税额的计算公式为：

$$应纳城市维护建设税=（纳税人实际缴纳的增值税税额、消费税税额-$$
$$期末留抵退税退还的增值税税额）×适用税率$$

【以案说法】甲公司位于市区。2021年10月，甲公司实际缴纳增值税100万元，同时期末留抵退税退还的增值税税额为20万元。计算甲公司2021年10月应纳城市维护建设税。

应纳城市维护建设税=（100-20）×7%=5.6（万元）

【开篇案例解析】

（1）自2010年12月1日起，我国对外商投资企业、外国企业及外籍个人征收城市维护建设税。案例中的甲地板厂需要缴纳城市维护建设税。

（2）由受托方代扣代缴、代收代缴增值税、消费税的单位和个人，其代扣代缴、代收代缴的城市维护建设税按受托方，即位于县城的乙工厂适用5%的税率执行。

乙工厂3月应代收代缴城市维护建设税=（800 000+150 000）÷（1-5%）×5%×50%×5%=1 250（元）

（3）首先，城市维护建设税的征收弥补了城市维护建设资金的不足，以增值税、消费税为代表的流转税是我国的主要税种，城市维护建设税以增值税、消费税应纳税额作为计税依据，保证了税源的充足，对补充城市维护建设资金的不足发挥了积极的作用。其次，将城市维护建设税收入与当地城市建设直接挂钩，税收收入越多，城市建设资金越充裕，城市建设发展就越快，这样就充分调动了地方政府加强城市维护建设税征收管理的积极性。除铁路部门、各银行总行、各保险公司总公司集中缴纳的部分归中央政府收入外，其余的城市维护建设税都由地方政府所有。城市维护建设税的征收，在一定程度上扩大了地方财政收入的规模。另外，由于长期以来城市建设资金的不足，个别地方以此为借口，随意向企业摊派物资和资金，加重了企业负担，影响了企业的正常生产经营，败坏了政府形象甚至给个别人违法乱纪提供了空间。开征城市维护建设税后，任何地方和部门都不得再向纳税人摊派资金或物资，这就为限制乱摊派提供了法律依据。

五、城市维护建设税的优惠政策

城市维护建设税原则上不单独减免，但因城市维护建设税又具附加税性质，当主税发生减免时，城市维护建设税也相应地发生税收减免。

（1）对进口货物或境外单位和个人向境内销售劳务、服务、无形资产缴纳的增值税、消费税税额，不征收城市维护建设税。

（2）对出口货物、劳务和跨境销售服务、无形资产以及因优惠政策退还增值税、消费税的，不退还已缴纳的城市维护建设税。

（3）对增值税、消费税实行先征后返、先征后退、即征即退办法的，除另有规定外，对随增值税、消费税附征的城市维护建设税，一律不予退（返）还。

（4）根据国民经济和社会发展的需要，国务院对重大公共基础设施建设、特殊产业和群体以及重大突发事件应对等情形可以规定减征或免征城市维护建设税，报全国人大常委会备案。例如，经国务院批准，为支持国家重大水利工程建设，自2010年5月25日起对国家重大水利工程建设基金免征城市维护建设税和教育费附加。

【特别提示】 教育费附加与地方教育附加的减免，原则上比照增值税、消费税的减免规定。如果税法规定增值税、消费税减免，则教育费附加与地方教育附加也就相应减免。其主要的减免规定有：

（1）对海关进口产品征收的增值税、消费税，不征收教育费附加与地方教育附加。

（2）对由于减免增值税、消费税而发生退税的，可同时退还已征收的教育费附加与地方教育附加。但对出口产品退还增值税、消费税的，不退还已征收的教育费加与地方教育附加。

（3）《财政部 税务总局关于扩大有关政府性基金免征范围的通知》（财税〔2016〕12 号）规定：将免征教育费附加、地方教育附加、水利建设基金的范围，由现行按月纳税的月销售额或营业额不超过 3 万元（按季度纳税的季度销售额或营业额不超过 9 万元）的缴纳义务人，扩大到按月纳税的月销售额或营业额不超过 10 万元（按季度纳税的季度销售额或营业额不超过 30 万元）的缴纳义务人。

【特别提示】根据《关于进一步实施小微企业"六税两费"减免政策的公告》（财政部 税务总局公告 2022 年第 10 号）可知，2022 年 1 月 1 日至 2024 年 12 月 31 日，增值税小规模纳税人、小型微利企业和个人工商户可以在 50% 的税额幅度内减征城市维护建设税、教育费附加和地方教育附加。

六、城市维护建设税的征收管理

（一）纳税义务发生时间

城市维护建设税的纳税义务发生时间与增值税、消费税的纳税义务发生时间一致，分别与增值税、消费税同时缴纳。城市维护建设税按月或按季计征，不能按固定期限计征的，可以按次计征。

（二）城市维护建设税的纳税地点

纳税人缴纳增值税、消费税的地点，就是该纳税人缴纳城市维护建设税的地点。但是下列情况除外：

（1）代扣代缴、代收代缴增值税、消费税的单位和个人，同时也是城市维护建设税的代扣代缴、代收代缴义务人，其城市维护建设税的纳税地点在代扣代收地。

（2）跨省开采的油田，下属生产单位与核算单位不在一个省（自治区、直辖市）内的，其生产的原油，在油井所在地缴纳增值税，其应纳税款由核算单位按照各油井的产量和规定税率，计算汇拨各油井所在地缴纳。因此，各油井应纳的城市维护建设税，应由核算单位计算，随同增值税一并汇拨油井所在地，由油井在缴纳增值税的同时，一并缴纳城市维护建设税。

（3）对流动经营等无固定纳税地点的单位和个人，城市维护建设税应随同增值税、消费税在经营地按适用税率缴纳。

（4）纳税人跨地区提供建筑服务、销售和出租不动产的，应在建筑服务发生地、不动产所在地预缴增值税时，以预缴增值税税额为计税依据，并按预缴增值税所在地的城市维护建设税适用税率和教育费附加征收率就地计算缴纳城市维护建设税和教育费附加。

预缴增值税的纳税人在其机构所在地申报缴纳增值税时，以其实际缴纳的增值税税额为计税依据，并按机构所在地的城市维护建设税适用税率和教育费附加征收率就地计算缴纳城市维护建设税和教育费附加。

（三）城市维护建设税的纳税期限

城市维护建设税的纳税期限与增值税、消费税的纳税期限一致。增值税、消费税目前的纳税期限分别为 1 日、3 日、5 日、10 日、15 日、1 个月或 1 个季度；纳税人的具体纳税期限，由税务机关根据纳税人应纳税额核定；不能按照固定期限纳税的，可以按次纳税。

尾篇课程思政

某市区某化妆品有限公司为增值税一般纳税人，2021年11月发生以下各项业务：

（1）该公司从国外进口一批高档化妆品，成交价为1 380 000元，货物运抵境内输入地点起卸前的运费、保险费及相关费用为20 000元，货物进口后的保险费用为20 000元。因管理不善，在自海关运往该公司的途中，该公司意外损失了35%的高档化妆品，已经申报保险赔偿。剩余的高档化妆品用于生产加工A类高档化妆品。

（2）该公司以价值80 000元的原材料委托县城的工厂加工高档化妆品，取得的增值税专用发票上注明的加工费为55 000元，受托方无同类产品销售价格，按规定代收代缴了税金。产品收回后全部销售，取得含税收入352 152元。

（3）该公司当月委托B公司代销A类高档化妆品，发出货物，不含税售价为1 500 000元。

（4）该公司当月为修建员工浴室耗用上月购进的修理材料成本为20万元，其中运费成本为2.8万元（取得了增值税专用发票）。

（5）该公司销售B类高档化妆品21 500件，不含税单价为58元，发生不含税运费支出2 000元，取得了增值税一般纳税人运输企业开具的增值税专用发票；将1 000件B类化妆品用于公益性捐赠，营业外支出账户按成本列支，公益性捐赠发生额7 000元；购进材料，取得的防伪税控系统增值税专用发票上注明销售额为100 000元、税额为13 000元，该批材料月末未入库。

（6）该公司从某废旧物资回收经营单位购入一批废旧物资，增值税专用发票上注明销售额为5 000元。

（7）该公司从自来水公司购进自来水，取得的增值税专用发票上注明税额为720元，其中20%的自来水用于职工浴室。

（8）月底，因资金紧张，经和B公司协商，就代销化妆品事宜，提前支付50%的款项，B公司已经将转账支票交付该公司。

其他相关资料：该公司本月取得的相关发票均在本月申请并通过认证，进口关税税率为20%；除损失部分外，进口高档化妆品全部被化妆品生产车间领用。

要求：

（1）计算进口高档化妆品应缴纳的税金。

（2）计算委托加工高档化妆品应代收代缴的税费。

（3）计算本月增值税销项税额。

（4）计算本月准予抵扣的增值税进项税额。

（5）计算当月应纳增值税。

（6）计算本月应缴纳的消费税（不含进口环节和受托方代收代缴的消费税）。

（7）计算本月应缴纳的城市维护建设税、教育费附加和地方教育附加。

（8）请根据上述资料谈谈其中蕴含的思政元素与意义是什么？

（1）进口高档化妆品应纳关税=（1 380 000+20 000）×20%=280 000（元）

进口高档化妆品应纳消费税=（1380 000+20 000+280 000）÷（1-15%）×15%=296 470.59（元）

进口高档化妆品应缴纳的增值税=（1 380 000+20 000+280 000）÷（1-15%）×13%=256 941.18（元）

进口高档化妆品应纳税金=280 000+296 470.59+256 941.18=833 411.77（元）

（2）受托方代收代缴的消费税=（80 000+55 000）÷（1-15%）×15%=23 823.53（元）

受托方代收代缴的税费（含消费税、城市维护建设税、教育费附加及地方教育附加）=23 823.53×（1+5%+3%+2%）=26 205.88（元）

（3）销项税额=（352 152÷1.13+21 500×58+1 000×58+1 500 000×50%）×13%=307 663.06（元）

（4）进项税转出额=（200 000-28 000）×13%+28 000×9%=24 880（元）

准予抵扣的进项税额=256 941.18×65%+55 000×13%+2 000×9%+13 000+5 000×13%+720×80%-24 880=163 687.77（元）

（5）应纳增值税=307 663.06-163 687.77=143 975.29（元）

（6）对外销售高档化妆品应缴纳的消费税=（21 500×58+1 000×58）×15%+1 500 000×50%×15%-296 470.59×（1-35%）=115 544.12（元）

加工收回的化妆品销售时缴纳消费税=352 152÷1.13×15%-23 823.53=22 922.31（元）

本月应缴纳的消费税合计=115 544.12+22 922.31=138 466.43（元）

（7）本月应缴纳的城市维护建设税、教育费附加和地方教育附加=（143 975.29+138 466.43）×（7%+3%+2%）=33 893.01（元）

（8）略。

第三节　资源税法

■教学目标

　　通过本节教学至少应该实现下列目标：掌握资源税的纳税人及征税范围、资源税的计税依据、税率及资源税的计算、资源税的税收优惠与征收管理等知识目标；具有判别资源税的征税范围及正确计算资源税的应纳税额等能力目标；明晰国家通过税法的手段保护自然环境，防止过度开采资源等思政目标。

2019 年 8 月 26 日，第十三届全国人民代表大会常务委员会第十二次会议通过了《中华人民共和国资源税法》（以下简称《资源税法》）。该法自 2020 年 9 月 1 日起施行，新的资源税法征收范围扩大，税率也发生了变化。

某油田 2020 年 1 月生产原油 10 万吨，当月销售了 8 万吨，用于加热的原油为 1 万吨，待销售的原油为 1 万吨。该油田每吨原油不含增值税的售价为 800 元。已知原油、天然气的税率为 6%，请思考以下问题：

（1）用于加热的原油需不需要缴纳资源税？

（2）计算该油田 1 月应缴纳的资源税。

（3）简要说明征收资源税的社会经济意义与思政意义。

一、资源税的概念、纳税人及征税范围

（一）资源税的概念

资源税是以各种应税自然资源为课税对象，为了调节资源级差收入并体现国有资源有偿使用而征收的一种税。

（二）资源税的纳税人

资源税的纳税人是指在中华人民共和国领域和中华人民共和国管辖的其他海域开发应税资源的单位和个人。

【特别提示】资源税仅对在中国领域及管辖的其他海域从事应税资源开发的单位和个人征收，进口不收，出口不退（免）。资源税纳税义务人不仅包括符合规定的中国企业和个人，还包括外商投资企业和外国企业。

【特别提示】中外合作开采陆上、海上石油资源的企业依法缴纳资源税。2011 年 11 月 1 日前已依法订立中外合作开采陆上、海上石油资源合同的，在该合同有效期内，继续依照国家有关规定缴纳矿区使用费，不缴纳资源税；合同期满后，依法缴纳资源税。

（三）资源税的征税范围

我国资源税的征税范围由《资源税法》所附"资源税税目税率表"（以下简称"税目税率表"）确定，包括能源矿产、金属矿产、非金属矿产、水气矿产、盐，共计五大类，各税目的征税对象包括原矿或选矿。

（1）能源矿产。能源矿产包括原油，天然气、页岩气、天然气水合物，煤，煤成（层）气，铀、钍，油页岩、油砂、天然沥青、石煤，地热。

【特别提示】原油是指开采的天然原油，不包括人造石油。天然气是指专门开采或与原油同时开采的天然气。煤是指原煤，不包括洗煤、选煤及其他煤炭制品。

（2）金属矿产。金属矿产包括黑色金属和有色金属。

（3）非金属矿产。非金属矿产包括矿物类、岩石类和宝玉石类。

（4）水气矿产。水汽矿产包括二氧化碳气、硫化氢气、氦气、氡气，矿泉水。

（5）盐。盐包括钠盐、钾盐、镁盐、锂盐，天然卤水，海盐。

（6）自用应税产品。纳税人开采或生产应税产品自用的，视同销售，应当按规定缴纳资源税，但是自用于连续生产应税产品的，不缴纳资源税。纳税人自用应税产品应当缴纳资源税的情形，包括纳税人以应税产品用于非货币性资产交换、捐赠、偿债、赞助、集资、投资、广告样品、职工福利、利润分配或连续生产非应税产品等。

（7）试点征收水资源税。国务院根据国民经济和社会发展需要，依照《资源税法》的原则，对取用地表水或地下水的单位和个人试点征收水资源税。征收水资源税的，停止征收水资源费。水资源税试点实施办法由国务院规定，报全国人大常委会备案。

【特别提示】自 2016 年 7 月 1 日起，河北省开展水资源税改革试点，采取水资源费改税方式，将地表水和地下水纳入征税范围，实行从量定额计征。自 2017 年 12 月 1 日起，北京、天津、山西、内蒙古、山东、河南、四川、陕西、宁夏等 9 个省（自治区、直辖市）扩大水资源税改革试点。

二、资源税的税率

（一）比例税率与定额税率

资源税采用比例税率或定额税率两种形式。税目、税率依照"税目税率表"执行。其中，地热、石灰岩、其他黏土、砂石、矿泉水和天然卤水六种应税资源采用比例税率或定额税率，其他应税资源均采用比例税率。

（二）具体适用税率的确定

"税目税率表"中规定实行幅度税率的，其具体适用税率由省、自治区、直辖市人民政府统筹考虑该应税资源的品位、开采条件以及对生态环境的影响等情况，在"税目税率表"规定的税率幅度内提出，报同级人民代表大会常务委员会决定，并报全国人大常委会和国务院备案。"税目税率表"中规定征税对象为原矿或选矿的，应当分别确定具体适用税率。资源税税目税率表如表 7-2 所示。水资源税根据当地水资状况、取用水类型和经济发展等情况实行差别税率。

表 7-2　资源税税目税率表

税目		征税对象	税率
能源矿产	原油	原矿	6%
	天然气、页岩气、天然气水合物	原矿	6%
	煤	原矿或选矿	2%～10%
	煤成（层）气	原矿	1%～2%
	铀、钍	原矿	4%
	油页岩、油砂、天然沥青、石煤	原矿或选矿	1%～4%
	地热	原矿	1%～20%或每立方米 1～30 元

表7-2(续)

税目			征税对象	税率
金属矿产	黑色金属	铁、锰、铬、钒、钛	原矿或选矿	1%~9%
	有色金属	铜、铅、锌、锡、镍、锑、镁、钴、铋、汞	原矿或选矿	2%~10%
		铝土矿	原矿或选矿	2%~9%
		钨	选矿	6.5%
		钼	选矿	8%
		金、银	原矿或选矿	2%~6%
		铂、钯、钌、锇、铱、铑	原矿或选矿	5%~10%
		轻稀土	选矿	7%~12%
		中重稀土	选矿	20%
		铍、锂、锆、锶、铷、铯、铌、钽、锗、镓、铟、铊、铪、铼、镉、硒、碲	原矿或选矿	2%~10%
非金属矿产	矿物类	高岭土	原矿或选矿	1%~6%
		石灰岩	原矿或选矿	1%~6%或每吨（每立方米）1~10元
		磷	原矿或选矿	3%~8%
		石墨	原矿或选矿	3%~12%
		萤石、硫铁矿、自然硫	原矿或选矿	1%~8%
		天然石英砂、脉石英、粉石英、水晶、工业用金刚石、冰洲石、蓝晶石、硅线石（矽线石）、长石、滑石、刚玉、菱镁矿、颜料矿物、天然碱、芒硝、钠硝石、明矾石、砷、硼、碘、溴、膨润土、硅藻土、陶瓷土、耐火黏土、铁矾土、凹凸棒石黏土、海泡石黏土、伊利石黏土、累托石黏土	原矿或选矿	1%~12%
		叶蜡石、硅灰石、透辉石、珍珠岩、云母、沸石、重晶石、毒重石、方解石、蛭石、透闪石、工业用电气石、白垩、石棉、蓝石棉、红柱石、石榴子石、石膏	原矿或选矿	2%~12%
	岩石类	其他黏土（铸型用黏土、砖瓦用黏土、陶粒用黏土、水泥配料用黏土、水泥配料用红土、水泥配料用黄土、水泥配料用泥岩、保温材料用黏土）	原矿或选矿	1%~5%或每吨（每立方米）0.1~5元
		大理岩、花岗岩、白云岩、石英岩、砂岩、辉绿岩、安山岩、闪长岩、板岩、玄武岩、片麻岩、角闪岩、页岩、浮石、凝灰岩、黑曜岩、霞石正长岩、蛇纹岩、麦饭石、泥灰岩、含钾岩石、含钾砂页岩、天然油石、橄榄岩、松脂岩、粗面岩、辉长岩、辉石岩、正长岩、火山灰、火山渣、泥炭	原矿或选矿	1%~10%
		砂石	原矿或选矿	1%~5%或每吨（每立方米）0.1~5元
	宝玉石类	宝石、玉石、宝石级金刚石、玛瑙、黄玉、碧玺	原矿或选矿	4%~20%

表7-2(续)

税目		征税对象	税率
水气矿产	二氧化碳气、硫化氢气、氦气、氡气	原矿	2%~5%
	矿泉水	原矿	1%~20%或每立方米1~30元
盐	钠盐、钾盐、镁盐、锂盐	选矿	3%~15%
	天然卤水	原矿	3%~15%或每吨（每立方米）1~10元
	海盐	原矿或选矿	2%~5%

三、资源税的计税依据

资源税按照"税目税率表"实行从价计征或从量计征，以纳税人开发应税资源产品（以下简称"应税产品"）的销售额或销售数量为计税依据。

实行从价计征的，应纳税额按照应税产品的销售额乘以具体适用税率计算。

实行从量计征的，应纳税额按照应税产品的销售数量乘以具体适用税率计算。

【特别提示】纳税人开采或生产不同税目应税产品的，应当分别核算不同税目应税产品的销售额或销售数量；未分别核算或不能准确提供不同税目应税产品的销售额或销售数量的，从高适用税率。

【特别提示】纳税人开采或生产同一税目下适用不同税率应税产品的，应当分别核算不同税率应税产品的销售额或销售数量；未分别核算或不能准确提供不同税率应税产品的销售额或销售数量的，从高适用税率。

（一）从价定率征收的计税依据

资源税从价定率征收的计税依据为应税产品的销售额。

资源税应税产品销售额是指纳税人销售应税产品向购买方收取的全部价款，但不包括收取的增值税税款。计入销售额中的相关运杂费用，凡取得增值税发票或其他合法有效凭据的，准予从销售额中扣除。相关运杂费用是指应税产品从坑口或洗选（加工）地到车站、码头或购买方指定地点的运输费用、建设基金以及随运销产生的装卸、仓储、港杂费用。

纳税人申报的应税产品销售额明显偏低且无正当理由的，或者有自用应税产品行为而无销售额的，主管税务机关可以按下列方法和顺序确定其应税产品销售额：

（1）按纳税人最近时期同类产品的平均销售价格确定。

（2）按其他纳税人最近时期同类产品的平均销售价格确定。

（3）按后续加工非应税产品销售价格，减去后续加工环节的成本利润后确定。

（4）按应税产品组成计税价格确定。组成计税价格的计算公式如下：

$$组成计税价格 = 成本 \times (1 + 成本利润率) \div (1 - 资源税税率)$$

上述公式中的成本利润率由省、自治区、直辖市税务机关确定。

（5）按其他合理方法确定。

（二）从量定率征收的计税依据

应税产品的销售数量包括纳税人开采或生产应税产品的实际销售数量和自用于应当缴纳资源税情形的应税产品数量。

（三）资源税计税依据的特殊规定

纳税人外购应税产品与自采应税产品混合销售或混合加工为应税产品销售的，在计算应税产品销售额或销售数量时，准予扣减外购应税产品的购进金额或购进数量；当期不足扣减的，可结转下期扣减。纳税人应当准确核算外购应税产品的购进金额或购进数量，未准确核算的，一并计算缴纳资源税。纳税人核算并扣减当期外购应税产品购进金额、购进数量，应当依据外购应税产品的增值税发票、海关进口增值税专用缴款书或其他合法有效凭据。

纳税人以外购原矿与自采原矿混合为原矿销售，或者以外购选矿产品与自产选矿产品混合为选矿产品销售的，在计算应税产品销售额或销售数量时，直接扣减外购原矿或外购选矿产品的购进金额或购进数量。

纳税人以外购原矿与自采原矿混合洗选加工为选矿产品销售的，在计算应税品销售额或销售数量时，按照下列方法进行扣减：

$$\begin{matrix}准予扣减的外购应税产品\\购进金额（数量）\end{matrix} = 外购原矿购进金额（数量）×（本地区原矿适用税率÷$$

$$本地区选矿产品适用税率）$$

不能按照上述方法计算扣减的，按照主管税务机关确定的其他合理方法进行扣减。

纳税人以自采原矿（经过采矿过程采出后未进行选矿或加工的矿石）直接销售，或者自用于应当缴纳资源税情形的，按照原矿计征资源税。纳税人以自采原矿洗选加工为选矿产品（通过破碎、切割、洗选、筛分、磨矿、分级、提纯、脱水、干燥等过程形成的产品，包括富集的精矿和研磨成粉、粒级成型、切割成型的原矿加工品）销售，或者将选矿产品自用于应当缴纳资源税情形的，按照选矿产品计征资源税，在原矿移送环节不缴纳资源税。无法区分原生岩石矿种的粒级成型砂石颗粒，按照砂石税目征收资源税。

纳税人开采或生产同一应税产品，既有享受减免税政策的，又有不享受减免税政策的，按照免税、减税项目的产量占比等方法分别核算确定免税、减税项目的销售额或销售数量。

四、资源税应纳税额的计算

资源税的应纳税额，按照从价定率或从量定额的办法，分别以应税产品的销售额乘以纳税人具体适用的比例税率或以应税产品的销售数量乘以纳税人具体适用的定额税率计算。

（一）从价计征资源税应纳税额的计算

采用从价定率办法计算应纳税额，其计算公式为：

$$应纳资源税 = 应税产品的销售额×比例税率$$

【以案说法】某煤矿企业2020年2月开采原煤100万吨，当月对外销售80万吨；为职工宿舍供暖，使用本月开采的原煤10万吨；向洗煤车间移送本月开采的原煤3万吨加工洗煤，尚未对外销售；其余7万吨原煤待售。该煤矿每吨原煤不含增值税售价为800元（不含从坑口到车站、码头等的运输费用，适用的资源税税率为5%）。计算该煤矿本年2月的应纳资源税。

$$应纳资源税 = （80+10）×800×5\% = 3\ 600（万元）$$

（二）从量计征资源税应纳税额的计算

采用从量定额办法计算应纳税额，其计算公式为：

$$应纳资源税 = 应税产品的销售数量 \times 定额税率$$

（三）代扣代缴资源税应纳税额的计算

扣缴义务人代扣代缴资源税应纳税额的计算公式为：

$$代扣代缴应纳税额 = 收购未税产品的量 \times 适用的定额税率$$

五、资源税的优惠政策

（一）免征资源税的情形

（1）开采原油以及在油田范围内运输原油过程中用于加热的原油、天然气。

（2）煤炭开采企业因安全生产需要抽采的煤成（层）气。

（二）减征资源税的情形

（1）从低丰度油气田开采的原油、天然气，减征 20% 的资源税。

（2）高含硫天然气、三次采油和从深水油气田开采的原油、天然气，减征 30% 的资源税。

（3）稠油、高凝油减征 40% 的资源税。

（4）从衰竭期矿山开采的矿产品，减征 30% 的资源税。

（5）为促进页岩气开发利用，有效增加天然气供给，经国务院同意，2018 年 4 月 1 日至 2021 年 3 月 31 日，页岩气资源税（按 6% 的规定税率）减征 30%。

（6）2019 年 1 月 1 日至 2021 年 12 月 31 日，增值税小规模纳税人可以在 50% 的税额幅度内减征资源税。

（7）2014 年 12 月 1 日至 2023 年 8 月 31 日，充填开采置换出来的煤炭，资源税减征 50%。

根据国民经济和社会发展需要，国务院对有利于促进资源节约集约利用、保护环境等情形可以规定免征或减征资源税，报全国人大常务委员会备案。

（三）由省、自治区、直辖市决定免征或减征资源税的情形

（1）纳税人开采或生产应税产品过程中，因意外事故或自然灾害等原因遭受重大损失。

（2）纳税人开采共伴生矿、低品位矿、尾矿。

上述规定的免征或减征资源税的具体办法由省、自治区、直辖市人民政府提出，报同级人民代表大会常务委员会决定，并报全国人大常委会和国务院备案。

纳税人开采或生产同一应税产品同时符合两项或两项以上减征资源税优惠政策的，除另有规定外，只能选择其中一项执行。

纳税人的免税、减税项目，应当单独核算销售额或销售数量；未单独核算或不能准确提供销售额或销售数量的，不予免税或减税。

【课程思政】请思考资源税实行减免税的社会经济与思政意义。

【课程解析】对因意外事故或自然灾害等原因遭受重大损失的企业免征或减征资源税，体现了"以人为本，生命高于一切"的思想，重视人民的生命健康，减轻遭受意外和自然灾害企业的负担。

【开篇案例解析】

（1）开采原油以及在油田范围内运输原油过程中用于加热的原油、天然气免征资源税。

（2）应纳资源税 = 100 000×800÷10 000×6% = 480（万元）

（3）征收资源税的社会经济意义与思政意义在于：第一，体现了"国家对矿产资源实行有偿开采"的原则，开发矿产资源产生的超额利润，能促进该地区乃至国家经济的快速增长。第二，优化资源配置，促进资源合理有效利用。每个地区的资源禀赋不同，通过资源税的形式，国家可以合理调节开采业、能源业等产业的资源开发程度，提高资源利用率。第三，调节资源级差收入，为资源开采企业创造公平的竞争环境。国家对矿产资源质量较差、开采难度较大的资源实行较低税率或免税，有利于为开采的企业创造良好的价格机制以促进公平竞争。

六、资源税的征收管理

（一）纳税义务发生时间

纳税人销售应税产品，纳税义务发生时间为收讫销售款或取得索取销售款凭据的当日；自用应税产品的，纳税义务发生时间为移送应税产品的当日。

资源税由税务机关征收管理。海上开采的原油和天然气资源税由海洋石油税务管理机构征收管理。

（二）纳税地点

纳税人应当在矿产品的开采地或海盐的生产地缴纳资源税。

（三）纳税期限

资源税按月或按季申报缴纳；不能按固定期限计算缴纳的，可以按次申报缴纳。纳税人申报资源税时，应当填报"资源税纳税申报表"。纳税人享受资源税优惠政策，实行"自行判别、申报享受、有关资料留存备查"的办理方式，另有规定的除外。纳税人对资源税优惠事项留存材料的真实性和合法性承担法律责任。

纳税人按月或按季申报缴纳的，应当自月度或季度终了之日起 15 日内，向税务机关办理纳税申报并缴纳税款；按次申报缴纳的，应当自纳税义务发生之日起 15 日内，向税务机关办理纳税申报并缴纳税款。

尾篇课程思政

随着经济社会的发展，水资源供需矛盾越来越突出。人类活动的加剧造成水资源浪费的现象随处可见。2016 年 5 月 10 日，《财政部 国家税务总局关于全面推进资源税改革的通知》发布，自 2016 年 7 月 1 日起，我国全面推进资源税改革。根据该通知的要求，我国开展水资源税改革试点工作，并率先在河北试点，采取水资源费改税方式，将地表水和地下水纳入征税范围，实行从量定额计征，对高耗水行业、超计划用水以及在地下水超采地区取用地下水，适当提高税额标准，正常生产生活用水维持原有负担水平不变。根据所学知识，说明其中蕴含的思政元素与意义。

水是生命之源。随着我国经济社会的不断发展，地下水资源开采量日益增加，污染逐渐加重。若缺乏合理规划和有效监管，会产生区域性地下水位下降、水源地枯竭等现象，进而诱发地面沉降、地裂缝、海水入侵、土壤盐渍化以及土地沙化等一系列生态及环境地质问题。这些问题直接影响着地下水资源的可持续利用，也制约着经济社会的全面、协调和可持续发展。因此，采取水资源费改税方式，将地表水和地下水纳入资源税征税范围符合绿色发展的政策取向。

水资源是有限的。随着工业化、城镇化进程的加快，我国淡水资源污染较为严重，地下水资源在开发时存在许多问题，如产权不明晰、收益权不明确。如果对开采利用地下水资源没有有效的管理措施，按照"先来后到"的法则开发利用，地下水资源就会出现过量开采的结果。因此，一方面，国家对高耗水行业、超计划用水以及在地下水超采地区取用地下水，适当提高税额标准，用税收的手段调节水资源的利用有利于减少水资源的浪费；另一方面，国家对正常生产生活用水维持原有负担水平不变，体现了党和国家对人民生活的高度重视与关怀。

保护水资源，让我们从现在做起，从点滴做起，节约每一滴水。我们在日常生活中应尽量缩短用水时间，避免大开水龙头，应做到人走水停，杜绝长流水的现象发生。用水量较大的绿化及生活用水应提倡一水多用、分质使用，提高水的重复利用率，将水耗降至最低。我们在生活中应尽力减少使用洗涤剂和水污染。

第四节　环境保护税法

■教学目标

通过本节教学至少应该实现下列目标：掌握环境保护税的纳税人及征收范围、环境保护税的计税依据、税率及环境保护税的计算、环境保护的税收优惠与征收管理等知识目标；具有判别哪些污染物需要征收环境保护税及计算环境保护税税额的能力目标；明白企业不能以牺牲环境为代价获取利益，秉承"绿水青山就是金山银山"的绿色环保观念的思政目标。

■开篇案例导入

生态兴则文明兴，生态衰则文明衰。打好污染防治攻坚战，努力改善空气质量是落实习近平生态文明思想的重要体现。《中华人民共和国环境保护税法》于2016年12月25日出台，2018年1月1日开始施行。环保税的实施将有利于遏制高能耗、高污染企业发展，加速"僵尸企业"退出，助力经济转型升级，推进供给侧结构性改革。

为响应国家政策，某农业公司转变发展方式，实现产业链转型升级。其间，该农业公司向依法设立的污水集中处理、生活垃圾集中处理场所排放污染物 1 000 千克，另外在农业生产过程中排放应税水污染物 500 千克。请问：该农业公司是否需要缴纳环境保护税？

一、环境保护税的纳税人及征收范围

（一）环境保护税的含义

环境保护税是由直接向环境排放应税污染物的企业、事业单位和其他生产经营者缴纳，以应税污染物为征税对象，以应税污染物的污染当量为计税依据的一种行为税。

（二）环境保护税的纳税人

环境保护税纳税人是在我国领域和我国管辖的其他海域，直接向环境排放应税污染物的企业、事业单位和其他生产经营者。

（三）环境保护税的征税范围

应税污染物是指《中华人民共和国环境保护税法》所附环境保护税税目税额表、应税污染物和当量值表规定的大气污染物、水污染物、固体废物和噪声。

依法设立的城乡污水集中处理、生活垃圾集中处理场所超过国家和地方规定的排放标准向环境排放应税污染物的，应当缴纳环境保护税。

企业、事业单位和其他生产经营者贮存或处置固体废物不符合国家和地方环境保护标准的，应当缴纳环境保护税。

【课程思政】请简要说明国家征收环境保护税的目的。

【思政解析】2018 年 1 月 1 日起，我国首个以环境保护为目标的绿色税种——环境保护税正式施行，以此取代了实施近 40 年的排污收费制度。征收环境保护税是把环境污染和生态破坏的社会成本内化到生产成本和市场价格中，再通过市场机制来分配环境资源的一种经济手段。征收环境保护税拓宽了税收的调节领域，不仅在保护人类生存环境方面发挥了重要作用，而且充分体现了税收的公平和效率原则，具有重要的经济和社会意义。

二、环境保护税的计税依据

（一）大气污染物、水污染物的计税依据

1. 一般情况：按污染物排放量折合的污染当量数确定

污染当量数的计算公式如下：

$$污染当量数 = 污染物的排放量 \div 污染当量值$$

（1）大气污染物，按照污染当量数从大到小排序，对前三项污染物征收环境保护税。

（2）水污染物。第一类水污染物，按照污染当量数从大到小排序，对前五项污染物征收环境保护税；其他类水污染物，按照污染当量数从大到小排序，对前三项污染物征收环境保护税。

2. 特殊情况：以应税污染物的产生量作为排放量

（1）未依法安装使用污染物自动监测设备或未将污染物自动监测设备与环境保护主管部门的监控设备联网。

（2）损毁或擅自移动、改变污染物自动监测设备。

（3）篡改、伪造污染物监测数据。

（4）通过暗管、渗井、渗坑、灌注或稀释排放以及不正常运行防治污染设施等方式违法排放应税污染物。

（5）进行虚假纳税申报。

【特别提示】从两个以上排放口排放应税污染物的，对每一排放口排放的应税污染物分别计算征收环境保护税。纳税人持有排污许可证的，其污染物排放口按照排污许可证载明的污染物排放口确定。

（二）固体废物的计税依据

1. 一般情况：以应税固体废物的排放量

排放量的计算公式如下：

$$排放量=当期固体废物的产生量-当期固体废物的综合利用量-$$
$$当期固体废物的贮存量-当期固体废物的处置量$$

【特别提示】固体废物的贮存量、处置量是指在符合国家和地方环境保护标准的设施、场所贮存或处置的固体废物数量。固体废物的综合利用量是指按照国务院发展改革、工业和信息化主管部门关于资源综合利用要求以及国家和地方环境保护标准进行综合利用的固体废物数量。

2. 特殊情况：以应税固体废物产生量为排放量

（1）非法倾倒应税固体废物。

（2）进行虚假纳税申报。

（三）噪声的计税依据

工业噪声按超过国家规定标准的分贝数确定每月税额。

三、环境保护税的税率

环境保护税税目税率表如表7-3所示。

表7-3　环境保护税税目税率表

税目		计税单位	税额/元	备注
大气污染物		每污染当量	1.2~12	
水污染物		每污染当量	1.4~14	
固体废物	煤矸石	每吨	5	
	尾矿	每吨	15	
	危险废物	每吨	1 000	
	冶炼渣、粉煤灰、炉渣、其他固体废物（含半固态、液态废物）	每吨	25	

表7-3（续）

税目		计税单位	税额/元	备注
噪声	工业噪声	超标1～3分贝	每月350	一个单位边界上有多处噪声超标，根据最高一处超标声级计算应纳税额；沿边界长度超过100米有两处以上噪声超标的，按照两个单位计算应纳税额。一个单位有不同地点作业场所的，应当分别计算应纳税额，累计计征。昼、夜均超标的环境噪声，昼、夜工业噪声分别计算应纳税额，累计计征。声源一个月内超标不足15天的，减半计算应纳税额。夜间频繁突发和夜间偶然突发厂界超标噪声，按等效声级和峰值噪声两种指标中超标分贝值高的一项计算应纳税额
		超标4～6分贝	每月700	
		超标7～9分贝	每月1 400	
		超标10～12分贝	每月2 800	
		超标13～15分贝	每月5 600	
		超标16分贝以上	每月11 200	

四、环境保护税应纳税额的计算

（一）应税大气污染物应纳税额的计算

应税大气污染物应纳税额的计算公式如下：

应税大气污染物应纳环境保护税＝污染当量数×具体适用税额

（二）应税水污染物应纳税额的计算

应税水污染物应纳税额的计算公式如下：

应税水污染物应纳环境保护税＝污染当量数×具体适用税额

（三）应税固体废物应纳税额的计算

应税固体废物应纳税额的计算公式如下：

应税固体废物应纳环境保护税＝固体废物排放量×具体适用税额

（四）应税噪声应纳税额的计算

应税噪声应纳税额的计算公式如下：

应税噪声应纳环境保护税＝超过国家规定标准的分贝数对应的具体适用税额

【以案说法】甲公司本年8月向大气直接排放二氧化硫80千克、氟化物100千克、一氧化碳400千克、氰化氢100千克。假设当地大气污染物每污染当量税额为1.2元，该公司只有一个排放口，二氧化硫的污染当量值为0.95，氟化物的污染当量值为0.87，一氧化碳的污染当量值为6.7，氰化氢的污染当量值为0.005。要求：计算甲公司的应纳环境保护税。

结论：二氧化硫污染当量数＝80÷0.95＝84.21

氟化物污染当量数＝100÷0.87＝114.94

一氧化碳污染当量数＝400÷6.7＝59.70

氰化氢污染当量数＝100÷0.005＝20 000

按污染当量数排序：氰化氢污染当量数（20 000）＞氟化物污染当量数（114.94）＞二

氧化硫污染当量数(84.21)>一氧化碳污染当量数(59.70)。甲公司只有一个排放口，按照污染当量数从大到小排序，对前三项污染物征收环境保护税，则征收环境保护税的前三项污染物为氰化氢、氟化物、二氧化硫。

应纳税额=(20 000+114.94+84.21)×1.2=24 238.98（元）

五、环境保护税的优惠政策

（一）免征环境保护税的情形

（1）农业生产（不包括规模化养殖）排放应税污染物的。

（2）机动车、铁路机车、非道路移动机械、船舶和航空器等流动污染源排放应税污染物的。

（3）依法设立的城乡污水集中处理、生活垃圾集中处理场所排放相应应税污染物，不超过国家和地方规定的排放标准的。

（4）纳税人综合利用的固体废物，符合国家和地方环境保护标准的。

（5）国务院批准免税的其他情形。

（二）减征环境保护税的情形

（1）纳税人排放应税大气污染物或水污染物的浓度值低于国家和地方规定的污染物排放标准30%的，减按75%征收环境保护税。纳税人排放应税大气污染物或水污染物的浓度值低于国家和地方规定的污染物排放标准50%的，减按50%征收环境保护税。

（2）纳税人噪声声源一个月内累计昼间超标不足15昼或累计夜间超标不足15夜的，分别减半计算应纳税额。

【课程思政】请简要说明国家实施减征环境保护税的社会经济与思政意义。

【思政解析】为充分发挥税收的激励引导作用，进一步调动企业改进技术工艺、减少污染物排放的积极性，税法根据纳税人排放污染物浓度值低于国家和地方规定排放标准的程度不同，设置了两档减税优惠，即纳税人排污浓度值低于规定标准30%的，减按75%征税；纳税人排污浓度值低于规定排放标准50%的，减按50%征税，进一步鼓励企业改进工艺、减少对环境的污染。

【开篇案例解析】

根据《中华人民共和国环境保护税法》的规定，有以下情形之一的，免征环境保护税：

（1）农业生产（不包括规模化养殖）排放应税污染物的。

（2）依法设立的城乡污水集中处理、生活垃圾集中处理场所排放相应应税污染物，不超过国家和地方规定的排放标准的。

因此，该农业公司向依法设立的城乡污水集中处理、生活垃圾集中处理场所排放相应应税污染物、农业生产过程排放的应税污染物不需要缴纳环境保护税。

六、环境保护税的征收管理

（一）环境保护税的纳税时间

环境保护税的纳税义务发生时间为纳税人排放应税污染物的当日。

（二）环境保护税的纳税期限

环境保护税按月计算，按季申报缴纳。纳税人不能按固定期限计算缴纳的，可以按次申报缴纳。纳税人申报缴纳时，应当向税务机关报送所排放应税污染物的种类、数量，大气污染物、水污染物的浓度值，税务机关根据实际需要要求纳税人报送的其他纳税资料。纳税人按季申报缴纳的，应当自季度终了之日起 15 日内，向税务机关办理纳税申报并缴纳税款。纳税人按次申报缴纳的，应当自纳税义务发生之日起 15 日内，向税务机关办理纳税申报并缴纳税款。

（三）环境保护税的纳税地点

环境保护税的纳税人应当向应税污染物排放地的税务机关申报缴纳环境保护税。

【特别提示】应税污染物排放地是指应税大气污染物、水污染物排放口所在地，应税固体废物产生地，应税噪声产生地。

▰ 尾篇课程思政 ▰

城市化进程的推进使得城市空气质量有所降低。从 2019 年《中国生态环境状况公报》可知，全国 337 个城市中，31.1% 的城市空气质量等级为"优"，50.9% 的城市空气质量等级为"良"，18% 的城市空气质量等级在"良"以下。

2018 年 1 月 1 日，我国首部环境保护税法正式施行，在全国范围对大气污染物、水污染物、固体废物和噪声 4 大类污染物、共计 117 种主要污染因子进行征税。

2019 年，全国"12369"环保举报联网管理平台统计数据显示，涉及噪声的举报占比为 38.1%，位居各污染要素的第 2 位。在全国噪声扰民问题举报中，施工噪声扰民问题以 45.4% 的比例占据首位。

要求：请根据现行税法政策，举例补充说明为什么要实行环境保护费改税，其立法目的和作用是什么？为什么不将排放生活污水和垃圾的居民个人作为纳税人？

▰ 课程思政评析 ▰

环境保护税的立法，意味着我国施行了近 40 年的排污收费制度退出历史的舞台。通过收费促使企业加强环境治理、减少污染排放的方式存在许多弊端，环保部门经费依赖排污费现象较为严重。尤其在中西部地区，由于财力不足，"以收定支"，即根据排污费收入确定环保部门年度预算支出的现象十分普遍，这严重影响了环保治理力度。环境保护税的立法有利于解决排污费制度存在的执法刚性不足、地方政府干预等问题；有利于提高纳税人环保意识和遵从度，强化企业治污减排的责任。环境保护税法的出台体现了"绿水青山就是金山银山"的绿色理念，也体现了党和国家重视人民福祉，坚决打赢蓝天保卫战的决心。

居民个人排放生活污水和垃圾对环境影响很大，但考虑到目前我国大部分市、县的生活污水和垃圾已进行集中处理，不直接向环境排放，对环境的影响得到了有效控制。同时，为顺利实施费改税，避免增加纳税人的负担，按照《中华人民共和国环境保护税法》的规定，国家未将排放生活污水和垃圾的居民个人纳入征税范围，其不用为此缴纳环境保护税。

第五节　城镇土地使用税法

■ 教学目标

　　通过本节教学至少应该实现下列目标：掌握城镇土地使用税纳税人、征税范围、计税依据、税收优惠及征收管理等知识目标；掌握计税面积的具体确认办法等能力目标；在了解基本知识点基础上对在招商引资过程中，为推动经济发展、有效解决就业问题、吸引企业落户建工业园区等优惠政策有一个全面的认识，领会国家"以地控税、以税节地"的思想，更好地发挥加强土地管理、合理节约用地的作用，进一步有效提升对城镇土地使用税的税源控管能力，促进土地节约集约利用的思政目标。

■ 开篇案例导入

　　甲企业位于某经济落后地区，2018年12月取得一宗土地的使用权（未取得土地使用证书），2019年1月已按1 500平方米申报缴纳城镇土地使用税。2019年4月，甲企业取得了政府部门核发的土地使用证书，上面注明的土地面积为2 000平方米。已知该地区适用每平方米0.9~18元的固定税额，当地政府规定的固定税额为每平方米0.9元，并另按照国家规定的最高比例降低税额标准。

　　请思考下列问题：

　　（1）计算甲企业2019年应该补缴的城镇土地使用税。

　　（2）城镇土地使用税与耕地占用税之间有什么区别和联系？

一、城镇土地使用税的纳税人及征收范围

（一）城镇土地使用税的含义

城镇土地使用税是指国家在城市、县城、建制镇、工矿区范围内，对使用土地的单位和个人，以其实际占用的土地面积为计税依据，按照规定的税额计算征收的一种税。

【课程思政】请简要说明开征城镇土地使用税的社会经济与思政意义。

【思政解析】开征城镇土地使用税有利于通过经济手段，加强对土地的管理，变土地的无偿使用为有偿使用，促进合理、节约使用土地，提高土地使用效率；有利于适当调节不同地区、不同地段之间的土地极差收入，促进企业加强经济核算，理顺国家与土地使用者之间的分配关系。

（二）城镇土地使用税的纳税人

1. 一般规定

在城市、县城、建制镇、工矿区范围内使用土地的单位和个人，为纳税义务人。

2. 具体规定

（1）拥有土地使用权的单位和个人，为纳税义务人。

（2）拥有土地使用权的单位和个人不在土地所在地的，其土地的实际使用人或代管人为纳税义务人。

（3）土地使用权未确定或权属纠纷未解决的，其实际使用人为纳税义务人。

（4）土地使用权共有的，共有各方都是纳税义务人，由共有各方分别纳税。

（5）在城镇土地使用税征税范围内，承租集体所有建设用地的，由直接从集体经济组织承租土地的单位和个人缴纳城镇土地使用税。

（三）城镇土地使用税的征税范围

城镇土地使用税的征税范围是税法规定的纳税区域内的土地。根据《中华人民共和国城镇土地使用税暂行条例》的规定，凡在城市、县城、建制镇、工矿区范围内的土地，不论是国家所有的土地，还是集体所有的土地，都属于城镇土地使用税的征税范围。建立在城市、县城、建制镇和工矿区以外的工矿企业则不需要缴纳城镇土地使用税。

【特别提示】自 2009 年 1 月 1 日起，公园、名胜古迹内的索道公司经营用地，应按规定缴纳城镇土地使用税。建立在城市、县城、建制镇和工矿区以外的工矿企业则不需要缴纳城镇土地使用税。

【课程思政】简要说明国家征收城镇土地使用税的目的。

【思政解析】以国有土地或集体土地为征税对象，对拥有土地使用权的单位和个人征收城镇土地使用税的目的如下：首先，有利于通过经济手段，加强对土地的管理，调整城镇土地使用税征收与缴纳的权利义务关系，促进土地的合理使用。其次，有利于适当调节土地极差收入，促进企业加强经济核算。最后，土地的有偿使用有利于筹集地方财政资金，既保证财政上的需要，又助力经济的发展。

二、城镇土地使用税的计税依据 ├────────────────

城镇土地使用税以纳税义务人实际占用的土地面积为计税依据。

纳税义务人实际占用土地面积，按下列方法确定：

（1）由省、自治区、直辖市人民政府确定的单位组织测定土地面积的，以测定的面积为准。

（2）尚未组织测量，但纳税人持有政府部门核发的土地使用证书的，以证书确认的土地面积为准。

（3）尚未核发土地使用证书的，应由纳税人申报土地面积，据以纳税，等到核发土地使用证以后再进行调整。

（4）在城镇土地使用税征税范围内单独建造的地下建筑用地，按规定征收城镇土地使用税。其中，已取得地下土地使用权证的，按土地使用权证确认的土地面积计算应征税款；未取得地下土地使用权证或地下土地使用权证上未标明土地面积的，按地下建筑垂直投影面积计算应征税款。

国家对上述地下建筑用地暂按应征税款的 50% 征收城镇土地使用税。

【特别提示】单独建造的地下建筑物，其城镇土地使用税计税依据依照以下两种方法处理：第一，已取得地下土地使用权证的——按证书上的面积；第二，未取得地下土地使用权证或地下土地使用权证上未标明土地面积的——按地下建筑垂直投影面积确认面积。对上述地下建筑用地暂按应征税款的50%征收城镇土地使用税，但地上地下相连的建筑物不执行上述规定。

三、城镇土地使用税的税率

城镇土地使用税采用定额税率。

每平方米土地年税额规定如下（城镇土地使用税采用幅度税额，拉开档次，每个幅度税额的差距规定为20倍）：

（1）大城市为1.5~30元。

（2）中等城市为1.2~24元。

（3）小城市为0.9~18元。

（4）县城、建制镇、工矿区为0.6~12元。

【特别提示】经济落后地区城镇土地使用税的适用税额标准可以适当降低，但降低额不得超过上述规定最低税额标准的30%。经济发达地区的适用税额标准可以适当提高，但须报财政部批准。

【课程思政】针对区域经济发展不平衡的问题，国家从优惠方式、税收政策等方面运用大量行之有效的税收优惠政策，解决经济落后地区区域经济发展不平衡的问题。这体现了党和政府对经济落后地区人民生活的关心、关爱与关怀。

四、城镇土地使用税应纳税额的计算

城镇土地使用税应纳税额的基本计算公式如下：

应纳税额 = 实际占用应税土地面积（平方米）× 适用税额

单独建造的地下建筑物的应纳税额的计算公式如下：

应纳税额 = 证书确认应税土地面积或地下建筑物垂直投影面积（平方米）× 适用税额 × 50%

【以案说法】某企业本年度拥有位于市郊的一宗地块，其地上面积为1万平方米，单独建造的地下建筑占地面积为4 000平方米（已取得地下土地使用权证）。该市规定的城镇土地使用税税率为2元/平方米。要求：计算该企业本年度就此地块应缴纳的城镇土地使用税。

结论：该企业本年度就此地块应缴纳的城镇土地使用税 = 1×2+0.4×2×50% = 2.4（万元）

【开篇案例解析】

（1）尚未核发土地使用证书的，应由纳税人申报土地面积，据以纳税，等到核发土地使用证以后再进行调整。

（2）甲企业位于经济落后地区，城镇土地使用税的适用税额标准可以适当降低，但降低额不得超过规定最低税额标准的30%。

当地年固定税额 = 0.9×（1-30%）= 0.63（元/平方米）

该企业应补税 = （2 000-1 500）×0.63 = 315（元）

五、城镇土地使用税的税收优惠

城镇土地使用税的税收优惠包括法定免缴城镇土地使用税的优惠和省、自治区、直辖市税务局确定减免城镇土地使用税的优惠。

【特别提示】作为地方性税种，城镇土地使用税的税收优惠是分为两个层次的：一是税法条例中明确规定的法定税收优惠，二是各省、自治区、直辖市税务局确定减免的税收优惠。学生在学习时，既要把握税收优惠的具体规定，又要明确优惠规定属于哪个层次。

法定免缴城镇土地使用税的优惠主要如下：

（1）国家机关、人民团体、军队自用的土地。

（2）由国家财政部门拨付事业经费的单位自用的土地。

（3）宗教寺庙、公园、名胜古迹自用的土地。

【特别提示】举行宗教仪式用地和宗教人员生活用地免税；供公共参观游览用地和管理办公用地免税，但附设的影剧院、茶社、饮食部、照相馆等经营用地不免税。

（4）市政街道、广场、绿化地带等公共用地。

（5）直接用于农、林、牧、渔业的生产用地。

【特别提示】直接用于种植、养殖、饲养的专业用地免税，但农副产品加工场地和生活、办公用地不免税。

（6）经批准开山填海整治的土地和改造的废弃土地（自开自用），从使用的月份起免缴城镇土地使用税5~10年。

（7）非营利性医疗机构、疾病控制机构和妇幼保健机构等卫生机构自用的土地免征城镇土地使用税。

（8）企业办的学校、医院、托儿所、幼儿园，其用地能与企业其他用地明确区分的，免征城镇土地使用税。

【以案说法】某人民团体有A、B两栋办公楼，A栋办公楼占地3 000平方米，B栋办公楼占地1 000平方米。2019年3月30日至12月31日，该人民团体将B栋办公楼出租。当地城镇土地使用税的税额为每平方米15元。要求：计算该人民团体2019年应缴纳的城镇土地使用税。

结论：该人民团体2019年应缴纳的城镇土地使用税=1 000×15×9÷12=11 250（元）。

【以案说法】某盐场2019年度占地200 000平方米，其中办公楼占地20 000平方米，盐场内部绿化占地50 000平方米，盐场附属幼儿园占地10 000平方米，盐滩占地120 000平方米。盐场所在地城镇土地使用税单位年税额为每平方米0.7元。要求：计算该盐场2019年应缴纳的城镇土地使用税。

结论：该盐场2019年应缴纳的城镇土地使用税=（200 000-10 000-120 000）×0.7=70 000×0.7=49 000（元）

【特别提示】在不同拥有主体和不同使用主体的条件下，无偿使用土地或有偿使用土地的征免城镇土地使用税规则如表7-4所示。

表 7-4　无偿使用土地或有偿使用土地的征免城镇土地使用税规则

情况	拥有人	使用人	纳税人
无偿使用土地	纳税单位	免税单位	免税
	免税单位	纳税单位	纳税单位（使用人）
有偿使用土地	纳税单位	免税单位	纳税单位（拥有人）
	免税单位	纳税单位	免税单位（拥有人）

【以案说法】2018 年年底某会计师事务所与政府机关因各自办公所需共同购得一栋办公楼，占地面积 5 000 平方米，建筑面积 40 000 平方米，楼高 10 层，政府机关占用 7 层。该楼所在地城镇土地使用税的年税额为 5 元/平方米，计算该会计师事务所与政府机关 2019 年共计应缴纳的城镇土地使用税。

结论：共计应缴纳的城镇土地使用税 = 5 000×（1−7÷10）×5 = 7 500（元）

【特别提示】2019 年 1 月 1 日至 2021 年 12 月 31 日，农产品批发市场、农贸市场（包括自有和承租，下同）专门用于经营农产品的房产、土地，暂免征收房产税和城镇土地使用税。同时经营其他产品的农产品批发市场和农贸市场使用的房产、土地，按其他产品与农产品交易场地面积的比例确定征免房产税和城镇土地使用税。2020 年 1 月 1 日至 2022 年 12 月 31 日，物流企业自有（包括自用和出租）或承租的大宗商品仓储设施用地，减按所属土地等级适用税额标准的 50% 计征城镇土地使用税。2019 年 1 月 1 日至 2021 年 12 月 31 日，国家级、省级科技企业孵化器、大学科技园和国家备案众创空间自用以及无偿或通过出租等方式提供给在孵对象使用的土地，免征城镇土地使用税。2019 年 1 月 1 日至 2021 年 12 月 31 日，城市公交站场、道路客运站场、城市轨道交通系统运营用地，免征城镇土地使用税。

注意：经县以上（含）人民政府交通运输主管部门批准建设的，为公众及旅客、运输经营者提供站务服务，含车站、停车场、站场办公和生产辅助用地、轨道导向系统用地，不包括购物中心、商铺等商业设施用地，不包括旅游景区等单位内部为特定人群服务的轨道系统。

【课程思政】请简述法定免缴城镇土地使用税的思政意义。

【思政解析】国家机关、人民团体、军队等由国家财政部门拨付经费的单位与组织，国家预算收支单位的自用地免征城镇土地使用税，符合国家建设的需要。从事科教文卫事业以及国有重点扶植项目免征城镇土地使用税，充分体现了税收政策的鼓励和促进经济发展的政策导向。

六、城镇土地使用税的征收管理

（一）城镇土地使用税的纳税时间

纳税人占用土地，一般是从次月起发生城镇土地使用税的纳税义务，只有新征用耕地是在批准征用之日起满一年时开始缴纳城镇土地使用税。纳税义务发生时间如表 7-5 所示。

表 7-5　纳税义务发生时间

具体情形	纳税义务发生时间
购置新建商品房	房屋交付使用之次月起
购置存量房	办理房屋权属转移、变更登记手续，房地产权属登记机关签发房屋权属证书之次月起
出租、出借房产	交付出租、出借房产之次月起
以出让或转让方式有偿取得土地使用权	应由受让方从合同约定交付土地时间的次月起缴纳城镇土地使用税；合同未约定交付土地时间的，由受让方从合同签订的次月起缴纳城镇土地使用税
新征用的耕地	批准征用之日起满一年时
新征用的非耕地	批准征用次月起
纳税人因土地的权利状态发生变化而依法终止城镇土地使用税纳税义务	其应纳税款的计算应截止到土地的权利状态发生变化的当月末（与房产税相同）

（二）城镇土地使用税的纳税期限

城镇土地使用税适用按年计算，分期缴纳，具体纳税期限由省级人民政府确定。

（三）城镇土地使用税的纳税地点

城镇土地使用税的纳税地点为土地所在地，由土地所在地的税务机关负责征收。

城镇土地使用税的属地性强。

【开篇案例解析】

城镇土地使用税和耕地占用税的不同之处如下：耕地占用税是在全国范围内，就改变耕地用途的行为在土地取得环节一次性征收的税种，目的是保护耕地。而城镇土地使用税是在城市、县城、建制镇和工矿区范围内，在土地的持有和使用环节征收的一种税，目的是引导企业集约、节约土地，促进土地资源的合理配置。城镇土地使用税按年计算，分期缴纳。

城镇土地使用税和耕地占用税是在不同环节征收的税种，因此占用耕地的纳税人在缴纳耕地占用税以后，在土地持有和使用过程中仍要缴纳城镇土地使用税。但是在占用耕地的当年，考虑到纳税人已经支付了较高的补偿费、缴纳了耕地占用税，因此，《中华人民共和国城镇土地使用税暂行条例》将其缴纳城镇土地使用税的纳税义务发生时间设置为批准征用耕地的 1 年以后，从而保证耕地占用税和城镇土地使用税的合理衔接。

尾篇课程思政

针对新冠疫情的冲击，大多数个体工商户面临客源减少、成本上升、资金紧张等实际困难。连续几个月无法正常营业，收入甚微。对此，各地税务机关聚焦个体工商户的难点、堵点、痛点，以更直接的税收优惠政策、更有效的帮扶措施，助力"小店经济"重获生机。

请根据上述已知资料思考下列问题：

（1）税收政策助力、对商户减免租金、税费减免对个体工商户有什么意义？

（2）支持个体工商户复工复产对恢复经济有何帮助？

课程思政评析

（1）"小店经济"是城市总体经济的"毛细血管"，个体工商户作为数量最多的市场主体，也是群众生活最直接的服务者。税务机关减免商户房产税、城镇土地使用税，商户减免店铺租金，业主让利于"户"的底气来自租金税费减免等优惠政策的扶持。近期国家又明确延续实施支持小微企业和个体工商户的有关税收优惠政策，对大多数规模普遍较小、抗风险能力较弱的个体工商户的"翻身仗"提供了政策支持，为市场主体稳步复工复产提供了重要帮助。

（2）为应对新冠疫情，国家连续出台了"减、免、缓"等一系列税收优惠政策，针对不同行业、不同主体，给予不同程度的政策，让个体工商户感受到真金白银的帮扶，更有底气坚持下去。国家最大力度支持个体工商户爬坡过坎，渡过难关，逆势起航。在当前加快形成以国内大循环为主体、国内国际双循环相互促进的新发展格局的背景下，税收对激发市场活力发挥了积极作用。一方面，各项优惠政策的落实切实减轻了个体工商户等市场主体负担；另一方面，税收大数据等手段能及时跟踪其经营生产状况，及时化解现实困难，帮助各类主体了解政策、享受优惠，从而进一步畅通良性循环。

第六节　耕地占用税法

■教学目标

通过本节教学至少应该实现下列目标：了解纳税人是在中国境内占用耕地建设建筑物、构筑物或从事非农业建设的单位和个人，了解具体耕地的范围，掌握计税依据是纳税人实际占用的属于耕地占用税征税范围的土地等知识目标；具备依据耕地占用税征税范围核算纳税人应纳税额的能力目标；从立法的角度理解税收减免中免征及减征项目的思政目标。

■开篇案例导入

因土地规模化耕种需要，农村居民张某经批准搬迁。搬迁前住宅占用耕地220平方米，搬迁后新建自用住宅占用耕地260平方米。当地耕地占用税税额为每平方米20元。

请思考下列问题：

（1）计算张某应纳的耕地占用税。

（2）车船税、环境保护税、烟叶税、耕地占用税、资源税等税种已全部完成立法，对促进形成绿色发展方式和生活方式，走生产发展、生活富裕和生态良好的文明发展道路有什么意义？

一、耕地占用税的纳税人及征收范围

（一）耕地占用税的含义

在中华人民共和国境内因占用耕地建设建筑物、构筑物或从事非农业建设而按照规定缴纳的税款，称为耕地占用税。

（二）耕地占用税的纳税人

1. 耕地占用税的纳税人的一般规定

耕地占用税的纳税人是指在中华人民共和国境内占用耕地建设建筑物、构筑物或从事非农业建设的单位和个人。

2. 耕地占用税的纳税人的特殊规定

经批准占用耕地的，纳税人为农用地转用审批文件中标明的建设用地人。农用地转用审批文件中未标明建设用地人的，纳税人为用地申请人，其中用地申请人为各级人民政府的，由同级土地储备中心、自然资源主管部门或政府委托的其他部门、单位履行耕地占用税申报纳税义务。未经批准占用耕地的，纳税人为实际用地人。

【特别提示】耕地的范围和耕地的占用的含义如表7-6所示。

表7-6　耕地的范围和耕地的占用的含义

耕地的范围	（1）耕地的内涵——耕地是指用于种植农作物的土地 （2）耕地的外延——农用地包括园地、林地、草地、农田水利用地、养殖水面、渔业水域滩涂以及其他农用地
耕地的占用	（1）占用耕地建设建筑物、构筑物或从事非农业建设的 （2）因挖损、采矿塌陷、压占、污染等损毁耕地属于税法所称的非农业建设，应依照税法规定缴纳耕地占用税

（三）耕地占用税的征税范围

耕地占用税的征税范围包括纳税人占用耕地建设建筑物、构筑物或从事非农业建设的国家所有和集体所有的耕地。

【特别提示】（1）纳税人因建设项目施工或地质勘查临时占用耕地，应当依照规定缴纳耕地占用税。纳税人在批准临时占用耕地期满之日起一年内依法复垦，恢复种植条件的，全额退还已经缴纳的耕地占用税。

（2）占用园地、林地、草地、农田水利用地、养殖水面、渔业水域滩涂以及其他农用地建设建筑物、构筑物或从事非农业建设的，依照规定缴纳耕地占用税。但因上述行为占用的农用地建设直接为农业生产服务的生产设施，或者占用的耕地建设农田水利设施的，不缴纳耕地占用税。

【课程思政】国家征收耕地占用税的经济与思政意义是什么？

【思政解析】国家对占用耕地建房或从事其他非农业建设的单位和个人，就其实际占用的耕地面积征收耕地占用税的目的如下：首先，耕地占用税属于对特定土地资源占用课税。其次，非农业建设占用而减少的耕地大约占耕地减少面积的40%（其他的减少原因主要有农业结构调整、灾毁等），耕地面积大量减少直接威胁农业发展。为此，我们必须确保一定数量和质量的耕地。最后，耕地是人类赖以生存和发展的基础，稳定和扩大耕地面积，有利于稳定农业基础地位及确保中国的粮食安全。因此，为了抑制非农业建设滥占耕地，我国对占用耕地或其他农用地从事非农业建设的主体征收耕地占用税。

二、耕地占用税的计税依据

耕地占用税以纳税人实际占用的属于耕地占用税征税范围的土地（以下简称"应税土地"）面积为计税依据，以每平方米为计量单位。

【特别提示】应税土地面积包括经批准占用的耕地面积和未经批准占用的耕地面积。

三、耕地占用税的税率

耕地占用税实行四级地区差别幅度定额税率。人均耕地面积越少，单位税额越高，每级税额中最高单位税额是最低单位税额的 5 倍。

（1）人均耕地不超过 1 亩的地区（以县、自治县、不设区的市、市辖区为单位，下同），每平方米为 10~50 元。

（2）人均耕地超过 1 亩但不超过 2 亩的地区，每平方米为 8~40 元。

（3）人均耕地超过 2 亩但不超过 3 亩的地区，每平方米为 6~30 元。

（4）人均耕地超过 3 亩的地区，每平方米为 5~25 元。

各地区耕地占用税的适用税额由省、自治区、直辖市人民政府根据人均耕地面积和经济发展等情况，在《中华人民共和国耕地占用税法》规定的税额幅度内提出，报同级人民代表大会常务委员会决定，并报全国人民代表大会常务委员会和国务院备案。各省、自治区、直辖市耕地占用税适用税额的平均水平，不得低于《中华人民共和国耕地占用税法》所附各省、自治区、直辖市耕地占用税平均税额表规定的平均税额。

【特别提示】（1）在人均耕地低于 0.5 亩的地区，省、自治区、直辖市可以根据当地经济发展情况，适当提高耕地占用税的适用税额，但提高的部分不得超过"人均耕地超过 1 亩但不超过 2 亩的地区，每平方米为 8~40 元"的 50%。

（2）占用基本农田的，应当按照"人均耕地超过 1 亩但不超过 2 亩的地区，每平方米为 8~40 元"或前款确定的当地适用税额，加按 150% 征收。

四、耕地占用税应纳税额的计算

（一）实行一次性征收

按应税土地当地适用税额计税，实行一次性征收耕地占用税的，其计算公式如下：

$$应纳税额 = 应税土地面积 × 适用税额$$

（二）实行加按 150% 征收

占用基本农田，加按 150% 征收耕地占用税的，其计算公式如下：

$$应纳税额 = 应税土地面积 × 适用税额 × 150\%$$

【开篇案例解析】

（1）农村居民在规定用地标准以内占用耕地新建自用住宅，按照当地适用税额减半征收耕地占用税。其中，农村居民经批准搬迁，新建自用住宅占用耕地不超过原宅基地面积的部分，免征耕地占用税。

张某应缴纳耕地占用税 =（260-220）×20×50% = 400（元）

（2）"绿水青山就是金山银山。"五大资源环境类税种的实施，在保持现行税制框架和税负水平总体不变的基础上，通过税收手段促进绿色发展、助力建设美丽中国，增强了促进资源节约集约利用和生态环境保护方面的功能，为绿水青山拉起了一张牢固的"保护网"。

五、耕地占用税的优惠政策

（一）免征耕地占用税

（1）军事设施占用耕地。

（2）学校、幼儿园占用耕地。

（3）社会福利机构占用耕地。

（4）医疗机构占用耕地。

（5）农村居民经批准搬迁，新建自用住宅占用耕地不超过原宅基地面积的部分。

（6）农村烈士遗属、因公牺牲军人遗属、残疾军人以及符合农村最低生活保障条件的农村居民，在规定用地标准以内新建自用住宅。

（二）减征耕地占用税

（1）铁路线路、公路线路、飞机场跑道、停机坪、港口、航道、水利工程占用耕地，减按每平方米2元的税额征收耕地占用税。

（2）农村居民在规定用地标准以内占用耕地新建自用住宅，按照当地适用税额减半征收耕地占用税。

根据国民经济和社会发展的需要，国务院可以规定免征或减征耕地占用税的其他情形，报全国人民代表大会常务委员会备案。

【特别提示】铁路线路、公路线路、飞机场跑道、停机坪、港口、航道、水利工程占用耕地，减按每平方米2元的税额征收耕地占用税；农村居民在规定用地标准以内占用耕地新建自用住宅，按照当地适用税额减半征收耕地占用税；农村居民经批准搬迁，新建自用住宅占用耕地不超过原宅基地面积的部分，免征耕地占用税。但对上述项目按规定免征或减征耕地占用税后，纳税人改变原占地用途，不再属于免征或减征耕地占用税情形的，应当按照当地适用税额补缴耕地占用税。

【课程思政】请思考国家和政府免征、减征耕地占用税的思政意义。

【思政解析】国家对国务院和中央军事委员会规定的军事设施，县级以上人民政府教育行政部门批准成立的学校，为老人、残疾人等特殊群体提供养护、康复、托管等服务的社会福利机构，县级以上人民政府卫生健康行政部门批准设立的医疗机构等需照顾公益性单位，经批准占用耕地的免征耕地占用税。对某一部分特定用途能够满足陆运、空运及航运通道等利国利民的项目和课税对象给予免税或减税的一种税收措施，不但有利于相关纳税主体减轻税负和促进可持续发展，还充分体现了税收政策的人性化以及对人们享受最基本的教育及医疗等各项权益的保障。

六、耕地占用税的征收管理

（一）耕地占用税的纳税时间

耕地占用税的纳税义务发生时间为纳税人收到自然资源主管部门办理占用耕地手

续的书面通知的当日。

未经批准占用耕地的，耕地占用税纳税义务发生时间为自然资源主管部门认定的纳税人实际占用耕地的当日。

因挖损、采矿塌陷、压占、污染等损毁耕地的纳税义务发生时间为自然资源、农业农村等相关部门认定损毁耕地的当日。

（二）耕地占用税的纳税期限

纳税人应当自纳税义务发生之日起 30 日内，向主管税务机关申报缴纳耕地占用税。

（三）耕地占用税的纳税地点

纳税人占用耕地或其他农用地，应当在耕地或其他农用地所在地的税务机关申报纳税。

尾篇课程思政

自 2019 年 9 月 1 日起，《中华人民共和国耕地占用税法》（以下简称《耕地占用税法》）正式施行，与《中华人民共和国耕地占用税暂行条例》相比，在减免税优惠范围上有所扩大。要求：简要说明减免税优惠政策扩大的社会经济与思政意义。

课程思政评析

耕地占用税是国家税收的重要组成部分，具有特定性、一次性、限制性和开发性等不同于其他税收的特点。《耕地占用税法》减免政策的扩大——将水利工程占用耕地列入优惠范围，将享受税收优惠的范围扩大到符合农村最低生活保障条件的农村居民，并且适当扩大了享受免税优惠的公益单位范围。《耕地占用税法》同时将"占用耕地建设农田水利设施"列入不缴纳耕地占用税范围，这些都是利用经济手段限制乱占滥用耕地，补偿占用耕地所造成的农业生产力的损失，为大规模的农业综合开发提供必要的资金来源，有利于促进农业生产的稳定发展。

第七节　房产税法

■教学目标

通过本节教学至少应该实现下列目标：掌握房产税法的纳税人、征税范围、计税依据，掌握房产税应纳税额的计算方法，熟悉房产税的优惠政策等知识目标；具有熟练运用房产税法正确处理有关房产税纳税实务、运用优惠政策正确享有纳税人的权利和履行纳税人的义务等能力目标；具备良好的知房产税法、懂房产税法等业务素质以及遵守房产税法，诚信缴纳房产税的法治观念等思政目标。

本年度上半年，甲企业共有房产原值为1 090万元（其中子弟学校房产原值为130万元，幼儿园房产原值为70万元）。6月30日，甲企业将原值为90万元的一栋仓库出租给某商场存放货物，租期为1年，每月租金收入为1.5万元（不含增值税）。8月10日，甲企业对委托施工单位建设的生产车间办理验收手续，由在建工程转入固定资产原值为500万元。假设房产税计算余值的扣除比例为20%。

请思考下列问题：

（1）甲企业子弟学校房产130万元和幼儿园房产70万元是否需要缴纳房产税？说明如此规定对经济与社会发展的积极作用和影响。

（2）计算甲企业本年度的应纳房产税。

一、房产税的纳税人及其征收范围

（一）房产税的含义

房产税是由产权所有人缴纳，以房屋为征税对象，按房屋的计税余值或租金收入为计税依据的一种财产税。

（二）房产税的纳税人

房产税由产权所有人缴纳。

（1）产权属于全民所有的，由经营管理的单位缴纳。

（2）产权出典的，由承典人缴纳。

（3）产权所有人、承典人不在房产所在地的，或者产权未确定及租典纠纷未解决的，由房产代管人或使用人缴纳。

上述所说的产权所有人、经营管理单位、承典人、房产代管人或使用人统称为纳税义务人（以下简称"纳税人"）。

【特别提示】对居民住宅区内业主共有的经营性房产，由实际经营（包括自营和出租）的代管人或使用人缴纳房产税。无租使用其他单位房产的应税单位和个人，依照房产余值代缴房产税。产权出典的房产，由承典人依照房产余值缴纳房产税。

【问题思考】某居民小区内有一处人防设施，产权属于全体业主，由物业公司代为经营管理。请问：该处人防设施的房产税应由业主缴纳还是物业公司缴纳？

【问题解答】《财政部 国家税务总局关于房产税、城镇土地使用税有关政策的通知》（财税〔2006〕186号）规定，对居民住宅区内业主共有的经营性房产，由实际经营（包括自营和出租）的代管人或使用人缴纳房产税。其中自营的，依照房产原值减除10%~30%后的余值计征，没有房产原值或不能将业主共有房产与其他房产的原值准确划分开的，由房产所在地地方税务机关参照同类房产核定房产原值；出租的，依照租金收入计征。因此，由物业公司代为管理经营的人防设施，应由物业公司负责缴纳房产税。

（三）房产税的征税范围

房产税的征税对象的房产是以房屋形态表现的财产，独立于房屋之外的建筑物，如围墙、烟囱、水塔、室外游泳池等不属于房产。

《中华人民共和国房产税暂行条例》规定，房产税的征税范围是在城市、县城、建制镇和工矿区的房产（有屋面和围护结构，能够遮风避雨，可供人们在其中生产、学习、工作、娱乐、居住或储藏物资的场所），不包括农村。

城市是经国务院批准设立的市，包括市区和郊区，不包括农村；县城是指县人民政府所在地的城镇；建制镇是指经省、自治区、直辖市人民政府批准设立的建制镇；工矿区是指工商业比较发达，人口比较集中，符合国务院规定的建制镇标准，但尚未设立建制镇的大中型工矿企业所在地。

【特别提示】

（1）房地产开发企业建造的商品房，在出售前属于企业的产品不征收房产税，但对出售前房地产开发企业已使用或出租、出借的商品房应按规定征收房产税。

（2）融资租赁的房产，由承租人自融资租赁合同约定开始日的次月起依照房产余值缴纳房产税；合同未约定开始日的，由承租人自合同签订的次月起依照房产余值缴纳房产税。

（3）凡在房产税征收范围内的具备房屋功能的地下建筑，包括与地上房屋相连的地下建筑以及完全建在地面以下的建筑、地下人防设施等，均应当依照有关规定征收房产税。上述具备房屋功能的地下建筑是指有屋面和维护结构，能够遮风避雨，可供人们在其中生产、经营、工作、学习、娱乐、居住或储藏物资的场所。

（4）自用的地下建筑，按以下方式计税：

①工业用途房产，以房屋原价的50%~60%作为应税房产原值。

$$应纳房产税的税额 = 应税房产原值 \times [1-(10\%~30\%)] \times 1.2\%$$

②商业和其他用途房产，以房屋原价的70%~80%作为应税房产原值

$$应纳房产税的税额 = 应税房产原值 \times [1-(10\%~30\%)] \times 1.2\%$$

房屋原价折算为应税房产原值的具体比例，由各省、自治区、直辖市和计划单列市财政和税务机关在上述幅度内自行确定。

（5）对于与地上房屋相连的地下建筑，如房屋的地下室、地下停车场、商场的地下部分等，应将地下部分与地上房屋视为一个整体按照地上房屋建筑的有关规定计算征收房产税。出租的地下建筑，按照出租地上房屋建筑的有关规定计算征收房产税。

二、房产税的计税依据

（一）从价计征的计税依据

从价计征的计税依据为按照房产原值一次减10%~30%损耗后的余值，扣除比例由省、自治区、直辖市人民政府确定。

对于房产原值应该注意以下几点：

（1）房产原值是指纳税人按照会计制度规定，在账簿"固定资产"账户中记载的房屋原价。因此，凡按会计制度规定在账簿中记载有房屋原价的，应以房屋原价按规定减除一定比例后作为房产余值计征房产税；没有记载房屋原价的，参照同类房屋确定房产原值，按规定计征房产税。

【特别提示】对依照房产原值计税的房产，不论是否记载在会计账簿的"固定资产"账户中，均应按照房屋原价计算缴纳房产税。房屋原价应根据国家有关会计制度规定进行核算。对纳税人未按国家会计制度规定核算并记载的，应按规定予以调整或重新评估。

（2）房产原值应包括与房屋不可分割的各种附属设备或一般不单独计算价值的配套设施。其主要有暖气、卫生、通风、照明、煤气等设备；各种管线，如蒸汽、压缩空气、石油、给水排水等管道及电力、电信、电缆导线；电梯、升降机、过道、晒台等。属于房屋附属设备的水管、下水道、暖气管、煤气管等应从最近的探视井或三通管起，计算原值；电灯网、照明线应从进线盒连接管起，计算原值。

【特别提示】凡以房屋为载体，不可随意移动的附属设备和配套设施，如给排水、采暖、消防、中央空调、电气以及智能化楼宇设备等，无论在会计核算中是否单独记账与核算，都应计入房产原值，计征房产税。

（3）纳税人对原有房屋进行改建、扩建的，要相应增加房屋的原值。

【特别提示】更换房屋附属设备和配套设施的，在将其价值计入房产原值时，可以扣减原来相应设备和设施的价值；附属设备和配套设施中易损坏、需要经常更换的零配件，更新后不再计入房产原值。

（4）以房产投资联营，投资者参与投资利润分红、共担风险的，按房产余值作为计税依据计算缴纳房产税。

（5）融资租赁房屋，实质上相当于分期付款购买固定资产，因此应以房产余值计算缴纳房产税。由承租人自融资租赁合同约定开始日的次月起，依照房产余值计算缴纳房产税；合同未约定开始日的，由承担人自合同签订的次月起依照房产余值计算缴纳房产税。

（6）没有房产原值作为依据的，由房产所在地税务机关参考同类房产核定。

（二）从租计征的计税依据

房产出租的，以房产租金收入（包括实物收入和货币收入）为房产税的计税依据。

【特别提示】以劳务或其他形式抵付房租收入的，按当地同类房产租金水平确定租金收入；计征房产税的租金收入不含增值税；免征增值税的，计征房产税的租金收入不扣减增值税税额；对以房产投资收取固定收入、不承担经营风险的，实际上是以联营名义取得房屋租金，应以出租方取得的租金收入为计税依据计算缴纳房产税。

三、房产税的税率

（一）从价计征的税率

房产税依照房产余值计算缴纳的，税率为1.2%。

（二）从租计征的税率

房产税依照房产租金收入计算缴纳的，税率为12%。

【课程思政】按规定，第一，个人出租住房，不区分用途，按4%的税率征收房产税；廉租住房经营管理单位按照政府规定价格、向规定保障对象出租廉租住房的租金收入，免征房产税。第二，企事业单位、社会团体以及其他组织按市场价格向个人出租用于居住的住房，减按4%的税率征收房产税。第三，房屋出典不同于出租，出典人收取的典价也不同于租金，因此不应将房屋出典确定为出租行为从租计征房产税，而应按房产余值计算缴纳房产税。请思考这些规定的思政意义。

【思政解析】上述第一点、第二点的意义在于党和政府支持廉租住房、经济适用住房建设，第三点的意义在于支持住房租赁市场健康发展。第一点、第二点、第三点都体现了党和政府对民生的关心、关爱与关怀。

四、房产税应纳税额的计算

（一）从价计征房产税应纳税额的计算

应纳房产税的计算公式如下：

$$应纳房产税 = 房产原值×（1-扣除比例）×1.2\%$$

房产原值×（1-扣除比例）=房产余值，房产余值的计算不得扣除折旧额。

【以案说法】某市区百货公司2018年拥有一栋房产原值为40 000万元的办公大楼。2018年4月30日，该百货公司将其中部分闲置房屋出租，租期为3年，不含增值税租金为每年1 000万元。出租部分房产原值为10 000万元。假如当地政府规定计算房产原值减除比例为20%，计算2018年该百货公司应缴纳的房产税。

结论：2018年该百货公司应缴纳的房产税=1 000×12%×8÷12+（40 000-10 000）×（1-20%）×1.2%+10 000×（1-20%）×1.2%×4÷12=80+288+32=400（万元）

【以案说法】2020年，甲公司房产原值为1 000 000元，已提取折旧350 000元。已知从价计征房产税税率为1.2%，当地规定的房产税扣除比例为30%。要求：计算甲公司当年应缴纳的房产税。

结论：甲公司当年应缴纳的房产税=1 000 000×（1-30%）×1.2%=8 400（元）

（二）从租计征房产税应纳税额的计算

应纳房产税的计算公式如下：

$$应纳房产税 = 租金收入×12\%（或4\%）$$

【开篇案例解析】

（1）甲企业专门用于子弟学校房产的130万元和幼儿园房产的70万元，按规定免征房产税。其思政意义如下：党和国家非常重视国民教育事业，并鼓励、支持社会上的企业、组织等多方力量兴办教育，也体现党和国家对国民素质提高、青少年成长的关心和关爱。

（2）2020年应纳房产税合计=7.68+0.432+1.08+1.6=10.792（万元）

①房产原值扣除出租部分再扣除20%后，从价计税。

应纳房产税=（890-90）×（1-20%）×1.2%=7.68（万元）

②下半年出租房产，上半年按计税余值及1~6月共6个月的使用期计税。

应纳房产税=90×（1-20%）×1.2%÷12×6=0.432（万元）

③企业出租房产按7月至当年年底共6个月的租金收入计税。

应纳房产税=1.5×6×12%=1.08（万元）

④在建工程完工转入的房产应自验收手续之次月起计税，因此从9月至当年年底共4个月计税。

应纳房产税＝500×（1−20%）×1.2%÷12×4＝1.6（万元）

五、房产税的优惠政策

（一）免纳房产税的一般规定

根据《中华人民共和国房产税暂行条例》的规定，下列房产免纳房产税：

（1）国家机关、人民团体、军队自用的房产。

（2）由国家财政部门拨付事业经费的单位自用的房产。

（3）宗教寺庙、公园、名胜古迹自用的房产。

（4）个人所有非营业用的房产。

（5）经财政部批准免税的其他房产。

【特别提示】免纳房产税的情形，是以"自用"为前提条件的，否则应该依法纳税。例如，对出租房产以及非自身业务使用的生产、营业用房产，对其所属的附属工厂、商店、招待所等的生产、营业用房产，对其附设的营业单位（如影剧院、饮食部、茶社、照相馆等所使用的生产、营业用房产），个人拥有的营业用房产等，都不属于"自用的"，都不属于免税范围。除免纳房产税情况外，纳税人纳税确有困难的，由税务机关核实情况，提出意见并报市局批准后，定期减征或免征房产税。

【课程思政】请思考有关免纳房产税一般规定的社会经济和思政意义。

【思政解析】免征房产税一般规定的社会经济发展、国富民安和关爱民生的重要意义如下：国家机关、人民团体、军队是由国家财政部门拨付经费的单位与组织，征税再拨款毫无意义；宗教寺庙、公园、名胜古迹是非营利单位，免税也体现对宗教的保护与支持、对民生环境的改善和对名胜古迹的爱护；对纳税人纳税确有困难的，定期减征或免征房产税，充分体现了税收政策的人性化。总之，免纳房产税一般规定的重要经济与政治意义在于我国财政收入是取之于民、用之于民的。

（二）免征房产税的特殊规定

（1）企业及企业主管部门所属的学校、医院、疗养院、托儿所、幼儿园自用的房产，比照由国家财政部门拨付事业经费的单位自用的房产，免征房产税。但如果与企业或企业主管部门的房产划分不清的，应照章征收房产税。

（2）行政单位和由国家财政部门拨付事业经费的事业单位举办的培训班，无论是否收取培训费，其自用的房产免征房产税。企业及其主管部门举办的培训班自用的房产比照企业及企业主管部门所属学校自用的房产免征房产税。

（3）私立学校、诊所、托儿所、幼儿园自用的房产免征房产税。

（4）大专院校和其他各类学校为学生提供实验场所以及以勤工俭学为主的学校企业，其自用的房产，可以免征房产税。

（5）孤寡老人靠出租房屋收入维持基本生活的，可以凭当地居委会、乡村证明，向所在地税务机关申请，经主管税务分局批准，可以给予减征或免征房产税的照顾。

（6）中国人民银行（含国家外汇管理局）所属分支机构自用的房产，免征房产税。

（7）在基建工地为基建工地服务的各种工棚、材料棚、休息棚和办公室、食堂、茶炉房、汽车房等临时性房屋，在施工期间，一律免征房产税。

六、房产税的征收管理

（一）房产税的纳税时间

（1）纳税人将原有房产用于生产经营，从生产经营之日的当月起，缴纳房产税。

（2）纳税人自行新建房屋用于生产经营，从建成之日的次月起，缴纳房产税。

（3）纳税人委托施工企业建设的房屋，从办理验收手续的次月起，缴纳房产税。

（4）纳税人购置新建商品房，自房屋交付使用的次月起，缴纳房产税。

（5）纳税人购置存量房，自办理房屋权属转移、变更登记手续，房地产权属登记机关签发房屋权属证书之次月起，缴纳房产税。

（6）纳税人出租、出借房产，自交付出租、出借房产之次月起，缴纳房产税。

（7）房地产开发企业自用、出租、出借本企业建造的商品房，自房屋使用或交付之次月起，缴纳房产税。

（8）纳税人因房产的实物或权利状态发生变化而依法终止房产税的纳税义务的，其应纳税款的计算应截止到房产的实物或权利发生变化的当月月末。

（二）房产税的纳税期限

房产税实行按年计算、分期缴纳的征收办法，具体纳税期限由省、自治区、直辖市人民政府规定。一般可以采取按季或半年缴纳，按季缴纳的可以在1月、4月、7月、10月缴纳；按半年缴纳的可以在1月、7月缴纳；税额比较大的，可以按月缴纳，按月缴纳的可以在次月15日前缴纳；个人出租房产的，可以按次缴纳。

（三）房产税的纳税地点

房产税在房产所在地缴纳。房产不在同一地方的纳税人应按房产的坐落地点分别向房产所在地的税务机关缴纳。

尾篇课程思政

现行税法有关房产税的优惠政策规定如下：

（1）企业及企业主管部门所属的学校、医院、疗养院、托儿所、幼儿园自用的房产，比照由国家财政部门拨付事业经费的单位自用的房产，免征房产税。但如果与企业或企业主管部门的房产划分不清的，应照章征收房产税。

（2）行政单位和由国家财政部门拨付事业经费的事业单位举办的培训班，无论是否收取培训费，其自用的房产都免征房产税。企业及其主管部门举办的培训班自用的房产比照企业及企业主管部门所属学校自用的房产免征房产税。

（3）私立学校、诊所、托儿所、幼儿园自用的房产免征房产税。

（4）大专院校和其他各类学校为学生提供实验场所以及以勤工俭学为主的学校企

业，其自用的房产，可免征房产税。

（5）孤寡老人靠出租房屋收入维持基本生活的，可凭当地居委会、乡村证明，向所在地地方税务机关申请，经主管税务分局批准，可给予减征或免征房产税的照顾。

（6）对廉租住房经营管理单位按照政府规定价格、向规定保障对象出租廉租住房的租金收入，免征房产税；对个人出租住房，不区分用途，按4%的税率征收房产税；对企事业单位、社会团体以及其他组织按市场价格向个人出租用于居住的住房，减按4%的税率征收房产税。

请根据上述优惠政策，举例说明其中蕴含的促进社会经济发展、社会和谐和利国利民的思政意义。

课程思政评析

上述税法政策与《礼记》中的"大道之行也，天下为公。选贤与能，讲信修睦。故人不独亲其亲，不独子其子，使老有所终，壮有所用，幼有所长，矜、寡、孤、独、废疾者皆有所养，男有分，女有归。货恶其弃于地也，不必藏于己；力恶其不出于身也，不必为己。是故谋闭而不兴，盗窃乱贼而不作，故外户而不闭，是谓大同"有异曲同工之妙。

《礼记》是在说：在大道施行的时候，天下是人们所共有的，把有贤德、有才能的人选出来给大家办事，人人讲求诚信，崇尚和睦。因此，人们不只奉养自己的父母，不只抚育自己的子女，要使老年人能终其天年，中年人能为社会效力，幼童能顺利成长，使老而无妻的人、老而无夫的人、幼年丧父的孩子、老而无子的人、残疾病弱的人都能得到供养。男子要有职业，女子要及时婚配。人们憎恶财货被抛弃在地上的现象而要去收贮它，却不是为了独自享用；也憎恶那种在共同劳动中不肯尽力的行为，不要为私利而劳动。这样一来，就不会有人搞阴谋、不会有人盗窃财物和兴兵作乱，家家户户都不用关大门了，这就称为"大同"社会。

现行税法政策对公立和私立的学校、医院（含诊所）、疗养院、托儿所、幼儿园自用的房产，对拨付事业经费的事业单位和企业及其主管部门举办的培训班自用的房产，对以勤工俭学为主的学校企业自用的房产，对孤寡老人靠出租房屋收入维持基本生活的自用的房产，对廉租住房经营管理单位按照政府规定价格向规定保障对象出租廉租住房的租金收入，免征房产税。企事业单位、社会团体以及其他组织按市场价格向个人出租用于居住的住房，减按4%的税率征收房产税。

以上税法优惠政策，都体现了中华人民共和国成立以来，党和国家对教育、医疗等的高度重视与关怀，充分体现了党和各级人民政府努力要实现的"学有优教、劳有多得、病有良医、老有乐养、住有宜居"的美好生活。这是实现伟大中国梦、实现中华民族伟大复兴、实现共产主义不可或缺的重要元素。

第八节 契税法

┌─── ■开篇案例导入 ─────────────────────────────────┐

　　贾某在深圳市某小区购买了一套 144 平方米的住房，这是其拥有的唯一住房，请问其是否适用契税的优惠政策？如果这是其第二套改善性住房，其是否还能适用契税的优惠政策？在购房过程中，贾某采用分期付款方式支付款项，首期支付总价款的五成，那么应按总价款还是按首期支付的款项计算缴纳契税？同时，贾某在该小区购买车库，其购房发票中的购房金额已包含车库价格，那么车库和房屋是否应当分开缴纳契税？

└──┘

一、契税的纳税人及征收范围

（一）契税的含义

契税是以在中华人民共和国境内转移土地、房屋权属为征税对象，向产权承受人征收的一种财产税。《中华人民共和国契税法》已由中华人民共和国第十三届全国人民代表大会常务委员会第二十一次会议于 2020 年 8 月 11 日通过，自 2021 年 9 月 1 日起施行。

（二）契税的纳税人

在中华人民共和国境内转移土地、房屋权属，承受的单位和个人为契税的纳税人。境内是指在中华人民共和国实际税收行政管辖范围内。土地、房屋权属是指土地使用权和房屋所有权。单位是指企业单位、事业单位、国家机关、军事单位和社会团体以及其他组织。个人是指个体经营者及其他个人，包括中国公民和外籍人员。

【特别提示】契税由权属的承受人缴纳。这里所说的承受，是指以受让、购买、受赠、交换等方式取得土地、房屋权属的行为。

（三）契税的征税范围

契税的征税范围如下：

（1）土地使用权出让。

（2）土地使用权转让（包括出售、赠与、交换）。这里的土地使用权转让，不包括土地承包经营权和土地经营权的转移。

（3）房屋买卖、赠与、交换。

（4）视同转移应当缴纳契税的特殊情况如下：以作价投资（入股）、偿还债务、划转、奖励等方式转移土地、房屋权属的，应当依法征收契税。

【特别提示】土地使用权的转让不包括农村集体土地承包经营权的转移。土地、房屋权属的典当、继承、分拆（分割）、出租、抵押，不属于契税的征税范围。

【课程思政】中华人民共和国成立后，为保障人民不动产的合法所有权，国家先后出台了《契税暂行条例》《中华人民共和国契税暂行条例》《中华人民共和国契税暂行条例细则》《中华人民共和国契税法》。请思考：对在我国境内转移土地、房屋权属征收契税的主要经济与思政意义。

【思政解析】国家对在我国境内转移土地、房屋权属征收契税的主要经济与思政意义如下：

第一，保护合法产权。契税最重要的作用在于保护合法产权，避免产权纠纷。不动产的所有权和使用权的转移涉及产权转让方和承受方双方的利益，且产权转移手段和形式日益多元化。契税以法律形式承认不动产转移行为有效，承受方缴纳契税后，便能够拥有不动产的所有权或使用权，其权益能够得到法律保护。

第二，增加地方财政收入。契税的征收，可以广辟税源，增加地方政府的财政收入，为地方经济建设积累资金。首先，契税的征税范围广泛，只要发生土地、房屋权属转移行为，就对应契税的发生。其次，契税具有收入上的及时性，避免纳税人拖欠税款，有利于地方财政正常组织收入。最后，由于我国房地产业发展迅速，契税具有税基增长的稳定性。从某种意义来看，契税已经成为地方财政收入的重要来源之一，成为地方（特别是市县级）财政的生命线。

第三，对楼市进行调节。契税是房地产市场交易涉及的重要税种之一，可以作为国家对房地产市场调控的杠杆。调节契税有利于调控房地产市场，规范市场交易行为。同时，对契税优惠政策的调整，能够在一定程度上抑制投资性和投机性房地产，保护保障性房地产和改善性房地产的消费。契税是我国目前房地产税收中唯一从需求方向调节的税种，能够直接影响房地产的市场需求，有利于优化资源配置。

二、契税的计税依据

由于不动产的转移方式、定价方法不同，契税计税依据有以下几种情况：

（一）土地使用权出让、出售和房屋买卖的计税依据

土地使用权出让、出售，房屋买卖，计税依据为土地、房屋权属转移合同确定的成交价格，包括应交付的货币以及实物、其他经济利益对应的价款。

（二）土地使用权、房屋互换的计税依据

土地使用权互换、房屋互换，计税依据为所互换的土地使用权、房屋价格的差额。

（三）土地使用权、房屋赠与等的计税依据

土地使用权赠与、房屋赠与以及其他没有价格的转移土地、房屋权属行为，计税

依据为税务机关参照土地使用权出售、房屋买卖的市场价格依法核定的价格。纳税人申报的成交价格、互换价格差额明显偏低且无正当理由的，由税务机关依照《中华人民共和国税收征收管理法》的规定核定。

【特别提示】不涉及土地使用权和房屋所有权转移变动的，不征收契税。

三、契税的税率

契税的税率为 3%~5%。

【特别提示】契税的具体适用税率，由省、自治区、直辖市人民政府在规定的税率幅度内提出，报同级人民代表大会常务委员会决定，并报全国人民代表大会常务委员会和国务院备案。省、自治区、直辖市可以依照规定的程序对不同主体、不同地区、不同类型的住房的权属转移确定差别税率。

四、契税应纳税额的计算

契税应纳税额根据税法规定的计税依据和按照省、自治区、直辖市人民政府确定的适用税率计算征收。其计算公式如下：

$$契税应纳额 = 计税依据 × 税率$$

【以案说法】甲公司本年 5 月购买一幢办公楼，成交价格为 204 万元（不含增值税）。当地规定的契税税率为 3%。计算甲公司购买办公楼的应纳契税。

结论：房屋买卖契税的计税依据为成交价格，应纳契税 = 204×3% = 6.12（万元）

五、契税的优惠政策

税法规定，有下列情形之一的，免征契税：

（1）国家机关、事业单位、社会团体、军事单位承受土地、房屋权属用于办公、教学、医疗、科研、军事设施。

（2）非营利性的学校、医疗机构、社会福利机构承受土地、房屋权属用于办公、教学、医疗、科研、养老、救助。

（3）承受荒山、荒地、荒滩土地使用权用于农、林、牧、渔业生产。

（4）婚姻关系存续期间夫妻之间变更土地、房屋权属。

（5）法定继承人通过继承承受土地、房屋权属。

（6）依照法律规定应当予以免税的外国驻华使馆、领事馆和国际组织驻华代表机构承受土地、房屋权属。

【特别提示】省、自治区、直辖市可以决定对下列情形免征或减征契税：

（1）因土地、房屋被县级以上人民政府征收、征用，重新承受土地、房屋权属。

（2）因不可抗力灭失住房，重新承受住房权属。该规定的免征或减征契税的具体办法，由省、自治区、直辖市人民政府提出，报同级人民代表大会常务委员会决定，并报全国人民代表大会常务委员会和国务院备案。不可抗力是指自然灾害、战争等不能预见、不可避免并且不能克服的客观情况。

（3）纳税人改变有关土地、房屋的用途，或者有其他不再属于契税优惠政策一般规定的免征、减征契税情形的，应当缴纳已经免征、减征的税款。

【课程思政】2016 年，我国修改了房地产交易环节的契税优惠政策。对个人购买保障性住房和改善性住房，我国不再以容积率、交易单价等区分普通住房和非普通住房，凡是住房面积符合规定的均可享受相关规定。请思考：个人购买住房契税优惠的经济与思政意义是什么？

【思政解析】首套住房和第二套改善性住房不再划分 144 平方米的界限，简化原有契税征税标准，这对于首套购买 140 平方米以上大户型住房的人群和二线城市的第二套住房购买人群提供了实质性的税费减免。整体而言，政策调整有利于盘活城市存量房市场，降低交易成本，达到去库存的目的；同时也切实考虑了一二线城市居民购买大户型改善性住房、换房的需求以及二线城市第二套住房的购买需求。

【开篇案例解析】

（1）个人购买家庭唯一住房面积为 90 平方米以上的，减按 1.5% 的税率征收契税。贾某适用契税的该项优惠政策。

（2）除北京市、上海市、广州市、深圳市外，对个人购买家庭第二套改善性住房面积为 90 平方米以上的，减按 2% 的税率征收契税。贾某在深圳市某小区购买的第二套改善性住房无契税优惠政策。

（3）采取分期付款方式购买房屋附属设施土地使用权、房屋所有权，应按合同规定的总价款计算征收契税。贾某采用分期付款方式支付款项，应按总价款计缴契税。

（4）承受的房屋附属设施权属如果是单独计价的，按照当地适用的税率征收契税；如果与房屋统一计价的，适用与房屋相同的契税税率。贾某在该小区购买的车库，购房发票中的购房金额已包含车库价格，适用与房屋相同的契税税率，无需与房屋分开缴纳契税。

六、契税的征收管理

（一）契税的纳税时间

契税的纳税义务发生时间是纳税人签订土地、房屋权属转移合同的当天，或者纳税人取得其他具有土地、房屋权属转移合同性质凭证的当天。

（二）契税的纳税期限

纳税人应当在依法办理土地、房屋权属登记手续前申报缴纳契税。

（三）契税的纳税地点

契税在土地、房屋所在地的税务机关缴纳，即契税由土地、房屋所在地的税务机关依法征收管理。

【特别提示】纳税人办理纳税事宜后，税务机关应当开具契税完税凭证。纳税人办理土地、房屋权属登记，不动产登记机构应当查验契税完税、减免税凭证或有关信息。未按照规定缴纳契税的，不动产登记机构不予办理土地、房屋权属登记。

（四）契税的退税申请

在依法办理土地、房屋权属登记前，权属转移合同、权属转移合同性质凭证不生效、无效、被撤销或被解除的，纳税人可以向税务机关申请退还已缴纳的税款，税务机关应当依法办理。纳税人应当在依法办理土地、房屋权属登记手续前申报缴纳契税。

尾篇课程思政

请根据以下不同的案例情形判断是否需要缴纳契税？并谈谈其中所蕴含的思政元素与意义是什么？

(1) 王先生将自己名下的一套房产过户给儿子（仅作房产证更名），是否需要缴纳契税？如果王先生过世后，根据其遗嘱，儿子继承王先生的房产，是否需要缴纳契税？

(2) 某大型企业计划在某地兴建厂房，当地政府为鼓励企业投资，给予该企业减免土地出让金的优惠政策，以零地价方式将部分国有土地使用权出让给该企业。这种以零地价方式取得国有土地使用权的行为是否需要缴纳契税？

(3) 某军队退休干部王某在某市购买一套价值为 300 万元的普通住房（假设该住房为王某购买的第三套住房），当地契税税率为 4%，则王某的购房行为是否应当缴纳契税？

(4) 刘某在某小区购买了一套房产，房屋类型为高层，建筑面积为 148.33 平方米，成交价格为 2 966 600 元。当地契税税率为 3%。假设刘某的该购房行为不享受其他契税优惠政策，请问刘某应缴纳契税多少元？若刘某是因拆迁而重新购置该住房，根据拆迁补偿协议其拆迁补偿款为 1 000 000 元，若按照政策可以只对超出部分计缴契税，则刘某应缴纳契税多少元？

(5) 李某婚前购买一套住房，房产证上只有李某的名字。李某与张某结婚后，张某要求将自己的名字添加到房产证上，即获得一半房屋产权，那么房产更名是否需要缴纳契税？

课程思政评析

(1) 根据契税法律法规的规定，王先生将房产过户给儿子，属于契税的征税范围，需要缴纳契税，即房产的过户取得需要缴纳契税。如果王先生过世，儿子继承王先生的房产，不属于契税的征税范围，无需缴纳契税。

(2) 根据《国家税务总局关于免征土地出让金出让国有土地使用权征收契税的批复》（国税函〔2005〕436 号）的规定，承受国有土地使用权所应支付的土地出让金要计征契税，不得因减免土地出让金而减免契税。

(3) 该套房屋为王某的第三套住房，王某的购房行为应当缴纳契税。

(4) 若刘某的该购房行为不享受其他契税优惠政策，应缴纳契税 88 998 元（2 966 600×3%）。若刘某是因拆迁而重新购置该住房，应缴纳契税 58 998 元（1 966 600×3%）。

(5) 婚姻关系存续期间夫妻之间变更土地、房屋权属，免征契税。

第九节　印花税法

一、印花税的纳税人及征收范围

（一）印花税的含义

印花税是对在中华人民共和国境内书立应税凭证、进行证券交易的单位和个人征收的一种行为税。印花税因其一般采用在应税凭证上粘贴印花税票作为完税的标志而得名。《中华人民共和国印花税法》（以下简称《印花税法》）已由中华人民共和国第十三届全国人民代表大会常务委员会第二十九次会议于 2021 年 6 月 10 日通过，自 2022 年 7 月 1 日起施行。

（二）印花税的纳税人

印花税的纳税人分别依下列具体情况确定：

（1）印花税的纳税人是指在中华人民共和国境内书立应税凭证、进行证券交易的单位和个人。

（2）同一应税凭证由两方以上当事人书立的，各方当事人都是印花税的纳税人，但是不包括合同的担保人、证人和鉴定人。

（3）在中华人民共和国境外书立在境内使用的应税凭证，其使用人为纳税人。

【特别提示】证券交易印花税对证券交易的出让方征收，不对受让方征收。

（三）印花税的扣缴义务人

纳税人为境外单位或个人，在境内有代理人的，以其境内代理人为扣缴义务人。

证券登记结算机构为证券交易印花税的扣缴义务人。

（四）印花税的征税范围

印花税的税目是指《印花税法》明确规定的应当纳税的项目，它具体划定了印花税的征税范围。印花税的税目，依照《印花税法》所附印花税税目税率表执行。印花税税目表如表7-7所示。

表7-7 印花税税目表

税目		备注
合同（指书面合同）	借款合同	指银行业金融机构、经国务院银行业监督管理机构批准设立的其他金融机构与借款人（不包括同业拆借）的借款合同
	融资租赁合同	
	买卖合同	指动产买卖合同，不包括个人书立的动产买卖合同
	承揽合同	
	建设工程合同	
	运输合同	指货运合同和多式联运合同，不包括管道运输合同
	技术合同	不包括专利权、专有技术使用权转让书据
	租赁合同	
	保管合同	
	仓储合同	
	财产保险合同	不包括再保险合同
产权转移书据	土地使用权出让书据	转让包括买卖（出售）、继承、赠与、互换、分割
	土地使用权、房屋等建筑物和构筑物所有权转让书据（不包括土地承包经营权和土地经营权转移）	
	股权转让书据（不包括应缴纳证券交易印花税的）	
	商标专用权、著作权、专利权、专有技术使用权转让书据	
营业账簿		
证券交易		

【特别提示】借款方以财产作为抵押，与贷款方签订的抵押借款合同，属于资金信贷业务，借贷双方应按借款合同计税贴花。因借款方无力偿还借款而将抵押财产转移给贷款方，应就双方书立的产权转移书据，按产权转移书据计税贴花。

【课程思政】请简要说明国家征收印花税的重要的社会经济与思政意义。

【思政评析】印花税是一个很古老的税种，起源于1624年的荷兰，后来被许多国家和地区采用，现在已有100多个国家和地区开征印花税。第一，开征印花税有利于增加政府的财政收入。第二，开征印花税有利于配合和加强对经济合同的监督管理。根据规定，发放或办理各种应税凭证的单位负有监督纳税的义务。征收印花税可以配合各种经济法规的实施，加强经济合同的监督管理。同时，各种合同贴花以后，不论是否兑现，都已负担了税款，可以促使经济往来各方信守合同，减少由于盲目签约而造成的经济损失和纠纷，提高合同的兑现率。第三，开征印花税有利于配合对其他应纳税种的监督管理。税务机关对纳税人各种应税凭证的贴花和检查可以及时掌握纳税人经济活动中涉及应纳其他各税的相关情况，有利于配合加强对其他应纳税种的监督管理。第四，开征印花税有利于培养公民的纳税意识。印花税实行自行贴花纳税的方法，有助于培养纳税人自觉纳税的意识。同时，印花税又具有轻税重罚的特点，有助于增强纳税人的税收法治观念。第五，开征印花税有利于维护国家经济权益。随着我国改革开放的深入推进，涉外经济合同越来越多。在大多数国家都开征了印花税的情况下，我国征收印花税有利于贯彻对等原则，维护国家的经济权益。

二、印花税的计税依据

（一）计税依据的一般规定

（1）应税合同的计税依据，为合同所列的金额，不包括列明的增值税税款。

（2）应税产权转移书据的计税依据，为产权转移书据所列的金额，不包括列明的增值税税款。

（3）应税营业账簿的计税依据，为账簿记载的实收资本（股本）、资本公积合计金额。

（4）证券交易的计税依据，为成交金额。

（二）计税依据的特殊规定

（1）应税合同、产权转移书据未列明金额的，印花税的计税依据按照实际结算的金额确定。计税依据按照上述方法仍不能确定的，按照书立合同、产权转移书据时的市场价格确定；依法应当执行政府定价或政府指导价的，按照国家有关规定确定。

（2）证券交易无转让价格的，按照办理过户登记手续时该证券前一个交易日收盘价计算确定计税依据；无收盘价的，按照证券面值计算确定计税依据。

（3）同一凭证记载两个或两个以上不同税率经济事项的，如分别记载金额，应分别计算税额加总贴花；如未分别记载金额，按税率高的计税贴花。

（4）已缴纳印花税的营业账簿，以后年度记载的实收资本（股本）、资本公积合计金额比已缴纳印花税的实收资本（股本）、资本公积合计金额增加的，按照增加部分计算应纳税额。

三、印花税的税率

印花税的税率遵循税负从轻、共同负担的原则。印花税税率表如表7-8所示。

表 7-8　印花税税率表

税目		税率
合同（指书面合同）	借款合同	借款金额的 0.005%
	融资租赁合同	租金的 0.005%
	买卖合同	价款的 0.03%
	承揽合同	报酬的 0.03%
	建设工程合同	价款的 0.03%
	运输合同	运输费用的 0.03%
	技术合同	价款、报酬或者使用费的 0.03%
	租赁合同	租金的 0.1%
	保管合同	保管费的 0.1%
	仓储合同	仓储费的 0.1%
	财产保险合同	保险费的 0.1%
产权转移书据	土地使用权出让书据	价款的 0.05%
	土地使用权、房屋等建筑物和构筑物所有权转让书据（不包括土地承包经营权和土地经营权转移）	价款的 0.05%
	股权转让书据（不包括应缴纳证券交易印花税的）	价款的 0.05%
	商标专用权、著作权、专利权、专有技术使用权转让书据	价款的 0.03%
营业账簿		实收资本（股本）、资本公积两项的合计金额的 0.025%
证券交易		成交金额的 0.1%

【特别提示】同一应税凭证载有两个以上税目事项并分别列明金额的，按照各自适用的税目税率分别计算应纳税额；未分别列明金额的，从高适用税率。

四、印花税应纳税额的计算

印花税的应纳税额按照计税依据乘以适用税率计算。其计算公式如下：

应纳印花税 = 计税金额 × 适用税率

【特别提示】同一应税凭证由两方以上当事人书立的，按照各自涉及的金额分别计算应纳税额。

【以案说法】甲公司于本年 5 月成立，注册资本为 6 000 000 元。甲公司建立资金账簿 1 本，本年 5 月与乙公司签订商品买卖合同，价款不含税金额为 400 000 元，由甲公司负责运输；本年 5 月与丙运输公司签订运输合同，合同金额为 40 000 元，其中运费 30 000 元、装卸费为 5 000 元。已知买卖合同以及运输合同的印花税税率为 0.03%，资金账簿的印花税税率为 0.025%，计算甲公司的应纳印花税。

结论：买卖合同应纳印花税 = 400 000 × 0.03% = 120（元）

运费应纳印花税=30 000×0.03%=9（元）

资金账簿应纳印花税=6 000 000×0.025%=1 500（元）

应纳印花税合计=120+9+1 500=1 629（元）

【开篇案例解析】

由于证券交易印花税只对证券交易的出让方征收，不对受让方征收，因此只有刘某需要缴纳证券交易印花税，孙某无需缴纳。

刘某应缴纳的证券交易印花税=1 000×10×0.1%=10（元）

五、印花税的优惠政策

下列凭证免征印花税：

（1）应税凭证的副本或抄本。

（2）依照法律规定应当予以免税的外国驻华使馆、领事馆和国际组织驻华代表机构为获得馆舍书立的应税凭证。

（3）中国人民解放军、中国人民武装警察部队书立的应税凭证。

（4）农民、家庭农场、农民专业合作社、农村集体经济组织、村民委员会购买农业生产资料或销售农产品书立的买卖合同和农业保险合同。

（5）无息或贴息借款合同、国际金融组织向中国提供优惠贷款书立的借款合同。

（6）财产所有权人将财产赠与政府、学校、社会福利机构、慈善组织书立的产权转移书据。

（7）非营利性医疗卫生机构采购药品或卫生材料书立的买卖合同。

（8）个人与电子商务经营者订立的电子订单。

根据国民经济和社会发展的需要，国务院对居民住房需求保障、企业改制重组、破产、支持小型微型企业发展等情形可以规定减征或免征印花税，报全国人民代表大会常务委员会备案。

【课程思政】请思考并简要说明印花税减免税优惠体现的社会经济与思政意义。

【思政评析】印花税相关优惠政策是党和国家对国家经济高度重视、对人民生活关怀备至的集中反映。例如，对居民住房需求保障的情形可以规定减征或免征印花税体现了党和国家对居民住房需求的关注。"安得广厦千万间，大庇天下寒士俱欢颜。"古往今来，住房始终倾注着人们许多的憧憬。随着经济社会不断发展和住房制度改革不断深化，通过党和政府、社会各方面坚持不懈的努力，广大群众的住房问题会得到更好的解决，"住有所居"的目标将一步步变为现实。对购买农业生产资料或销售农产品书立的买卖合同和农业保险合同免征印花税，体现了党和国家对"三农"的支持。中国作为一个农业大国，"三农"问题关系到国民素质、经济发展，关系到社会稳定、国家富强、民族复兴。对其免征印花税对加快推进生活富裕的农业农村现代化建设具有重要意义。

六、印花税的征收管理

（一）印花税的纳税时间

印花税的纳税义务发生时间为纳税人书立应税凭证或完成证券交易的当日。

证券交易印花税扣缴义务发生时间为证券交易完成的当日。

（二）印花税的纳税期限

印花税按季、按年或按次计征。实行按季、按年计征的，纳税人应当自季度、年度终了之日起 15 日内申报缴纳税款；实行按次计征的，纳税人应当自纳税义务发生之日起 15 日内申报缴纳税款。

证券交易印花税按周解缴。证券交易印花税扣缴义务人应当自每周终了之日起 5 日内申报解缴税款以及银行结算的利息。

（三）印花税的纳税地点

纳税人为单位的，应当向其机构所在地的主管税务机关申报缴纳印花税；纳税人为个人的，应当向应税凭证书立地或纳税人居住地的主管税务机关申报缴纳印花税。

不动产产权发生转移的，纳税人应当向不动产所在地的主管税务机关申报缴纳印花税。

纳税人为境外单位或个人，在境内有代理人的，以其境内代理人为扣缴义务人；在境内没有代理人的，由纳税人自行申报缴纳印花税，具体办法由国务院税务主管部门规定。

证券登记结算机构为证券交易印花税的扣缴义务人，应当向其机构所在地的主管税务机关申报解缴税款以及银行结算的利息。

（三）印花税的其他规定

印花税可以采用粘贴印花税票或由税务机关依法开具其他完税凭证的方式缴纳。

印花税票粘贴在应税凭证上的，由纳税人在每枚税票的骑缝处盖戳注销或画销。

印花税票由国务院税务主管部门监制。

尾篇课程思政

2014 年 5 月初，神木县地税局（当时国税与地税未合并）在对行业企业涉税数据进行案头分析时发现，辖区某煤炭运销企业印花税申报数据异常。从相关数据看，虽然该企业印花税申报税额较大，但其印花税税额仅与主营业务收入（销售合同）应缴纳的印花税数额相符，而其煤炭产品购进环节（采购合同）印花税却并未进行纳税申报。

为查清疑点，该局安排税收管理员到企业了解具体情况。税务人员了解到，该企业是一家国有企业，是为其母公司旗下所有煤炭生产企业的煤产品做统一销售的销售公司。因该企业与煤炭生产企业签有框架性购销合同，采取每吨煤收取 3~5 元服务费进行统一销售，但实际操作时，双方通过开具增值税专用发票进行煤炭价款结算，在账目处理时，双方均按照产品销售和商品购入处理。经过调查，税务人员初步认为，该企业存在对原煤购进合同未申报缴纳印花税的嫌疑，遂将其确定为专业纳税评估对象。

针对案头分析发现的疑点，神木县地税局高度重视，责成纳税评估所对该企业发起并实施专业纳税评估。纳税评估所通过案头分析、数据比对、外围调查、约谈举证、实地核查等，对该企业 2011—2013 年印花税纳税情况开展了专业纳税评估。

在约谈该企业相关人员时，该企业人员认为其经营行为不属于购销行为，而属于代母公司行使统一销售煤产品的代销行为，因此原煤购进环节未申报缴纳印花税，只就原煤销售环节申报缴纳了印花税，从而造成在 2011—2013 年少申报缴纳购销合同印花税 1 599.73 万元。

据此，该局又责令该企业对其设立以来（2009 年）至 2010 年印花税纳税情况进行全面自查。经查，该企业少申报购销合同印花税 511 万元。2009—2014 年 5 年间，该企业累计少申报购销合同印花税 2 110.73 万元。

由于涉案税额较大，且征纳双方在税收政策理解上存在偏差，为稳妥起见，神木县地税局向榆林市地税局做了专题汇报，榆林市地税局专门就此案情况向陕西省地税局进行了请示，陕西省地税局财产行为税处经过慎重研究后明确指示："该企业的经营行为是购销行为而非代销行为，因为有增值税专用发票的流转，同时还有资金的流转，完全符合购销合同的成立要件。根据《中华人民共和国印花税暂行条例》和《中华人民共和国经济合同法》的相关规定，以及《国家税务总局关于企业集团内部使用的有关凭证征收印花税问题的通知》（国税函〔2009〕9 号）文件精神，该企业购入原煤应征收印花税。"

神木县地税局稽查局依据《中华人民共和国税收征收管理法》《中华人民共和国印花税暂行条例》《中华人民共和国行政处罚法》等相关法律法规，对该企业做出了补缴税款、加收滞纳金的税务处理决定，并向该企业下达了税务处理决定书和税务行政处罚事项告知书。

该企业收到税务机关的处罚决定后，向其母公司如实汇报，但其母公司仍以各种理由拖延该企业审批补缴税款的资金，致使该企业无法按期补缴税款及滞纳金。为此，神木县地税局依法对该煤炭运销企业采取了税收保全和强制执行措施，于 2014 年 12 月 8 日从企业开户银行中扣缴应缴未缴印花税 2 110.73 万元，滞纳金 950.6 万元。

请思考：

（1）代销行为和销售行为有何不同？代销行为是否需要缴纳印花税？

（2）从税务机关角度分析，你认为应如何加强印花税的征收管理？

（3）你认为应该如何培养纳税人自觉纳税的意识？

课程思政评析

（1）代销是指受货物所有人委托进行销售，并按取得收入的约定比例向委托方收取代销手续费的一种行为。销售是指将自有货物直接销售给买受人，并将取得的销售收入确认为营业收入的一种行为。代销行为不需要缴纳印花税。

（2）税务机关应加强对印花税代扣代缴单位的管理，完善按期汇总缴纳办法，核定征收印花税。为降低征管成本、提升纳税便利度，并适应电子凭证发展需要，印花税可以统一实行申报纳税方式。此外，税务机关应着力增强纳税人的纳税意识。

（3）国家立法公平，税制合理，做到税收取之于民、用之于民，为公民自觉纳税奠定了基础。税务机关要严厉打击偷漏税行为，增加违法成本；提高国民素质，开展纳税教育宣传活动。

第十节 车辆购置税法

> **■教学目标**
>
> 通过本节教学至少应该实现下列目标：掌握车辆购置税的纳税义务人、征收范围、税率与计税依据、应纳税额的计算、车船税的优惠政策以及征收管理等知识目标；具有运用所学知识理解车辆购置税的相关规定以及优惠政策，正确进行应纳税额的计算及征收管理等能力目标；具备良好的纳税意识以及具备良好的团队精神和协作精神等思政目标。

> **■开篇案例导入**
>
> 随着居民生活水平的提高，汽车已经走进千家万户，成为家庭生活必备的代步工具。张芳作为一名普通教师，2020 年 6 月从汽车 4S 店（增值税一般纳税人）购置了一辆排气量为 1.8 升的乘用车，支付购车款（含增值税）234 000 元并取得机动车销售统一发票，支付代收保险费 5 000 元并取得保险公司开具的票据，支付购买工具件价款（含增值税）1 000 元并取得汽车 4S 店开具的普通发票。请问：张芳老师应缴纳的车辆购置税是多少元？

一、车辆购置税的纳税人及征收范围

（一）车辆购置税的含义

车辆购置税是指在中华人民共和国境内购置汽车、有轨电车、汽车挂车、排气量超过 150 毫升的摩托车（以下统称"应税车辆"）的购置者征收的一种税。就其性质而言，车辆购置税属于直接税的范畴。

【特别提示】车辆购置税法是指国家制定的用以调整车辆购置税征收与缴纳的权利义务关系的法律规范。《中华人民共和国车辆购置税法》（以下简称《车辆购置税法》）于 2018 年 12 月 29 日第十三届全国人民代表大会常务委员会第七次会议通过，并于 2019 年 7 月 1 日起施行。

【课程思政】车辆购置税收入在中央收取后再通过转移支付方式支付给地方，请说明其经济与思政意义。

【思政解析】目前，车辆购置税收入都是归属于中央，再由中央通过转移支付给地方，实现全国交通基础设施建设的同步发展。地方政府有了此部分税收支持，会加大城市道路建设和修缮的力度，进而促进汽车产业与城市建设协调发展。这也有利于合理筹集财政资金，规范政府行为，调节地区间的收入差距，还有利于配合打击车辆走私和维护国家权益。

（二）车辆购置税的纳税人

车辆购置税的纳税人是指在中华人民共和国境内购置汽车、有轨电车、汽车挂车、排气量超过 150 毫升的摩托车的单位和个人。其中，购置是指以购买、进口、自产、受赠、获奖或其他方式取得并使用或自用应税车辆的行为。车辆购置税实行一次性征收。购置已征车辆购置税的车辆，不再征收车辆购置税。

【特别提示】（1）其他方式是指以拍卖、抵债、走私、罚没等方式取得并使用的行为。

（2）购置代售车辆不需要缴纳车辆购置税，待进一步处置时再行确定纳税人后才缴纳车辆购置税。

（三）车辆购置税的征税范围

车辆购置税以列举的车辆作为征税对象，未列举的车辆不纳税。车辆购置税的征税范围包括汽车、摩托车、电车、挂车、农用运输车。其具体范围规定如下：

1. 汽车

汽车包括各类汽车。

2. 摩托车

（1）轻便摩托车，即最高设计时速不大于 50 千米/小时，发动机气缸总排量不大于 50 立方厘米的两个或三个车轮的机动车。

（2）二轮摩托车，即最高设计车速大于 50 千米/小时，或者发动机气缸总排量大于 50 立方厘米的两个车轮的机动车。

（3）三轮摩托车，即最高设计车速大于 50 千米/小时，发动机气缸总排量大于 50 立方厘米，空车质量不大于 400 千克的三个车轮的机动车。

3. 电车

（1）无轨电车，即以电能为动力，由专用输电电缆供电的轮式公共车辆。

（2）有轨电车，即以电能为动力，在轨道上行驶的公共车辆。

4. 挂车

（1）全挂车，即无动力设备，独立承载，由牵引车辆牵引行驶的车辆。

（2）半挂车，即无动力设备，与牵引车共同承载，由牵引车辆牵引行驶的车辆。

5. 农用运输车

（1）三轮农用运输车，即使用柴油发动机，功率不大于 7.4 千瓦，载重量不大于 500 千克，最高车速不大于 40 千米/小时的三个车轮的机动车。

（2）四轮农用运输车，即使用柴油发动机，功率不大于 28 千瓦，载重量不大于 1 500 千克，最高车速不大于 50 千米/小时的四个车轮的机动车。

6. 进口自用车辆

纳税人进口自用应税车辆是指纳税人直接从境外进口或委托代理进口自用的应税车辆，不包括在境内购买的进口车辆。

【特别提示】地铁、轻轨等城市轨道交通车辆，装载机、平地机、挖掘机、推土机等轮式专用机械车以及起重机（吊车）、叉车、电动摩托车，不属于应税车辆。

【课程思政】请思考车辆购置税以列举的车辆作为征税对象，未列举的车辆不纳税的思政意义。

【思政解析】 车辆购置税以列举的车辆作为征税对象，未列举的车辆不纳税，车辆购置税征收范围的调整，由国务院决定，其他任何部门、单位和个人无权擅自扩大或缩小车辆购置税的征税范围。这个规定在一定程度上是为了体现税法的统一性、固定性、强制性和法律的严肃性特征。

二、车辆购置税的计税依据

车辆购置税的计税依据为应税车辆的计税价格，按照下列规定确定：

（一）购买自用应税车辆的计税依据

纳税人购买自用应税车辆的计税价格，为纳税人实际支付给销售者的全部价款，依据纳税人购买应税车辆时相关凭证载明的价格确定，不包括增值税税款。

（二）进口自用应税车辆的计税依据

纳税人进口自用应税车辆的计税价格，为关税完税价格加上关税和消费税。纳税人进口自用应税车辆是指纳税人直接从境外进口或委托代理进口自用的应税车辆，不包括在境内购买的进口车辆。

（三）自产自用应税车辆的计税依据

纳税人自产自用应税车辆的计税价格按照纳税人生产的同类应税车辆（车辆配置序列号相同的车辆）的销售价格确定，不包括增值税税款；没有同类应税车辆销售价格的，按照组成计税价格确定。组成计税价格的计算公式如下：

$$组成计税价格 = 成本 \times (1 + 成本利润率)$$

属于应征消费税的应税车辆，其组成计税价格中应加计消费税税额。

上述公式中的成本利润率，由国家税务总局及各省、自治区、直辖市和计划单列市税务局确定。

（四）受赠、获奖等取得自用车辆的计税依据

纳税人以受赠、获奖或其他方式取得自用应税车辆的计税价格，按照购置应税车辆时相关凭证载明的价格确定，不包括增值税税款。

【特别提示】 购置应税车辆相关凭证是指原车辆所有人购置或以其他方式取得应税车辆时载明价格的凭证。无法提供相关凭证的，参照同类应税车辆市场平均交易价格确定其计税价格。原车辆所有人为车辆生产或销售企业，未开具机动车销售统一发票的，按照车辆生产或销售同类应税车辆的销售价格确定应税车辆的计税价格。无同类应税车辆销售价格的，按照组成计税价格确定应税车辆的计税价格。纳税人以外汇结算应税车辆价款的，按照申报纳税之日的人民币汇率中间价折合成人民币计算缴纳税款。

三、车辆购置税的税率

车辆购置税实行统一比例税率，税率为10%。

【特别提示】 车辆购置税实行一次征收制度，购置已征车辆购置税的车辆（如二手车），不再征收车辆购置税。车辆购置税只确定一个统一的比例税率，如按10%的税率征收，税率具有不随课税对象数额变动的特点。其思政意义在于税款计征简便、企业税负稳定以及有利于依法纳税。

四、车辆购置税应纳税额的计算

车辆购置税实行从价定率的方法计算应纳税额。其应纳税额的计算公式如下：

$$应纳税额 = 计税依据 × 税率$$

由于应税车辆的来源、应税行为的发生以及计税依据的组成不同，因此车辆购置税应纳税额的计算方法也有区别。

（一）购买自用应税车辆应纳税额的计算

在应纳税额的计算当中，应注意以下费用的计税规定：

（1）购买者随购买车辆支付的工具件和零部件价款应作为购车价款的一部分，并入计税依据中征收车辆购置税。

（2）支付的车辆装饰费应作为价外费用并入计税依据中计税。

（3）代收款项应区别征税。凡使用代收单位（受托方）票据收取的款项，应视作代收单位价外收费，购买者支付的价费款，应并入计税依据中一并征税；凡使用委托方票据收取，受托方只履行代收义务和收取代收手续费的款项，应按其他税收政策规定征税。

（4）计算车辆购置税时，应换算为不含增值税的计税价格。因为销售单位开给购买者的各种发票金额中包含增值税税款。

（5）销售单位开展优质销售活动所开票收取的有关费用，应属于经营性收入，企业在代理过程中按规定支付给有关部门的费用，企业已做经营性支出列支核算，其收取的各项费用并在一张发票上难以划分的，应作为价外收入计算征税。

【以案说法】甲公司从乙汽车销售公司购买一辆轿车自用，支付车款为 226 000 元（含增值税，适用的增值税税率为 13%），另外支付临时牌照费为 200 元，随车购买工具用具为 3 000 元，代收保险金为 350 元，车辆装饰费为 14 530 元。各款项由乙汽车销售公司开具发票。要求：计算应纳车辆购置税。

结论：

方案一：将各个代收款项体现在乙汽车销售公司。

车辆购置税计税价格 =（226 000+200+3 000+350+14 530）÷（1+13%）= 216 000（元）

应纳车辆购置税 = 216 000×10% = 21 600（元）

方案二：各代收款项由委托方另行开具票据。

车辆购置税计税价格 = 226 000÷（1+13%）= 200 000（元）

应纳车辆购置税 = 200 000×10% = 20 000（元）

综上所述，方案二比方案一少缴纳车辆购置税 1 600 元（21 600−20 000）若以实现税负最小化为纳税筹划目标，甲公司应当选择方案二。

【开篇案例解析】

购买者随购买车辆支付的工具件和零部件价款应作为购车价款的一部分，并入计税依据中征收车辆购置税。保险费是由保险公司开具的发票，不属于车辆购置税的计税依据。

张芳老师应缴纳的车辆购置税 =（234 000+1 000）÷（1+13%）×10%

$$= 20\ 796.46（元）$$

（二）进口自用应税车辆应纳税额的计算

纳税人进口自用的应税车辆应纳税额的计算分为以下两种情况：

（1）如果进口车辆属于消费税的征税范围（如小汽车、摩托车），则其应纳车辆购置税的计算公式如下：

应纳车辆购置税 =（关税完税价格 + 关税 + 消费税）× 车辆购置税税率

= （关税完税价格 + 关税）÷（1 - 消费税比例税率）× 车辆购置税税率

（2）如果进口车辆不属于消费税的征税范围（如大卡车、大客车），则其应纳车辆购置税的计算公式如下：

应纳车辆购置税 =（关税完税价格 + 关税）× 车辆购置税税率

【以案说法】某外贸进出口公司 2020 年 6 月从国外进口 10 辆某公司生产的某型号小轿车。该外贸进出口公司报关进口这批小轿车时，经报关地海关对有关报关资料的审查，确定关税完税价格为每辆 185 000 元，海关按关税政策规定每辆征收了关税 46 200 元，并按消费税、增值税有关规定分别代征了每辆小轿车的进口消费税 40 800 元和增值税 35 360 元。由于联系业务需要，该外贸进出口公司将一辆小轿车留在本单位使用。要求：计算应纳车辆购置税。

结论：计税依据 = 185 000 + 46 200 + 40 800 = 272 000（元）

应纳车辆购置税 = 272 000 × 10% = 27 200（元）

【以案说法】甲汽车贸易公司 2020 年 8 月进口 12 辆小轿车，海关审定的关税完税价格为 25 万元/辆，当月销售 8 辆，取得含税销售收入为 200 万元；其余 4 辆小轿车供甲汽车贸易公司自用。小轿车关税税率为 28%，消费税税率为 9%，车辆购置税税率为 10%。要求：计算甲汽车贸易公司的应纳车辆购置税。

结论：甲汽车贸易公司只有自用的 4 辆小轿车需要缴纳车辆购置税。

组成计税价格 = 25 × 4 ×（1 + 28%）÷（1 - 9%）= 140.66（万元）

应纳车辆购置税 = 140.66 × 10% = 14.066（万元）

（三）其他自用应税车辆应纳税额的计算

纳税人自产自用、受赠使用、获奖使用和以其他方式取得并自用应税车辆的，凡不能取得该车辆的购置价格或低于最低计税价格的，以国家税务总局核定的最低计税价格作为计税依据计算征收车辆购置税。其应纳税额的计算公式如下：

应纳税额 = 最低计税价格 × 税率

【以案说法】某客车制造厂将自产的一辆某型号的客车用于本厂后勤服务。该厂在办理车辆上牌落籍前，出具该车的发票，注明金额为 65 000 元，并按此金额向主管税务机关申报纳税。经审核，国家税务总局对该车同类型车辆核定的最低计税价格为 80 000 元。要求：计算该车应纳车辆购置税。

结论：应纳税额 = 80 000 × 10% = 8 000（元）

纳税人自产自用应税车辆的计税价格，按照同类应税车辆（车辆配置序列号相同的车辆）的销售价格确定，不包括增值税款；没有同类应税车辆销售价格的，按照组成计税价格确定。组成计税价格的计算公式如下：

组成计税价格 = 成本 ×（1 + 成本利润率）

【特别提示】（1）属于应征消费税的应税车辆，其组成计税价格中应加计消费税税额。

（2）上述公式中的成本利润率由各省、自治区、直辖市和计划单列市税务局确定。

纳税人以受赠、获奖或其他方式取得自用应税车辆的计税价格，按照购置应税车辆时相关凭证载明的价格确定，不包括增值税税款。

（四）已经办理免税、减税手续的车辆因转让、改变用途等原因不再属于免税、减税范围的，纳税人、纳税义务发生时间、应纳税额的规定

（1）发生转让行为的，受让人为车辆购置税纳税人；未发生转让行为的，车辆所有人为车辆购置税纳税人。

（2）纳税义务发生时间为车辆转让或用途改变等情形发生之日。

（3）应纳税额的计算公式如下：

$$应纳税额 = 初次办理纳税申报时确定的计税价格 \times (1 - 使用年限 \times 10\%) \times 10\% - 已纳税额$$

【特别提示】应纳税额不得为负数。使用年限的计算方法是自纳税人初次办理纳税申报之日起，至不再属于免税、减税范围的情形发生之日止。使用年限取整计算，不满一年的不计算在内。

五、车辆购置税的税收优惠

（一）车辆购置税的减免税

（1）依照法律规定应当予以免税的外国驻华使馆、领事馆和国际组织驻华机构及其有关人员自用的车辆。

（2）中国人民解放军和中国人民武装警察部队列入军队武器装备订货计划的车辆。

（3）悬挂应急救援专用号牌的国家综合性消防救援车辆。

（4）设有固定装置的非运输专用作业车辆。

（5）城市公交企业购置的公共汽、电车辆。

【特别提示】城市公交企业是指由县级以上（含县级）人民政府交通运输主管部门认定的，依法取得城市公交经营资格，为公众提供公交出行服务，并纳入城市公共交通管理部门与城市公交企业名录的企业。公共汽、电车辆是指按规定的线路、站点、票价营运，用于公共交通服务，为运输乘客设计和制造的车辆，包括公共汽车、无轨电车和有轨电车。

（6）回国服务的在外留学人员用现汇购买一辆个人自用国产小汽车和长期来华定居专家进口一辆自用小汽车免征车辆购置税。

（7）防汛部门和森林消防部门用于指挥、检查、调度、报汛（警）、联络的由指定厂家生产的设有固定装置的指定型号的车辆免征车辆购置税。

（8）2018年1月1日至2020年12月31日，购置的新能源汽车免征车辆购置税。2021年1月1日至2022年12月31日，购置的新能源汽车继续免征车辆购置税。

（9）2018年7月1日至2021年6月30日，购置的挂车减半征收车辆购置税。

（10）中国妇女发展基金会"母亲健康快车"项目的流动医疗车免征车辆购置税。

（11）北京2022年冬奥会和冬残奥会组织委员会新购置车辆免征车辆购置税。

（12）原公安现役部队和原武警、森林、水电部队改制后换发地方机动车牌证的车辆（公安消防、武警森林部队执行灭火救援任务的车辆除外），一次性免征车辆购置税。

【课程思政】 国家出台了 2018 年 1 月 1 日至 2020 年 12 月 31 日购置的新能源汽车免征车辆购置税政策，请说明其所蕴含的经济与思政意义。

【思政解析】 随着人民生活水平大幅提高，曾经被视为"奢侈品"的汽车已经开始走入千家万户。近年来，我国私人拥有汽车量增长迅速。汽车消费拉动了内需，但是环境、能源以及拥堵问题也更加严重。在满足人们消费需求、促进经济发展的同时，环境保护问题日益凸显。因此，国家出台了 2018 年 1 月 1 日至 2020 年 12 月 31 日购置的新能源汽车免征车辆购置税政策。国家对免征车辆购置税的新能源汽车通过发布免征车辆购置税的新能源汽车车型目录进行管理，这体现了国家财税政策尤其是车辆购置税政策对汽车产业可持续发展，倡导节能环保车型的生产，引导人们的合理消费、理性消费等方面起着非常重要的指导作用。

（二）车辆购置税的退税

纳税人将已征车辆购置税的车辆退回车辆生产企业或销售企业的，可以向主管税务机关申请退还车辆购置税。退税额以已缴税款为基准，自缴纳税款之日至申请退税之日，每满一年扣减 10%。

纳税人申请退还车辆购置税的，应退税额的计算公式如下：

$$应退税额＝已纳税额×（1-使用年限×10\%）$$

应退税额不得为负数。

六、车辆购置税的征收管理

（一）车辆购置税的纳税时间

车辆购置税由税务机关负责征收。车辆购置税的纳税义务发生时间为纳税人购置应税车辆的当日，以纳税人购置应税车辆所取得的车辆相关凭证上注明的时间为准。

（1）购买自用应税车辆的纳税时间为购买之日，即车辆相关价格凭证的开具日期。

（2）进口自用应税车辆的纳税时间为进口之日，即海关进口增值税专用缴款书或其他有效凭证的开具日期。

（3）自产、受赠、获奖或以其他方式取得并自用应税车辆的纳税时间为取得之日，即合同、法律文书或其他有效凭证的生效或开具日期。

（二）车辆购置税的纳税期限

车辆购置税实行一车一申报制度。纳税人应当自纳税义务发生之日起 60 日内申报缴纳车辆购置税。

（三）车辆购置税的纳税地点

纳税人应当在向公安机关交通管理部门办理车辆注册登记前，缴纳车辆购置税。自 2019 年 7 月 1 日起，纳税人应到下列地点办理车辆购置税纳税申报：

（1）需要办理车辆登记注册手续的纳税人，向车辆登记地的主管税务机关申报纳税。

（2）不需要办理车辆登记注册手续的纳税人，单位纳税人向其机构所在地的主管税务机关申报纳税，个人纳税人向其户籍所在地或经常居住地的主管税务机关申报纳税。

2020年5月29日，甲市国税局稽查局收到公安部门转来的一封转办函，记载甲市王某涉嫌逃避缴纳车辆购置税。转办材料反映，王某于2019年从某汽车销售公司先后购买了3辆客车，未履行车辆购置税纳税义务，并同时提供了由该汽车销售公司开出的6份发票复印件。稽查局立即组织人员对案头资料进行了分析，发现这3辆由该汽车销售公司售出的汽车，其机动车销售发票上所注购货方均为某客车运输公司。同时，该汽车销售公司还在同日另行开具了货物销售发票给该客车运输公司。王某和该客车运输公司有何关联？为何发票是开具给该客车运输公司的？该案中客车运输公司是否存在违法行为？带着种种疑问，甲市国税局稽查局派出检查人员对该客车运输公司进行了暗中调查。经调查了解到，王某系挂靠该客车运输公司从事客运业务的一名个体营运者，该客车运输公司负责以公司的名义给所有挂靠经营的车辆办理所有相关手续、证照，并缴纳车辆购置税。据此，检查人员初步判断，该客车运输公司可能存在涉税违法行为，并决定对该客车运输公司进行立案检查。

为了不打草惊蛇，检查组决定先行绕过对该客车运输公司的正面检查，转而对经办材料中所涉及的某汽车销售公司开展外围调查。检查组通过核实该汽车销售公司的账簿资料，发现其确于2019年向该客车运输公司销售了3辆金龙客车，并开具了3份机动车销售发票，每份开具金额为44.5万元。在每份机动车销售发票开具当日，该汽车销售公司又向该客车运输公司同时开具了一份货物销售发票，票面金额为12.8万元，所注货物名称为配套费。据该汽车销售公司财务人员称，这部分配套费是为每辆车所配备的工具和内部装饰等设施。一辆40多万元的车竟然需要近13万元的配套设施？这两份发票中肯定藏有玄机。检查人员顿时产生怀疑。

为了查清这两份发票的真相，检查组随即对该汽车销售公司的负责人及销售经理依法进行了询问。经过详细耐心的税法宣传，该汽车销售公司负责人坦承所谓的配套费实属车价的一部分，并供述2019年王某以该客车运输公司的名义前来购车时，向该汽车销售公司提出了对每辆车分别开具两份发票的要求，而每份发票各开具多少金额则是王某以不低于最低计税价格为原则而提供的数字。

掌握了销货方的事实证据后，检查组决定立即对该客车运输公司开展检查。在认真查阅了账簿资料后，检查组发现该客车运输公司已按每辆44.5万元的价格计算缴纳了3辆金龙客车的车辆购置税。然而，每辆12.8万元的配套设施费却既未在账簿资料中反映，也不见其资金支付记录。针对这一情况，检查人员对该客车运输公司负责人进行了询问，但该负责人拒不承认人为分解车价的行为，甚至以遗失为由拒绝提供与该汽车销售公司之间的业务合同。检查组人员随即向该负责人出示了在该汽车销售公司所获取的证据。在事实与证据面前，该负责人终于承认未按真实购置价格计算缴纳上述3辆金龙客车的车辆购置税。

至此，检查组对纳税人的逃税手段已了然于胸。种种分析表明，该客车运输公司正是利用该汽车销售公司对一辆车分别开具不同发票的行为，从而人为分解车价侵蚀税基。检查组决定对该客车运输公司开展纳税年度的延伸检查。检查结果不出所料，该客车运输公司近年来先后从省内外多家汽车销售商购进上百辆汽车，其中大部分采用一车开具两票的方式，即一份机动车销售发票和一份货物销售发票，另有部分车辆尽管只有一份机动车销售发票，但车价明显偏低。对所有车辆，该客车运输公司都仅按机动车销售发票进行了纳税申报。

检查人员意识到，核实车价是破案的关键。然而，由于时间跨度较大、涉及的销售单位分散、车辆品牌型号较多、汽车销售商所开具的发票上并无对应车辆编号，究竟每辆车的车价中有多少被人为分解，一时之间难以确定。为此，检查组决定分头展开调查工作：一方面，继续对该客车运输公司的固定资产账及银行往来账进行比对，审查每辆车的资金支付情况；另一方面，到每家汽车销售商对每一辆车的购车合同、款项支付、发票开具情况进行逐一核对，确保查实每一辆车的准确购置价格。经过几个月的努力，检查组最终掌握了完整的证据链，证实该客车运输公司近年来利用汽车销售商一辆汽车分别开具机动车销售发票和货物销售发票两类发票的行为，或者要求汽车经销商按低于实际车价的金额开具机动车销售发票，从而人为降低车辆购置税的计税依据，少缴纳车辆购置税共计18.9万元，案件终于成功告破。

由于车辆购置税由购车者缴纳或实际承担，因此汽车销售商和购车者之间极易达成协议，即汽车销售商通过低价开具机动车销售发票，从而降低计税依据，而真实的车价与票面车价的差额部分则开具增值税普通发票甚至不开发票。这样一来，不仅购车者可以少缴纳车辆购置税，销售方也可以达到少缴纳增值税的目的，正所谓双方都"受益"，而最终受损的就是国家的税收。甲市国税局稽查局已对该案中的客车运输公司做出补税处理和处罚决定，并向税源管理部门提出加强管理的建议。请根据上述案例，回答下列问题：

（1）该车辆购置税逃税案被破获的关键点是什么？

（2）你认为税务机关应通过哪些方法和手段加大对纳税人逃避缴纳税款行为的打击力度？

（3）通过上述的案件，你认为我国车辆购置税有哪些改革的方向？

课程思政评析

（1）车辆购置税逃税案被破获的关键点在于核实车价，摸清每辆车的真实车价，明确车辆的计税依据。这也是核算税额的关键。

（2）首先，税务机关应针对已查实的纳税人逃避缴纳税款的行为予以坚决的打击，并加大处罚力度。其次，税务机关应在日常的工作过程中，加大车辆购置税的宣传力度，增强纳税人的纳税意识。最后，税务机关应加强纳税申报的定期检查。

（3）首先，完善车辆购置税征管工作。车辆购置税改革的重点是加强源头控税、建立大数据交换平台、加强纳税评估和日常检查等。其次，根据不同排量实行差别税率。目前，我国汽车销售量已经位居全球第一，但人均汽车保有量距欧美发达国家还有一定差距，我国汽车市场还有较大的发展空间。我国应针对不同排量设置差别税率，小排量的车辆税率低些，大排量的车辆税率相对高些，倡导人们合理消费、向清洁消费方向发展。差别税率既能确保国家税收总额基本持平，又能助力解决污染问题，造福民众。最后，整体降低车辆购置环节税负。我国在汽车购置环节税负偏重，而使用环节税负较轻，这并不利于消费者在汽车使用环节对节能环保的重视。目前，我国车辆购置税的税率为10%，而且消费者在购买汽车时还需承担增值税、消费税以及城市维护建设税和教育费附加，总体税负较重。未来，车辆购置税应当以整体降低税负为改革方向，同时可以适当增加车辆使用阶段的燃油税，以鼓励小排量、新能源车辆的使用。

第十一节　车船税法

┌╌╌╌ ■教学目标 ╌╌╌╌╌╌╌╌╌╌╌╌╌╌╌╌╌╌╌╌╌╌╌╌╌╌╌╌╌┐

　　通过本节教学至少应该实现下列目标：掌握车船税的纳税义务人、征税范围、税目与税率、应纳税额的计算以及车船税的法定减免和特定减免、车船税的征收管理等知识目标；具有运用车船税的税法规定能够准确识别车船税的纳税义务人及应纳税额的计算等能力目标；具备遵守国家法律法规、坚持职业操守和道德规范，具有事业心、责任感和严谨的工作态度等思政目标。

└╌╌╌┘

┌╌╌╌ ■开篇案例导入 ╌╌╌╌╌╌╌╌╌╌╌╌╌╌╌╌╌╌╌╌╌╌╌╌╌╌┐

　　广州市李某本年3月11日购买了一辆大众轿车，排气量为1.6升，当月将全年应纳车船税缴纳完毕。该车于当年6月1日被盗，经公安机关确认后，李某向税务局申请退税。在办理退税手续后，该车又于当年9月2日被追回并在当月取得公安机关证明。广州市规定该排量乘用车每辆适用的车船税年税额为390元。

　　请思考下列问题：

　　（1）李某本年实际应缴纳的车船税是多少？

　　（2）由于近年来我国不少地区出现重度雾霾天气，有权威报告认为这与机动车尾气排放存在一定的关联性。请分析如何通过车船税改革来缓解机动车尾气排放对环境的污染？

└╌╌╌┘

一、车船税的纳税人及征收范围

（一）车船税的含义

车船税是以车船为征税对象，向拥有车船的单位和个人征收的一种税。

车船税法是指国家制定的用以调整车船税征收与缴纳的权利义务关系的法律规范。现行车船税法的基本规范，是在2011年2月25日由中华人民共和国第十一届全国人民代表大会常务委员会第十九次会议通过的《中华人民共和国车船税法》（以下简称《车船税法》）。该法自2012年1月1日起施行，并于2019年4月23日由第十三届全国人民代表大会常务委员会第十次会议进行修正。

（二）车船税的纳税人

车船税的纳税义务人是指在中华人民共和国境内的车辆、船舶（以下简称"车船"）的所有人或管理人。车船的所有人是指在我国境内拥有车船的单位和个人，对于私家车来说，也就是通常所说的车主。车船的管理人是指对车船具有管理权或使用权，不具有所有权的单位外商投资企业、外国企业、华侨、外籍人员和港澳台同胞。车船税的管理人也属于车船税的纳税人。

从事机动车第三者责任强制保险业务的保险机构为机动车车船税的扣缴义务人。

【问题思考】为什么我国车船税法将车船管理人也作为车船税的纳税人？

【问题解答】车船管理人是指对车船具有管理使用权，不具有所有权的单位。在通常情况下，车船的所有人与车船的管理人是一致的。但在我国实践中，经常会出现车船的所有权与管理权分离的情形，如国家机关拥有所使用车船的管理使用权，其所有权属于国家。因此，这就出现了车船的所有人与车船的管理人是不一致的情况。如果让抽象意义上的国家作为车船的所有人去缴纳车船税，在实践中是无法操作的。因此，《车船税法》将车船管理人也规定为车船税的纳税人。

【课程思政】《车船税法》将征税对象确定为车船税税目税额表所列车船的所有人或管理人，请说明这种变化的思政意义。

【思政解析】1986年，国务院出台的《中华人民共和国车船使用税暂行条例》规定，自1986年10月1日起对拥有和使用车船的单位和个人征收车船使用税（属于财产与行为税），但外资企业和外籍个人，仍继续缴纳车船使用牌照税，形成了内外有别的两套车船税制度。2007年1月1日起施行的《中华人民共和国车船税暂行条例》将车船使用牌照税和车船使用税正式改名为车船税，彻底取代了原车船使用牌照税和车船使用税，纳税人改为车辆、船舶的所有人和管理人（属于财产税）。2012年1月1日起施行的《中华人民共和国车船税法》将征税对象确定为车船税税目税额表所列车船的所有人或管理人。上述规定变化的思政意义在于：征税对象确定为车船税税目税额表所列车船的所有人或管理人，客观上减小了税收征收管理的难度，降低了征收成本，从而使车船税更便于征收管理，并成为地方财政的稳定来源。无论对外资企业和外籍个人，还是我国公民，都实行一致的税收管理规定，一视同仁，也体现出了税收的公平性和合理性，促进了社会稳定和国家的繁荣富强。

（三）车船税的征收范围

车辆、船舶是指依法在车船登记管理部门登记的机动车辆和船舶以及依法不需要在车船登记管理部门登记的在单位内部场所行驶或作业的机动车辆和船舶。其中，车辆具体包括乘用车，商用客车（包括电车），商用货车（包括半挂牵引车、三轮汽车和低速载货汽车等），挂车，摩托车，农用运输车（不包括拖拉机），其他车辆（包括专用作业车和轮式专用机械车等）。船舶包括机动船舶、非机动驳船、拖船和游艇。

【特别提示】（1）车船税的征收范围包括机动车辆和船舶，不包括非机动车辆和非机动船舶（但非机动驳船需要缴纳车船税）；无论机动车辆和船舶是否在车船管理部门登记，都属于车船税的征税范围。

（2）拖拉机、电动自行车，纯电动乘用车和燃料电池乘用车，不属于车船税的征税范围。

（3）境内单位和个人租入外国籍船舶的，不征收车船税；境内单位和个人将船舶出租境外的，应依法征收车船税。

二、车船税的计税依据

（一）车船税的计税依据的一般规定

（1）乘用车、商用客车、摩托车：以辆数为计税依据。

（2）商用货车、挂车、其他车辆：以整备质量吨位数为计税依据。

（3）机动船舶、非机动驳船、拖船：以净吨位数为计税依据。

（4）游艇：以艇身长度为计税依据。

（二）车船税的计税依据的特殊规定

（1）拖船按照发动机功率每1千瓦折合净吨位0.67吨计算征收车船税。

（2）《车船税法》及其实施条例涉及的整备质量、净吨位、艇身长度等计税单位，有尾数的一律按照含尾数的计税单位据实计算车船税应纳税额。计算得出的应纳税额小数点后超过两位的可以四舍五入保留两位小数。

（3）乘用车以车辆登记管理部门核发的机动车登记证书或行驶证书所载的排气量毫升数确定税额区间。

三、车船税的税目及税率

车船税实行定额税率。定额税率也称固定税额，即对征税的车船规定单位固定税额，是税率的一种特殊形式。定额税率计算简便，是适宜从量计征的税种。车船税的适用税额，依照《车船税法》所附的车船税税目税额表执行。

车辆的具体适用税额由省、自治区、直辖市人民政府依照《车船税法》所附车船税税目税额表规定的税额幅度和国务院的规定确定。省、自治区、直辖市人民政府根据《车船税法》所附车船税税目税额表确定车辆具体适用税额，应当遵循以下原则：

（1）乘用车依排气量从小到大递增税额。

（2）客车按照核定载客人数20人以下和20人（含）以上两档划分，递增税额。

省、自治区、直辖市人民政府确定的车辆具体适用税额，应当报国务院备案。

【课程思政】车辆具体适用税额的确定权力下放到各省级人民政府，其经济与思政意义是什么？

【思政评析】车辆具体适用税额的确定权力下放到各省、自治区、直辖市人民政府具有以下两个方面的意义：一方面，车船税的税源较为分散，车船税按年一次性缴纳，不需要按期进行申报，税务机关难以管理，将权力下放，在一定程度上给予了地方政府相应的税收收入，促进地方的建设与发展，缩小了地方间的贫富差距；另一方面，这也保障了税收的及时入库，及时掌握税收的缴纳情况，堵住偷税漏税情况的发生，维护了国家的税收主体地位。

船舶的具体适用税额由国务院在《车船税法》所附车船税税目税额表规定的税额幅度内确定。

根据车辆与船舶的行驶情况不同，车船税的税额也有所不同。车船税税目税额表如表7-9所示。

表 7-9 车船税税目税额表

税目		计税单位	年基准税额/元	备注
乘用车（按发动机气缸容量或排气量分档）	1.0升（含）以下的	每辆	60~360	核定载客人数9人（含）以下
	1.0升以上至1.6升（含）的		300~540	
	1.6升以上至2.0升（含）的		360~660	
	2.0升以上至2.5升（含）的		660~1 200	
	2.5升以上至3.0升（含）的		1 200~2 400	
	3.0升以上至4.0升（含）的		2 400~3 600	
	4.0升以上的		3 600~5 400	
商用车	客车	每辆	480~1 440	核定载客人数9人以上，包括电车
	货车	整备质量每吨	16~120	包括半挂牵引车、挂车、客货两用汽车和低速载货汽车等；挂车按照货车税额的50%计算
其他车辆	专用作业车	整备质量每吨	16~120	不包括拖拉机
	轮式专用机械车	整备质量每吨	16~120	
摩托车		每辆	36~180	
船舶	机动船舶	净吨位每吨艇	3~6	拖船、非机动驳船分别按照机动船舶税额的50%计算；游艇的税额另行规定
	游艇	身长度每米	600~2 000	

机动船舶具体适用税额表如表 7-10 所示。

表 7-10 机动船舶具体适用税额表

净吨位	具体适用税额
净吨位小于或等于200吨的	3元/吨
净吨位201~2 000吨的	4元/吨
净吨位2 001~10 000吨的	5元/吨
净吨位10 001吨及以上的	6元/吨

游艇具体适用税额表如表 7-11 所示。

表 7-11 游艇具体适用税额表

艇身长度	具体适用税额
艇身长度不超过10米的游艇	600元/米

表7-11（续）

艇身长度	具体适用税额
艇身长度超过 10 米但不超过 18 米的游艇	900 元/米
艇身长度超过 18 米但不超过 30 米的游艇	1 300 元/米
艇身长度超过 30 米的游艇	2 000 元/米
辅助动力帆艇	600 元/米

【课程思政】请思考车船税税目税率表中对车辆采取"小排量低税收"政策的经济与思政意义。

【思政解析】车船税税目税率表中对车辆采取的是"小排量低税收"的政策，其初衷是为了引导汽车的消费结构，达到"抑大扬小"的效果，这体现出了国家对节能环保的重视，从各个层面来提升节能环保的宣传效果和加强支持力度。不同排气量的乘用车由于品牌不同、类型不同，其排放的二氧化碳、一氧化碳、二氧化硫等含量也是不同的，对环境造成的污染程度也是不同的。在新技术、新工艺的发展下，新能源车辆深受市场的喜爱和国家的推崇，促进节能减排。

四、车船税应纳税额的计算

（一）应纳税额的计算

纳税人按照纳税地点所在的省、自治区、直辖市人民政府确定的具体适用税额缴纳车船税。车船税由税务机关负责征收。

（1）购置的新车船，购置当年的应纳税额自纳税义务发生的当月起按月计算。其计算公式如下：

$$应纳税额 = （年应纳税额÷12）×应纳税月份数$$
$$应纳税月份数 = 12-纳税义务发生时间（取月份）+1$$

【以案说法】甲公司 2020 年 2 月 12 日购买了一艘净吨位为 900 吨的拖船，已知机动船舶净吨位每吨的年基准税额为 5 元，计算甲公司本年的应纳车船税。

购置的新车船，购置当年的应纳税额自纳税义务发生的当月起按月计算。拖船按机动船舶年基准税额的 50% 计算。

应纳车船税 = $900×5×50\%÷12×11 = 2\ 062.5$ （元）

（2）在一个纳税年度内，已完税的车船被盗抢、报废、灭失的，纳税人可以凭有关管理机关出具的证明和完税证明，向纳税所在地的主管税务机关申请退还自被盗抢、报废、灭失月份起至该纳税年度终了期间的税款。

（3）已办理退税的被盗抢车船，失而复得的，纳税人应当从公安机关出具相关证明的当月起计算缴纳车船税。

（4）在一个纳税年度内，纳税人在非车辆登记地由保险机构代收代缴机动车车船税，且能够提供合法有效完税证明的，纳税人不再向车辆登记地的地方税务机关缴纳车辆车船税。

（5）已缴纳车船税的车船在同一纳税年度内办理转让过户的，不另纳税，也不退税。

【以案说法】某运输公司拥有载货汽车30辆（货车整备质量全部为10吨），乘人大客车20辆、小客车10辆。其中，载货汽车每吨年税额为80元，乘人大客车每辆年税额为800元，小客车每辆年税额为700元。要求：计算该运输公司应纳车船税。

结论：载货汽车应纳税额＝80×10×30＝24 000（元）

乘人汽车应纳税额＝800×20+700×10＝23 000（元）

全年应纳车船税额＝24 000+23 000＝47 000（元）

【开篇案例解析】

（1）2020年3月购买汽车后应纳车船税＝390÷12×（12−3+1）＝325（元）

2020年6月被盗后申请退还车船税＝325×7÷10＝227.5（元）

2020年9月追回汽车后应纳车船税＝390÷12×（12−9+1）＝130（元）

李某2020年实际应缴纳的车船税＝325−227.5+130＝227.5（元）

（2）第一，变更征收环节，只要是机动车辆，无论是否使用，均需要缴纳车船税。第二，变更车船税计税依据，车船税以车船的自重吨位或载客量为计税依据，对于限制机动车数量，进而达到节能环保目标的作用并不明显，而以车船的排气量作为车船税的计税依据，更能强化其对汽车业的导向作用，以实现节能减排、发展绿色环保产业的目标。

当然，节能减排是一项系统工程，仅靠车船税的调节是有限的，国家应充分发挥增值税、消费税等税种的调控作用。同时，国家要逐步完善促进节能减排的税收优惠政策，转变税收优惠方式，加大对汽车制造业的技术创新的税收优惠力度。

（二）保险机构代收代缴车船税和滞纳金的计算

1. 购买短期机动车交通事故责任强制保险（以下简称"交强险"）的车辆

境外机动车临时入境、机动车临时上道路行驶、机动车距规定的报废期限不足1年而购买短期交强险的车辆，保单中"当年应缴"项目的计算公式如下：

当年应缴＝计税单位×年单位税额×应纳税月份数÷12

其中，应纳税月份数为交强险有效期起始日期的当月至截止日期的当月的月份数。

2. 已向税务机关缴税的车辆或税务机关已批准减免税的车辆

已向税务机关缴税或税务机关已经批准免税的车辆，保单中"当年应缴"项目应为零。税务机关已批准减税的机动车，保单中"当年应缴"项目应根据减税前的应纳税额扣除依据减税证明中注明的减税幅度计算的减税额确定。其计算公式如下：

减税车辆应纳车船税＝减税前应纳税额×（1−减税幅度）

3. 滞纳金的计算

纳税人在应购买交强险截止日期以后购买交强险的，或者以前年度没有缴纳车船税的，保险机构在代收代缴税款的同时，还应代收代缴欠缴税款的滞纳金。保单中"滞纳金"项目为各年度欠税应加收滞纳金之和。每年欠税应加收的滞纳金的计算公式如下：

每年欠税应加收的滞纳金＝欠税金额×滞纳天数×0.05%

滞纳天数的计算自应购买交强险截止日期的次日起到纳税人购买交强险的当日止纳税人连续两年以上欠缴车船税的，应分别计算每年欠税应加收的滞纳金。

【以案说法】甲公司欲购买一艘机动船舶，现有两艘机动船舶可供选择：一艘机动船舶的净吨位为2 010吨，另一艘机动船舶的净吨位为2 000吨。请问：甲公司应如何进行选择？

结论：

机动船舶具体适用税额如下：

（1）净吨位小于或等于200吨的，每吨3元。

（2）净吨位在201~2 000吨的，每吨4元。

（3）净吨位在2 001~10 000吨的，每吨5元。

（4）净吨位在10 001吨及以上的，每吨6元。

方案一：购买净吨位为2 010吨的机动船舶，适用税额为5元/吨。

应纳车船税＝2 010×5＝10 050（元）

方案二：购买净吨位为2 000吨的机动船舶，适用税额为4元/吨。

应纳车船税＝2 000×4＝8 000（元）

综上所述，方案二比方案一少缴纳车船税2 050元（10 050-8 000），若以实现税负最小化为纳税筹划目标，甲公司应当选择方案二。

五、车船税优惠政策的运用

（一）法定减免

（1）捕捞、养殖渔船。

（2）军队、武装警察部队专用的车船。

（3）警用车船。

（4）国家综合性消防救援车辆由部队号牌改挂应急救援专用号牌的，一次性免征改挂当年车船税。

（5）依照法律规定应当予以免税的外国驻华使领馆、国际组织驻华代表机构及其有关人员的车船。

（6）对节能汽车，减半征收车船税。

（7）对新能源车船，免征车船税。

（8）省、自治区、直辖市人民政府根据当地实际情况，可以对公共交通车船、农村居民拥有并主要在农村地区使用的摩托车、三轮汽车和低速载货汽车定期减征或免征车船税。

【特别提示】（1）捕捞、养殖渔船是指在渔业船舶登记管理部门登记为捕捞船或养殖船的船舶。

（2）军队、武装警察部队专用的车船是指按照规定在军队、武装警察部队车船管理部门登记并领取军队、武警牌照的车船。

（3）警用车船是指公安机关、国家安全机关、监狱管理机关和人民法院、人民检察院领取警用牌照的车辆和执行警务的专用船舶。

（4）注意不征税和免税的区别。拖拉机、电动自行车本身就不属于车船税的征税范围，因此不属于免税项目。

（二）特定减免

（1）经批准临时入境的外国车船和中国香港特别行政区、中国澳门特别行政区、中国台湾地区的车船，不征收车船税。

（2）按照规定缴纳船舶吨税的机动船舶，自《车船税法》实施之日起5年内免征车船税。

（3）依法不需要在车船登记管理部门登记的机场、港口、铁路站场内部行驶或作业的车船，自《车船税法》实施之日起5年内免征车船税。

六、车船税的征收管理

（一）车船税的纳税时间

车船税纳税义务发生时间为取得车船所有权或管理权的当月。

车船税的纳税义务发生时间为车船管理部门核发的车船登记证书或行驶证书所记载日期的当月。纳税人未按照规定到车船管理部门办理应税车船登记手续的，以车船购置发票所开具时间的当月作为车船税的纳税义务发生时间。未办理车船登记手续且无法提供车船购置发票的，由主管税务机关核定纳税义务发生时间。

【特别提示】（1）在一个纳税年度内，已完税的车船被盗抢、报废、灭失的，纳税人可以凭有关管理机关出具的证明和完税证明，向纳税所在地的主管税务机关申请退还自被盗抢、报废、灭失月份起至该纳税年度终了期间的税款。

（2）已办理退税的被盗抢车船失而复得的，纳税人应当从公安机关出具相关证明的当月起计算缴纳车船税。

（3）已经缴纳车船税的车船，因质量原因被退回生产企业或经销商的，纳税人可以向纳税所在地的主管税务机关申请退还，自退货月份起至该纳税年度终了期间的税款。退货月份以退货发票所载日期的当月为准。

（4）保险机构作为车船税扣缴义务人，在代收车船税并开具增值税发票时，应在增值税发票备注栏中注明代收车船税税款信息，具体包括保险单号、税款所属期（详细至月）代收车船税金额、滞纳金金额、金额合计等。该增值税发票可以作为纳税人缴纳车船税及滞纳金的会计核算原始凭证。车船税已经由保险机构代收代缴的，车辆登记地的主管税务机关不再征收该纳税年度的车船税。

（二）车船税的纳税期限

车船税按年申报缴纳。具体申报纳税期限由省、自治区、直辖市人民政府规定。

（三）车船税的纳税地点

（1）车船税的纳税地点为车船的登记地或车船税扣缴义务人所在地。

（2）依法不需要办理登记的车船，车船税的纳税地点为车船的所有人或管理人主管税务机关所在地。

（3）扣缴义务人代收代缴车船税的，纳税地点为扣缴义务人所在地。由保险机构代收代缴车船税的，纳税地点为保险机构所在地。

（4）纳税人自行申报缴纳车船税的，纳税地点为车船登记地的主管税务机关所在地。

【特别提示】由于从事机动车交通事故责任强制保险业务的保险机构为机动车车船税扣缴义务人，因此纳税人在办理交强险业务时，应当一并缴纳车船税。纳税人如果已经自行申报缴纳了车船税，应当提供机动车的完税证明。

尾篇课程思政

2020 年 2 月，A 保险中介机构联系车主王女士购买车险，由于前几年的车险都是交给 A 保险中介机构代理在 B 人寿保险公司完成，优惠幅度还算满意，因此王女士今年也不例外，仍由 A 保险中介机构来办理。王女士交完钱出保单的时候，B 人寿保险公司的客服人员联系王女士说车船税重复缴纳需要办理退税。

王女士办理退税首先想到的是让 B 人寿保险公司代为办理退税，但是她的车险保单属于中介业务，与 B 人寿保险公司并没有直接联系，因此让 B 人寿保险公司代为办理退税有些牵强。王女士又转头找到 A 保险中介机构代办退税，但是 A 保险中介机构的答复是让王女士自己去办理退税，王女士只好亲自处理退税一事。

由于王女士之前都是由 A 保险中介机构代办，因此不知道办理车船税退税需要的材料。王女士首先在 G 市税务局官网查询，但没有找到相关介绍；又登录 G 省税务局官网查询也无果。王女士来到 G 市某税务所咨询，工作人员告知，办理车船税退税材料需要：第一，车主身份证原件和复印件；第二，机动车登记证原件和复印件；第三，行驶证原件和复印件；第四，车船税重复缴纳的完税证明或交强险保单原件和复印件；第五，车主的工商银行活期存折原件和复印件。王女士提交完备的材料后，工作人员在税务所系统里查询，意外地发现王女士的车架号与税务系统上查询的车架号不一致。针对这一问题，工作人员只能将材料和情况上报，请上级来商议处理。请问王女士保单上的车架号为什么与税务系统中查询到的车架号不一致？请针对在车船税管理过程中存在的问题提出意见和建议。

课程思政评析

（1）由上述案例我们了解到，王女士在保单上的车架号与税务系统中查询到的车架号不一致，可能存在的原因如下：第一，A 保险中介机构代理时出现了错误；第二，B 人寿保险公司在进行保险操作时出现了错误以及由于其他的问题造成了查询到的车架号不一致的情况。车船税相关规定指出，从事机动车第三者责任强制保险业务的保险机构为机动车车船税的扣缴义务人，应当在收取保险费时依法代收车船税，并出具代收税款凭证。

（2）意见及建议如下：第一，税率的设置应充分考虑财产税的性质；第二，征收管理方式需要改革和完善；第三，国家应加大车船税违法行为的惩戒力度。

第十二节　船舶吨税法

　　通过本节教学至少应该实现下列目标：掌握船舶吨税的征收范围和税率、应纳税额的计算、船舶吨税的税收优惠以及征收管理等知识目标；明确船舶吨税的税目、税率、缴纳方式以及船舶吨税的直接优惠和延期优惠政策，能正确计算所需缴纳税款等能力目标；能够具体运用船舶吨税的规定及相关税收法律要求积极培养自身的社会责任感和职业道德规范以及能深入贯彻社会主义核心价值等思政目标。

■开篇案例导入

　　有一美国籍净吨位为 9 000 吨的货轮"维多利亚"号，停靠在我国天津新港装卸货物。货轮负责人已向我国海关领取吨税执照，在港口停留期限为 30 天。假设情况如下：

　　第一种情况：美国已与我国签订含有相互给予船舶税费最惠国待遇条款的条约，对该货轮应怎样征收船舶吨税？

　　第二种情况：如果美国没有与我国签订含有相互给予船舶税费最惠国待遇条款的条约，对该货轮又应该怎样征收船舶吨税？

　　根据上述资料回答下列问题：

　　（1）你认为船舶吨税与我们所学过的车船税有哪些区别？

　　（2）各个国家征收的船舶吨税有哪些区别？

一、船舶吨税的纳税人及征收范围

（一）船舶吨税的含义

船舶吨税简称吨税，是对自中国境外港口进入境内港口船舶征收的一种税。

【特别提示】《中华人民共和国船舶吨税法》于 2017 年 12 月 27 日第十二届全国人民代表大会常务委员会第三十一次会议通过，自 2018 年 7 月 1 日起施行。

【课程思政】简述将船舶吨税暂行条例上升为船舶吨税法律的经济与思政意义。

【思政解析】现行船舶吨税的基本规范的发布主体是全国人民代表大会，从原来的"暂行条例"上升为"法律"，立法层级相对于此前明显提高了。这提升了船舶吨税制度的法律地位，更有利于船舶吨税的征收与管理。同时，这也体现出了税收法定的原则，税收法定原则是现代国家通行的税法基本原则，其内涵主要是指若无法律依据，政府不可征税，公民无需纳税。征税主体必须依据且仅能依据法律规定征税，纳税主体必须依据且仅能依据法律的规定纳税，包括税种法定、税收要素明确和征税程序法定三大原则。从实际执行情况看，吨税税制要素基本合理、运行稳定，可以按照税制平移的思路，保持现行税制框架和税负水平不变。将"暂行条例"上升为"法律"，可以看出《中华人民共和国船舶吨税法》的制定贯彻落实了税收法定原则与现代法治国家税制的基本要求，是依法治国理念在税收领域的具体体现。

（二）船舶吨税的纳税人

对自中国境外港口进入中国境内港口的船舶征收船舶吨税，以应税船舶负责人为船舶吨税的纳税人。

（三）船舶吨税的征税范围

自中国境外港口进入中国境内港口的船舶（以下简称"应税船舶"）应当征收船舶吨税。

二、船舶吨税的计税依据

船舶吨税以船舶净吨位为计税依据。

【特别提示】净吨位是指由船籍国（地区）政府授权签发的船舶吨位证明书上标明的净吨位。

【课程思政】简要说明我国计征船舶吨税的经济与思政意义。

【思政解析】船舶吨税是针对进出中国港口的国际航行船舶。目前，船舶吨税是我国税收体系中最小的一个税种，吨税收入占全国税收的比重最低。随着我国经济的不断发展以及对外开放与交流越来越频繁，近几年船舶吨税收入一直保持比较稳定的增长。我国计征船舶吨税的计税依据也是采用船籍国（地区）政府授权签发的船舶吨位证明书上标明的净吨位，这也充分体现了我国对他国制度规范的尊重。在友好、平等、公正的情况下，征收船舶吨税不仅能够体现出我国的大国风范，也能够为我国海上航道设施的维护、建设和管理发挥了积极的作用。

三、船舶吨税的税目及税率

（一）船舶吨税税目的确定

船舶吨税税目按船舶净吨位的大小分等级设置为4个税目，分别是不超过2 000净吨的应税船舶、超过2 000净吨但不超过10 000净吨的应税船舶，超过10 000净吨但不超过50 000净吨的应税船舶、超过50 000净吨的应税船舶。

（二）船舶吨税税率的确定

船舶吨税设置优惠税率和普通税率。其中，适用优惠税率的船舶如下：

（1）中华人民共和国国籍的应税船舶。

（2）船籍国（地区）与中华人民共和国签订含有相互给予船舶税费最惠国待遇条款的条约或协定的应税船舶，适用优惠税率。除适用于优惠税率的船舶之外的其他应税船舶，适用普通税率。船舶吨税税目税率表如表7-12所示。

表 7-12　船舶吨税税目税率表

税目 （按船舶净吨位划分）	税率（元/净吨）						备注
	普通税率 （按执照期限划分）			优惠税率 （按执照期限划分）			
	1 年	90 日	30 日	1 年	90 日	30 日	
不超过 2 000 净吨	12.6	4.2	2.1	9.0	3.0	1.5	①拖船按照发动机功率每千瓦折合净吨位 0.67 吨。 ②无法提供净吨位证明文件的游艇，按照发动机功率每千瓦折合净吨位 0.05 吨。 ③拖船和非机动驳船分别按相同净吨位船舶税率的 50%计征税款
超过 2 000 净吨,但不超过 10 000 净吨	24.0	8.0	4.0	17.4	5.8	2.9	
超过 10 000 净吨,但不超过 50 000 净吨	27.6	9.2	4.6	19.8	6.6	3.3	
超过 50 000 净吨	31.8	10.6	5.3	22.8	7.6	3.8	

【特别提示】拖船是指专门用于拖（推）动运输船舶的专业作业船舶。

船舶吨税按船舶净吨位和执照标明的停留期限确定税额标准，按照 30 日、90 日和 1 年的三类期限具体划分普通税率和优惠税率。船舶吨税执照期限是指按照公历年、日计算的期间。应税船舶负责人在每次申报纳税时，可以按照船舶吨税税目税率表选择申领一种期限的船舶吨税执照。

四、船舶吨税应纳税额的计算

船舶吨税按照船舶净吨位和吨税执照期限征收。船舶吨税的应纳税额按照船舶净吨位乘以适用税率计算。其计算公式如下：

$$应纳税额 = 船舶净吨位 \times 适用税率$$

【以案说法】B 国某运输公司一艘货轮驶入我国某港口。该货轮净吨位为 30 000 吨，货轮负责人已向我国该海关领取吨税执照，在港口停留期限为 30 天。B 国已与我国签订相互给予船舶税费最惠国待遇条款。该货轮应享受优惠税率，每净吨位为 3.3 元。要求：计算该货轮负责人应向我国海关缴纳的船舶吨税。

结论：船舶吨税应纳税额 = 30 000×3.3 = 99 000（元）

【以案说法】2020 年 5 月，甲应税船舶从 A 国某港口进入我国境内某港口。该船舶净吨位为 3 000 净吨。该船舶执照期限为 30 日，适用普通税率为 4.0 元/净吨。要求：计算甲应税船舶负责人的应纳船舶吨税

结论：船舶吨税应纳税额 = 3 000×4.0 = 12 000（元）

【以案说法】有一艘船籍国为甲国的游艇停靠我国口岸，并拟办理 30 日吨税执照。该游艇无法提供净吨位证明文件。已知该游艇的发动机功率为 1 800 千瓦，甲国与我国签订含有相互给予船舶税费最惠国待遇条款的条约。要求：计算对该游艇应征的船舶吨税。

结论：用发动机功率折算净吨位并确定税率，无法提供净吨位证明文件的游艇，按照发动机功率每千瓦折合净吨位为 0.05 吨。

该游艇折合净吨位 = 1 800×0.05 = 90（吨）

30 天期的优惠税率为 1.5 元/净吨。

船舶吨税应纳税额 = 90×1.5 = 135（元）

五、船舶吨税的优惠政策

（一）直接优惠

下列船舶免征船舶吨税：

（1）应纳税额在 50 元以下的船舶。

（2）自境外以购买、受赠、继承等方式取得船舶所有权的初次进口到港的空载船舶。

（3）船舶吨税执照期满后 24 小时内不上下客货的船舶。

（4）非机动船舶（不包括非机动驳船）。

（5）捕捞、养殖渔船。

（6）避难、防疫隔离、修理、终止运营或拆解，并不上下客货的船舶。

（7）军队、武装警察部队专用或征用的船舶。

（8）警用船舶。

（9）依照法律规定应当予以免税的外国驻华使领馆、国际组织驻华代表机构及其有关人员的船舶。

（10）国务院规定的其他船舶（由国务院报全国人民代表大会常务委员会备案）。

上述的所有优惠项目，都需要在海事部门、渔业船舶管理部门或出入境检验检疫部门等部门、机构进行备注。

【特别提示】符合直接免税第（5）项至第（9）项以及延期优惠政策的船舶，应当提供海事部门、渔业船舶管理部门或出入境检验检疫部门等部门、机构出具的具有法律效力的证明文件或使用关系证明文件，申明免税或延长吨税执照期限的依据和理由。

【课程思政】请简要说明新船舶吨税对减免税的范围给予适当扩大的重要意义。

【思政解析】新船舶吨税法对减免税的范围规定较为明确，而且适当扩大了减免税范围。例如，原来属于吨税征收范围的非机动船舶，现在属于免征吨税的对象，扩大了免税范围。但对于原来可以免征吨税的中央或地方人民政府征用或租用的船舶，现在只对军队、武警部队专用或征用的船舶免征吨税，又表明某些船舶免税的范围缩小了。这充分体现出国家对税收管理更加合理科学，更能够体现出税收的公平原则和促进国民经济持续均衡发展。

（二）延期优惠

在吨税执照期限内，应税船舶发生下列情形之一的，海关按实际发生的天数批注延长吨税执照期限：

（1）避难、防疫隔离、修理，并不上下客货。

（2）军队、武装警察部队征用。

六、船舶吨税的征收管理

（一）船舶吨税的纳税时间

船舶吨税由海关负责征收。船舶吨税纳税义务发生时间为应税船舶进入境内港口的当日。

【特别提示】应税船舶负责人申领吨税执照时，应当向海关提供下列文件：

（1）船舶国籍证书或海事部门签发的船舶国籍证书收存证明。

（2）船舶吨位证明。

（二）船舶吨税的纳税期限

应税船舶负责人应当自海关填发船舶吨税缴款凭证之日起 15 日内向指定银行缴清税款。

船舶吨税分 1 年期缴纳、90 天期缴纳与 30 天期缴纳 3 种。缴纳期限由应税船舶负责人自行选择。

【课程思政】简要说明申领吨税执照期限增加（延长）的社会经济意义与思政意义。

【思政解析】船舶吨税执照是应纳吨税船舶负责人向征税机关缴纳吨税的完税凭证。《中华人民共和国船舶吨税暂行条例》规定了 90 天和 30 天 2 种期限的吨税执照，供纳税人自行选择。《中华人民共和国船舶吨税法》规定了 1 年、90 天和 30 天 3 种期限的吨税执照，可供选择的执照期限增加了。从税率设置上看，90 天期限的吨税税率是 30 天期限的 2 倍，1 年期限的吨税税率是 90 天期限的 3 倍，可见申领的吨税执照期限越长，其适用的吨税税率越低，这有利于降低频繁进出我国港口的国际航行船舶的税收负担，有利于国际贸易繁荣与快速发展，提升国家的良好国际形象。

（三）船舶吨税的纳税地点

船舶吨税在进入境内港口所在地缴纳。

【特别提示】应税船舶因不可抗力在未设立海关地点停泊的，船舶负责人应当立即向附近海关报告，并在不可抗力消除后，依照规定向海关申报纳税。海关根据船舶负责人的申报，审核其申报吨位与其提供的船舶地位证明和船舶国籍证书或海事部门签发的船舶国籍证书收存证明相符后，按其申报执照的期限计征船舶吨税，并填发缴款凭证交船舶负责人缴纳税款。

（四）船舶吨税征收管理的其他相关规定

海关发现少征或漏征税款的，应当自应税船舶应当缴纳税款之日起 1 年内，补征税款。但因应税船舶违反规定造成少征或漏征税款的，海关可以自应当缴纳税款之日起 3 年内追征税款，并自应当缴纳税款之日起按日加征少征或漏征税款 0.05% 的税款滞纳金。

【特别提示】海关发现多征税款的，应当在 24 小时内通知应税船舶办理退还手续并加算银行同期活期存款利息。应税船舶发现多缴税款的，可以自缴纳税款之日起 3 年内以书面形式要求海关退还多缴的税款并加算银行同期活期存款利息；海关应当自受理退税申请之日起 30 日内查实并通知应税船舶办理退还手续。

应税船舶有下列行为之一的，由海关责令限期改正，处 2 000 元以上 30 000 元以下的罚款；不缴或少缴应纳税款的，处不缴或少缴税款 50% 以上 5 倍以下的罚款，但罚款不得低于 2 000 元：

（1）未按照规定申报纳税、领取船舶吨税执照。

（2）未按照规定交验船舶吨税执照（或申请核验船舶吨税执照电子信息）以及提供其他证明文件。

【课程思政】请说明"多缴纳税款的退税申请期限由原来的 1 年延长到 3 年等变化"的思政意义。

【思政解析】从海关发现多征收税款的通知期限由原来的"立即通知"变为"应当在 24 小时内通知",多缴纳税款的退税申请期限由原来的"1 年"延长到了"3 年"等变化可以看出,船舶吨税制度设计进一步明确了多征收税款期限的时间概念,使得船舶吨税的管理制度设计得更加简洁明晰,无论是对征税主体还是纳税主体来说,也都是一种更为公平合理、利益平衡的表现。这体现出了我国船舶吨税的设计更加注重纳税主体的地位和权力了,也是我国税收征管制度更加完善的体现。

◤尾篇课程思政◢

根据现行税法政策有关船舶吨税的优惠政策,举例说明其中所蕴含的思政元素及其意义有哪些?

◤课程思政评析◢

现行的《中华人民共和国船舶吨税法》对船舶吨税给予相应的税收优惠,其中包括了直接优惠,即给予符合条件的船舶免征船舶吨税;延期优惠,即符合条件的船舶可以根据相关规定申报免税和延长船舶吨税执照期限的依据与理由。之所以分为直接优惠和延期优惠,体现出了我国在船舶吨税的征收管理方面的公平公正和合情合理。例如,上述优惠政策规定,军队、武装警察部队专用或征用的船舶免征船舶吨税。与此同时,军队、武装警察部队征用的船舶又可以申请延期优惠政策。原本是征税的船舶,但是被军队和武装警察部队征用了,征用期间可以享受免税政策,因此才会用延期的方式来实现征用期间的免税。我们可以充分看出,这两项政策相辅相成,保障了实现船舶吨税税收管理的最终目的。

第十三节　烟叶税法

┌╌╌╌ ■教学目标 ╌╌╌╌╌╌╌╌╌╌╌╌╌╌╌╌╌╌╌╌╌┐

　　通过本节教学至少应该实现下列目标:了解烟叶税的纳税义务人、征税对象、计税依据及应纳税额的计算等知识目标;清楚及明确烟叶税的征税范围,并能够在计算应纳税额时考虑到需与增值税中烟叶进项税额的抵扣相结合的能力目标;对收购烟叶行为,以实际支付总额作为计税依据体现国家对烟草实行"寓禁于征"的政策,并引起对控烟工作的重视等思政目标。

└╌╌╌╌╌╌╌╌╌╌╌╌╌╌╌╌╌╌╌╌╌╌╌╌╌╌╌╌╌╌╌┘

■开篇案例导入

　　《中华人民共和国烟叶税法》自 2018 年 7 月 1 日起施行，某烟草公司系增值税一般纳税人，2018 年 10 月收购烟叶 100 000 千克。烟叶收购价格为 10 元/千克，收购价款总计为 1 000 000 元，货款已全部支付。

　　请思考下列问题：

　　（1）征收烟叶税对民生有什么影响？

　　（2）计算该烟草公司 10 月收购烟叶应缴纳的烟叶税。

一、烟叶税的纳税人及其征收范围

（一）烟叶税的纳税人

在中华人民共和国境内，依照《中华人民共和国烟草专卖法》的规定收购烟叶的单位为烟叶税的纳税人。纳税人应当依照法律的规定缴纳烟叶税。

（二）烟叶税的征收范围

烟叶税的征收范围是烟叶，具体包括烤烟叶、晾晒烟叶。

【课程思政】请简要说明国家出台烟叶税法及征收烟叶税的社会经济与思政意义。

【课程解析】烟叶税法是贯彻落实税收法定原则的迫切要求和重要体现，有利于进一步完善烟叶税法律制度，增强其科学性、稳定性和权威性，提高烟叶税的立法层级；有利于构建适应社会主义市场经济需要的现代财政制度；有利于深化改革开放，推进国家治理体系和治理能力现代化。国家出台烟叶税法对充分发挥烟叶税组织财政收入、调节分配结构、促进地方特色农业和烟草行业持续健康发展具有十分重要的意义。国家对收购烟叶的单位征收烟叶税的目的如下：首先，保障地方财政收入的稳定。烟叶税作为一个与地方经济发展和产业结构紧密相关的地方特色税种受到地方政府的高度重视，烟叶产区的地方财政收入中主要来自烟叶税收入。如果停止征收烟叶税，在一定程度上会加剧烟叶产区地方财政的困难。其次，稳定烟叶产区经济的发展。烟叶产区多数集中在西部和边远地区，农业基础薄弱，经济结构和财源比较单一。征收烟叶税在有利于当地政府推动当地经济和公共事业的发展，有利于增加贫困地区地方税收收入的同时，也有利于发展地方特色经济并维持当地基层政权的正常运转和各项公共事业的发展。再次，促进卷烟工业的可持续发展。烟叶是卷烟生产的主要原料，烟叶税能给当地带来税收，政府会引导发展烟叶种植，这对卷烟工业的稳定发展是有利的。最后，统筹兼顾烟农、烟草公司和地方政府的利益，并与烟草专卖专营管理体制和烟叶生产组织形式相适应，考虑地区差异，使各方利益协调统一。

二、烟叶税应纳税额的计算

（一）烟叶税的计税依据

烟叶税的计税依据为纳税人收购烟叶实际支付的价款总额。

纳税人收购烟叶实际支付的价款总额包括纳税人支付给烟叶生产销售单位和个人

的烟叶收购价款和价外补贴。

价外补贴统一按烟叶收购价款的10%计算。

（二）烟叶税的税率

烟叶税实行比例税率，税率为20%。

（三）烟叶税的应纳税额

烟叶税的应纳税额按照纳税人收购烟叶实际支付的价款总额乘以税率计算。烟叶税应纳税额的计算公式如下：

$$烟叶税应纳税额 = 收购烟叶实际支付的价款总额 \times 税率（20\%）$$

$$收购烟叶实际支付的价款总额 = 收购价款 + 价外补贴 = 收购价款 \times （1+10\%）$$

【以案说法】某烟草公司2019年8月支付烟叶收购价款为88万元，另向烟农支付价外补贴为10万元。要求：计算该烟草公司8月收购烟叶应纳烟叶税为多少？

结论：应纳烟叶税 $= 88 \times （1+10\%） \times 20\% = 19.36$（万元）

【开篇案例导入解析】

（1）社稷之首农桑重。于国家而言，农为邦本，本固邦宁；于行业而言，烟叶稳，则行业稳。作为一个特色税种，烟叶税既与烟叶生产、烟草产业发展息息相关，也在带动地方经济社会发展中发挥着无可替代的作用。烟叶种植者扩大种植规模不仅可以获得更高的收入，还能在一定程度上增加贫困地区地方政府税收收入和发展地方特色经济。

（2）应纳烟叶税 $= 1\ 000\ 000 \times （1+10\%） \times 20\% = 220\ 000$（元）

三、烟叶税的征收管理

（一）烟叶税的纳税时间

烟叶税的纳税义务发生时间为纳税人收购烟叶的当日。

（二）烟叶税的纳税期限

烟叶税按月计征，纳税人应当于纳税义务发生月终了之日起15日内申报并缴纳税款。

（三）烟叶税的纳税地点

纳税人应当向烟叶收购地的主管税务机关申报缴纳烟叶税。

【以案说法】2019年7月，甲市某烟草公司向乙县某烟叶种植户收购了一批烟叶，收购价款为100万元、价外补贴为10万元。下列关于该笔烟叶交易涉及烟叶税征收管理的表述中，符合税法规定的有（　　）。

A. 纳税人为烟草公司

B. 应向甲市主管税务机关申报纳税

C. 应纳税额为22万元

D. 应在次月15日内申报纳税

结论：选项A正确，烟草公司作为收购单位，是烟叶税的纳税人。选项B错误，纳税人应当向烟叶收购地（乙县）的主管税务机关申报缴纳烟叶税。选项C正确，应纳烟叶税 $= 100 \times （1+10\%） \times 20\% = 22$ 万元。选项D正确，烟叶税按月计征，纳税人应当于纳税义务发生月终了之日起15日内申报并缴纳税款。

烟叶税是我国目前唯一没有税收优惠的税种。请结合我国烟草专营的特殊性质，举例说明其中蕴含的社会经济与思政意义。

课程思政评析

首先，我国的烟叶产区多数集中在西部和边远地区，大部分属于国家贫困地区，烟草种植已经成为我国贫困地区农民脱贫致富的重要途径。征收烟叶税会适当增加当地财政收入。其次，征收烟叶税有利于烟叶产区经济的发展，从供应端到最终销售端为整个产业链员工提供了工作岗位。最后，征收烟叶税有利于卷烟工业的持续稳定发展。烟叶是卷烟生产的主要原料，征收烟叶税，会反作用于地方政府引导和发展烟叶种植的积极性，对于卷烟工业的持续稳定发展也是有利的。

烟叶税政策正在寻求平衡点，在保持政策连续性的前提下，既解决就业问题，促进社会的稳定，又不能扩大烟草行业的影响，体现了党和国家的不断探索。